Die Gouvernante

C(

Irene Hardach-Pinke

Die Gouvernante

Geschichte eines Frauenberufs

Campus Verlag
Frankfurt/New York

Sonderband der Reihe
»Geschichte und Geschlechter« herausgegeben von
Gisela Bock, Karin Hausen und Heide Wunder

Die Deutsche Bibliothek – CIP-Einheitsaufnahme

Hardach-Pinke, Irene:
Die Gouvernante : Geschichte eines Frauenberufs / Irene
Hardach-Pinke. – Frankfurt am Main : Campus Verlag, 1993
(Reihe Geschichte und Geschlechter / Sonderband)
ISBN 3-593-34929-9

Copyright © 1993 Campus Verlag GmbH, Frankfurt/Main
Umschlaggestaltung: Atelier Warminski, Büdingen
Umschlagmotiv: Richard Redgrave,
»The Governess«, 1844 (Victoria & Albert Museum, London)
Satz: Fotosatz L. Huhn, Maintal-Bischofsheim
Druck und Bindung: Fuldaer Verlagsanstalt, Fulda
Dieses Buch wurde auf säurefreiem und chlorfrei gebleichtem Papier gedruckt.
Printed in Germany

Inhalt

Vorwort 7

KAPITEL 1
Gouvernanten und Hauslehrer
in Fiktion und Wirklichkeit 11
Gouvernanten: ein Kapitel für sich 11
»Vivat die Hofmeister und daß der Teufel sie holt« 34

KAPITEL 2
Pädagogische Begründungen des Gouvernantenwesens 48
Der Mutter eine Mitarbeiterin 48
Dem unverheirateten Frauenzimmer ein Erwerb 68

KAPITEL 3
Chargen und Konditionen 80
Fürstendienst und Fürstenlohn 80
Im Stadthaus und auf dem Lande 89

KAPITEL 4
Interkulturelle Erziehung in Deutschland 106
Die »Französinnen« 106
Bildung, Konfession und Politik 115
Ein Netzwerk der »Französischen Mamsells« 127
Aus der Schweiz 141

KAPITEL 5
Von der Gouvernante zur Hauslehrerin 146

Ausbildung und Professionalisierung 146
Berufsverläufe und Stellenmarkt 169

KAPITEL 6
Das deutsche Gouvernantenwesen im 19. und
20. Jahrhundert 180

Bei Hofe 180
Ausländerinnen: »My dear, that is a very personal question« 189
Mit Familienanschluß 195

KAPITEL 7
In der Fremde 206

Das Feuer der Kultur entfachen und erhalten 206
Erweiterung und Vertiefung fremdsprachlicher Kenntnisse 227

KAPITEL 8
Gouvernanten – ein weiblicher Sozialtyp? 241

Böse Drachen, gute Feen und kluge Freundinnen 241
Ein anständiger Broterwerb 257

Anmerkungen 266
Literatur- und Quellenverzeichnis 286
Bildnachweise 305
Personenregister 306

Vorwort

Es ist heute wie früher kein Kompliment, wenn eine Verhaltensweise als »gouvernantenhaft« beschrieben wird, denn Gouvernanten haben einen schlechten Ruf. Dabei waren sie es, die rund zwei Jahrhunderte lang wichtige Erziehungsaufgaben in den deutschen Oberschichten übernahmen und bei der Herausbildung einer qualifizierten weiblichen Erwerbstätigkeit eine hervorragende Rolle spielten. Doch ihren Funktionen ist erstaunlicherweise weder in historischen noch in erziehungswissenschaftlichen Untersuchungen nachgegangen worden. Vielleicht liegt es an der Reputation: Hofmeister konnten interessierte Aufmerksamkeit erregen, ihre Kolleginnen in der häuslichen Erziehung dagegen nur kleinmachendes Mitleid oder abweisenden Spott.

Bei Gouvernanten handelte es sich um gebildete Frauen, die zu einer Zeit erwerbstätig wurden, als die bürgerliche Vision der Geschlechterverhältnisse ihnen noch lediglich die Rolle der Gattin, Hausfrau und Mutter zugestand. Deshalb repräsentierten vor allem sie im 18. und 19. Jahrhundert weibliches Bemühen, Wissen zu erwerben und eine ökonomisch selbständige Existenz zu führen. Aber ihr Vordringen in einen qualifizierten Erwerbsbereich war mit Erfahrungen ausgeprägter geschlechtsspezifischer Benachteiligungen verbunden, denn Frauen standen im Vergleich zu ihren männlichen Kollegen keine ausreichenden Qualifikationsmöglichkeiten und keine stabilen Karrieren offen. Deshalb symbolisierte das Gouvernantenwesen nicht nur weibliche Ansprüche auf Bildung und Beruf, sondern auch die im Vergleich zu ihren Brüdern eingeschränkten Möglichkeiten von Mädchen, Kenntnisse zu erlangen, und von Frauen, eine qualifizierte Erwerbstätigkeit auszuüben. Doch so bescheiden der Status von Gouvernanten auch war, er erwies sich als ausbaufähiger Anfang, nämlich im Blick auf eine spätere Entwicklung, in der weibliche Bildung – und das Recht auf Bildung – auch als Grundlage und Legitimation weiblicher Staatsbürgerschaft und politisch-öffentlicher Partizipation gelten sollten.

Der vorliegende Versuch einer Sozialgeschichte der Gouvernanten bewegt sich auf zwei Ebenen, der literarischen und der historischen. Er möchte die Rede über Gouvernanten nachzeichnen und die am Gouvernantenwesen tatsächlich beteiligten Personen selbst ausführlich zu Worte kommen lassen.

Das erste Kapitel vergleicht literarische Bilder von Gouvernanten und Hofmeistern und schildert die realen Unterschiede in den Voraussetzungen und Perspektiven dieser Beschäftigten im häuslichen Erziehungsgeschäft. Im zweiten Kapitel geht es um die pädagogischen Begründungen des Hofmeister- und Gouvernantenwesens. War die Tätigkeit einer Gouvernante wirklich pädagogisch so »theorielos«, wie immer angenommen wird, oder gab es nicht doch genaue Vorstellungen, warum und wie Kinder von Gouvernanten unterrichtet werden sollten?

Das dritte Kapitel beschreibt exemplarisch Berufsverläufe von Gouvernanten aus dem 17. und 18. Jahrhundert und Erfahrungen von Zöglingen während dieser Zeit. Es wird deutlich, daß sich Frauen jenseits ihrer Herkunftsfamilie im »Erziehungsgeschäft« ein neues, vielfältiges Handlungsfeld eröffneten. Sie lernten, sich um Stellen zu bewerben, um Gehälter zu verhandeln, Verträge zu schließen und ihre Interessen zu vertreten. Dabei konnten sie viel von den »Französinnen« lernen, um die es im vierten Kapitel geht. Französische Gouvernanten importierten die theoretische Fundierung ihres Berufes nach Deutschland und nahmen hier lange Zeit eine beherrschende Position auf dem Arbeitsmarkt ein.

Das fünfte Kapitel befaßt sich mit der Professionalisierung deutscher Gouvernanten, die sich zur Unterscheidung von den »gouvernantes« lieber Erzieherinnen und später Hauslehrerinnen nennen ließen. Seit dem frühen 19. Jahrhundert entstanden mit zunehmendem Tempo Ausbildungsstätten für Lehrerinnen, deren Absolventinnen meistens, wenigstens zeitweise, Stellen in Privathäusern annahmen. Das führte zu Problemen der Stellenvermittlung und begünstigte die Entstehung von Selbsthilfegruppen. Erst nach dem Ersten Weltkrieg ging die Zahl der Hauslehrerinnen schnell zurück. Während des 19. und frühen 20. Jahrhunderts konkurrierten deutsche, französische und englische Gouvernanten um die vielfältigen Stellen in der häuslichen Erziehung. Von ihnen berichtet das sechste Kapitel. Frauen, die in Deutschland keine Stelle im Lehramt fanden, die besonders abenteuerlustig waren, ihre Sprachkenntnisse verbessern wollten oder hofften, viel Geld zu verdienen, suchten sich Arbeit im Ausland. Dabei kamen sie nicht nur in Nachbarländer wie Polen oder Belgien, sondern auch an weit entfernte Orte wie Brasilien oder Australien. Im siebenten Kapitel berichten Gouvernanten von ihren

Abenteuern in der Fremde, und einige Zöglinge erinnern sich an ihre Erziehung durch Ausländerinnen. Das letzte Kapitel skizziert eine Neubewertung des historischen Sozialtyps »Gouvernante«, der lange Zeit die erwerbstätige Frau in einem qualifizierten Beruf schlechthin verkörpert hat.

Bildung und das Recht auf Bildung waren für Frauen nicht nur notwendige Voraussetzungen, um eigene Urteile und Entscheidungen für ein unabhängiges Leben zu treffen, sondern legitimierten auch den weiblichen Anspruch auf politisch-öffentliche Partizipation. Die Geschichte der Gouvernanten zeigt, daß »bürgerliche Bildung« und »Bildungsbürgertum« für Frauen etwas anderes bedeuteten als für Männer, und daß sich seit dem 18. Jahrhundert jenseits der Rollenzuschreibungen »Hausfrau, Gattin und Mutter« auch eine andere weibliche »Bürgerlichkeit« herausbildete.

Die vorliegende Darstellung beruht auf Lebenserinnerungen und Briefen von Gouvernanten, ihren einstigen Schülerinnen und Schülern sowie deren Eltern, auf unveröffentlichten Korrespondenzen und auf Verwaltungsakten, in denen der mühsame Weg der Gouvernanten zur beruflichen Anerkennung seinen Niederschlag fand. Danken möchte ich für Hilfe und Unterstützung bei der Quellensuche dem Geheimen Staatsarchiv in Merseburg, der Staatsbibliothek Berlin, der Universitätsbibliothek Marburg, der Bibliothèque Nationale in Paris und der Bibliothek für das Zeitungswesen in Dortmund. Wichtige Hinweise und Anregungen erhielt ich ferner von Wendy Bartlett, Dorothea und Lutz Brandes, Donata Elschenbroich, Hermann Hofer, Renate Petermann und Gudrun Wedel. Gisela Bock, Karin Hausen und Heide Wunder unterstützten meine Arbeit als Herausgeberinnen der Reihe »Geschichte und Geschlechter« durch ihr Interesse und ihre Kritik. Ihnen allen sei an dieser Stelle herzlich gedankt. Und auch Gerd Hardach, der mich nach Droyßig bei Zeitz begleitet hat, wo sich einst ein berühmtes Gouvernanteninstitut befand.

KAPITEL 1

Gouvernanten und Hauslehrer in Fiktion und Wirklichkeit

Gouvernanten: ein Kapitel für sich

Gouvernanten gelten als besserwisserisch, steif, auf Regeln fixiert, pedantisch, moralisierend, humorlos, zimperlich und prüde.[1] Ihr Aussehen wird als streng, schmucklos, »saueräugig« und unerotisch beschrieben.[2] Gouvernantenhaftes Benehmen läßt die Stimmung sinken, kühlt das zwischenmenschliche Klima ab.

Gouvernanten gelten aber auch als »arme Dinger«, als hilflose weibliche Wesen in einer verständnislosen Umwelt. Sie tragen den Kopf gesenkt und die Augen zu Boden geschlagen, ihre abgetragene Kleidung ist reinlich und aus vormals gutem dunklem Wollstoff. Sie haben als Pfarrers-, Beamten- und Offizierstöchter bessere Tage gesehen. Nun sind sie vor allem bemitleidenswert.

Ruth Pinch in Charles Dickens *Martin Chuzzlewit* (1843-44) ist so ein »armes Ding«, das als Gouvernante unter ihrer Herrschaft wie auch unter ihren Zöglingen zu leiden hat: »Die Dame des Hauses war nämlich höchst wißbegierig hinsichtlich der Naturgeschichte und der Gewohnheiten des Lebewesens ›Gouvernante‹ und ermunterte ihre Töchter, darüber zu berichten, sobald sich Gelegenheit bot, was für alle Beteiligten höchst erbaulich, bildend und unterhaltend war.«[3] Die Herrschaft, eine reiche Messing- und Kupfergießerfamilie, sah auf Ruth Pinch als erwerbstätige Frau herab und machte ihr zum Vorwurf, daß sie sich bei ihren Schülerinnen keinen Respekt zu verschaffen wußte. Dabei hatte die Gouvernante »ein hübsches, sehr sanftes und einnehmendes Gesicht und eine niedliche Figur, klein und schmächtig zwar, aber auffallend nett und sauber.«[4] Deshalb wurde sie auch vor der Berufstätigkeit gerettet und durfte erst ihrem Bruder und später einem Ehemann den Haushalt führen.

Im 19. Jahrhundert konnte ein interessiertes Publikum noch im täglichen Leben Informationsmaterial über »Naturgeschichte und Gewohn-

*Ruth Pinch in falscher Stellung. (Illustration von Phiz für
die Erstausgabe von Charles Dickens »Martin
Chuzzlewit«)*

heiten« von Gouvernanten sammeln. Diese Möglichkeit besteht heute
fast gar nicht mehr, weil Gouvernanten nur noch ausnahmsweise in sehr
reichen oder aristokratischen Familien beschäftigt werden. Hauslehrerinnen gehören als Berufsgruppe einer vergangenen Zeit an. Dennoch ist das
Studium des »Lebewesens ›Gouvernante‹« nicht nur nach wie vor »erbaulich, bildend und unterhaltend«, sondern auch historisch bedeutsam.
Im Rückblick zeigt sich nämlich, daß Gouvernanten eine Schlüsselstel-
lung in der Herausbildung qualifizierter weiblicher Erwerbsarbeit einnehmen. Das mag der Grund sein, weshalb sie mit abwertendem Mitleid
und negativen Zuschreibungen belegt worden sind, statt mit Bewunderung und Interesse. Schließlich war Erwerbstätigkeit von Frauen aus den
höheren Ständen und Schichten im 18. und 19. Jahrhundert mit der herr-

schenden Vision der Geschlechterverhältnisse nicht zu vereinbaren. Frauen wurden auf ihre »dreifache Bestimmung« als Hausfrauen, Gattinnen und Mütter festgelegt, Männer auf die Ernährerrolle. Dennoch sahen sich mehr und mehr ledige, verwitwete und geschiedene Frauen aus den oberen Ständen und Schichten gezwungen, ihren Lebensunterhalt selbst zu verdienen. Den Gebildeten unter ihnen bot sich der Beruf der Gouvernante häufig als nächstliegende Lösung an. Als Gouvernante arbeiteten beispielsweise: Madame de Maintenon, heimliche Ehefrau von Ludwig XIV. und Gründerin der Erziehungsanstalt für Mädchen in Saint-Cyr, Mary Wollstonecraft, Verfasserin der Schrift *Eine Verteidigung der Rechte der Frauen* (1792), die Physikerin Marie Curie, die Schriftstellerin Bertha von Suttner, die deutschen Frauenrechtlerinnen Marie Calm, Minna Cauer, Helene Lange, Auguste Schmidt, Franziska Tiburtius und Clara Zetkin, die Zoologin Katharina Heinroth. Diese Frauen verbindet die Tatsache, daß sie an einem bestimmten Punkt ihrer Biographie keinen Vater, Ehemann oder Bruder besaßen, der sie ernähren konnte, und daß sie selbst erwerbstätig werden mußten oder wollten. Für sie wie für viele andere Lehrerinnen war die Annahme einer Gouvernantenstelle vor dem 20. Jahrhundert der bedeutende erste Schritt in die Selbständigkeit.

Wenige historische Gouvernanten, mit Ausnahme vielleicht von Madame de Maintenon, konnten in ihrer Berufsrolle bekannt werden. Berühmte Gouvernanten sind meist fiktiv und stammen aus Romanen und Filmen. Besonders die Heldinnen der englischen Gouvernantenromane des 19. Jahrhunderts haben bis heute nichts von ihrer Faszination für ein breites Lesepublikum verloren, sie haben sogar durch Verfilmungen an weltweiter Bekanntheit gewonnen. Allein von Charlotte Brontës *Jane Eyre* (*Die Waise von Lowood*) existieren mehrere Kino- und Fernsehversionen, die die englische Gouvernante in Japan so bekannt wie in Europa gemacht haben.

Viktorianische Gouvernantenromane berichten über berufstätige Frauen aus den höheren Schichten zu einer Zeit, in der Erwerbsarbeit noch als unvereinbar mit den feineren Formen von Weiblichkeit galt. Erstmals ließ Anne Brontë, Schwester von Charlotte Brontë, in ihrem Buch *Agnes Grey* eine Gouvernante in der Ichform aus ihrem Alltag berichten. Der Roman wurde 1847, im selben Jahr wie *Jane Eyre*, veröffentlicht, war aber früher geschrieben worden. Seine Heldin, die Pfarrerstochter Agnes Grey, hat es schwer, die Sympathie moderner Leser zu gewinnen, weil sie sich ausgesprochen »gouvernantenhaft« benimmt. Sie ist selbstgerecht, leicht beleidigt und humorlos. Die Kinder, die sie unterrichten soll, sind in ihren Augen junge Ungeheuer und die Eltern dieser Kinder dumme, eingebildete Menschen, die den Wert ihrer Gouvernante nicht erkennen. Weil die Kinder so schlecht geraten sind, fühlt sich Agnes Grey dafür entschuldigt, daß sie ihnen nichts beibringt.

Agnes Grey schildert ihre Wünsche vor Antritt der ersten Stelle: »Wie wunderbar wäre es, eine Gouvernante zu sein! Hinauszugehen in die Welt; ein neues Leben anzufangen; selbständig zu handeln; meine brachliegenden Kräfte zu erproben; meinen eigenen Unterhalt zu verdienen und auch etwas, womit ich meinen Vater, meine Mutter und meine Schwester unterstützen und sie darüber hinaus von der Last befreien könnte, für meine Nahrung und Kleidung zu sorgen; Papa zu zeigen, was seine kleine Agnes vermochte; Mama und Mary davon zu überzeugen, daß ich nicht ganz das hilflose, gedankenlose Wesen war, das sie in mir vermuteten. Und dann, wie reizvoll, mit der Obhut und Erziehung von Kindern betraut zu sein! Was immer andere sagen mochten, ich fühlte, daß ich der Aufgabe gänzlich gewachsen war.«[5]

Das sind ziemlich emanzipierte Ansprüche für eine englische Pfarrerstochter in der ersten Hälfte des 19. Jahrhunderts. Agnes Grey ist nicht nur unter dem Druck der Not Gouvernante geworden, sondern nutzt die Situation im Elternhaus, um einen individuellen Lebensplan zu entwickeln. Leider entspricht die Welt, wie sie sie in ihrer ersten Stelle vorfindet, nicht den hohen Erwartungen. Als Gouvernante gerät Agnes Grey in neue Abhängigkeiten und muß feststellen, daß ihre Kräfte für die ihr gestellte pädagogische Aufgabe nicht ausreichen. Sie wird von der Familie Bloomfield vorzeitig entlassen.

Die Wünsche an die nächste Stelle sind konkreter auf den aufnehmenden Haushalt bezogen: »Ich schmeichelte mir, daß ich nun auszöge, etwas von der Welt zu sehen: Mr. Murrays Landsitz lag in der Nähe einer großen Stadt und nicht in einem Industriegebiet, wo die Leute sich mit nichts anderem beschäftigten als mit Geldverdienen; sein gesellschaftlicher Rang schien, soweit ich in Erfahrung bringen konnte, ein höherer zu sein als der Mr. Bloomfields, und gewiß war er einer jener wirklich vornehmen Landadeligen, von denen meine Mutter sprach, und würde seine Gouvernante mit gebührender Rücksicht als eine achtbare, gebildete Dame, als die Erzieherin und Ratgeberin seiner Kinder, und nicht bloß als einen gehobneren Dienstboten behandeln. Auch wären wohl meine Schüler, da sie schon zu den älteren gehörten, vernünftiger, gelehriger und weniger beschwerlich als die vorigen: da sie weniger ans Schulzimmer gebunden waren, bräuchte es nicht jene ständige Mühe und unablässige Aufsicht, und zuletzt mischten sich in meine Hoffnungen lichte Traumbilder, die mit der Betreuung von Kindern

und den bloßen Pflichten einer Gouvernante wenig oder nichts zu tun hatten«.[6]
Auch ihre neue Stellung bringt Agnes Grey Enttäuschungen. Eine Heirat erlöst sie von der Erwerbstätigkeit. Aber immerhin hat sie etwas von der Welt gesehen und ihre Kräfte erprobt.
Der Roman *Agnes Grey* führt seine Heldin in unterschiedliche soziale Milieus. In den vierziger Jahren des 19. Jahrhunderts wurden Gouvernanten in England zunehmend von Familien des Mittelstandes, also von Kaufleuten und Unternehmern, eingestellt, die als schwierige Arbeitgeber galten: als anspruchsvoll, ausbeuterisch, kleinlich, ungebildet und deshalb auch als unfähig, den Wert von Bildung zu beurteilen. Aber der Landadel benahm sich in der Regel gegenüber seinen Angestellten auch nicht taktvoller und höflicher. Gut ausgebildete Gouvernanten zogen Stellungen im hohen Adel vor, doch für eine derartige Position brachte Agnes Grey nicht die nötigen Voraussetzungen mit. Ihr boten sich nur Arbeitsmöglichkeiten in Familien, die sie wegen ihrer mangelnden Bildung und schlechten Manieren verachtete, und die ihrerseits auf die Gouvernante als erwerbstätige Frau herabsahen.
Nach 1830 gab es in England ein Überangebot an Gouvernanten auf dem Arbeitsmarkt. Die beherzten unter ihnen zogen auf der Suche nach Arbeitsmöglichkeiten in die Kolonien, nach Australien, Neuseeland, Südafrika und Indien, aber auch dort gab es häufig nicht genügend Stellen.[7] Wer dagegen eine Stelle fand, ob in der Heimat oder in der Fremde, wurde vielleicht schlecht behandelt und mußte »Dienstbotenarbeit« leisten. »Gouvernantenelend« bezeichnete neben der materiellen Notlage eine Kränkung des Selbstwertgefühls, ein psychisches Leiden an den sozialen Verhältnissen, an der Situation der unverheirateten Frauen aus den oberen Schichten, die nicht Gattinnen, Hausfrauen und Mütter werden konnten oder wollten, denen auf dem Arbeitsmarkt gefragtere Berufe wie Köchin und Modistin aus Standesgründen nicht offenstanden oder die in einem frei gewählten Beruf mißachtet und behindert wurden. »Gouvernantenelend« bedeutete ferner, daß Frauen ihren Lebensunterhalt ohne Berufsausbildung verdienen mußten auf einem Arbeitsmarkt, der ihnen im Vergleich zu Männern nur äußerst begrenzte Möglichkeiten bot.
Um die Mitte des 19. Jahrhunderts, und damit später als in Deutschland, entstanden erste Initiativen, um die Situation der englischen Lehrerinnen und Erzieherinnen zu verbessern: 1843 wurde die »Governesses' Benevolent Institution« gegründet, eine Mischung aus Wohltätigkeitsverein und Berufsorganisation, und 1848 nahmen das Queen's College und das Bedford College ihre Arbeit als Ausbildungsstätten für Gouvernan-

ten und Lehrerinnen in London auf. Diese Institute konnten sich zwar
nicht mit den Universitäten für Männer messen, obwohl sie bereits Unterricht in Fächern wie Latein und Mathematik anboten, machten aber
zumindest einen Anfang mit der qualifizierten weiblichen Berufsausbildung.[8] Für die Mehrzahl aller englischen Frauen, die eine Stelle im häuslichen oder schulischen Unterricht suchten, blieb die Arbeitsmarktsituation jedoch vorerst unverändert schlecht. Im Jahr 1851 wurden in
Großbritannien unter den zwei Millionen erwerbstätigen Frauen 25 000
Gouvernanten gezählt, und es waren gerade die Probleme dieser vergleichsweise kleinen Gruppe, die das besondere Interesse und Mitgefühl
des bürgerlichen Publikums erregten. Wie sich die unverheirateten Frauen aus den Unterschichten ihren Lebensunterhalt verdienten, war kein öffentlicher Diskussionsgegenstand, wohl aber die Lage der unverheirateten Frauen aus den oberen Schichten, die zur Erwerbsarbeit gezwungen
waren. Die unübersehbare Existenz von Gouvernanten machte in Großbritannien deutlich, daß keineswegs alle Bürgertöchter zu Ehe und Mutterschaft bestimmt waren und daß die Ernährerrolle auch in den »besseren Kreisen« nicht nur Männern zufiel.[9]

Der Roman *Agnes Grey*, in dem die Probleme des Gouvernantenberufs
geschildert werden, ist in weiten Teilen autobiographisch. Anne Brontë
hatte wie ihre Schwester Charlotte selbst in der häuslichen Erziehung gearbeitet. Beide Autorinnen brachten für den Lehrberuf trotz ihrer hervorragenden Begabungen und Talente nur ungenügende Voraussetzungen
mit: sie mochten keine Kinder und waren den Umgang mit ihnen nicht
gewöhnt, sie benahmen sich schüchtern und menschenscheu, sie wollten
lieber Bücher schreiben als Kinder unterrichten, und sie hatten selber eine
nur sehr unzureichende Ausbildung erhalten, besaßen damals z.B. noch
kaum Französischkenntnisse und gar keine Musik- und Deutschkenntnisse.[10] Charlotte Brontë war sich bewußt, daß eine kinderliebe, aufgeschlossene, gesunde, selbstbewußte und fröhliche Person weniger Gefahr
lief, als Gouvernante im fremden Haushalt ausgebeutet und unterdrückt
zu werden, als sie und ihre Schwester. Und sie vertrat auch die Ansicht,
daß selbst die Annahme einer schlechten Gouvernantenstelle für eine
Frau gewinnbringender war, als untätig, arm und abhängig zu Hause zu
sitzen und das Leben erfahrungs- und ereignislos verstreichen zu lassen.[11]
Für Charlotte Brontë galt es, die Situation der Gouvernante zu verbessern, nicht aber Frauen von dieser Erwerbsmöglichkeit abzuraten.

Charlotte Brontë hat mit *Jane Eyre* wohl die berühmteste literarische
Gouvernante geschaffen: eine kleine, dünne, blasse, mit strengem Mittelscheitel frisierte, dunkel gekleidete Person. Jane Eyre besitzt ein starkes

Selbstwertgefühl und kämpft gegen ihren sozialen Abstieg: Durch Geburt und Erziehung gehört sie zu den höheren Schichten und erhebt Anspruch darauf, trotz ihrer Erwerbstätigkeit als Dame behandelt zu werden. Jane Eyre heiratet nach vielen Prüfungen ihren Arbeitgeber und erfüllt damit eine Gouvernantenphantasie, die sich im wahren Leben nur selten realisieren konnte.[12]

Frauen wurden aber nicht nur Gouvernanten, um dem sozialen Abstieg zu entgehen, sondern auch um sozial aufzusteigen. Becky Sharp, die Antiheldin aus W.M. Thackerays *Jahrmarkt der Eitelkeit* (1847 als Fortsetzungsroman, 1848 als Buch erschienen) ist die Tochter einer französischen Ballettänzerin und eines liederlichen englischen Malers und damit von Geburt aus nicht eindeutig eine Dame. Sie ist wie Jane Eyre klein und schmächtig, aber nur aus Armut dunkel und schlicht gekleidet und strebt nach Reichtum, Eleganz und Vergnügen. Um in Kontakt mit der Oberschicht zu gelangen, gibt Becky Sharp ihre Stellung an einer Schule auf und wird Gouvernante in einem adeligen Haus auf dem Lande. Über den pädagogischen Umgang mit ihren Zöglingen, zwei kleinen Mädchen, heißt es: »Das Zutrauen der Kinder gewann sie schnell. Indes war ihre Methode dabei ziemlich einfach. Sie plagte die jungen Köpfe nicht mit allzuviel Gelehrsamkeit; im Gegenteil, sie ließ den Kindern alle Freiheit, sich selbst zu erziehen.«[13] Eine ihrer Schülerinnen widmet sich daraufhin der Lektüre französischer Romane, die andere treibt sich in Ställen und Scheunen herum. Damit erfüllen sich hier die zeitgenössischen Befürchtungen vieler Eltern: Das eine Kind wird durch die Gouvernante »verdorben«, das andere »verwildert«. Betty Sharp vertraut ihrer Freundin in einem Brief an: »Die Pfarrfrau machte mir Dutzende von Komplimenten über die Fortschritte meiner Schülerinnen. Damit wollte sie mir zweifellos ans Herz rühren – das arme, einfältige, ländliche Gemüt! Als ob ich mir auch nur das geringste aus meinen Schülerinnen machte!«[14]

W.M. Thackeray schrieb über Gouvernanten aus einer ganz anderen Perspektive als Anne und Charlotte Brontë, nämlich aus der des Arbeitgebers. Thackerays Frau lebte nach dem Ausbruch einer Geisteskrankheit in einer Anstalt, und der Schriftsteller trug die alleinige Verantwortung für die Erziehung seiner Töchter. 1846 stellte er die erste Gouvernante ein, und mit ihr begann seine zehnjährige Leidenszeit mit wechselnden Erzieherinnen, die ihm alle »Ärger, Schlaflosigkeit und Appetitsverlust« verursachten.[15] Thackeray erlebte Gouvernanten als erwerbstätige Frauen, die einen Beruf ausübten, für den sie weder die notwendigen menschlichen noch die fachlichen Voraussetzungen mitbrachten. Die besonderen Bedingungen dieses Berufs erlaubten es ihnen, in fremde Privatsphären

Becky Sharp, literarischer Prototyp der unzuverlässigen Gouvernante, hängt ihren bösen Gedanken nach, statt sich um ihre Zöglinge zu kümmern. Vor ihr steht ein verschließbarer Schreibkasten, wie ihn geographisch mobile Frauen benutzten, um Dokumente, Wertsachen, Geld und Briefe zu transportieren bzw. aufzuheben. Die Illustration wurde von W. M. Thackeray selbst für die Erstausgabe des »Jahrmarktes der Eitelkeit« angefertigt.

zu dringen und dort Unruhe zu stiften. So sehr Thackeray auch Charlotte Brontë und ihr Buch *Jane Eyre* schätzte, so wenig kam er jedoch von seiner lebenslangen Überzeugung ab, daß es sich bei Gouvernanten nicht um Opfer, sondern um Täterinnen handelte.

Zu Täterinnen werden literarische Gouvernanten vor allem für die beteiligten Kinder. In Sheridan le Fanus Schauerroman *Uncle Silas* (1864) versetzt die kriminelle Madame de la Rougierre ihren Zögling in Angst und Schrecken. Die Französin benutzt die Erzieherinnenstelle bei dem jungen Mädchen als Vorwand, um sich in das Haus ihrer Opfer einzuschleichen.

Böse Intrigen spinnt auch die Gouvernante in Joseph Conrads *Spiel des*

Zufalls (1912). Sie möchte die mutterlose Flora de Barral mit ihrem eigenen Liebhaber verheiraten, den sie als Neffen ausgibt, um Zugriff auf das große Vermögen der reichen Erbin zu erlangen. Als der Plan scheitert, läßt die Gouvernante Zorn und Frustration an dem ahnungslosen Mädchen aus. Sie zeigt ihm, wie sehr sie es verachtet, und zerstört damit nachhaltig sein Selbstwertgefühl. Die vierzigjährige Gouvernante wird als ein Opfer ihres Berufs geschildert: »Welch ein abscheuliches, unbefriedigendes Dasein muß das gewesen sein für eine Frau, die nach den Sinnesfreuden des Lebens nicht weniger begierig strebte als ihre Herrschaft. Sie hatte ihre Jugend verrinnen sehen, ihre Frische gilben, ihre Hoffnungen sterben, und nun fühlte sie, wie ihr die leuchtenden mittleren Jahre entglitten. Kein Wunder, daß sie, mit ihrem herrlich aufgesteckten vollen Haar, das reich von weißen Strähnen durchsetzt war, was ihrem eleganten Aussehen den pikanten Akzent einer gepuderten Frisur verlieh – kein Wunder, sage ich, daß sie sich verzweifelt an ihre letzte Leidenschaft, die für jenen verworfenen jungen Schlingel, klammerte, in ihrer Leidenschaft so weit ging, diesen erstaunlichen Plan für ihn auszuhecken.«[16] Und der Erzähler fragt: »Betrachten Sie Gouvernanten als Geschöpfe, die über jeden Verdacht erhaben und unbedingt moralisch vollkommen sind? Vermutlich würden ihre Herzen eine genaue Inspektion so wenig vertragen wie die anderer Menschen. Warum sollte eine Gouvernante nicht Leidenschaften haben, alle möglichen Leidenschaften, sogar die der Ausschweifung, sogar zügellose Leidenschaften; Leidenschaften, die dann mit eben denjenigen Mitteln unterdrückt werden, die auch uns übrige bei der Stange halten: früher Drill – Not – Umstände – Furcht vor den Folgen; bis ein Alter erreicht ist, ein Punkt, da der Zwang der Jahre unerträglich wird – und die Verblendung unwiderstehlich.«[17]

Joseph Conrad schildert packend, welche Verheerungen eine böse Gouvernante im Gemüt ihres Zöglings anrichten kann. Ihm geht es jedoch nicht um den Einzelfall, sondern um Einblicke in die »weibliche Natur«, die sich seiner Meinung nach harmonisch nur in einer Ehe entfaltet. Frauenberuf, Frauenemanzipation und Frauenstimmrecht sind für ihn widernatürliche gesellschaftliche Verirrungen. Deshalb wird die Gouvernante bei Conrad zum Symbol für entfremdete Weiblichkeit.

Ein wesentlich differenzierteres Gouvernantenbild entsteht in den Romanen von Henry James (1843-1916). Der Amerikaner wurde zusammen mit seiner Schwester Alice 1855 in Genf und London von der Schweizer Gouvernante Amélie Cusin in der französischen Sprache unterrichtet.[18] Auf Mlle Cusin folgte im Hause James eine lange Reihe meist französischer Gouvernanten, an die sich ihre ehemaligen Zöglinge später gerne erinnerten. Henry James schildert in verschiedenen Werken aber keine »Französinnen«, sondern englische Gouvernanten, die aufopfernd um das vermeintliche Seelenheil und Glück ihrer Zöglinge kämpfen. In seinem Roman *The Turn of the Screw* (1897) wird über diesen Kampf aus der Perspektive der jungen und schönen Gouvernante berichtet, die gerade ihre erste Stelle angetreten hat.[19] Die Gegebenheiten sind »klassisch«: Ort der Handlung ist ein einsamer aber komfortabler Landsitz in England, die Gouvernante, eine Pfarrerstochter, verliebt sich hoffnungslos in ihren Arbeitgeber. Ungewöhnlich ist, daß ihr ihre Vorgängerin als böser Geist erscheint.

Ebenfalls 1897 schrieb Henry James den Roman *What Maisie Knew*, der sich mit dem modernen Thema der Scheidungswaisen beschäftigt. Aus Maisies Sicht entsteht das Bild einer turbulenten Kindheit zwischen Eltern, Stiefeltern, Liebhabern der Mutter, Geliebten des Vaters und Gouvernanten. Die attraktive, gebildete Gouvernante Miss Overmore wird Maisies Stiefmutter, aber die eigentliche Heldin ist die alte, häßliche, wenig gebildete und ziemlich lächerliche Mrs. Wix. Für das Kind ist sie der erste und einzige liebesfähige und vor allem verläßliche Mensch: »verläßlicher als sonst jemand auf der Welt, als Papa, als Mama, als die Dame mit den gewölbten Augenbrauen; verläßlicher als Miss Overmore, auf deren Liebreiz, wie das kleine Mädchen ihn empfand, man sich, wie ihr ahnend aufging, nicht so verlassen konnte wie auf die Liebkosungen und Gutenachtküsse der anderen. (...) Irgend etwas in Mrs. Wix' Art und Stimme, das, so leicht es zu karikieren war, doch unbeschreiblich und unnachahmlich blieb, ließ Maisie, bevor die Zeit bei ihrer Mutter vorüber war, diese Empfindung einer Geborgenheit aufkommen, so wie ein brusthohes Geländer vor einem tiefen Abgrund, das niemals einstürzen kann.«[20]

Gouvernanten waren im Leben von Kindern wichtige Bezugspersonen, oft durch das enge Zusammenleben wichtiger als Mutter und Vater, sie waren geliebte Freundinnen und Verbündete, aber auch böse Feindinnen und Quellen auswegloser Ängste.

In den vielgelesenen englischsprachigen Romanen des 19. Jahrhunderts ist die Stellung der Gouvernante als mittellose Frau aus den höheren Schichten auch Motor für dramatische Handlungen, die aus dem Haushalt der Familie, in dem die Gouvernante tätig ist, herausführen.[21] In Mrs. Gaskells *Wives and Daughters* (1864-1866 als Fortsetzungsroman erschienen) gelingt es der ehemaligen Gouvernante Hyacinth Kirkpatrick, genannt Clare, sich mit dem Arzt ihrer aristokratischen Arbeitgeber zu verheiraten und so der ungeliebten Lehrtätigkeit zu entrinnen, was wiederum zu Konflikten zwischen »Ehefrauen und Töchtern« führt.[22] Lucy Morris aus Anthony Trollopes *The Eustace Diamond* (1873) ist eine von ihren Schülerinnen und deren Eltern respektierte Gouvernante, die von ihren Arbeitgebern wie eine Familienangehörige behandelt wird.[23] Lucy Morris' Mittellosigkeit erschwert die Heiratspläne mit ihrer Jugendliebe, aber schließlich siegen doch Tugend und Zuneigung über Geld und gesellschaftlichen Ehrgeiz: Lucy bekommt ihren Frank. Trollope macht jedoch deutlich, daß die Heirat zwischen einem jungen, ehrgeizigen Anwalt und Politiker und einer zwar lieben und gebildeten, aber weder schönen noch mondänen Frau ohne jedes Vermögen nur gegen alle zeitgenössische soziale Wahrscheinlichkeit zustande kommen kann.

Aus den englischen Romanen des 20. Jahrhunderts ist die Gestalt der Gouvernante keineswegs verschwunden. Adelige Familien beschäftigten bis zum Zweiten Weltkrieg Gouvernanten zur Erziehung ihrer Töchter. Jessica Mitford, geboren 1917, beschreibt in ihren Erinnerungen *Hons and Rebels* (1962) häusliche Mädchenerziehung in der ländlichen Aristokratie. Den ersten Unterricht erteilt die Mutter, dann folgt eine Reihe von Gouvernanten, die eine nach der anderen von den Mädchen weggegrault werden, bis schließlich eine Gouvernante ins Haus kommt, die ihre Zöglinge zum Ladendiebstahl anhält und dadurch ihr Interesse langfristig fesselt.[24]

In modernen historischen Romanen werden Gouvernanten eingeführt, um gebildete, unternehmungslustige Frauen darzustellen, die in fremde Länder und Milieus ziehen. Joan Aiken z.B. schickt ihre englische Heldin in dem 1982 veröffentlichten Roman *Das Mädchen aus Paris* als Gouvernante in einen aristokratischen Haushalt nach Frankreich, wo sie berühmte Schriftsteller trifft und in den Salons an Diskussionen über Frauenemanzipation teilnimmt.[25]

Das Bild der Gouvernante in der englischsprachigen Literatur zeichnet sich durch irritierende Ambivalenzen aus. So ist es im viktorianischen Gouvernantenroman schwer, zwischen Täterinnen und Opfern zu unterscheiden. Henry James macht das in »The Turn of the Screw« deutlich: die Leser rätseln, ob die schöne, junge Gouvernante eine verrückte Sadistin oder eine aufopfernde Pädagogin ist. Gouvernantenromane zeigen die sozialen und daraus folgenden emotionalen Widersprüche, die in die Organisation bürgerlicher Geschlechterverhältnisse eingegangen sind. Frauen aus den höheren Ständen und Schichten sollen nicht erwerbstätig sein, sondern als Hausfrau, Gattin und Mutter im Haus wirken, aber viele von ihnen wollen oder müssen ihren Lebensunterhalt selbst verdienen. Aus diesem sichtbaren Gegensatz zwischen

Anspruch und Wirklichkeit können auswegslose Ängste und moralische Verwirrungen entstehen.

Im Vergleich zu England spielt die Gouvernante in der deutschen Literatur des 18. und 19. Jahrhunderts nur eine untergeordnete Rolle. Das mag vor allem daran liegen, daß in Deutschland sowohl Frauen wie Männer in der häuslichen Erziehung eine Erwerbsquelle fanden, während es in England wesentlich mehr Gouvernanten als Hauslehrer gegeben hat.[26] Hauslehrer treten in der englischen Literatur im Gegensatz zur deutschen, französischen und russischen nur selten auf, denn nicht sie, sondern die Vikare verkörperten hier das Leiden junger, mitteloser Akademiker. In keinem anderen Land war die Gouvernante beruflich so isoliert und arbeitete von der männlichen Berufssphäre so abgetrennt wie in England, und nirgends sonst wurde sie zu einem vergleichsweise starken Symbol spezifisch weiblicher Benachteiligung.

In Deutschland entstand der literarische Typ der »Französin«, d.h. der französischen Gouvernante. Sie verkörpert häufig negative Eigenschaften wie Falschheit, Eitelkeit und Gewinnsucht. In Luise Adelgunde Gottscheds zähem Lustspiel »Die Hausfranzösin« (1745) wird die Titelfigur Mme La Flèche als Kriminelle niedrigen Standes entlarvt. In dem Roman *Die Amtmannin von Hohenweiler* (1791) spinnt Mademoiselle de Robignac ihre Intrigen.[27] Die Hausherrin und Erzählerin der Geschichte, Frau Haller, schreibt über die Gouvernante: »Mademoiselle de Robignac hatte das Herz meines Mannes ganz in ihre Gewalt bekommen. Wär sie jung und schön gewesen, so hätte mich dieses so sehr nicht wundern sollen; (...) aber sie, die nie von einem erträglichen Ansehen konnte gewesen seyn, und die jetzt in ihrem dreißigsten wie sie, oder in ihrem fünfzigsten Jahre, wie andere Leute meynten, eher einer braunen hohläugigen Sybille als einer Herzensbezwingerin ähnlich sah, wie hätte diese Herrn Haller, der doch ehemals ein Kenner der Schönheit zu seyn schien, gefallen können! Gleichwohl war es mehr als zu wahr, daß sie herrschte und ich gehorchen mußte, daß ihre übertriebene Schmeicheley eine Hülle war, die sie ihrer Obergewalt anlegte, damit ich nicht gleich von Anfang zu sehr geschreckt, vielleicht einen Sturm wagte, der ihr hätte nachtheilig seyn können.«[28] Die kokette, herrschsüchtige, sich übertrieben jugendlich gebende Gouvernante war nicht einmal eine gute Lehrerin: »Die Erlernung der französischen Sprache ausgenommen, hatten meine Mädchen wenig Vortheil von dieser Last meines Hauses, dieser Französinn. Anstatt des ernsten gesetzten Wesens, das ich gern an meinen Kindern sahe, gewöhnte sie ihnen ein gewisses albernes Geziere an, das mir unausstehlich war, und das sie *un joli air enfantin* zu nennen pflegte. Nichts wurde ordentlich und ohne läppische Ausschweifungen und Anspielungen erzehlt, alle Worte, vornehmlich die deutschen, wenn man einmal ein deutsches Wort hörte, wurden verkehrt ausgesprochen, und selbst in der Sprache, die sie lehren sollte, beschäftigte sie so sehr, den Mädchen zu sagen, wie man nicht sprechen müsse, daß sie am Ende mehr von der Sprache des Pöbels, als den edlern Ausdrücken der großen Welt wußten.«[29]

Von Karl Theodor Körner (1791-1813) wurde 1818 postum eine Posse mit dem Titel *Die Gouvernante* veröffentlicht. Hier wird eine alte, fast blinde »Französin« zum Opfer einer Intrige ihrer Zöglinge. Die »Französin« ist zwar zur Abwechslung gutartig, aber zweifellos »gouvernantenhaft«, denn es heißt über sie: »Wenn sie den Anstand nur nicht bis zur Tollheit trieb.«[30]

Im Vergleich zu ihren französischen Kolleginnen gelten deutsche Gouvernanten in der schönen Literatur des 18. und frühen 19. Jahrhunderts meist als tüchtig und ehrlich. Was eine gute Erzieherin zu leisten vermag, schildert z.B. Friedrich Volkmann in seinem Erziehungsroman *Auguste oder Die Würde des weiblichen Geschlechts* (1796). Hier löst die deutsche Gouvernante die »Französin« ab und macht den pädagogischen Schaden wieder gut, den ihre Vorgängerin angerichtet hatte.

Marie Nathusius' *Tagebuch eines armen Fräuleins* erschien 1854 und begründete den Ruhm seiner Autorin. Der Roman erzählt in der Ichform die Geschichte der Louise von Plettenhaus. Die adelige Heldin ist arm und verwaist. Sie kommt durch Vermittlung eines Verwandten mit 18 Jahren als Gouvernante auf das Gut von Standesgenossen. Louise von Plettenhaus hat gehört, daß viele adelige Arbeitgeber sich stolz und hochmütig gegenüber ihrer Gouvernante benehmen und ist auf der Hut. Die Familie, in der sie arbeitet, lebt im Streit, geht nur unregelmäßig zur Kirche und vergnügt sich auf Geselligkeiten und Bällen. Das ändert die Gouvernante. Sie führt Morgenandachten ein, achtet auf regelmäßige Kirchenbesuche, läßt Essen für die Armen im Haus kochen, hält Dienstboten und Herrschaft zum »gottseeligen« Leben und dem Singen frommer Lieder an. Ihr Verhalten wird belohnt. Die Mutter der Zöglinge, die sich nicht an den neuen Lebensstil der Familie gewöhnen kann, zieht in die Verbannung. Der Hausherr, ein lediger Onkel der Zöglinge, darf die Gouvernante heiraten. Für die zwölfjährige Lucie wird eine neue Erzieherin eingestellt, und zwar die Schwester des Pfarrers, die schon einmal für diesen Posten ausersehen war. Damals hieß es, sie sei eine ältere Dame, »ein sehr gelehrtes Frauenzimmer, dabei aber eine Betschwester und eine simple Person, die sich für die jungen Damen des Hauses gar nicht paßt«.[31] Louise von Plettenhaus schreibt nun als Hausherrin: »Des lieben Herrn Pfarrers Schwester ist die rechte Person dazwischen und ist eine bessere Gouvernante als ich es war.«[32]

Der Roman von Marie Nathusius erinnert an *Jane Eyre*, denn seine Heldin ist äußerlich ein »armes Ding«, aber innerlich eine willensstarke Person, die keine auch noch so unbedeutende Zurücksetzung hinnimmt. Eltern taten gut daran, aggressive Gouvernanten, wie Marie Nathusius sie schildert, schnell wieder fortzuschicken, wenn sie die Erziehung ihrer eigenen Kinder weiterhin leiten wollten.

Ebenso erfolgreich wie Marie Nathusius war Ottilie Wildermuth mit ihren Erzählungen und Romanen, die sich zum Teil auch heute noch unterhaltsam lesen. Ottilie Wildermuth richtete sich mit ihren Werken vor allem an junge Mädchen, denen sie die Fallen und Hürden im bürgerlichen Frauenleben aufzeigen wollte. Stets empfahl sie ihren Leserinnen den Mittelweg: Sie sollten die häuslichen Tugenden nicht vernachlässigen, aber auch geistige Interessen entfalten. Die Autorin betonte immer wieder, daß eine gebildete Frau ohne Kenntnisse der Haushaltsführung nur wenige Betätigungsmöglichkeiten fand, daß eine Frau ohne Bildung sich aber nur für die niedrigsten Arbeiten eignete und weder eine gute Ehefrau noch eine gute Mutter sein konnte.

In dem Briefroman *Unabhängigkeit* (1855) tritt die achtzehnjährige Helene Winter nach Abschluß ihrer Pensionserziehung eine Gouvernantenstelle an. Aber im Gegensatz zu Louise von Plettenhaus wird sie nicht aus ökonomischer Notwendigkeit erwerbstätig, sondern begründet den Entschluß gegenüber ihrer Freundin im Jahre 1832 folgendermaßen: »Ich sehne mich nach geistiger Thätigkeit, – und erstens und letztens: ich sehne mich hinaus, hinaus in eine freiere, frischere Lebensströmung. (...) Ich will Freiheit, Unabhängigkeit, auf einem Wege natürlich, wo sie einem Mädchen zugänglich ist.«[33] Freiheit und Unabhängigkeit sucht die Schwäbin Helene Winter auf einem gräflichen Schloß im fernen Preußen. Sie fühlt sich vom adeligen Leben angezogen. Doch die Konfrontation mit der Realität des Gouvernantenalltags ernüchtert sie bald. Nicht daß sie es besonders schlecht getroffen hätte, es sind nur die normalen Bedingungen und Anforderungen des Berufs, die sie niederdrücken. Das ihr zugewiesene Zimmer ist einfacher als ihr Jungmädchenstübchen im Elternhaus, die Bedienung ist unaufmerksam, und die Anforderungen des Individualunterrichts sind hoch. Außerdem muß Helene Winter häufig abends auf dem Klavier zum Tanz aufspielen, hat bei Geselligkeiten mit den Kindern und den Gouvernanten des Besuchs zusammenzusitzen. Sie möchte als schöne, junge Frau an der adeligen Geselligkeit teilnehmen und nicht als Berufsmensch. Bei der ersten Gelegenheit kündigt die junge Gouvernante ihre Stelle und schreibt an die Freundin: »Aber diese anständige Sklaverei ist nun einmal meine Bestimmung nicht, darüber bin ich mir klar...«[34]

Ottilie Wildermuth wollte der Gouvernantentätigkeit mit ihrer Schilderung etwas von dem Glanz rauben, den sie offensichtlich in den Augen vieler junger Mädchen besaß. Die Autorin kritisierte aber auch das Verhalten ihrer Heldin, z.B. durch einen Vergleich mit dem ebenfalls im Schloß beschäftigten Hauslehrer. Der junge Theologe interessiert sich nicht für die adelige Geselligkeit und erwartet keine große persönliche Beachtung, er geht in seiner Lehrtätigkeit auf, wird von seinen Zöglingen geliebt und von deren Eltern geachtet. Und auch die verständige Brieffreundin rät Helene Winter, sich mehr um die ihr anvertrauten Kinder zu kümmern als um die adeligen Besucher. Vor allem aber zeigt der weitere Lebensweg der Gouvernante, daß ihre unglückliche Persönlichkeitsstruktur in hohem Maße für die berufliche Unzufriedenheit verantwortlich ist. Nach dem Tod des Vaters ist Helene Winter zur Erwerbstätigkeit gezwungen, sie wird erst Privatlehrerin, die in der eigenen Wohnung unterrichtet, dann Haushälterin und heiratet schließlich einen alten, wohlhabenden Mann, den sie nicht liebt. Überall scheitert sie an sich selbst, an ihrem Unvermögen, in Frömmigkeit und Tätigkeit Befriedigung in ihren jeweiligen Lebensumständen zu finden. Erst als Witwe gelingt es ihr, dem Leben einen Sinn zu geben, und schließlich heiratet sie den ehemaligen Hauslehrer aus dem gräflichen Haus, der nun Pfarrer im Schwabenland ist.

Ottilie Wildermuths Schilderung des Gouvernantenalltags auf einem Schloß ist durchaus widersprüchlich, denn beinahe wäre Helene Winter die Frau des adeligen Gutsnachbarn geworden. In ihn hatte sie sich verliebt, mit ihm hätte sie gerne gelebt. Und wo, wenn nicht in einer Gouvernantenstelle, hätte das bürgerliche Mädchen einen attraktiven Adeligen näher kennenlernen können? Den jungen Leserinnen bleibt bei aller Ernüchterung über das unbehagliche Gouvernantenzimmer und die Anforderungen des Individualunterrichts in einer kinderreichen Familie noch genug Stoff zum Träumen: von der reizenden Gruppe, die die junge Gouvernante mit ihren Zöglingen im Schloßpark vor den Augen der eleganten, kultivierten Gesellschaft bildet; von der anmutigen Haltung, in der Helene Winter abends am Klavier aufspielt, wobei ihr ein charmanter Kavalier die Notenseiten umblättert; von der schlichten, aber doch edlen Erscheinung der Gouvernante am unteren Ende der Tafel, die manche Aufmerksamkeit auf sich zieht, usw. Wäre Jane Eyre nicht Gouvernante geworden, hätte sie Rochester niemals kennengelernt.

Marie von Ebner-Eschenbachs Erzählung *Ein kleiner Roman* (1889) spielt zu Anfang des 19. Jahrhunderts. Hier berichtet eine deutsche Gouvernante aus ihrem Leben und erklärt rückblickend: »Ich muß im Gegensatz zu so vielen meiner ehemaligen Standesgenossinnen sagen, daß mir die Gouvernante an der Wiege gesungen worden. Von Kindheit an hörte ich: Lerne, damit Du lehren kannst, gehe den rechten Weg, um ihn Anderen zu weisen. Der Wohlstand, den Du jetzt genießest, erlischt, sobald sich die Augen Deines Vaters schließen. Dann heißt es, selbst für Dein Brot zu sorgen.«[35] Nach dem Tod des Vaters tritt die junge Frau eine Stelle in einem reichen, aristokratischen Haus an. Dort verliebt sie sich in den Hausherrn, der ihr nach dem Tod seiner Frau einen Heiratsantrag macht, um eine Mutter für sein Kind zu gewinnen. Die Gouvernante heiratet ihn nicht, weil sie das Kind, ihren Zögling, nicht liebgewinnen kann.

Marie von Ebner-Eschenbach, die selbst von wechselnden Gouvernanten erzogen worden war und sie als wichtige Bezugspersonen erfahren hatte, zeigt im Verlauf der Erzählung, daß die vielschichtigen Beziehungen der Erwachsenen in diesem fiktiven aristokratischen Haushalt bei dem Kind zusammenlaufen. Der Zögling der Gouvernante, ein Mädchen, ist kein »junges Ungeheuer« wie in *Agnes Grey*, mit dessen Persönlichkeit es sich nicht zu befassen lohnt, sondern ein sich entfaltendes Individuum, das durch seine Egozentrik und stupide Bosheit Abneigung einflößt. Das Verhältnis von Gouvernante und Zögling, das in den meisten Geschichten, die aus der Perspektive der Gouvernante erzählt werden, in den Hintergrund tritt, gewinnt bei Marie von Ebner-Eschenbach im Verlauf der Erzählung schicksalhafte Bedeutung.

In dem 1900 veröffentlichten Roman *Martinhagen* führt der populäre Autor Julius Stinde (*Familie Buchholz*) die unterschiedlichen Erwartungen vor, die eine Bauernfamilie, ihre Kinder und eine junge Gouvernante aus der Stadt zusammenführen.[36] Stindes Roman ist in der Gouvernantenliteratur dadurch eine Ausnahme, daß ausgerechnet der politisch konservative Autor seine Heldin zum Schluß beides finden läßt: Zufriedenheit im Lehrberuf, für den sie sich inzwischen qualifiziert hat, und Glück in der Ehe mit einem Berufskollegen. Als verheiratete Lehrerin kann Stindes Heldin allerdings nur an einer Privatschule tätig sein, weil in öffentlichen Schulen für Lehrerinnen bis 1918 in den meisten deutschen Ländern ein Zölibatsgebot bestand.

Der einzige in die Literaturgeschichte eingegangene deutschsprachige Gouvernantenroman, *Therese* (1928) von Arthur Schnitzler, thematisiert das trostlose Leben einer Wiener Gouvernante. Der Roman schildert Schicksal und Tod einer Tochter aus adeligem, aber verarmtem und sozial deklassiertem Haus.[37] Die Heldin wird Gouvernante, weil es sich so ergibt, weil ihr ohne Berufsausbildung keine anderen Erwerbsmöglichkeiten offenstehen. Als neues Thema führt Schnitzler Sexualität in die Gouvernantenliteratur ein: Thereses Begegnungen mit verschiedenen Männern treiben die Geschichte voran. Therese selbst ist nicht zu einem eigenen Lebensentwurf fähig. Die alten Frauenrollen werden nach dem Ersten Weltkrieg in Frage gestellt, die neuen, die auch für unverheiratete Frauen Berufsausbildung und Leistungsorientierung nach den Gesetzen des Arbeitsmarktes zur Regel machen, haben sich erst teilweise durchgesetzt. Therese schafft es nicht, ihre Lehrerinnenprüfung nachzuholen, die allein ihre berufliche Situation verbessern könnte. Stattdessen läßt sie sich von einer Stelle zur anderen treiben, liefert sich den Männern und den Verhältnissen aus, bekommt ein uneheliches Kind, das sie zu Pflegeeltern gibt, führt ihr altes Leben weiter, unterrichtet als Privatlehrerin in der eigenen Wohnung und findet schließlich einen gewaltsamen Tod durch ihren Sohn. Therese wird nicht als Opfer gesellschaftlicher Verhältnisse geschildert wie die viktorianischen Gouvernanten oder deren unglückliche Zöglinge, sondern als Opfer ihres Charakters und ihres spezifischen familiären Milieus. Therese erlebt wie Agnes Grey die Leiden einer abhängigen Stellung in einem fremden Haus, die Einsamkeit, Geldnöte, Disziplinprobleme mit den Zöglingen, aber der persönliche und gesellschaftliche Kontext ist ein ganz anderer: Agnes Grey hatte ihr Leben in die Hand genommen und die Chancen genutzt, die sich ihr in der ersten Hälfte des 19. Jahrhunderts boten, Therese dagegen (ihren Nachnamen erfahren wir nicht) betrachtet ihre soziale Herkunft noch als Qualifikation zu einer Zeit, als Frauen aus den unteren Schichten durch den Besuch öffentlicher Schulen bereits Aufstiegschancen im Lehrfach nutzen.

Zu Arthur Schnitzler, geboren 1862, kam um das Jahr 1870 eine Erzieherin ins Haus, der er viel verdanken sollte: »Diese Erzieherin, eine junge norddeutsche, Bertha Lehmann mit Namen, blaß, schlank, blond, gutmütig und ohne besonderen Liebreiz, war es, die mich dazu veranlaßte, den größten Teil meines Taschengeldes für die kleinen gelbroten Büchelchen der eben erst gegründeten Reclam'schen Universalbibliothek zu verwenden.«[38] Durch sie wurde auch sein Interesse an sozialen Fragen und menschlichen Herzensangelegenheiten geweckt. Leider fand Bertha Lehmann nur ein kurzes Glück: sie heiratete einen Leutnant, der bald darauf seine Charge niederlegte, aber im Zivilleben nicht zurechtkam. Das Paar verarmte, wurde trunksüchtig, zankte sich und führte ein elendes Leben. Später, als »nach Wein duftende« Witwe, ernährte sich die ehemalige Gouvernante durch die Anfertigung von Handarbeiten und durch Almosen.

Wiener Gouvernanten waren in ihrem sozialen Status nicht so scharf von pflegenden und beaufsichtigenden Kinderfrauen zu trennen wie ihre deutschen Kolleginnen. In Wien wurde die Berufsbezeichnung »Gouvernante« häufig für das deutsche »Fräulein«, also für eine Kindergärtnerin, verwandt.[39]

Weniger einfühlsam als bei Arthur Schnitzler in *Therese* und bei Joseph Conrad in *Spiel des Zufalls* wird das Thema der Sexualität von Gouvernanten in erotischen Trivialromanen behandelt. Typisch für dieses Genre ist die Darstellung der pädagogischen Beziehung zwischen Lehrerin und Zögling als sadomasochistisches Verhältnis. In dem fiktiven *Tagebuch einer Erzieherin* von »Dolorosa«, Anfang dieses Jahrhunderts erschienen, geht eine staatlich examinierte und eigentlich gutartige Gouvernante ihren sadistischen sexuellen Neigungen nach und begeht schließlich aus Scham Selbstmord.[40] Pikante Enthüllungen aus der Erziehungsszene versprechen auch diejenigen Autobiographien von Gouvernanten, die aus der Schlüssellochperspektive über fremde Familien berichten. Hier wird das gemeinsame Leben unter einem Dach zum Ausgangspunkt für gegenseitige Verleumdungen, die geteilte Intimität wird zur Falle.[41]

So unterschiedlich wie die belletristischen Werke, die sich im deutschen Sprachraum mit Gouvernanten beschäftigen, so unterschiedlich sind auch die geschilderten Gouvernanten selbst. Wie im viktorianischen Roman gibt es die »armen Dinger«, die spröden, steifen, »gouvernantenhaften« Erzieherinnen und vereinzelt auch die intriganten Abenteuerinnen. »Gute« Gouvernanten schöpfen häufig Kraft und Selbstvertrauen aus der Religion. Ihre Frömmigkeit hilft ihnen bei Einsamkeit und schlechter Behandlung, ihr Glaube gibt ihnen Hoffnung, stiftet Sinn und liefert ihnen Maßstäbe des Handelns und der Beurteilung.

Im Vergleich der literarischen Diskurse über das Gouvernantenwesen werden historische und nationale Unterschiede sichtbar: Selbst die unglückliche Therese findet im Wien des 20. Jahrhunderts wesentlich bessere Arbeitsbedingungen vor als ihre Kolleginnen im viktorianischen England. In England besaß eine Gouvernante im 19. und 20. Jahrhundert weniger Sozialprestige als in Deutschland, Rußland oder Frankreich, was nicht nur durch die Arbeitsmarktverhältnisse, sondern mehr noch durch die unterschiedlichen Formen der Kindererziehung bedingt war. Ein »Gouvernantenelend« gab es im Leben wie in der Literatur vor allem in England.

Das Gouvernantenwesen unterschied sich zwar in den einzelnen Ländern, aber es war gleichzeitig international: französische und englische

Hauslehrerinnen kamen nach Deutschland, deutsche unterrichteten im Ausland. Alexander S. Puschkin schildert 1830 die englische Gouvernante, Miß Jackson, in seiner Erzählung *Das Fräulein als Bauernmädchen* folgendermaßen: »diese war eine vierzigjährige, sehr korrekte alte Jungfer, die sich schminkte und die Augenbrauen färbte, die zweimal im Jahr die Pamela überlas, hierfür zweitausend Rubel jährlich erhielt und vor langer Weile in diesem barbarischen Rußland zu sterben glaubte.«[42]

In Leo Tolstois Roman *Anna Karenina* setzt die Affaire von Annas Bruder Stepan Arkadjewitsch mit der ehemaligen französischen oder schweizerischen Gouvernante seiner Kinder die Handlung in Gang. Stepan Arkadjewitsch über-

Die erotische Gouvernante (Umschlagabbildung eines Romans von 1904)

legt: »»Gewiß, es ist nicht schön, daß *sie* als Gouvernante bei uns angestellt gewesen ist. Das ist nicht schön! Es hat immer einen trivialen, ordinären Beigeschmack, wenn man mit einer Angestellten des eigenen Hauses flirtet. Aber was für eine Angestellte!‹ (Er stellte sich lebhaft die schalkhaften schwarzen Augen und das Lächeln von Mlle Roland vor.) ›Doch solange sie bei uns im Hause war, habe ich mir ja nichts erlaubt.‹«[43]

Henri Troyat beschreibt die Erlebnisse einer französischen Gouvernante in St. Petersburg während der russischen Revolution in dem historischen Roman *La gouvernante française*. Hier steht eine kinderliebe, intelligente Frau im Mittelpunkt, die ihre wahre Berufung findet: russische Kinder zu unterrichten, und sei es in der Emigration.[44]

Frankreich selbst importiert Gouvernanten aus England und Deutschland. Die Erzählung *La gouvernante allemande* von Allary und Mainard (1887) schildert einen Kriminalfall mit politischem Hintergrund: Während einer Parade gehen der kleine Sohn eines französischen Generals und seine deutsche Gouvernante in der Zuschauermasse verloren. Alle Suche nach ihnen bleibt vergebens. Es stellt sich heraus, daß es in früheren Jahren schon ähnliche Fälle gegeben hat, bei denen stets ein französischer

Junge und eine deutsche Gouvernante spurlos verschwunden sind. Es gelingt der Polizei, ein finsteres Komplott aufzudecken. Die deutsche Gouvernante, es handelt sich in allen Fällen um ein und dieselbe Person, entführt Kinder aus Rache an der französischen Nation. Sie hatte im Krieg gegen Frankreich Ehemann und Bruder verloren und stiehlt nun kleine Jungen, um sie zu Deutschen zu erziehen, damit sie eines Tages gegen ihr eigenes Vaterland kämpfen. Dieser Plan kann nur deshalb so erfolgreich umgesetzt werden, weil es in der französischen Oberschicht üblich geworden ist, für den häuslichen Fremdsprachenunterricht Ausländerinnen einzustellen. Die »authentische Geschichte« soll auf ein gesellschaftliches Übel aufmerksam machen, nämlich die zu große Fremdenfreundlichkeit, die es erlaubt, daß Frankreichs Hoffnung, seine Kinder, deutschen Gouvernanten anvertraut werden.[45]

Gouvernanten nahmen nicht nur Stellen innerhalb Europas an, sondern legten weite Entfernungen zurück, um in Südamerika, Australien, Afrika oder Asien zu arbeiten. Sie fanden zu Hause keine Stellung, wollten dem heimatlichen »Gouvernantenelend« entgehen oder etwas von der Welt sehen. Das mehrfach verfilmte Musical *Der König und Ich* basiert auf den Erinnerungen von Anne Leonowens, die von 1862 bis 1867 als Gouvernante am Hof von Siam lebte, wo sie auch den Kronprinzen erzog.[46]

Als Gouvernante in die Fremde zu gehen, erforderte Initiative, Selbständigkeit und Mut, also Eigenschaften, die lange Zeit nicht als typisch weiblich galten. Deutsche Jugendschriftstellerinnen nutzten das Motiv der jungen Frau, die im Ausland ihr Geld verdient, um ihren Leserinnen Kenntnisse über »das häusliche Leben in verschiedenen Ländern« zu vermitteln. Aber auch ihre besonders unternehmungslustigen Romangestalten geben am Schluß des jeweiligen Buches in der Regel ihren Beruf auf, um zu heiraten.[47] Während der Erwerbstätigkeit in der Fremde sind sie jedoch welterfahrener und toleranter geworden. Sie haben gelernt, daß es sich lohnt, auch bei geringen Mitteln und ohne angeborene Schönheit »das Beste aus sich zu machen«. Denn auch ein echtes deutsches Mädchen braucht kleidsame Frisuren, modische Kleidung und gefällige Umgangsformen nicht zu verachten. Die patriotische Autorin Brigitte Augusti stellt ihren jungen Leserinnen den Chic der Französinnen, der Erbfeindinnen also, durchaus als vorbildlich und nachahmenswert dar. Und auch Louise von Plettenhaus hat seinerzeit als Gouvernante gelernt, sich mit wenig Mitteln geschmackvoller zu kleiden.

Die Internationalität des Gouvernantenwesens schuf kosmopolitische Typisierungen: Die exzentrische englische »Miss«, die kokette französische »Mademoiselle« und das tüchtige deutsche »Fräulein« repräsentierten in vielen Teilen der Welt bestimmte nationale Eigenschaften in Gestalt einer gebildeten, berufstätigen Frau. Französinnen, Engländerinnen und Deutsche teilten sich den internationalen Arbeitsmarkt für Gouvernanten auf, wobei die Marktchancen auch von den politischen Gegebenheiten abhingen. Die englische Kolonialverwaltung in Indien z.b. überwachte die Auswahl der ausländischen Gouvernanten für die indischen Fürstenkinder: französische und deutsche Gouvernanten hatten deshalb kaum Aussichten, eingestellt zu werden.

In dem literarischen Diskurs über Gouvernanten verschränken sich Fiktion und Wirklichkeit auf immer wieder neue Art und Weise. Seine Themen sind die ökonomischen, sozialen und psychischen Probleme, mit denen eine erwerbstätige Frau aus den gebildeten Schichten zwischen dem späten 18. und frühen 20. Jahrhundert allgemein konfrontiert wurde, und die Beziehungsdynamik, die das Eintreten pädagogischen Fachpersonals in einem spezifischen Haushalt auslösen konnte. Hierum geht es auch in dem historischen Roman der Amerikanerin Rachel Field *All This and Heaven Too* (1938), der auf wahren Begebenheiten beruht.[48] Erzählt wird die Lebensgeschichte von Henriette Deluzy-Desportes, die in Paris als Gouvernante in das Haus der herzoglichen Familie Choiseul-Praslin eintritt. Eines Tages wird die Herzogin von ihrem Ehemann brutal ermordet, und die Gouvernante gerät in den Verdacht der Mitschuld. Nach ihrem Freispruch aus Mangel an Beweisen verläßt Henriette Deluzy-Desportes Europa, um in Amerika ein neues Leben zu beginnen.

In dem Roman wird die Gouvernante als intelligente, unabhängige, selbstbewußte, kreative, kinderliebe Frau geschildert. Sie übt ihren Beruf gerne aus, leidet aber unter seinen sozialen Bedingungen. Auch für sie ist die Stellung der Gouvernante zwischen Herrschaft und Gesinde eine ständige Quelle von Frustration und melancholischer Einsamkeit. Gerade weil sie ihre Zöglinge liebt, kränken sie die beschränkten Einflußmöglichkeiten einer Hauslehrerin auf Erziehung und Zukunft der Kinder. Auch ihre eigene Zukunft macht ihr Angst, die Vision, von Stelle zu Stelle zu ziehen, jederzeit von Entlassung bedroht zu sein, keine eigene Familie zu haben, Mangel zu leiden.

Das Eintreten der Gouvernante in den herzoglichen Haushalt wirkt sich auf die Beziehung der Kinder zu ihren Eltern aus und auf die Beziehung der Ehegatten untereinander. Die Gouvernante wird zum Auslöser von Interaktionsprozessen, die zur Katastrophe und schließlich zum Ende der Familie führen. Sie verliebt sich in den Herzog, der ihren Zöglingen ein liebevoller und engagierter Vater ist. Und sie träumt davon, selbst die Rolle der Ehefrau und Mutter im Hause zu übernehmen. Die Herzogin, das Opfer, wird als halb wahnsinnige Frau geschildert, die ihr grausames Schicksal provoziert.

Fanny Gräfin Sebastiani, Herzogin von Praslin, war als Kind und junges Mädchen in Frankreich von Henriette Mendelssohn (1775-1831), der Tochter des jüdischen Philosophen Moses Mendelssohn, erzogen worden. Henriette Mendelssohn ging 1802 nach Paris, wo sie eine Pension für junge Mädchen leitete. 1812 ließ sie sich katholisch taufen auf den Namen Maria Henriette und trat eine Stelle als Gouvernante im Hause Sebastiani an. Sie schildert ihren Zögling als liebes, aber unbegabtes und faules Kind.[49] 1824 wurde die Ehe der reichen Erbin mit dem 19jährigen Herzog arrangiert. Kurz vor der Verheiratung Fanny Sebastianis schrieb Maria Henriette Mendelssohn an Bruder und Schwägerin in Berlin: »Vor einigen Monaten, als man im Begriff war, eine traurige Wahl zu treffen, war ich um Fanny in der höchsten Besorgniss, und grämte mich tief über das traurige Loos, das ihr bevorstand. Nun aber mit Gottes Hülfe eine andere Verbindung zu Stande gekommen ist, von der sich, auch wenn die schönsten Hochzeitskleider vertragen sein werden, manches Gute erwarten lässt, und Fanny so überselig ist, bin ich selbst meine Qual, – und die Frage von sogenannten theilnehmenden Freunden: ›Was denken Sie zu thun?‹ – ist mir ein schneidendes Schwerdt. Dass die Treue und Liebe, die ich dem Kinde und dem Mädchen in dieser Reihe von Jahren bewiesen, eigentlich nur eine Rolle war, dass der Vorhang nun fällt und Fanny morgen in einem neuen Stück erscheint, in welchem keine Rolle für mich ist, das hätte ich mir allerdings immer sagen sollen, – vielleicht habe ich mir es auch zuweilen gesagt, – aber wie ganz anders dringt die Wirklichkeit ein! – danken Sie Gott, liebe Schwester, dass sie dies nie empfinden werden, dass die Versorgung Ihrer Fanny eine für Sie neue, ungetrübte Freude sein wird.«[50]

Eine Gouvernante trat dem ihr anvertrauten Kind nur in einer befristeten Berufsrolle gegenüber, während eine Mutter wie Lea Mendelssohn-Bartholdy ihrer Tochter Fanny durch natürliche und sittliche Bande ein Leben lang verbunden blieb. War der Abschluß einer mütterlichen Erziehungsaufgabe Grund zu Stolz und Befriedigung, so konnte dagegen die Erfüllung eines Einstellungsvertrages für eine Gouvernante das abrupte Ende gewachsener Bindungen bedeuten und latente Zukunftsängste aktualisieren.

Maria Henriette Mendelssohn war schon lange tot, als ihr ehemaliger Zögling ermordet wurde. Karl August Varnhagen von Ense schrieb am

21. Dezember 1847 aus Berlin an Pauline Wiesel nach Saint-Germain: »An Jetta Mendelssohn mußt' ich wohl oft genug denken bei der gräßlichen Praslin'schen Geschichte! Erinnern Sie sich noch, daß wir einst dort zusammen waren, und das Kind sehr lieblich und hübsch fanden, aber auch eigensinnig und störrig? Doch ein solches Ende hätte man dem armen Geschöpf nicht vorhergesagt!«[51]

In Romanen, die aus der Perspektive der Gouvernante erzählen, verkörpert diese erwerbstätige Fremde im Haushalt ihrer Arbeitgeber häufig Ordnung, Vernunft, Verläßlichkeit und aufrichtige Liebe angesichts der Unbeherrschtheit, der Rücksichtslosigkeit und der egoistischen Ansprüche ihrer Herrschaft. Die Gouvernante ist im Vergleich zu ihrer nichterwerbstätigen Rivalin um die Liebe von Mann und Kindern die tüchtigere, klügere und moralischere Frau und wäre auch die bessere Hausherrin, Gattin und Mutter, wenn man sie nur ließe. Fanny Herzogin von Praslin wird in dem Roman *All this and Heaven Too* als halb wahnsinnig geschildert, Bertha Rochester, Ehefrau von Jane Eyres Brotherrn, ist völlig geisteskrank und wird auf dem Dachboden des Schlosses versteckt gehalten. Die Damen des Hauses bringen Unglück und Zerstörung, welches die Gouvernanten in ihrer abhängigen Stellung nicht verhindern können. Gerade die in der Gouvernante personifizierte Vernunft, Nüchternheit und Selbstbeherrschung setzt in der Familie der Herrschaft verschüttete Wünsche und verborgene Aggressionen frei.

Fiktive Gouvernanten finden an ihrem Arbeitsplatz selten einen Ort familialen Glücks, emotionaler Wärme und persönlicher Geborgenheit für Eltern und Kinder vor. Vielmehr erscheint Familienleben im kühlen Blick der Gouvernante als Arena für Unvernunft, Disziplinlosigkeit, Falschheit und Oberflächlichkeit. Mütter, Väter und Kinder werden an den allgemeinen Maßstäben bürgerlicher Welt- und Lebenssicht gemessen und meist für ungenügend befunden. Die Familie, im 19. Jahrhundert als Ort der Gefühle, der Liebe, der Geborgenheit, der Intimität und damit als Gegenwelt zu der sich herausbildenden Berufssphäre definiert, erscheint selbst als durch und durch erziehungs- und reorganisationsbedürftig. Die Gouvernante kann, zumindest in Romanen, zur Trägerin eines derartigen Reformwerks werden. *Jane Eyre* ist dafür ein Beispiel: Am Ende des Romans ist die wahnsinnige Dame des Hauses tot, Rochester ist durch körperliche Behinderungen hilflos und abhängig geworden, das Kind ist im Pensionat, nun kann die Gouvernante den Wiederaufbau der Familie nach ihren Normen und Werten beginnen. Auch die Gouvernante Louise von Plettenhaus, eine Adelige mit bürgerlichen Eigenschaften aus dem *Tagebuch eines armen Fräuleins* von Marie Nathusius, will überall »gottseeliges« Leben nach ihrem Geschmack verbreiten. Sie bringt Geschwister auseinander, entfremdet Mutter und Tochter und gestaltet den Schloßhaushalt nach ihren Vorstellungen um. Auch ihr gelingt es, den Herrn des Hauses auf ihre Seite zu ziehen und zu heiraten.

Romane, die dagegen über Gouvernanten aus der Perspektive der Arbeitgeber oder der Zöglinge berichten, schildern eine Bedrohung oder eine Rettung, die aus der Berufssphäre in die Familie dringt. Die Gouvernante kann durch persönliche Integrität, Moralität und Verantwortungsgefühl zum »rettenden Engel« werden. Sie kann aber auch quälen und zerstören. In jedem Fall ist sie verdächtig, weil sie als gebildete Berufstätige in eine Familie tritt, obwohl sie als bürgerliche Frau eigentlich die Gegenwelt zur Berufssphäre verkörpern sollte. Der berufliche Habitus der Gouvernante, ihr Erwerbsdenken, ihre Zweckrationalität, ihre Disziplin und ihr Egoismus irritieren, weil sie sich im Haus, dem berufsfreien Ort der höheren Weiblichkeit und der zwischenmenschlichen Gefühle, entfalten. Die Berufssphäre, die sich in der Neuzeit aus der Sozialform des ganzen Hauses, die Familie und Arbeit einschloß, herausdifferenziert hat, wird im zeitgenössischen neuen Denken dem Mann zugerechnet, das Heim jedoch der Frau.

Hatten es deshalb Hauslehrer in der schönen Literatur leichter als Gouvernanten, sich in ihrer sozialen Position zwischen Herrschaft und Dienstpersonal einzurichten, litten sie weniger, wurden sie von ihren Zöglingen mehr geliebt, gingen sie ihren Arbeitgebern weniger auf die Nerven?

»Vivat die Hofmeister und daß der Teufel sie holt«[52]

Ein geschlossenes literarisches Genre »Hauslehrerroman«, vergleichbar dem viktorianischen Gouvernantenroman, gibt es nicht. Zwar kommen auch Hauslehrer in Romanen vor, aber die Auseinandersetzung mit ihrer Berufsrolle findet vor allem in den pädagogischen und philosophischen Schriften des 16., 17. und 18. Jahrhunderts statt.[53] Hauslehrer wurden damals meist Hofmeister, aber auch Präzeptoren, Informatoren, Gouverneure und Tutoren genannt. Ein Hofmeister war ursprünglich der Aufseher über ein Gut oder über den Haushalt eines Fürsten. Zu seinen vielfältigen Aufgaben gehörte u.a. die Organisation des Lebens und des Unterrichts der herrschaftlichen Kinder. Seit dem 16. Jahrhundert stellte der Hofmeister nicht nur Lehrer ein, sondern erzog und unterrichtete auch immer häufiger selbst.[54] Während des 18. Jahrhunderts verbreitete sich die Erziehung durch Hauslehrer auch im Bürgertum.

Michel Montaigne, John Locke und Jean-Jacques Rousseau sprachen sich ausdrücklich gegen Schulerziehung und für eine häusliche Erziehung der Jungen durch Hauslehrer aus. Noch besser war es allerdings ihrer Meinung nach, wenn der Vater seine Söhne selbst unterrichtete. Für John Locke (1632-1704) sollte der Hofmeister »eine Persönlichkeit von hervorragender Tugend und Einsicht sein und bei einem gesunden Verstand eine gute Gemütsstimmung und das Geschick besitzen, sich in würdiger, angenehmer und freundlicher Art in beständigem Verkehr mit den Zöglingen zu halten«.[55] Er sollte nicht nur Wissen vermitteln, sondern auch die Heranbildung einer moralischen Persönlichkeit leiten. »Privaterziehung« durch Hauslehrer erlaubte ein stärkeres Eingehen auf die Persönlichkeit der Zöglinge und konnte die Fähigkeiten und Neigungen einzelner Schüler besser berücksichtigen als die kollektive Schulerziehung. Der ständige persönliche Umgang von Lehrer und Schüler gestattete es, Wissen ohne Zerstückelung in Schulstunden zu erarbeiten, Kenntnisse durch praktische Beobachtung, z.B. auf Spaziergängen, zu erwerben, zwanglos spontane Lernmöglichkeiten zu nutzen, den Zögling vor schädlichen Einflüssen und schlechtem Umgang zu schützen, seine Reaktionen zu beobachten und seine wissenschaftlichen Interessen spielerisch anzuregen. Die Erziehung der neuen Zeit sollte den ganzen Menschen formen, ihn zur Autonomie und Mündigkeit erziehen, das erschien in der häuslichen Individualerziehung eher möglich als in den kirchlichen Schulen einerseits und den Standesschulen andererseits. Der Vater war oberste pädagogische Instanz. Die Eltern bestimmten in »Instruktionen« für den Hofmeister, was die Kinder lernen sollten, planten in der Regel den Unterricht und suchten die Hauslehrer nach ihren Zielen aus. Die »Tugenden und Einsichten«, die von einem Hofmeister erwartet wurden, richteten sich nach den jeweiligen Anforderungen des Hauses, in das er eintreten sollte. Der Erzieher eines Prinzen hatte andere Voraussetzungen zu erbringen als der eines Kaufmannssohnes, der Hauslehrer in einem ländlichen Pfarrhaus andere als auf einem adeligen Gut in Kurland. Es entstand eine eigene Literaturgattung, die Eltern erklärte, worauf sie bei der Einstellung eines Hofmeisters zu achten hatten, und die Hauslehrern Ratschläge erteilte, wie sie den Arbeitsalltag in einem fremden Haus erfolgreich bewältigten. Der Philosoph und Pädagoge Johann Friedrich Herbart (1776-1841) entwarf noch im 19. Jahrhundert eine Erziehungslehre für Hauslehrer, die sich auf den Respekt vor den individuellen Unterschieden der Menschen gründete. Schulen sah er als einen »großen

Haufen von Knaben und Männern, die ohne die mildernde Einwirkung des Familiengeistes ihre Kräfte aneinander messen, bis einige unterliegen, andere sich behaupten und die meisten sich fügen.«[56]

Die Schulerziehung der Jungen besaß jedoch in Deutschland immer mehr Verfechter als die häusliche Erziehung. Pädagogen wiesen darauf hin, daß Kinder nur im gemeinsamen Unterricht mit anderen Kindern geselligen Umgang lernen und Welterfahrung erwerben konnten, daß Konkurrenz die Lernmotivation erhöhte, daß Unterricht durch mehrere Lehrer das Wissensspektrum erweiterte und daß nur die Schule einen verbindlichen Lehrplan garantieren konnte. Auch wurden seit dem 17. Jahrhundert immer wieder Klagen über faule, unwissende, unsittliche und kriecherische Hofmeister laut, die die Kinder verdarben, statt sie durch Erziehung zu »veredeln«. Aber Schul- und Privaterziehung bildeten vor Einführung des Schulzwanges keinen prinzipiellen Gegensatz, sondern lösten sich ab oder ergänzten sich. Beide sollten das Kind für seinen jeweiligen Stand und für die soziale Rolle, die es einmal einnehmen würde, erziehen.

Ein berühmtes Vorbild für alle Hauslehrer schuf Jean-Jacques Rousseau in seinem pädagogischen Roman *Emil oder über die Erziehung* (1762). Der verwaiste Emil wird von einem idealen Hofmeister durchs Leben begleitet, der sich nur mit diesem einen Zögling beschäftigt, ihn vor schädlichen Einflüssen bewahrt und seine natürliche Entwicklung unterstützt. Dadurch, daß Emil keine Eltern mehr besitzt, gerät sein Hauslehrer auch nicht in das typische Spannungsfeld zwischen Eltern und Zögling, zwischen Herrschaft und Gesinde, das die Umstände häuslicher Privaterziehung charakterisiert.

Tatsächlich veränderte aber das Hereintreten des Hofmeisters in den Familienkreis wie das der Gouvernante gewöhnlich die Gruppendynamik im Haus, neue Beziehungen formierten sich, alte lösten sich auf, es entstanden Eifersüchteleien, Rivalitäten, aber auch Hilfsbündnisse, Freundschaften und Liebeleien. Im Extremfall sprengte diese Dynamik das familiäre Zusammenleben. Eine derartige durch einen Hauslehrer ausgelöste dramatische Zuspitzung der Beziehung unter Hausgenossen schildert Jakob Michael Reinhold Lenz in seiner Komödie *Der Hofmeister oder Vorteile der Privaterziehung* (1774). Lenz, der selbst kurze Zeit als Hauslehrer gearbeitet hatte und dessen Vater und Großvater Hofmeister gewesen waren, bevor sie eine Pfarrstelle übernahmen, lehnte im Gegensatz zu Rousseau die häusliche Erziehung durch angestellte Kräfte ab: Kinder konnten bei einer einzigen Person nie genug Kenntnisse erwerben, Hauslehrer begaben sich in ihrer Stellung in ein unwürdiges persönliches Abhängigkeitsverhältnis, Eltern holten sich eine fremde Person ins Haus, der sie oft genug zu Recht mißtrauten. Der *Hofmeister* war ein Plädoyer für den Schulbesuch und für eine Verbesserung der öffentlichen Schulen. Ein Akademiker sollte nach Lenz lieber »was lernen, daß er dem Staate nützen kann«, statt seine Freiheit an eine Privatperson zu verkaufen.[57] Der Dichter ließ eine Figur der Komödie über das Hofmeisterleben sagen: »Die edelsten Stunden des Tages bei einem jungen Herrn versitzen, der nichts lernen mag und mit dem er's doch nicht verderben darf, und die übrigen Stunden, die der Erhaltung seines Lebens, den Speisen und dem Schlaf geheiligt sind, an einer Sklavenkette verzeufzen; an den Winken der gnädigen Frau hängen und sich in die Falten des gnädigen Herrn hineinstudieren; essen, wenn er satt ist, und fasten, wenn er hungrig ist, Punsch trinken, wenn er p-ss-n möchte, und Karten spielen, wenn er das laufen hat. Ohne Freiheit geht das Leben bergab rückwärts, Freiheit ist das Element des Menschen wie das Wasser des Fisches, und ein Mensch, der sich der Freiheit begibt, vergiftet die edelsten Geister seines Blutes, erstickt seine süßesten Freuden des Lebens in der Blüte und ermordet sich selbst.«[58]

Der Hofmeister Läuffer ist bei Lenz ein lächerlicher Kriecher, aber auch ein gefährlicher Mensch, der die Tochter des Hauses verführt, in dem er angestellt ist. Der Vater des Mädchens wird wahnsinnig, die Tochter versucht, sich zu ertränken, der ehemalige Hofmeister kastriert sich. Aber schließlich fügt sich doch noch alles zu einem guten Ende, und die Komödie schließt mit den Worten eines jungen Vaters zu seinem kleinen Kind: »Wenigstens, mein süßer Junge! werd ich dich nie durch Hofmeister erziehen lassen.«[59]

Bertolt Brecht hat den *Hofmeister* von Lenz zu einem Lehrstück über die Erziehung zur Knechtschaft und über die geistige und gesellschaftliche Selbstentmannung großer Teile der bürgerlichen deutschen Intelligenz umgearbeitet. Lenz war es aber auch um das Private gegangen, also um die besondere häusliche Situation und die unvermeidlichen Beziehungskonstellationen, die mit der Anstellung eines Hauslehrers entstanden.

Das Private war ein historisch neues Problem. 1774 wurde es schon nicht mehr als selbstverständlich angesehen, daß Verwandte und Nicht-Verwandte in einem Haus zusammenlebten und daß Erwerbsarbeit im Haus verrichtet wurde. Beruf und Familie, Arbeit und Leben traten auseinander. Immer mehr Familien wollten »unter sich« bleiben, ein Wunsch, der in der alten Gesellschaft weitgehend unbekannt gewesen war. Dienstboten wie die Köchin, der Gärtner, die Kammerzofe, der

Tischdecker und das Stubenmädchen ließen sich im Umgang auf Funktionen reduzieren. Ihre Gefühle durften weitgehend ignoriert werden. Der Hofmeister aber wollte bei den Hausgenossen als gebildetes Individuum Anerkennung finden und als besondere Persönlichkeit geachtet werden. Die Herrschaft wiederum mußte sich mit den Eigenheiten und Charakterzügen des Hauslehrers auseinandersetzen, denn er erzog die Kinder, beeinflußte sie, er saß mit der Familie an einem Tisch und nahm an der abendlichen Geselligkeit teil. Das wurde allen Beteiligten häufig lästig. Hinzu kam noch, daß im »Prozeß der Zivilisation« Ansprüche und Wünsche hervorgebracht wurden, die sich zu neuen Regeln fixierten. Diese Regeln waren häufig unklar, variierten von Haus zu Haus und schufen Unsicherheit darüber, was nun als »gutes Benehmen« angesehen werden konnte und was nicht.

Der Hofmeister in dem Stück von Lenz macht im Haus seiner Arbeitgeber eine Bemerkung zu einem Gast, dem er nicht vorgestellt worden ist, und bekommt von der Dame des Hauses zu hören: »Merk er sich, mein Freund! daß Domestiken in Gesellschaften von Standespersonen nicht mitreden. Geh er auf Sein Zimmer. Wer hat Ihn gefragt?«[60] Der Hofmeister wird hier nicht mehr mit dem »Sie« angeredet, das ihm als Akademiker und Pfarrersohn gebührt, sondern mit dem »Er«, das ihn auf den Rang eines Dienstboten verweist.

Viele spätere Beamte, Pfarrer und Gelehrte wie Kant, Fichte, Hegel, Jean Paul, Wieland, Herder, Herbart und Schleiermacher, verdienten sich ihren Lebensunterhalt als Hauslehrer, um die Jahre zwischen Abschluß des Studiums und Antritt einer Lebensstellung zu überbrücken, denn es gab mehr Akademiker als entsprechende Ämter. Wilhelm Raabe schreibt über seinen literarischen Helden, den Theologen Hans Unwirrsch: »Neidlos zog er an den fettesten und anmutigsten Pfarren vorüber ins Hauslehrertum.«[61] Die attraktiven Pfarren sind besetzt mit jungen, gesunden Geistlichen, denen der gute Unwirrsch nicht einen frühen, plötzlichen Tod wünschen möchte. Unwirrsch unterrichtet auf einem Gut, im Hause eines ländlichen Fabrikanten und in der Familie eines großstädtischen Geheimrates, bis er endlich durch Protektion eine arme, kleine Hungerpfarre erhält. Bei den Arbeitgebern der Hauslehrer handelte es sich in manchen Fällen um Patronatsherren, die Pfarren vergaben, oder anderweitig einflußreiche Persönlichkeiten, die auf die weitere Karriere Einfluß nehmen konnten.

Das Hauslehrertum wird in der Literatur des 18. Jahrhunderts vielfach als persönliche Zumutung und Erniedrigung dargestellt.[62] In einer Privatstelle wartete auf den jungen Akademiker ein nicht festumschriebener

Pflichtenkreis, der oft Anlaß zu Mißverständnissen und Konflikten gab. Hauslehrer hatten sich nicht durch Bildungsinstitutionen geplagt, um wie Domestiken behandelt zu werden, statt gesellschaftlich aufzusteigen. Adolph Freiherr von Knigge sah in der schlechten Behandlung von Hofmeistern ein Problem, das wichtig genug war, um in seinem Ratgeber *Über den Umgang mit Menschen* behandelt zu werden. Er schreibt: »Es kann mir durch die Seele gehn, wenn ich den Hofmeister in manchem adelichen Hause demüthig und stumm an der Tafel seiner gnädigen Herrschaft sitzen sehe, wo er es nicht wagt, sich in irgend ein Gespräch zu mischen, sich auf irgend eine Weise der übrigen Gesellschaft gleichzustellen, wenn sogar den ihm untergebenen Kindern von Eltern, Fremden und Bedienten der Rang vor ihm gegeben wird, vor ihm, der, wenn er seinen Platz ganz erfüllt, als der wichtigste Wohlthäter der Familie angesehen werden sollte. – Es ist wahr, daß es unter den Männern dieser Art hie und da Solche giebt, die eine so traurige Figur ausser ihrer Studierstube spielen, daß man nicht wohl auf einem bessern Fuß mit ihnen umgehen kann; allein das widerlegt nicht dasjenige, so ich von der Achtung gesagt habe, die man diesem Stande schuldig ist. – Wehe den Eltern, die ihre Kinder solchen selbst nicht erzogenen Miethlingen anvertrauen! – Hast Du aber einen edeln Freund gefunden, der sich der Erziehung Deines Sohnes annimmt; so ist es auch nicht genug, daß Du ihm ausgezeichnet freundlich, ehrenvoll und dankbar begegnest; Du musst ihm auch freye Macht lassen, ohne Widerspruch seinen Erziehungsplan durchzusetzen; und von dem Augenblicke an, da Du Dein Kind in seine Hände lieferst, hast Du den wichtigsten Theil Deiner väterlichen Rechte auf ihn übertragen.«[63] Die Eltern waren dafür verantwortlich, daß ihre Söhne durch fähige Hauslehrer erzogen wurden und daß diese wichtigen Bezugspersonen ihrer Kinder eine würdige Behandlung erfuhren. Aber Hauslehrer als überlegene Erziehungsexperten anzuerkennen, ihnen gar Rechte abzutreten, fiel den meisten Eltern verständlicherweise schwer. Es gab zwar viele tüchtige Theologen, Mediziner, Juristen und Philologen unter den Hauslehrern, aber nur wenige tüchtige Pädagogen. Die »Hauslehrermisere« war nicht nur ein soziales Problem, sondern auch ein pädagogisches. Wie Lenz in seinem Stück *Der Hofmeister* zeigt, litten nicht nur die Hauslehrer selbst unter der Privaterziehung, sondern vor allem auch die Kinder, zu deren Bestem diese ja veranstaltet wurde. Die Kinder waren dem Hauslehrer und seinen Schrullen häufig ausgeliefert, waren von Gleichaltrigen und dem Alltagsleben abgeschnitten, konnten wie Gefangene unter ständiger Kontrolle und Beobachtung gehalten werden und erwarben nur das eingeschränkte Wissen, das der Hauslehrer zufällig besaß.

Die »Hauslehrermisere« bedeutete für Kinder und Eltern auch, daß sie
es oft mit zwar hochgebildeten, aber pädagogisch unfähigen Lehrern zu
tun hatten. Der philosophische Schriftsteller Johann Georg Hamann
wurde im Dezember 1752 Hauslehrer auf einem Gut in Livland, weil er
etwas von der Welt sehen und geschickte Umgangsformen erwerben
wollte. Daß er stotterte, war dabei sicher kein Vorteil, schlimmer aber
war, daß er wenig Verständnis für seinen Zögling entwickelte. Hamann
beklagte sich schriftlich bei der Dame des Hauses über ihren Sohn, den er
eine »menschliche Säule« nannte, und forderte sie unter Androhung gött-
licher Verdammnis dazu auf, den dreizehnjährigen Jungen häufiger prü-
geln zu lassen.[64] Der Mutter, Baronin Budberg, kamen daraufhin Zweifel
an den pädagogischen Fähigkeiten ihres Hofmeisters, den sie nun ihrerseits als »Seuhle mit vielen Büchern umbhangen« bezeichnete.[65] Und da
sein Kontrakt abgelaufen war, befahl sie: »machen Sie sich fertig Montag
von hier zu reußen«.[66] Für Hamann kam diese Reaktion seiner Arbeitgeberin überraschend. Er fühlte sich ungerecht behandelt und schrieb:
»Kurz die Frau Baronin scheint in einem Hofmeister die Eigenschaften
eines Kammerdieners u. Hoffnarren gesucht zu haben.«[67] Davon war aber
in Hamanns ausführlichen Schilderungen seines Hofmeisterlebens nie die
Rede gewesen. Vielmehr hatte ihm als Hofmeister ein Bedienter zur Verfügung gestanden, er wurde in die häusliche Geselligkeit einbezogen, bekam reichlich Wein, wurde gut verpflegt, konnte seine Zeit weitgehend
selbst einteilen, Freunde empfangen und besuchen. Hamann deutete im
nachhinein den pädagogischen Konflikt, der auf seine eigene Unerfahren-
heit und Unfähigkeit zurückzuführen war, in einen sozialen um. Hierfür
standen ihm offensichtlich gängige Wahrnehmungsmuster zur Verfügung,
die die »Hofmeistermisere« auf die Stellung der Hauslehrer zwischen
Herrschaft und Gesinde reduzierten.

Der Dichter und Philologe Johann Heinrich Voss trat achtzehnjährig
eine Hauslehrerstelle auf einem mecklenburgischen Gut an. Lieber hätte
er nach dem Abschluß der Lateinschule ein Universitätsstudium begonnen, aber dafür fehlten ihm die Mittel. Als unstudierter Hauslehrer erhielt
er ein vergleichsweise niedrigeres Gehalt, keine Bedienung, keinen Kaffee, keinen Wein, wenig Freizeit. In seiner Biographie heißt es: »Alle diese
Kränkungen, wirklichen und vermeintlichen, verschärften sich durch
mancherlei pädagogische Schwierigkeiten. Voss hatte drei Knaben zu unterrichten. Der älteste, ›Junker Adolf‹, 10-12 Jahre alt, war ein gutmüthi-
ger, aber träger Junge. Da es im Guten nicht ging, so stellte Voss schärfere
Mittel in Aussicht, und als der Knabe erwiderte, Mama habe gesagt, Voss
dürfte ihn nicht schlagen, nahm dieser die kleine Peitsche des Junkers von

der Wand und führte seine Drohung brevi manu aus. Dabei öffnete er die Thür mit den Worten: schrei laut, damit es die gnädige Mama hört. Man darf sich nicht wundern, dass er nun Tage lang von der gnädigen Frau sehr ungnädige Blicke erhielt.«[68] Man darf sich aber wundern, daß Frau von Oertzen ihren Hauslehrer nicht vor die Tür setzte.

Der Dichter Friedrich Hölderlin, der die Freiheit und Bequemlichkeit einer Hofmeisterstelle in einem reichen Haus einem Pfarramt vorzog, war ebenfalls kein begnadeter Erzieher. Er verbrachte das Jahr 1794 damit, seinen armen Schüler Fritz von Kalb Tag und Nacht zu beobachten und zu bewachen, um ihn an der Sünde der »Selbstbefleckung« zu hindern. 1795 trat er eine Stelle als Hauslehrer im Hause des Frankfurter Bankiers Jakob Friedrich Gontard an. Hier begann er ein Liebesverhältnis mit der Mutter seiner Zöglinge und sah sich gezwungen, das Haus 1798 nach einer Auseinandersetzung mit dem Hausherrn wieder zu verlassen. Susette Gontard schrieb dem Geliebten im März 1799: »Ich muß Dir noch etwas von den Kindern sagen. Du weißt schon daß sie in meinen Augen sehr verlohren haben, seit Du nicht mehr sie bildest, und auf sie würkest, daß ich mir nicht mehr so viel von ihnen verspreche.«[69] Die vier Kinder der Familie Gontard waren noch klein, der älteste Sohn Henry erst etwa elf Jahre alt. Ohne Hölderlin als Erzieher konnte aus ihnen in den Augen der Mutter nichts Rechtes mehr werden, denn ihre zufriedenstellende Entwicklung unter der Leitung eines anderen Hauslehrers hätte Hölderlins pädagogische Fähigkeiten geschmälert. Richtete sich in anderen Häusern die Wertschätzung von Gouvernanten und Hofmeistern häufig nach der Wertschätzung, die die Kinder erfuhren, so war es hier umgekehrt. Als sich später Hölderlins Geisteskrankheit schon bemerkbar machte, hielt ihn das nicht davon ab, noch zweimal Hauslehrerstellen anzutreten.[70]

E.T.A. Hoffmann war einer der wenigen Schriftsteller, die das Thema des kindlichen Leidens unter einem Hofmeister behandelten. Er schuf mit seinem fiktiven »Magister Tinte« einen wahren Kinderschreck. In dem Märchen *Das fremde Kind* (1819) heißt es über den fiktiven Pädagogen: »Der Mann mochte kaum mehr als einen halben Kopf höher sein als Felix, dabei war er aber untersetzt; nur stachen gegen den sehr starken breiten Leib die kleinen, ganz dünnen Spinnenbeinchen seltsam ab. Der unförmliche Kopf war beinahe viereckig zu nennen, und das Gesicht fast gar zu häßlich, denn außerdem, daß zu den dicken braunroten Backen und dem breiten Maule die viel zu lange spitze Nase gar nicht passen wollte, so glänzten auch die kleinen hervorstehenden Glasaugen so graulich, daß man ihn gar nicht gern ansehen mochte. Übrigens hatte der Mann eine pechschwarze Perücke auf den viereckigen Kopf gestülpt, war auch von Kopf bis zu Fuß pechschwarz gekleidet und hieß: Magister Tinte.«[71] Als die Kinder Felix und Christlieb von Brakel dem Hofmeister die Hände zur Begrüßung reichen, sticht er sie mit einer in der Hand versteckten Nadel. Magister Tinte ist in Wirklichkeit der böse Gnomenkönig Pepser, der die Gestalt eines Hofmeisters angenommen hat, um sich in die Familie einzuschleichen.

Die elterliche Angst, daß Gouvernante oder Hauslehrer nicht die waren, für die sie sich ausgaben, daß sie, statt den Kindern zu nützen, sie verdarben und verwildern ließen, daß sie eine Gefahr für den häuslichen Frieden wurden, daß sie die familiäre Intimität störten, wuchs in Zeiten erhöhter sozialer Mobilität noch. Denn Hofmeisterstellen boten im 18. und 19. Jahrhundert Möglichkeiten des sozialen Aufstiegs. Und keineswegs alle Hauslehrer wiesen ein abgeschlossenes Studium auf und waren Angehörige der bürgerlichen Intelligenz: einige konnten gerade lesen und schreiben, besaßen nur rohe Umgangsformen und wenig Weltkenntnis.[72] In den Häusern ihrer Herrschaft machten sie Bekanntschaft mit feiner Lebensart, mit kultivierten Manieren, mit den Normen der höheren Stände und Schichten, was ihnen bei ihrem späteren Fortkommen nützlich sein konnte.

Hauslehrer repräsentierten die auf gesellschaftliche Teilnahme drängenden unteren Stände und Schichten, sie symbolisierten auch eine mögliche Bedrohung der bestehenden sozialen Hierarchie und der politischen Machtverhältnisse. Der berühmteste literarische Hauslehrer ist wohl Julien Sorel aus Stendhals Roman *Rot und Schwarz* (1830): Er tritt ohne akademische Vorbildung eine Stelle in einer reichen Familie an, erweist sich als guter Lehrer und wird der Liebhaber der Mutter seiner Zöglinge. Der Bauernsohn Julien Sorel steigt sozial auf, erlangt zeitweise Einfluß und Erfolg, erschießt später aber seine ehemalige Geliebte und wird dafür hingerichtet.

Victor Hugo schrieb 1874 seinen Roman *Dreiundneunzig,* in dem es auch um Liebe und Anhänglichkeit zwischen Hauslehrer und ehemaligem Zögling geht. Cimourdin, ein bürgerlicher Priester, ist in der alten Gesellschaft Erzieher des Vicomte Gauvain gewesen. Gauvain »war der Sohn nicht seines Fleisches, doch seines Geistes. Er war nicht der Vater und dies nicht sein Werk, doch er war der Meister und dies seine Hauptschöpfung. Aus dem kleinen Adeligen machte er einen Menschen, wer weiß, vielleicht einen großen Menschen. Denn davon träumen wir. Ohne Wissen der Familie (denn muß man Erlaubnis einholen, um einen Geist, einen Willen, eine Gesinnung heranzubilden?) vermittelte er seinem jungen Schüler alles, was er selbst gelernt hatte. Er pfropfte ihm die eigene mächtige Tugend auf, er goß in das Blut des Kindes seine eigene Überzeugung, sein Bewußtsein, sein Ideal. In das aristokratische Hirn leitete er die Seele des Volkes.«[73] Als Revolutionäre werden der ehemalige Priester und der ehemalige Aristokrat wieder zusammengeführt, um den royalistischen Aufstand in der Vendée zu bekämpfen. Der ehemalige Erzieher läßt seinen ehemaligen Zögling wegen zu großer Milde gegenüber dem Feind guillotinieren und begeht anschließend Selbstmord.

Im zwanzigsten Jahrhundert handelte es sich bei Hauslehren in der Regel nur noch um Akademiker, die in adeligen oder sehr reichen Familien arbeiteten. Eduard von Keyserling beschreibt sie als »menschliches Inventar« ostdeutscher und baltischer Schlösser. Gouvernanten und Hauslehrer werden in diesem Milieu keineswegs als Domestiken behandelt, aber auch nicht als Ebenbürtige, sondern als Vertreter der neuen, nüchternen, uneleganten, bürgerlichen Zeit mit ihren Leistungsnachweisen und ihrem Berechtigungswesen. Aber auch Gouvernanten und Hauslehrern werden Gefühle zugestanden. In der Erzählung *Am Südhang* (1914) z.B. weint die Gouvernante, weil der Hauslehrer sie nicht liebt, und der Hauslehrer erschießt sich, weil eine schöne Adelige ihn zwar als Griechischlehrer schätzt, aber als Mann nicht beachtet. Der Hauslehrer, Aristides Dorn, wird von dem Charme der aristokratischen Welt zu einer Lebensuntüchtigkeit verführt, die einem Adeligen dekadenten Reiz verleihen kann, einen bürgerlichen Akademiker aber lächerlich macht.[74]

Über den Hauslehrer in Keyserlings Roman *Abendliche Häuser* (1913) heißt es: »Da war der Hauslehrer, Herr Arno Holst, der Bolko auf die höheren Gymnasialklassen vorbereiten sollte und die eben erwachsene Frastrade noch in Literatur und Kunstgeschichte einführte. Ein schmalschultriger junger Mann mit kurzsichtigen braunen Augen, blonden Locken und einem hübschen Mädchengesicht. Er war sehr musikalisch, sang mit einer schönen Baritonstimme, las Schillersche Dramen vor und war von einer fast knabenhaft schwärmerischen Begeisterung für alles Schöne. Der Padurensche Hauslehrer war in der ganzen Nachbarschaft berühmt. ›Er ist toll‹, sagte Baron Port zu seiner Frau, ›wenn der Warthe sich was anschafft, so ist es unfehlbar erster Güte. Wie er das nur macht? Hat er einen Hühnerhund, so ist der hasenreiner als alle unsere Hunde, nimmt er sich einen Hauslehrer, so ist das gleich ein ungewöhnlich scharmanter Kerl.‹ ›Kränklich scheint er mir‹, sagte die Baronin, die es nicht liebte, die Schattenseiten an Menschen und Sachen zu übersehen›«[75]

Der Hauslehrer verliebt sich in Frastrade, die ihn aus Mitleid wiederliebt, woraufhin der junge Mann das Haus verlassen muß. Er stirbt später an Tuberkulose in den Armen der jungen Aristokratin, die nach ihrer

Volljährigkeit um seinetwillen Krankenschwester geworden ist. Auch bei Keyserling gibt es nur Unruhe und Leid als Folge der Privaterziehung durch Hauslehrer. Der bürgerliche Hauslehrer zieht seinen adeligen Zögling in das bürgerliche Lager hinüber, das aber darf nicht sein; es ist eine stets drohende Gefahr, die abgewehrt werden muß.

Bürgerliche Gouvernanten und Hauslehrer sollten adelige Kinder für einen Stand erziehen, dem sie selbst nicht angehörten. Verführung, Entfremdung und Ausbeutung sind die Themen, die sich in Erzählungen, Dramen und Romanen mit dem Hauslehrer verbinden. Zwar sind auch unproblematisch tüchtige, erfolgreiche Hauslehrer literarisch verewigt worden, aber ihre Bilder haben sich nicht so stark einprägen können wie der schrille Hofmeister Läuffer bei Lenz, der abgrundböse Magister Tinte bei Hoffmann, der tragische Julien Sorel bei Stendhal und der fanatische Cimourdin bei Hugo. Die literarischen Warnungen vor den Mängeln und Gefahren der Hofmeistererziehung erweisen sich als lebendiger und unterhaltsamer als die oft langweiligen und blutleeren Schilderungen idealer Pädagogen.

Es verwundert, daß Familien es angesichts dieser literarischen Zeugnisse aus verschiedenen Jahrhunderten immer wieder wagten, Fremde zur Erziehung ihrer Kinder ins Haus zu nehmen, und daß junge Akademiker nicht die niedrigste Tätigkeit einem Dasein als Hauslehrer vorzogen. Vermutlich deckte sich die Realität von Privaterziehung nur teilweise mit ihrem Bild in der Literatur, das nicht nur besondere Extreme und Auswüchse betont, sondern auch verborgene Ängste und Phantasien thematisiert. Ein Dasein als Gouvernante oder Hauslehrer konnte für schwächere, sensiblere Gemüter zu einer durch Zurücksetzungen geprägten Leidenszeit werden, aber robustere Naturen verbrachten in den Häusern ihrer Arbeitgeber nicht selten eine befriedigende, anregende Zeit.

Insgesamt ist das literarische Bild des Hofmeisters weit weniger harmlos als das der Gouvernante: die Gouvernante ist ihrer Umwelt seltener unmittelbar gefährlich und in ihren Lebensäußerungen weniger extrem, sie fügt sich scheinbar besser in den Haushalt ein, sie verführt nur gelegentlich und läßt sich selbst zwar ausbeuten, aber nur selten verführen. Die literarischen Gouvernanten wirken bescheidener, unauffälliger, aber auch lebenstüchtiger und durchsetzungsfähiger als ihre männlichen Kollegen, wenn sie sich einmal mit der Erwerbstätigkeit abgefunden haben. Sie haben auf alle Fälle die besseren Manieren, sind reinlicher, weniger gewalttätig, betrinken sich nur selten, betrügen nicht beim Kartenspiel, stellen weder ihren Schülern noch den Dienstboten nach, wenn auch manchmal anderen männlichen Angehörigen des Hauses. Gouvernanten sind zur Weiblichkeit sozialisiert worden und haben Persönlichkeitszüge wie Nachgiebigkeit und Anpassungsfähigkeit erworben, die ihnen das Leben in einer fremden Familie erleichtern können. Sie sind auch stärker motiviert als Hauslehrer, trotz schlechter Arbeitsbedingungen ihren Beruf möglichst erfolgreich auszuüben, weil sich ihnen ja in der Regel keine Alternative bietet. Hofmeister tragen dagegen die Hoffnung in sich, daß ihre Tätigkeit nur eine vorübergehende ist und ihnen bessere Zeiten bevorstehen.

Trotz aller Unterschiede im literarischen Bild der Gouvernante und des Hofmeisters und trotz aller realen Unterschiede in ihrer Vorbildung und ihren Zukunftsaussichten verbinden sie wichtige Gemeinsamkeiten. Sie sind keine Dienstboten, treten aber als Fremde in einen Haushalt ein, nehmen dort Einfluß auf das Verhältnis zwischen Eltern und Kindern und können emotionale Prozesse im Inneren der Familie in Gang setzen, die im Extremfall die Ehepartner oder die Eltern und ihre Kinder auseinanderbringen. Aber wichtiger noch als das Thema des bedrohten Familienzusammenhaltes ist in der Gouvernanten- und Hauslehrerliteratur das Thema der verhinderten individuellen Entfaltung im Beruf, der enttäuschten Hoffnung, durch Bildung die eigene soziale Lage entscheidend zu verbessern und eine geachtete gesellschaftliche Position zu erringen. Gouvernanten und Hauslehrer werden in die Litertur eingeführt als moderne Menschen mit modernen Problemen, die an der Verletzung ihres Selbstwertgefühls, dem Mangel an beruflicher Anerkennung, an fehlendem gesellschaftlichem Prestige und an der Mißachtung ihrer individuellen Bedürfnisse leiden. Sie gründen ihr Selbstwertgefühl auf erworbene Kenntnisse und Fähigkeiten, müssen aber feststellen, daß Anerkennung und Belohnung für berufliche Leistung oft ausbleiben und die bürgerliche Gesellschaft ihre diesbezüglichen Versprechungen nicht einlöst. Bürgerliches Leistungsbewußtsein geht verloren, wenn es keine Anerkennung findet. Überlegenheitsansprüche gebildeter bürgerlicher Frauen und Männer gegenüber der adeligen Führungselite laufen ins Leere, wenn ihnen Tag für Tag eine Bestätigung verweigert wird.

Dann bleibt nur die Berufsrolle mit ihren Zwängen und die seelenlose Maschinerie der bürgerlichen Arbeitsorganisation. Gouvernanten und Hauslehrer werden durch Anpassung an den Arbeitsmarkt und durch die Bedingungen ihrer Erwerbstätigkeit in Formen gezwungen, die nach und nach die Persönlichkeit durchdringen und die Individualität auslöschen. Äußere Umstände können Hauslehrer zu heuchlerischen Kriechern, verdorbenen Glücksrittern oder trockenen Pedanten machen und Gouver-

nanten zu steifen Besserwisserinnen, oberflächlichen Vertreterinnen feiner Lebensart oder hilflosen »armen Dingern«. Einige literarische Gouvernanten und Hauslehrer revoltieren gegen die Auswirkungen der Berufsrolle auf ihre Persönlichkeit. Sie wollen sich kritischen Verstand und
lebendige Gefühle unter ihrem ergebenen, korrekten Äußeren bewahren.
Das heiße Herz unter dem grauen Wollstoff schlägt in der Hoffnung auf
ein buntes, romantisches, leidenschaftliches Dasein und nicht in der
Hoffnung auf eine Beamtenstelle.

Gouvernanten und Hauslehrer gehörten dem aufstrebenden Bildungsbürgertum an. Die literarische Verarbeitung ihrer historischen Lebens-
und Arbeitsbedingungen läßt auf dem Hintergrund dieser Gemeinsam-
keit geschlechtsspezifische Differenzen ihrer sozialen Lage hervortreten.
Hauslehrer in Deutschland litten vor allem im 18. Jahrhundert unter einer
ungünstigen Arbeitsmarktsituation, die sie vehement als »Hofmeistermisere« artikulierten. Die schlechte Stellung von Gouvernanten wird
dagegen in diesem Zeitraum nicht beklagt. Es wird vielmehr vor den ra-
tionalistischen, materialistischen »Französinnen« gewarnt, die Macht
über deutsche Familien gewinnen und sie viel Geld kosten. Das »Gouvernantenelend« ist ein literarisches Thema des 19. Jahrhunderts, und zwar
vor allem in England. Der literarische Diskurs »Hofmeistermisere« vergleicht die Stellung des im Hause angestellten Akademikers mit der des
ökonomisch selbständigen oder durch eine Beamtenstelle gesicherten
Bürgers. Der literarische Diskurs »Gouvernantenelend« dagegen bezieht
sich nicht auf die öffentliche Sphäre, sondern auf die Familie und vergleicht die Lebensverhältnisse der Gouvernante mit denen einer Ehefrau,
Hausfrau und Mutter.

Die Berufsausübung der Gouvernante und des Hauslehrers unterschieden sich lange Zeit nicht nur durch unterschiedliche Arbeitsmarktchancen, sondern auch dadurch, daß Frauen vor allem für den Unterricht in
modernen Sprachen, in Musik und für die »Herzensbildung« der
Mädchen zuständig waren, Männer aber für den gesamten wissenschaftlichen Unterricht der Jungen. Und hierum gingen auch die ideologischen
Auseinandersetzungen und politischen Kämpfe im späten 19. und im 20.
Jahrhundert: um die Organisation geschlechtsspezifischer Arbeitsteilung,
um den Zugang von Frauen zu den höheren Bildungsinstitutionen, um
Berufsausbildung, um Anstellung im Staatsdienst, um gleiche Bezahlung
und um Aufstiegschancen.

Viktorianische Romane beeinflussen bis heute, wie Gouvernanten im
Alltagsleben wahrgenommen und in der Literatur beschrieben werden.
Bereits 1850 erschien in Deutschland die erste Übersetzung von *Jane*

Eyre, dem erfolgreichen Roman Currer Bells – so das Pseudonym von Charlotte Brontë.[76] Seitdem symbolisieren Gouvernanten die materielle und psychische Situation von Frauen aus den höheren Ständen und Schichten, die den ökonomischen Zwang zur Erwerbstätigkeit als Kränkung empfinden. Sie stehen zwischen Dienstboten und Herrschaft, einen anderen sozialen Ort gibt es für sie vorerst nur in Ausnahmefällen.

Im 19. Jahrhundert wurden die Romane von Charlotte Brontë, Marie Nathusius und Ottilie Wildermuth durchaus als Beschreibungen der Wirklichkeit interpretiert. So heißt es über die Situation deutscher Gouvernanten in der *Encyklopädie des gesammten Erziehungs- und Unterrichtswesens* von 1862: »Currer Bell, Dickens, Kohl, Iskander (Herzen) und noch manche nicht eben specifisch pädagogische Schriftsteller sind für das Ausland bereits citiert und mehreres schwebte ihm (dem Verfasser) auf diesem Gebiet nur in der Erinnerung vor, ohne daß er die betreffenden Werke sich hätte verschaffen können. Die statistischen Notizen, welche er geben zu können hoffte, sind leider zum größten Theil ausgeblieben.«[77] Zur Beschreibung der Situation in Deutschland wird hier auf Marie Nathusius, Karl von Raumer und Ottilie Wildermuth verwiesen.

Auch Meta Wellmer bezieht sich in ihrem Buch *Deutsche Erzieherinnen und deren Wirkungskreis* u.a. auf Hörensagen und Belletristik: »In England und Frankreich zogen die Gouvernanten und Lehrerinnen schon seit geraumer Zeit die öffentliche Aufmerksamkeit in solchem Grade auf sich, daß die ersten belletristischen Schriftsteller sie häufig zu den Heldinnen ihrer Romane gewählt haben. Ich erinnere nur an Thackeray, C. Bell, E. Sue. Doch nicht im Reiche der Fiktion allein hat die Gouvernante dort eine hervorragende Rolle gespielt; sie hat auch im Leben selbst manchmal eine romanhafte Stellung eingenommen, von der klugen Gouvernante an, welche den Thron des größten Königs im 17. Jahrhundert theilte, bis zu derjenigen herab, welche noch kürzlich im Processe des Herzogs von Praslin eine so traurige Berühmtheit erlangte. Danken wir indeß Gott, daß deutsche Gouvernanten im Ganzen noch weniger beschrieben und berühmt geworden sind!«[78]

KAPITEL 2

Pädagogische Begründungen des Gouvernantenwesens

Der Mutter eine Mitarbeiterin

Daran, daß über Gouvernanten in Deutschland wenig geschrieben worden ist, hat sich seit Meta Wellmers Dankgebet nichts geändert. Und sucht das frauengeschichtliche Interesse heute jenseits der Fiktion nach Angaben über diesen ersten qualifizierten weiblichen Beruf, so bleibt der Erfolg nur gering. Manchmal scheint es, als habe es Gouvernanten in der alltäglichen Wirklichkeit nie gegeben. Dort, wo man am ehesten eine systematische Beschäftigung mit ihnen erwarten könnte, nämlich in der Erziehungsgeschichte, werden sie nur selten und wenn, dann nur am Rande erwähnt. Hofmeister sind historische Untersuchungen und pädagogische Thematisierungen wert gewesen, ihre Kolleginnen in der häuslichen Erziehung bisher noch nicht. Eine Ursache dafür ist, daß sich die Geschichte der Pädagogik vorwiegend mit Ideen befaßt. Ausdrückliche ideologische Begründung aber hat in Deutschland nur die Tätigkeit des Hofmeisters erfahren, nicht jedoch die der Gouvernante. Zwar wurden viele Kinder aus den höheren Ständen und Schichten im 18. und 19. Jahrhundert von Gouvernanten erzogen und unterrichtet, aber dieses pädagogische Verhältnis wird aus moderner Sicht als »theorielos« bezeichnet.[1] Und wo z.B. französische Gouvernanten in deutschen Schriften zur Mädchenerziehung des 17., 18. und 19. Jahrhunderts erwähnt werden, verkörpern sie ein negatives pädagogisches Prinzip. Vor dem schädlichen Einfluß der »Französinnen« in deutschen Familien wird immer wieder nachdrücklich gewarnt.[2] Tatsächlich waren es aber gerade französische Gouvernanten, die anerkannte Methoden der häuslichen Mädchenerziehung nach Deutschland importierten.

Weil es Gouvernanten in der alltäglichen Erziehungspraxis nun einmal gab, kamen einige deutsche Pädagogen seit dem späten 18. Jahrhundert nicht mehr umhin, sie als mögliche Kolleginnen in Ratgebern für Hofmeister zu erwähnen. So beschreibt Johann Georg Heinrich Feder in seinem *Neuen Emil* die Leistungen der tüchtigen Gouvernante Madame H. bei der Erziehung eines kleinen Grafen. Madame H., französische Pfarrerswitwe, hat ihren Zögling seit seinem zweiten Lebensjahr betreut. Als dann der vierjährige Emil einem Hofmeister übergeben wird, kann er bereits deutsch lesen und fließend französisch sprechen, erweist sich als aufgeweckt und munter. Der Hofmeister ist von der Leistung seiner Kollegin beeindruckt und bittet sie, ihm ihre Methode zu erklären. Madame H. führt nun aus, wie es ihr gelungen ist, das Kind ohne Anwendung von Zwang zu belehren und zu unterrichten, sein Interesse zu wecken, seine Neugierde herauszufordern, seinem Lerneifer spielerisch eine Richtung zu geben. Dann schließt sie: »Ich habe schon lange genug geredet, um für eine Pedantin gehalten zu werden. Doch ein wenig Pedanterey ist ja wohl einer Gubernantin zu verzeihen, zumal in Gesellschaft mit einem Hofmeister.‹ ›Madame‹, versetzte ich, ›Ihre Reden verdienen einen ganz anderen Namen. Sie nehmen mich mit Hochachtung für sie ein. Ihnen wird es hauptsächlich zuzuschreiben seyn, wenn Emils Erziehung glücklich von statten geht.‹ Ich verließ sie, von der Richtigkeit ihrer Meinungen vollkommen überzeugt.«[3] So viel Anerkennung hat eine französische Gouvernante in der deutschen pädagogischen Literatur kaum jemals wieder erhalten.

Friedrich August Crome gibt 1788 in seinem Buch *Über die Erziehung durch Hauslehrer* die häufig angeführte Beobachtung wieder, daß Hofmeister und Gouvernanten im selben Haushalt entweder ineinander verliebt oder miteinander verfeindet sind. Crome rät den jungen Hauslehrern, sich in beiden Fällen nach einer anderen Stellung umzusehen. Aus seiner Sicht handelt es sich bei Gouvernanten in jedem Fall um problematische Erscheinungen: »Die meisten von ihnen sind Ausländerinnen, die so wenig deutsche Sitte und deutschen Charakter, als deutsche Sprache kennen. Sie sind den Kindern das immer gegenwärtige Bild aller weiblichen Schwächen, der Eitelkeit, der Ziererei, des Eigensinns, des Hanges an Vorurtheilen u. dgl. Ihre Kenntnisse schränken sich meistentheils auf die französische Sprache ein, wodurch sie den Kindern oft nur Gelegenheit geben, manche unnütze und schädliche Bücher zu lesen, und ihre Muttersprache zu verderben. Von ihnen erhalten meistens auch die Knaben die erste Unterweisung, und haben oft schon alle Fehler angenommen, wenn sie dem Lehrer übergeben werden. Sie würken auch nachher, durch die unter ihrer Leitung stehenden Mädchen, und durch den Umgang, auf die Knaben zurück; und ihre Zimmer sind der gewöhnliche Schauplatz der Unordnungen, Klatschereien und des Gezänkes. Der Lehrer, welcher dergleichen Nachteile wahrnimmt, hat alle Klugheit nöthig hier Zänkereien und vergebliche Klagen zu vermeiden. (...) Er suche die Gränzen seines und der Gouvernante Wirkungskreises genau zu bestimmen, halte sich innerhalb des seinigen, und bemühe sich hier, was er kann, zu verbessern.«[4] Crome findet Gouvernanten überflüssig. Mädchen sollen seiner Meinung nach zwar im Haus erzogen werden, aber durch Hauslehrer, denen ein Monopol im Erziehungsgeschäft gebührt.

August Hermann Niemeyer urteilt 1796 in seinem Ratgeber für Hofmeister wesentlich freundlicher über die Zusammenarbeit von Hauslehrern und Gouvernanten: »Auf der einen Seite muß man wünschen, daß sie, da ihre Bestimmung und ihr Geschäft so ähnlich ist, sehr harmonisch mit einander leben; und doch geht gerade eine zu große Harmonie der Gesinnungen, so leicht in eine Harmonie der Empfindungen über, die wieder in mehrerem Betracht schädlich werden kann. Am vortheilhaftesten für alle Theile würde es ohnstreitig seyn, wenn ihr Verhältniss gerade das wäre, was zwischen durchaus verständigen und wohldenkenden Collegen an einer Erziehungsanstalt statt findet, wo einer dem andern mit Achtung und Gefälligkeit zuvorkommt; einer dem andern sein Geschäft zu erleichtern, und vorzüglich auch die Achtung der Zöglinge zu sichern bemüht ist; jeder von dem andern zu lernen, die ihm eigenthümlichen Vorzüge in Kenntnissen, oder Sittenbildung sich zu eigen zu machen sucht; jeder, statt die Fehler und Schwächen des andern aufzusuchen, und zum Gegenstande seiner Satyre zu machen, sich vielmehr seiner eignen erinnert, ihn aber durch freundliche Winke davon zu heilen versucht, wo er dadurch zu nutzen hoffen darf. Die mehr wissenschaftliche Ausbildung und die Bekanntschaft mit der Literatur, welche man von dem Hauslehrer erwarten kann, könnte das, was der Erzieherin daran fehlt, ergäntzen; er könnte von ihr – wenigstens zuweilen – nicht nur Sprache, sondern auch feinere Sitten, Weltkenntniss und Gewandtheit im Umgang, worin das andre Geschlecht oft so viel voraus hat, lernen.«[5] Der Hauslehrer soll sowohl Zänkereien wie auch Liebeleien mit der Gouvernante vermeiden. Die Arbeitsteilung zwischen Gouvernante und Hofmeister in einem Haushalt verläuft für Niemeyer nach klaren Regeln: die Erzieherin ist für die Mädchen zuständig, der Erzieher für die Jungen, beide können stundenweise die Zöglinge des anderen unterrichten. Ist eine Gouvernante jedoch alleine angestellt, so übernimmt sie auch die Erziehung der Jungen bis etwa zum achten Lebensjahr.

Handbücher, die analog zur Hofmeisterliteratur Gouvernanten auf ihre Tätigkeit vorbereiteten und ihnen im Arbeitsalltag zur Seite standen, gab es in Deutschland nicht. Pädagogische Anleitungen und Unterrichtsmaterialien für Gouvernanten kamen aus dem Ausland, vor allem aus Frankreich.[6] Feders Madame H. beispielsweise hatte zur Vorbereitung auf ihre pädagogischen Pflichten Bücher von Jeanne-Marie Le Prince de Beaumont gelesen. Die Werke dieser französischen Autorin gehörten im 18. Jahrhundert in Deutschland zu den meistgelesenen pädagogischen Schriften überhaupt.[7] In Frankreich nämlich konnte die Gouvernantenerziehung eine theoretische Fundierung vorweisen. Hier hatte sich die pädagogische Kritik an der Mädchenbildung vor allem gegen die Pensionate der Klöster gerichtet. Philosophen, Theologen und Schriftstellerinnen forderten, daß sich Mütter selbst im eigenen Haus um die Erziehung und den Unterricht ihrer Töchter kümmerten, statt sie in Institutionen zu schicken. Wenn Mütter mit dieser Aufgabe überfordert waren, durften sie zu ihrer eigenen Unterstützung Gouvernanten einstellen. Dabei hatten sie darauf zu achten, daß es sich um gebildete, begabte Frauen handelte.[8]

Die offizielle Auffassung, daß Gouvernanten eine unverzichtbare Hilfe in der häuslichen Mädchenerziehung darstellten, ging vor allem auf François de Salignac de la Mothe Fénelon und auf die Zeit der Gegenreformation zurück. Fénelon hatte seine Erfahrung mit der Erziehung von Mädchen als Vorsteher eines Instituts für mehr oder weniger freiwillig zum Katholizismus zurückgekehrte Protestantinnen erworben, trat aber in seiner Schrift *Über Töchtererziehung* (*Traitée de l'éducation des filles, 1687*) ausdrücklich für eine weibliche Erziehung im Hause ein. Denn unter mütterlicher Aufsicht konnten Mädchen seiner Meinung nach besser als in religiösen oder weltlichen Institutionen auf ihre zukünftigen Rollen als Hausfrau, Gattin und Mutter vorbereitet werden. Während die Männer in der Welt wirken sollten, lagen die Aufgaben der Frauen in der Familie. Das war nach konservativen zeitgenössischen Vorstellungen durch die Natur so bestimmt worden, die vorausschauend auch die Körperkräfte und Geistesgaben entsprechend verteilt hatte. Fénelon hob die Bedeutung der häuslichen weiblichen Rolle für die Allgemeinheit hervor: vernachlässigten Frauen ihre Pflichten oder waren sie unfähig, gute Hausfrauen, Ehefrauen und Mütter zu werden, so zog das negative Folgen nicht nur im eigenen Haus, sondern für Wirtschaft und Gesellschaft insgesamt nach sich.

Fénelon hatte seinen Ratgeber über Mädchenerziehung ursprünglich für die Marquise de Beauvilliers, Mutter von acht Töchtern, geschrieben und seiner Schrift die Lebensverhältnisse im französischen Adel, dem er selbst angehörte, zugrundegelegt. Er riet den Frauen der reichen Oberschicht, die über innere Leere und Langeweile klagten, sich um die Ökonomie ihrer Güter, um Dienstboten, Einkünfte, Pachtverträge, Hauswe-

sen und um ihre Kinder zu kümmern. Mütter sollten die Verantwortung
für die Erziehung ihrer Töchter und Söhne selbst übernehmen, für die der
Knaben bis zu einem gewissen Alter, für die der Mädchen bis sie heirateten oder ins Kloster gingen. Sie sollten sich so viel wie möglich mit ihren
Kindern beschäftigen, ihre Neigungen und Fähigkeiten beobachten, ihre
natürlichen Anlagen behutsam fördern, sie kindgemäß unterhalten, ihre
Fragen geduldig beantworten und sie spielerisch unterrichten.

Die Vorbereitung der Mädchen auf ihre künftigen Rollen in Familie
und Gesellschaft machte nach Fénelon Unterricht in folgenden Fächern
notwendig: Religion, Schreiben und Lesen, Rechnen, Rechtslehre, Geschichte, Latein und Nadelarbeit. Musik und Zeichnen sollten Töchter
nur in geringem Umfang und nur bei besonderer Begabung lernen. Es
war wünschenswert, daß Mütter ihre Töchter selbst unterrichteten, aber
wenn sie dafür nicht genügend Kenntnisse besaßen, durch andere Pflichten stark eingebunden waren oder zu viele Kinder hatten, um allen gerecht zu werden, durften sie sich durch Gouvernanten vertreten und ent-
lasten lassen. Allerdings erwies es sich in der Praxis oft als Problem, eine
gute, vertrauenswürdige Gouvernante zu finden. Fénelon schlug deshalb
vor, durch Mütter, Klöster oder weltliche Institutionen geeignete Frauen
»mit gesundem Verstand, umgänglichem Wesen und wahrhafter Gottes-
furcht« zu Erzieherinnen und Lehrerinnen nach seinen Regeln der Töchtererziehung ausbilden zu lassen.

Fénelons Schrift zur Mädchenerziehung blieb lange Zeit einflußreich in
weiten Teilen Europas. In England wendete die Schriftstellerin Sarah Fielding (1710-1768) Ideen von Francois Fénelon und von John Locke zur
häuslichen Individualerziehung im Adel auf die Mädchenerziehung der
Mittelklasse an. In ihrem Buch *The Governess; or, Little Female Academy*
(1749) stellte sie bürgerlichen Mädchen abwechslungsreiche Beispiele für
gutes Benehmen, richtige Urteilsfindung, einen gesunden Lebensstil und
harmlose Vergnügungen vor. 1761 erschien eine deutsche Übersetzung
unter dem Titel *Die Hofmeisterin; oder die kleine Akademie für das Frauenzimmer zum Vergnügen und Unterricht junger Personen dieses Geschlechts bey ihrer Erziehung.*[9] Der deutsche Herausgeber verstand das
Buch als Hilfe für Eltern bei der Herzensbildung von Mädchen: »Durch
die verschiedenen Gemüthsarten und kleinen Lebensbeschreibungen der
allhier aufgeführten Fräulein werden die Aeltern manches Gutes und Böses bemerken, welches sie bey ihren Kindern nicht aus der Acht lassen
dürfen, sondern es entweder aufmuntern und verstärken, oder hemmen
und unterdrücken müssen.«[10] Sarah Fielding beschreibt, wie neun
Mädchen im Alter von acht bis vierzehn Jahren bei einer Hofmeisterin in

Nordengland herangebildet werden. Die Hofmeisterin unterhält ein
kleines Pensionat, in dem die Zöglinge »Lesen, Schreiben, Arbeiten und
alle gehörigen Frauenzimmerunterrichtungen«, sowie Sauberkeit an
Körper und Kleidung lernen. Das war sehr wenig, es fehlten Fremdsprachen, Musik, Geschichte und Erdkunde, die zum üblichen Fächerkanon
der höheren Mädchenerziehung gehörten. Die Mädchen in der kleinen
Akademie für das Frauenzimmer lernen zu gehorchen, sich anzupassen,
mit anderen Menschen auszukommen und sich bei ihnen beliebt zu machen. Als wichtigste Tugenden sollen sie Selbstbeherrschung und Güte
erwerben. Entscheidend für den Gang ihrer Erziehung ist die Persönlichkeit der Hofmeisterin. Bei ihr handelt es sich um die Witwe eines
Geistlichen, die von ihrem Mann unterrichtet worden war und mit ihm
über Erziehungsfragen diskutiert hatte. Nach einer Reihe von Schick-
salsschlägen, dem Tod ihres Mannes, ihrer zwei Töchter und dem Verlust des Vermögens, entschließt sie sich, aus der Kindererziehung ihren
Beruf zu machen. Sie eröffnet eine Erziehungsanstalt, die sie ganz alleine
wie einen Privathaushalt führt. Allerdings kommt ein Schreibmeister
aus der Stadt, um den Schülerinnen Stunden zu geben. Die Hofmeisterin
»war ungefähr vierzig Jahre alt, lang und hübsch von Person, wiewohl
etwas zum Fettwerden geneigt. Sie hatte ein lebhaftes und gebietheri-
sches Auge, so daß sie von Natur bey allen ihren kleinen Schülerinnen
Scheu erweckte; ausgenommen wenn sie sich herabließ, zu lächeln und
mit ihnen vertraut zu reden; und alsdann hatte sie etwas vollkommen
gütiges und zärtliches in ihrem Bezeugen. Ihre Gemühtsart war so überaus gelassen und gütig, daß sie durch keinerley Ursache, sie mochte
seyn, welche sie wollte, jemals gereizet wurde, in einen heftigen Zorn zu
gerathen; ob sie gleich niemals unterließ, einem Mägdchen, welches nur
den geringsten Fehler begangen hatte, der aus einem bösen Gemüthe
herrührte, einen Verweis zu geben, und das ziemlich scharf. Sie erhielt
sich aber, durch ihr standhaftes Betragen, bey einer solchen Würde und
einem solchen Ansehen, daß sich die Mägdchen sehr fürchteten, ihr
nicht durch Ungehorsam gegen ihre Gebothe misfällig zu werden. Auf
gleiche Art waren sie auch über ihren Beyfall vergnügt, wenn sie etwas
gethan hatten, welches ihres Lobes würdig war.«[11] Die englische Hofmeisterin Mrs. Teachum bot ein Vorbild für Gouvernanten und Lehrerinnen, weniger für Mütter, die liebevoller, weicher, spontaner und jünger sein durften. Sie wurde »governess« oder »Hofmeisterin« genannt,
obwohl sie nicht in einem Haus angestellt war, weil diese Titel vorneh-
mer als »Mistress« oder »Lehrerin« klangen.[12] In Deutschland wurden ja
auch Aufsichtsdamen in Mädchenpensionaten als »Gouvernanten« be-

zeichnet, um Vorstellungen feiner häuslicher Erziehung nach französischem Vorbild heraufzubeschwören.[13]

Durch die Wahl des Rahmens einer Schulgeschichte war es Sarah Fielding möglich, Eltern aus dem Erziehungsgeschehen völlig auszuschalten. Väter und Mütter kommen nur in Rückblicken der Mädchen auf ihre Lebensgeschichten vor, sie treten nicht als handelnde Personen auf. Das war aber weder im Sinne von Locke noch von Fénelon; beide verstanden Hofmeister und Gouvernante als Stellvertreter und Stellvertreterin von Vater und Mutter in einer häuslichen Umgebung. Die Eltern sollten die Aufsicht behalten, Väter sollten die Instruktionen für Hofmeister und Gouvernanten über Erziehungsziele und Unterrichtsinhalte festlegen, Mütter in der Verantwortung für die Erziehung ihrer jungen Söhne und vor allem ihrer Töchter einen neuen Lebenssinn finden. Institutserziehung von Mädchen kannte Fénelon gut, gerade davon riet er ab. Lehrerinnen gab es in französischen Klöstern genügend; Fénelon verlangte aber die Ausbildung von Gouvernanten, die die häusliche Erziehung unter Aufsicht der Mutter zufriedenstellend übernehmen konnten. Ziel der Mädchenerziehung sollte nach Fénelon das harmonische Hereinwachsen in die Rolle der Gattin, Hausfrau und Mutter sein, das war aber am besten im Haus selbst zu bewerkstelligen.

Sarah Fieldings Buch mit seinen Lehrgesprächen, belehrenden Lebensbeschreibungen, Märchen und moralischen Erzählungen galt im 18. Jahrhundert vor allem als geeignete Unterhaltungslektüre für Mädchen, konnte aber auch im häuslichen Unterricht eingesetzt werden. In England wurde es ein beliebter und viel imitierter Klassiker der Kinderliteratur, der erstmals Kinder lebensnah in einer zeitgenössischen, realistischen Umgebung, nämlich im Schulzimmer, darstellte. Und hier in England lernte auch die französische Gouvernante Jeanne-Marie Le Prince de Beaumont das Werk von Sarah Fielding kennen, das sie zu dem *Magasin des Enfans, ou Dialogues entre une sage Gouvernante et plusieurs de ses élèves* (1757) inspirierte.

Im Gegensatz zu Sarah Fielding hatte Jeanne-Marie Le Prince de Beaumont lange Zeit selbst als Lehrerin und Gouvernante gearbeitet. Jeanne-Marie Le Prince (auch »Leprince« geschrieben) wurde 1711 in Rouen geboren.[14] Ihr Vater war Handwerker und arbeitete als Bildhauer und Vergolder. In dieser bürgerlichen, kinderreichen Familie wurde auch von den Töchtern erwartet, daß sie ihren Lebensunterhalt später einmal selbst verdienten. Mit vierzehn Jahren trat Jeanne-Marie Le Prince auf eigenen Wunsch zusammen mit einer Schwester in die Ordensgesellschaft von Ernemont ein, die sich den Elementarunterricht von Gemeindekindern zur

Aufgabe gemacht hatte. Die beiden jungen Mädchen wurden in das Lehramt eingewiesen und unterrichteten auch bald selbst. Jeanne-Marie Le Prince blieb zehn Jahre lang in der Ordensgesellschaft, gab dann aber ihren Plan, Nonne zu werden, wieder auf und ging 1735 nach Metz, wo sich ihre Familie inzwischen angesiedelt hatte. Durch Empfehlungen kam sie an den Hof von Lothringen. Sie bemühte sich um die Ausbildung ihrer Stimme und hoffte, eine Stelle als höfische Sängerin zu erhalten. Auch als Lothringen 1737 in die Hände des polnischen Königs Stanislaus überging, blieb Jeanne-Marie Le Prince weiterhin am Hof am Rande der adeligen Gesellschaft. 1742 veränderte sich ihr Leben unverhofft durch ein bedeutendes Geldgeschenk, das sie von der ehemaligen Herzogin von Lothringen erhielt. Dieses kleine Vermögen erlaubte ihr, 1743 den jungen Adeligen Grimard de Beaumont zu heiraten, der sich jedoch bald als Spieler und Syphilitiker erwies. Die Ehe, aus der die Tochter Elisabeth hervorgegangen war, wurde 1745 bereits wieder annulliert, denn es hatte bei der Trauung u.a. die Einwilligung der Eltern gefehlt. Jeanne-Marie Le Prince veröffentlichte nun ihre ersten literarischen Versuche, aber ohne durchgreifenden Erfolg. Ihre Karriere am Hof stagnierte. Deshalb ging sie 1748 nach England und ließ ihre Tochter in einem französischen Internat zurück. In London fand sie schon bald eine mit 100 Guineen sehr hoch dotierte Stelle als Gouvernante.[15] Zögling der Katholikin wurde die anglikanische vierjährige Sophie Carteret, Tochter eines ehemaligen Premierministers und Halbwaise unter der Obhut ihrer Großmutter. Jeanne-Marie Le Prince de Beaumont blieb sechs Jahre lang in dieser Stellung, die sie in die höchsten Kreise führte und ihr genügend Zeit für ihre schriftstellerische Tätigkeit ließ. Nach einer schweren Krankheit bezog sie jedoch 1754 eine eigene Wohnung, in der sie Sophie Carteret, deren Kusinen und Freundinnen zum Unterricht empfing. Lange vor den viktorianischen Romanen schrieb die französische Gouvernante in England über Frauen, die Fähigkeit und Neigung zum Erziehungsgeschäft haben: »Sie fürchten sich vor der Verachtung, welche mit diesem Geschäffte verknüpft ist, wenn man dem Anscheine glauben darf. Und das ist eine von den Widerwärtigkeiten, worüber ich mich eben beklage, und wovon die Folgen in Ansehung der Kinder entsetzlich sind.«[16] Wenn eine Frau Talent sowohl zur Musik wie zur Kindererziehung hat, wird sie eher die Musik zu ihrem Beruf machen: »Sie sieht auf der einen Seite die demüthige Hofmeisterinn an die zweyte Tafel verwiesen und verdammt, mit dem Kammerdiener Seiner Gnaden zu speisen, der noch vor vier Tagen Schuhputzer war: da hingegen die schimmernde Sängerinn gepriesen und an die Herrentafel gezogen wird, und man den Vortheil, sie zu bekommen, als ein großes

Titelbild von Mme de Beaumonts erfolgreichem »Magazin für Kinder«: Es zeigt die Gouvernante Mlle Bonne beim Unterricht mit ihren Zöglingen.

Glück ansieht. Was soll diese junge Person wohl denken? Sie wird sich ganz und gar nicht einbilden, wie ich, daß, ungeachtet dieser Anscheinung, die Frau des Hauses die Hofmeisterinn dennoch höher schätzet, als die Sängerinn, der sie gewiß nicht ihre Tochter anvertrauen würde.«[17]

Jeanne-Marie Le Prince de Beaumont veröffentlichte 1757 in London die englische und französische Fassung ihres *Magasin des Enfans*, das bald darauf auch ins Deutsche, Russische, Italienische, Griechische und Spanische übersetzt wurde. Im selben Jahr heiratete sie Thomas Pichon, einen ehemaligen Franzosen, der sich als naturalisierter Engländer Tyrrell nannte. Nachdem sie zwei Jahre lang nur als Schriftstellerin gearbeitet hatte, nahm sie 1759 den Privatunterricht mit ihren ehemaligen Schülerinnen wieder auf und ging mit ihnen für sechs Monate auf Studienreise nach Paris. 1761 zog die Tochter Elisabeth de Beaumont

ebenfalls nach London und heiratete dort ihren Vetter Nicolas Moreau, einen Arzt. 1763 kehrte die ehemalige Gouvernante mit Tochter und Schwiegersohn, aber ohne Thomas Pichon-Tyrrell endgültig nach Frankreich zurück. Hier widmete sich Jeanne-Marie Le Prince de Beaumont ihrer schriftstellerischen Tätigkeit und ihren sechs Enkelkindern. Mit dem fernen Ehemann blieb sie bis zu ihrem Tode im Jahr 1780 nur noch brieflich in Kontakt. Die Tochter Elisabeth Moreau arbeitete als Lehrerin und leitete später viele Jahre lang ein erfolgreiches Erziehungsinstitut.

Das Werk von Jeanne-Marie de Beaumont umfaßt 70 Bände, in erster Linie Romane und Erzählungen. In Deutschland fand vor allem das *Magazin für Kinder* eine schnelle Verbreitung und zwar sowohl im französischen Original wie in der deutschen Übersetzung.[18] Es war ursprünglich für den Fremdsprachenunterricht englischer Kinder geschrieben worden, sollte aber auch Kenntnisse in Geschichte, Erdkunde und Naturlehre vermitteln. Anton Friedrich Büsching zählte 1760 *Der Frau von Beaumont Magazin für Kinder* zu den Hilfsmitteln, auf die ein guter Hofmeister nicht verzichten durfte, sah es also wie Feder auch als geeignet für den Unterricht der Jungen an.[19] Und Charlotte von Einem, geboren 1756, erinnert sich an das Jahr 1762: »Ich hatte von einem Freunde unsres Hauses, dem Buchhändler Förster in Bremen, eine Ulmer Bibel und Beaumont's Kinder-Magazin zu Weihnachten geschenkt bekommen.«[20]

Der Erfolg des *Magasin des Enfans* veranlaßte seine Autorin, als Fortsetzungen das *Magasin des Adolescentes* (1759) und das *Magasin des Jeunes Dames* (1764) zu veröffentlichen. 1762 erwarb der Rat Goethe das *Magasin des Adolescentes* für seine Tochter.[21] Johann Wolfgang Goethe schrieb am 7. Dezember 1765 an seine Schwester Cornelia: »Sonnst kannst du auch die beyden Magazinen der Fr. v. Beaumont lesen sie sind sehr gut /: das dritte: Magasin pour des jeunes Dames:/ lese nicht. Die Briefe der Fr. von Montier von eben der Fr. von Beaumont sind auch lesenswert.«[22] Goethe wollte seine Schwester und ihre Freundin dazu anhalten, Vernunft und Willen durch ausgewählte Lektüre zu vervollkommnen.

Das *Magazin für Kinder* bestand wie sein Vorbild, Sarah Fieldings *Hofmeisterin*, aus Lehrgesprächen, Märchen und Erzählungen. Bis heute ist vor allem Jeanne-Marie de Beaumonts Märchen *Die Schöne und das Biest* bekannt und beliebt geblieben. Im Mittelpunkt des »Magazin für Kinder« stehen die Gespräche, »die eine verständige Hofmeisterin mit einigen ihr untergebenen jungen Frauenzimmern von verschiedenem Alter führt. Sie suchet diesen Kindern die Zeit zu vertreiben, unter dem Zeitvertreibe aber ihr Herz zu bessern, und ihren Verstand aufzuklären; zwei wichtige Stücke, worauf man bey jedem Umgange mit Kindern hauptsächlich sehen sollte.«[23] Sarah Fielding war es nur um die Herzens- und Tugendbildung gegangen, ihrer französischen Kollegin ging es vor allem um die Verstandesbildung.

Jeanne-Marie Le Prince de Beaumont erklärt als Zweck der Erziehung, dem ihr *Magazin für Kinder* dienen sollte: »... daß man die Sitten bilde, sich des Verstandes annehme, ihn ausziere, ihm eine geometrische Wendung gebe, das Äußerliche einrichte.«[24] Und sie schildert als Ergebnis ihrer Methoden: »Meine Schülerinnen fangen an, ohne große Arbeit einen Widerspruch in einem scheinbar vorgetragenen Grundsatze zu erkennen; und durch diesen Widerspruch zernichten sie die Folgen. Sie schreiben mir ihre Urtheile von dem, was sie lesen; sie bestreiten mir eine Wahrheit so lange, bis ich sie ihnen bewiesen habe, und geben sich nicht eher zufrieden, als bis sie solche für unleugbar erkennen. Diejenigen, welche schon erwachsen gewesen, da ich mit ihnen angefangen, gehen in dieser Wissenschaft sehr langsam fort. Ich habe aber einige von ihrer ersten Kindheit an, und die werden gleich von einem Widerspruch gerühret, wie das Ohr eines guten Tonkünstlers von einem falschen Tone gerühret wird. Woher kömmt das? Von der Sorgfalt, die ich gehabt habe, ihnen einen geometrischen Verstand zu bilden; und was ich gethan habe, das kann jedermann thun.«[25] Die Autorin nimmt den Vorwurf auf, Mädchen zu »gelehrten Frauen« erziehen zu wollen, und erwidert ihren männlichen Kritikern: »Sie wollen doch gern nur Maschinen aus ihnen machen, werde ich ihnen antworten. Ja, meine Herren Tyrannen, ich bin Willens, sie aus der groben Unwissenheit zu ziehen, wozu Sie dieselben verdammet haben. Gewiß, ich bin Willens, Vernunftlehrerinnen, Erdmesserinnen und so gar Philosophinnen aus ihnen zu machen. Ich will sie denken, richtig denken lehren, damit sie zu einem guten und vernünftigen Leben gelangen. Hätte ich nicht Hoffnung, diesen Endzweck zu erreichen: so wollte ich gleich diesen Augenblick das Schreiben und Unterweisen aufgeben. Es finden sich Leute genug, die fähig sind, den Kindern einige tausend Wörter, die sie nicht wissen, die Regeln der Sprache und viele andere fast eben so wichtige Kenntnisse in den Kopf zu bringen. Ich sehe die Erlernung der französischen Sprache bey meinen Schülerinnen nur bloß als ein Mittel an, welches mir von der Vorsehung dargebothen worden, ihren Verstand und ihr Herz zu bilden. Diese beyden Stücke sind die Gegenstände meiner Arbeit, welche mich doch nicht hindern werden, alle meine Sorgfalt auf die große Sache zu wenden, wofür man mich bezahlet, das ist auf die Erlernung der französischen Sprache.«[26]

Jeanne-Marie Le Prince de Beaumont ging es in ihrem späteren Werk *Le Magasin des Jeunes Dames* zwar immer noch darum, daß Frauen richtig denken lernten, aber davon, daß sie ruhig »gelehrte Frauen« werden sollten, war nicht mehr die Rede. In diesem Buch tritt die Autorin wieder als Gouvernante Mademoiselle Bonne auf und setzt die Lehrgespräche mit ihren nun erwachsenen Schülerinnen fort. Sie beschwört die ihr anvertrauten jungen Damen, unbedingt denjenigen Mann zu heiraten, den die Eltern für sie bestimmen. Denn in der Wahl der Eltern äußert sich Gottes Wille. Als zukünftige reiche Hausfrauen und Mütter sollen die jungen Mädchen auch lernen, wie sie sich später am besten gegenüber der Gouvernante ihrer Kinder verhalten. Madame de Beaumont (ihr langer Name wurde in Deutschland in dieser adeligen Kurzfassung gebraucht) greift dabei auf ihre eigenen Erfahrungen im Erziehungsgeschäft zurück.

Eine Gouvernante, sagt sie, muß die volle Autorität über ihren Zögling besitzen, und das Kind soll davon in Kenntnis gesetzt werden. Ferner muß sich eine Gouvernante stets bei ihrem Zögling aufhalten, und selbst wenn er seine Mutter in ihrem Zimmer aufsucht, soll sie ihn begleiten. Wenn die Mutter die Gouvernante kritisiert, soll sie das in Gegenwart des Kindes tun, und die Gouvernante wird sich dann auch in Gegenwart des Kindes rechtfertigen. Das Kind kennt die Fehler seiner Eltern und seiner Gouvernante sowieso und hat sich darüber eine Meinung gebildet. Wenn es nun beobachtet, daß man einen Fehler nur beheben kann, wenn man ihn einsieht, wird es selbst entsprechend handeln. Bei der Gouvernante, die so großes Vertrauen von Seiten der Eltern beansprucht, muß es sich um eine Frau handeln, die ihren Beruf erlernt hat. Darüber lachen die jungen Damen erst einmal: »Kann man denn lernen, Gouvernante zu werden?« Aber dann leuchtet es ihnen ein, daß sie für ihre Kinder nur eine ausgebildete Erzieherin einstellen sollen, schließlich würden sie einen kostbaren Stoff auch keiner Frau anvertrauen, die nicht gelernt hat, Kleider anzufertigen. Woran können Mütter eine ausgebildete Gouvernante erkennen? An ihren Methoden. Wichtig ist, daß die Erzieherin stets an Ziele und Konsequenzen ihres Verhaltens im Umgang mit dem Zögling denkt, daß sie nichts dem Zufall oder der Spontaneität überläßt, denn schon der kleinste Verhaltensfehler kann das ganze Werk verderben. Ferner muß jedes Kind anders behandelt werden. Es gibt keine Erziehungsart, die für alle paßt. Um zu wissen, wie die Gouvernante mit einer bestimmten kindlichen Persönlichkeit umzugehen hat, muß sie das Kind gut kennenlernen. Das kann sie nur, wenn sie es immer und überall unter den Augen behält.[27]

Ein derartiges Erziehungsprogramm respektierte zwar die unterschiedlichen kindlichen Individualitäten, stellte aber beklemmend hohe Ansprüche an die Kraft der Gouvernante, Tag und Nacht pädagogisch im Einsatz zu sein, und an die Bereitschaft der Zöglinge, sich ständig kontrollieren und erziehen zu lassen. Kinder galten als von Natur aus zur Sünde neigend und mußten deshalb ununterbrochen überwacht, geformt und von bösen Einflüssen ferngehalten werden. Diese Methoden der häuslichen Erziehung betrafen nicht nur Mädchen, sondern auch Jungen. 1772 erschien beispielsweise Mme de Beaumonts Buch *Le mentor moderne, ou Instructions pour les garcons et pour ceux qui les élèvent*, das aber mit dem Erfolg der *Magasins* nicht konkurrieren konnte.[28]

Neben Mme de Beaumont erlangte noch eine weitere französische Gouvernante durch ihre Schriften Einfluß in deutschen Kinderstuben: Stéphanie-Félicité du Crest Comtesse de Genlis Marquise de Sillery-Bru-

lart (1746-1830). Sie hinterließ wie Mme de Beaumont ein umfangreiches
Werk aus pädagogischen Ratgebern, philosophischen Texten, Romanen,
Theaterstücken und Erzählungen. Mme de Genlis entstammte einer verarmten adeligen Familie und wuchs auf dem Lande auf.[29] Dort wurde sie
von einer jungen Gouvernante erzogen, die ihr vor allem Musikunterricht
erteilte. Als Félicité du Crest etwa elf Jahre alt war, kam sie mit ihrer Mutter nach Paris. Mutter und Tochter besaßen nicht genügend Geld, um ein
Leben nach ihren Ansprüchen zu finanzieren, und quartierten sich deshalb so oft wie möglich bei reichen Verwandten und Gönnern ein. Sie waren beide unterhaltsame Gäste, denn die Mutter galt als geistreich, und die
frühreife Tochter erregte in den Salons Bewunderung durch ihr Harfen-
spiel, ihren Tanz und ihre dramatische Begabung. 1763 heiratete Félicité
du Crest in den höheren Adel. Die junge Mme de Genlis, bald Mutter von
zwei Töchtern, bildete sich unermüdlich weiter und begann, Romane und
Theaterstücke zu schreiben. 1772 trat sie mit ihrem Mann in den Dienst
des Herzogs und der Herzogin von Chartres. Als Hofdame gewann Mme
de Genlis das Vertrauen und die Bewunderung der Herzogin und wurde
zeitweise die Geliebte des Herzogs, auf den sie auch nach Beendigung der
Affaire großen persönlichen und politischen Einfluß ausübte. 1777 gebar
die Herzogin Zwillingstöchter. Mme de Genlis wurde zur Gouvernante
der kleinen Prinzessinnen ernannt. Das war schon länger so vereinbart
gewesen: Falls die Herzogin einmal eine Tochter zur Welt brächte, sollte
Mme de Genlis sie erziehen. Die von Rousseau beeinflußte Gouvernante
legte Wert darauf, ihre Zöglinge nicht erst im Kindesalter zu übernehmen,
sondern sie schon als Säuglinge zu betreuen, um die Entwicklung ihrer
Persönlichkeit und ihrer Anlagen zu beobachten und zu leiten. Sie wollte
die uneingeschränkte Autorität über die ihr anvertrauten Kinder ausüben
und gründete deshalb einen eigenen Haushalt außerhalb des Palais-Royal.
Mit den kleinen Prinzessinnen, ihren eigenen Töchtern, ihrer Mutter, den
Kindermädchen, den Dienerinnen und Dienern ließ sich Mme de Genlis
in dem Pariser Nonnenkloster Bellechasse nieder, auf dessen Grundstück
die herzogliche Familie ein Haus nach den Plänen der Gouvernante er-
richtet hatte.

Mme de Genlis erläutert ihre Ideen über häusliche Erziehung in dem
Briefroman *Adèle und Théodore*. Ihrer Meinung nach sollen Kinder möglichst unter Obhut der Eltern auf dem Lande aufwachsen, fern der Versu-
chungen und Verführungen der Stadt. Sie sollen leicht gekleidet, zu sorg-
fältiger Hygiene angehalten und gesund ernährt werden. Die
Kenntnisvermittlung darf nicht zu früh einsetzen und muß altersgerecht
erfolgen. Da Kinder nicht alles lernen können, ist eine sorgfältige Aus-

wahl ihrer Unterrichtsfächer notwendig. Alltägliche Einrichtungsgegenstände wie z.b. Tapeten, die mit wichtigen Szenen aus der Geschichte bedruckt sind, können für eine spielerische, spontane Unterweisung genutzt werden. Adèle, die sonst überwiegend mit ihrer Mutter zusammen ist, erhält schon mit sechs Monaten die englische Gouvernante Miss Bridget, durch die sie im alltäglichen Umgang selbstverständlich Englisch lernt. Italienisch lernen die Kinder von ihrem aus Italien stammenden Zeichenlehrer. Mit Adèles Verheiratung schließt das Buch.[30]

1782 ernannte der Herzog von Chartres, späterer Herzog von Orléans, die Gouvernante seiner Töchter auch zum »Gouverneur« seiner Söhne. Dieses hohe Amt war eigentlich Männern vorbehalten, deshalb mußte die ungewöhnliche Ernennung durch den König bestätigt werden. Ludwig XVI. soll dem Herzog gesagt haben: »Ich besitze glücklicherweise einen Dauphin; die Gräfin von Artois hat Kinder. Ihr könnt mit Euren Kindern machen, was Euch gefällt«[31]. Die Besetzung der Stelle eines Prinzenerziehers durch eine Frau löste hämische Spottgedichte und öffentliche Protestmanifestationen aus, über die sich sowohl der Herzog wie auch Mme de Genlis selbstbewußt hinwegsetzten.

Nachdem sie nun Mme de Genlis zum »Gouverneur« erhalten hatten, verbrachten auch die beiden Prinzen, die weiterhin im Palais-Royal wohnten, einen großen Teil des Tages in Bellechasse. Als »Gouverneur« stellte Mme de Genlis die Lehrer der Jungen ein, entließ sie wieder, wenn sie nicht ihren Anforderungen entsprachen, und erteilte die Instruktionen, nach denen der Unterricht zu erfolgen hatte. Das Lehrprogramm umfaßte ungewöhnlich viele Fächer: moderne Fremdsprachen, Geschichte, Literatur, Naturgeschichte, Geographie, Mythologie, Physik, Chemie, Botanik, Mineralogie, Architektur, Mechanik, Latein, Griechisch, Rechtskunde, Medizin, Anatomie, Pharmazie, Zeichnen, Musik, Gymnastik, Tanz, Reiten, Schwimmen, Fechten.[32] Auswahlkriterium war die Nützlichkeit des erworbenen Wissens für das spätere Leben der Kinder.

Die Gouvernante selbst lehrte in erster Linie Geschichte, Literatur und Mythologie, später aber auch Deutsch, Englisch, Italienisch und Geographie. Der Unterricht, den sie erteilte, fand in ihrem Zimmer statt. Dabei nahmen die Schüler auf dem Sofa Platz, während die Gouvernante am Schreibtisch saß und ihnen den Rücken zukehrte, um während der Lehrtätigkeit zu basteln und zu malen.[33] Ihre Hände waren immer beschäftigt, denn sie hielt nützliche Betätigung für ein wichtiges Mittel, Langeweile und Leidenschaften zu bekämpfen. Auch die Zöglinge mußten in Bellechasse lernen, jede Minute des Tages mit sinnvollem Tun auszufüllen. Erholungszeiten und Ferien waren nicht vorgesehen.

Pädagogische Vorbilder von Mme de Genlis waren Mme de Maintenon, die die Mädchenerziehung auf die praktischen Bedürfnisse des Alltags in einem bestimmten Stand ausgerichtet hatte, aber auch Jean-Jacques Rousseau, der für kindgemäßen Unterricht eingetreten war. Rousseau hatte außerdem gefordert, daß ein Hauslehrer vollständige Autorität über Körper und Geist des ihm anvertrauten Kindes besitzen müsse, und diesen Gedanken übertrug Mme de Genlis auf ihre Stellung als Gouvernante und weiblicher Gouverneur.

Die Gouvernante setzte in ihren Lehrstunden in Bellechasse Theateraufführungen, Gemälde und Berichte über aktuelle Geschehnisse als didaktische Hilfsmittel ein. Besonders am Herzen lag ihr der Fremdsprachenunterricht, und sie nahm ausländische Bedienstete, Gärtner, Musiklehrer ins Haus, die mit den Kindern englisch, italienisch oder deutsch sprachen. Sie achtete darauf, daß sich die Jungen viel bewegten und anstrengende körperliche Arbeit verrichteten, daß auch die Mädchen Gymnastik trieben. Die Jungen schliefen auf harten Brettern, erhielten einfaches Essen, liefen im Sommer auf dem Lande in bequemer, bäuerlicher Kleidung herum und bestellten ihren Garten. Aus dem dicken, trägen Louis Philippe wurde unter diesem Regime ein gesunder, sportlicher junger Mann, der sogar seine panische Angst vor Hunden verlor. Die Gouvernante erzog ihre eigenen Kinder sowie eine Nichte, einen Neffen und eine junge Engländerin gemeinsam mit den jungen Prinzessinnen und Prinzen. Häusliche Erziehung bedeutete für sie nicht wie für Rousseau Einzelerziehung des Kindes.

Mme de Genlis' Stellung im Hause Orléans war fünfzehn Jahre lang ungewöhnlich einflußreich: Sie bestimmte allein über Leben und Erziehung der herzoglichen Kinder. Eine Mitarbeiterin der Mutter war sie nicht, sondern eine pädagogische Expertin, die der Mutter Vorschriften machte, wie sie mit ihren Kindern umzugehen hatte. In ihrem Erziehungstagebuch *Lehren einer Gouvernante für ihre Schüler* versucht Mme de Genlis, den Vorwurf zu entkräften, sie habe die herzoglichen Kinder ihren Eltern entfremdet. Deshalb fordert sie ihre Zöglinge immer wieder zur Dankbarkeit gegenüber den Eltern auf. Sie weist sie darauf hin, wieviel sich besonders der Vater um seine Kinder kümmert, ihnen Zeit und Geld opfert. Dem Herzog von Orléans sollen die Kinder auch dafür danken, daß Mme de Genlis ihre Gouvernante werden durfte: »Er hat die öffentliche Meinung herausgefordert, indem er Ihre Erziehung einer Frau anvertraut hat, die er für fähig hielt, Ihnen gute Grundsätze zu vermitteln.«[34]

Der Herzog von Orléans soll Mme de Genlis für ihre Dienste als

»Gouverneur« seiner Söhne ein Jahresgehalt von 20 000 Franken angeboten haben, das waren 8 000 Franken mehr als ein gewöhnlicher Prinzenerzieher in Paris erhielt. Mme de Genlis verzichtete aber nach eigener Aussage auf diese große Summe und begnügte sich mit ihrem Gouvernantengehalt von 6 000 Franken. Ihr ging es vor allem um Ehre, Einfluß und Macht. Zwar hatte sie anfänglich ihre gesamte Familie durch ihre Erzieherinnentätigkeit versorgt und in den Haushalt der herzoglichen Familie integriert, aber sie blieb auch dann noch Gouvernante, als sie durch Erbschaft selbst zu Geld gekommen war. Später allerdings, nach ihrer Rückkehr aus der Emigration, erhob sie Anspruch auf die ihr zustehende Gouvernantenpension.

Mme de Genlis nimmt unter den Prinzenerzieherinnen insofern eine Sonderstellung ein, als ihr die gesamte Erziehung von Jungen über das siebente oder achte Lebensjahr hinaus anvertraut wurde.[35] Den Herzog von Chartres (er hieß zuerst Herzog von Valois), den späteren König Louis-Philippe, behielt sie bis zu seiner Volljährigkeit im 17. Lebensjahr in ihrer Obhut, danach verbrachte er freiwillig während des folgenden Jahres noch viel Zeit bei ihr. Sein Bruder, der Herzog von Montpensier, war ihr bis zum fünfzehnten Lebensjahr, als er in die Armee eintrat, anvertraut. Mme de Genlis wollte die jungen Herzöge zu beherzten, gefaßten, höflichen, aufmerksamen, wohltätigen Männern erziehen und erläuterte ihnen immer wieder, was sich für einen Mann schickte und was nicht. Ihr eigenes weibliches Geschlecht war dabei kein Hindernis. Nach der Revolution von 1789 erweiterte sich ihr Erziehungsziel. Ihre Zöglinge sollten nicht nur Männer und Aristokraten, sondern nun auch noch Bürger werden, die die neue Konstitution achteten.

1791 entließ die Herzogin von Orléans die Gouvernante ihrer Kinder, mit der sie sich schon seit einiger Zeit aus politischen und persönlichen Gründen überworfen hatte. Die Herzogin litt zunehmend darunter, daß sie im Leben ihrer Tochter Adelaide (die Zwillingsschwester war schon als kleines Kind gestorben) und ihrer Söhne so wenig Bedeutung besaß. Mme de Genlis reiste nach ihrer Entlassung ab, woraufhin die Prinzessin Adelaide aus Kummer schwer erkrankte. Die Gouvernante kehrte auf die innigen Bitten ihrer Zöglinge und mit der Einwilligung des Herzogs wieder in ihr altes Amt zurück. Die Mutter hatte den Kampf verloren, das herzogliche Paar trennte sich. Aber bald darauf wurde auch das Verhältnis zwischen der Gouvernante und dem Herzog von Orléans schwer belastet. Mme de Genlis, die zusammen mit Prinzessin Adelaide auf die Liste der Emigrantinnen gesetzt worden war, weil sie sich beide über ein Jahr lang in England aufgehalten hatten, kündigte ihrerseits ihre Stellung

Mme de Genlis bildet als Gouvernante den Mittelpunkt der Gruppe, die aus ihren vier Zöglingen und deren Eltern besteht. Rechts am Rande befindet sich die Mutter, die Herzogin von Orleans, links, schon der Mitte etwas näher, der herzogliche Vater, der seinen Arm um den späteren König Louis Philippe legt.

als Gouvernante und wollte die Flucht aus dem revolutionären Frankreich allein antreten. Auf die Vorhaltungen des ehemaligen Herzogs, der nun den Namen Philippe Egalité trug, erklärte sie sich aber schließlich doch bereit, die Prinzessin nicht im Stich zu lassen. Gouvernante und Zögling folgten dem jungen Herzog von Chartres nach Belgien, 1793 gelang ihnen die Flucht in die Schweiz. Im selben Jahr wurde Philippe Egalité hingerichtet.

Mme de Genlis war zeitlebens eine politisch und moralisch umstrittene Persönlichkeit. Ihr ehemaliger Zögling König Louis Philippe hat über sie in seinen Erinnerungen geschrieben und sich zu ihrem Charakter geäußert.[36] Er verteidigt den ungewöhnlichen Schritt seines Vaters, eine

Frau als »Gouverneur« einzustellen, weil Mme de Genlis die Fähigkeit besaß, Kinder nach liberalen und demokratischen Prinzipien zu erziehen. Louis Philippe spart rückblickend jedoch auch nicht mit Kritik an der Gouvernante, die während seiner Kindheit und Jugend die wichtigste Bezugsperson für ihn war, und an der er, wie auch seine Geschwister, mit inniger Zuneigung hing. Er wirft ihr vor, eitel, machthungrig und selbstgefällig gewesen zu sein und nur eine oberflächliche Bildung besessen zu haben. Er schreibt, daß sie keine klügeren, kenntnisreicheren Personen neben sich duldete und ihren Erziehungsplan ständig nach der jeweiligen Lektüre änderte. Außerdem kümmerte sich die Gouvernante nur wenig um die ihr anvertrauten Mädchen (in dem Erziehungstagebuch der Mme de Genlis wird die Prinzessin Adelaide tatsächlich kaum noch erwähnt) und widmete sich fast ausschließlich den Jungen, besonders Louis Philippe selbst. Aber der spätere »Bürgerkönig« betont auch, daß Mme de Genlis ihn zu einem ehrenhaften und tugendreichen Mann erzogen hat, daß er ihr »weibliche« Züge wie Begeisterungsfähigkeit, Empathie und Leidenschaft für eine Überzeugung oder ein Ziel verdankt. Mme de Genlis war eine strenge Erzieherin, die ihre Zöglinge völlig beherrschte, ihnen keine Freiräume ließ und keine Spontaneität erlaubte. Dennoch ist Mme de Genlis unter den Personen, die im 18. Jahrhundert für die Erziehung eines königlichen Prinzen zuständig waren, sicher eine der fähigsten gewesen. Zeitlebens, auch in größter Armut, umgab sie sich mit Kindern und Jugendlichen, Mädchen und Jungen, die sie erzog, unterrichtete und förderte. Ihre Feinde deuteten das als Machtgier, ihre Freunde als pädagogische Berufung. Wie ihre berühmte Kollegin im höfischen Gouvernantenwesen, Mme de Maintenon, wird sie in Frankreich als »Egeria« bezeichnet, d.h. als Frau, die über einen mächtigen Mann politisch Einfluß ausübt.

Eine Erziehung von Mädchen zu »gelehrten Frauen« lehnte Mme de Genlis als unnatürlich und schädlich ab.[37] Ihr eigenes Leben und vor allem ihre eigene lebenslange und während der Emigration sehr mühevolle Erwerbstätigkeit erschütterten ihre Überzeugung von der Richtigkeit traditioneller geschlechtsspezifischer Rollenzuschreibungen nicht. Wie es ja auch immer wieder überrascht, daß Frauen im 18. und frühen 19. Jahrhundert, die die herrschenden Geschlechterverhältnisse für ihre individuellen Bedürfnisse zurechtgerückt hatten, diese Geschlechterverhältnisse selbst nicht in Frage stellten. Mme de Beaumont war da eine aufgeklärte Ausnahme, zumindest in ihrem *Magasin des Enfans*.

Das Werk von Mme de Genlis hat Gouvernanten in vielen Ländern Europas für ihre Praxis Anregungen und Arbeitsmaterialien geliefert. Dabei erwiesen sich besonders ihre Methoden des Fremdsprachenunterrichts als pädagogisch nachahmenswert. Aber auch das Gymnastik- und Sportprogramm, das sie für die ihr anvertrauten Mädchen und Jungen entwarf, war innovativ. Sie trat in der Praxis und in den theoretischen Werken, die auf *Adèle et Théodore* folgten, noch entschiedener als Mme de Beaumont dafür ein, daß Gouvernanten als Erziehungsexpertinnen die vollständige Autorität über die ihnen anvertrauten Kinder besitzen mußten. Gouvernanten galten in diesem Zusammenhang kaum noch als Mitarbeiterinnen der Mütter und nur noch in einem abstrakten Sinne als ihre Stellvertreterinnen.

Nicht alle französischen Pädagoginnen, die sich mit der Stellung und den Aufgaben einer Gouvernante auseinandersetzten, konnten wie Mme de Beaumont und Mme de Genlis auf eigene Erfahrungen in der häuslichen Erziehung zurückblicken. Jeanne Louise Henriette Campan (1752-1822) z.B. interessierte sich für Gouvernanten, weil Absolventinnen ihrer Lehranstalt häufig diesen Beruf ergriffen. Mme Campan stammte aus kleinbürgerlichem Milieu und fand wie Mme de Beaumont durch ihre Bildung und ihre Begabung Zugang zur höfischen Gesellschaft. Sie begann ihre Karriere als Vorleserin in Versailles und stieg zur Kammerfrau der Königin Marie-Antoinette auf. Später gründete und leitete sie Mädchenpensionate. In ihrem *Lettre sur les devoirs et les qualités d'une gouvernante* behandelte sie verschiedene Probleme des Gouvernantenalltags.[38] Sie ging dabei nicht von der häuslichen Erziehung im hohen Adel oder gar an einem Hof aus, sondern von Arbeitsbedingungen, wie sie in der Mehrzahl aller Stellen zu finden waren. Gewöhnlich konnte eine Gouvernante nur selten die Erziehung abschließen, die sie einmal begonnen hatte. Ihre Aufgabe bestand deshalb häufig darin, pädagogische Schwierigkeiten aufzufangen, die bei ihren Zöglingen durch einen mehrfachen Wechsel der Lehrpläne und Methoden entstanden waren. Mme Campan riet jeder Gouvernante, sich nicht nur auf ihre Schülerin, sondern auch auf deren Eltern und alle anderen Hausangehörigen einzustellen; sich stets auf ihre Stellung als Angestellte zu besinnen, auch wenn sie wie ein Familienmitglied behandelt wurde; sich immer in der Nähe ihres Zöglings aufzuhalten und nicht an Geselligkeiten teilzunehmen, zu denen das Kind nicht zugelassen war. Die Gouvernante sollte ihre Schülerin zu Frömmigkeit, Mildtätigkeit, Nüchternheit, Sauberkeit und Ordnung erziehen. Besonders wichtig war der Französischunterricht, der bei Mädchen häufig vernachlässigt wurde. Im Rechnen dagegen reichte die Vermittlung der einfachsten Kenntnisse aus. Nadelarbeit, Klavierspielen und Zeichnen waren weitere Schwerpunkte des Gouvernantenunterrichts. Das intellektuelle Niveau der häuslichen Mädchenerziehung, das

Mme Campan hier zu Anfang des 19. Jahrhunderts skizzierte, lag deutlich unter dem Niveau, das Mme de Beaumont und Mme de Genlis im 18. Jahrhundert in ihrer Arbeit angestrebt hatten.

Mme Campan schließt ihren Brief an eine Gouvernante: »Seien Sie nicht erstaunt, mein liebes Kind, daß ich mich derart über den Vorzug der häuslichen Erziehung äußere; die Hoffnung, ihr zu nützen, hat mich nicht einen Augenblick verlassen, während ich mich der öffentlichen Erziehung widmete, und ich strebe nur nach dem Ruhm und dem Glück, viele gute Mütter heranzubilden, die fähig sind, ihre Töchter selbst zu erziehen, oder junge vermögenslose Frauen auszubilden, die als Gouvernante oder Lehrerin eine nützliche und ehrenhafte Einkommensquelle finden.«[39] Mme Campan ging es nicht nur darum, daß Gouvernanten Mädchen zu guten Hausfrauen, Gattinnen und Müttern erzogen, sondern auch darum, daß Mädchen zu guten Gouvernanten und Lehrerinnen herangebildet wurden.

Dorothee Henriette von Runckel aus Dresden hatte 1757 an Luise Adelgunde Gottsched nach Leipzig geschrieben: »Ich behaupte, daß ein Unterricht für angehende Hofmeisterinnen ein unentbehrliches Werk ist, und ich wünschte solches aus der Feder einer Beaumont.«[40] Aber solange es keinen »Unterricht für angehende Hofmeisterinnen« gab, mußten sich Gouvernanten autodidaktisch bilden und ihre Methoden für den häuslichen Unterricht selbst auswählen. Die französische Gouvernante Suson Molinié fragte am 2. März 1761 aus Schlesien bei dem Pfarrer und Gelehrten Jean Henri Samuel Formey in Berlin an, was denn dort das Magazin »des enfans et des adolessens par Mad. de Baumont« koste.[41] Und ihre Kollegin C.S. Heck schrieb am 15. Oktober 1776 vom Gut ihrer Arbeitgeber an Formey: »Ich muß Ihnen ein Wort über meine Schülerinnen sagen. Ich habe drei, die älteste ist elf Jahre alt, und die jüngste sieben. Man macht mir Komplimente über meine Methode, ihnen Geschichte beizubringen. Könnten Sie mir ein Lehrbuch der Geschichte nennen und mir den Preis mitteilen? Im Augenblick benutze ich Ihre »Enzyklopädie für Kinder«, aber sie ist nicht ausführlich genug. An die Werke der Madame Beaumont ist gar nicht zu denken, sie sind zu teuer für sie. Das ist das Unglück! Der Adel in den kleinen Städten und auf dem Lande will, daß man seine Kinder unterrichtet, aber wenn es darum geht, die nötigen Bücher zu kaufen, sind sie immer zu teuer«.[42]

Und am 15. April 1777 schreibt die Gouvernante an denselben Adressaten: »Ich nehme mir ständig Mme Beaumont zum Vorbild, aber ich schmeichle mir nicht, sie jemals zu erreichen, weil ich nicht genug Geschmack an dem Erziehungsgeschäft finde. Aber wenn es eine Dame gibt, die aus ihrer Tochter ein denkendes Wesen und nicht nur ein sprechendes Wesen machen möchte und ihr solide Kenntnisse vermitteln will, schmeichele ich mir, immer den Vorzug zu erhalten.«[43]

Mme Heck lehnte es ab, ein Kind zu schlagen oder schlagen zu lassen, sie lehnte auch alle Strafen ab, die ein Kind lächerlich machten und es in seinem Selbstgefühl verletzten. Sie ließ ihre Schülerinnen nicht auswendig lernen, sondern führte mit ihnen Lehrgespräche über Geschichte und Geographie.[44] Ihrer pädagogischen Praxis lag durchaus eine Theorie der häuslichen Mädchenerziehung zugrunde.

Das 19. Jahrhundert brachte keine theoretische oder methodische Weiterentwicklung des Gouvernantenwesens, so daß sich gebildete Eltern und Erzieherinnen mit den Neuauflagen des »Magazins für Kinder« von Mme de Beaumont begnügen mußten.[45]

Dem unverheirateten Frauenzimmer ein Erwerb

1698 übersetzte August Hermann Francke Fénelons berühmtes *Tractätlein von der Erziehung der Töchter* ins Deutsche und paßte es protestantischen Lebensverhältnissen an. Die Übersetzung fand ein breites Publikum, denn auch in Deutschland galt die Vorbereitung der Töchter auf ihre »natürliche Bestimmung« zur Gattin, Hausfrau und Mutter als verbesserungswürdig. Und auch hier herrschte die Überzeugung vor, daß Mädchen nicht in Klöstern oder Schulen, sondern im Haus durch die eigene Mutter erzogen und unterrichtet werden sollten.[46] Aber darüber, wie Mädchenbildung durch neue Lehrinhalte und Methoden modernisiert werden konnte, gab es große Meinungsverschiedenheiten.

Vorschläge französischer Pädagoginnen und Pädagogen zur Verbesserung der Mädchenbildung hatten sich in erster Linie an adlige, katholische Eltern gerichtet. Protestantinnen brauchten dagegen kein Latein zu können, um die Predigt ihres Pfarrers zu verstehen, und bürgerlichen Töchtern nützte es wenig, sich mit Rechtslehre zu befassen, weil sie in der Regel keine Pachtverträge schlossen und keine Gutswirtschaft leiteten. Die deutsche Literatur zur Mädchenbildung des 18. und frühen 19. Jahrhunderts war nicht wie die französische im Umkreis der Höfe entstanden, sondern im bürgerlichen Milieu. Sie legte die Lebensverhältnisse der »Töchter des Mittelstandes« zugrunde und stellte den Erwerb praktischer »Hausmuttertugenden« in den Vordergrund. Doch auch hier bemerkten immer mehr Pädagogen, Philosophen und Theologen, daß sich die Lebensstile veränderten und daß es für eine Frau aus dem höheren Bürgertum nicht mehr ausreichte, alle Arbeiten in Küche, Keller und Wäschekammer zu beherrschen. Neue Formen der Geselligkeit entstanden. Frauen und Männer trafen sich, um Gespräche zu führen, gemeinsam zu musizieren, sich Mappen mit Kupferstichen anzuschauen, einander vorzulesen. Ideale der Gefährtenschaft, der Freundschaft und der Konversation forderten auch von Frauen, daß sie lernten, Höflichkeiten auszutauschen, einer gebildeten Unterhaltung zu folgen, ihre Gedanken auszudrücken und sich brieflich mitzuteilen.

Neue Visionen bürgerlicher Weiblichkeit wollten Ehefrauen und Töchter im 18. Jahrhundert keineswegs aus dem Haus heraus in die Öffentlichkeit führen. Frauen sollten Wissen und Kenntnisse nur erwerben, um ihren Umgang mit anderen Menschen zu verfeinern. Dieses Programm wurde auf die Formel »Bildung statt Gelehrsamkeit« gebracht. Johann Gottfried Herder erklärte es 1770 der von ihm umworbenen Karoline Flachsland, nachdem er seinen Abscheu vor »gelehrten Frauen« dargelegt hatte: »Für sie (die Weiber) bleibt nur das, was bildet, was die Seele Menschlich aufklärt, die Empfindungen Menschlich verfeinert, und sie zur Zierde der Schöpfung, zum Reiz der Menschlichen Natur, zum höchsten Gut der Glückseligkeit eines fühlbaren, würdigen Jünglings, zur immer neuen, immer angenehmen Gattin eines würdigen Mannes, zum Vergnügen einer guten Gesellschaft und zur Erzieherin guter Kinder macht!«[47]

Was hatten Frauen selbst von der neuen Bildung? Sie half ihnen, Langeweile zu vertreiben, Kontakte zu knüpfen und sich in unterschiedlichen Milieus zu bewegen. Bildung konnte außerdem weibliche Heiratschancen verbessern. Der Pädagoge Gustav Dinter erinnert sich in seiner Autobiographie an die Überlegungen, die er etwa 1780 über seine Braut, Tochter eines armen, früh verstorbenen Pfarrers, und die gemeinsame Zukunft angestellt hatte: »Aber für Leipzig paßte sie nicht. Sie hatte keine Stadt gesehen als Schwarzenberg und Annaberg und hatte weder die modische Feinheit im Benehmen, die Leipzig forderte, noch die Kenntnisse, die eine Frau Professorin in Leipzig haben mußte, um ihrem Manne und seiner Wahl Ehre zu machen. Ich beschloß: Ich werde Landpfarrer.«[48] Auf dem Lande hielt sich das Ideal der braven Hausmutter länger als in der Stadt, waren die Ansprüche an weibliche Konversationsfähigkeit geringer.

Frauen aus den höheren Ständen wurden aber auch immer wieder davor gewarnt, zu viel zu lernen. War das Unglück jedoch einmal geschehen und hatte eine Frau das rechte Maß an Wissen überschritten, dann sollte sie ihre »Gelehrsamkeit« wenigstens verbergen: »In der Bildung sind die

Kenntnisse concret geworden und in Fleich und Blut übergegangen; sie existieren und äußern sich nicht als Kenntnisse in abstrakter Form, sondern als Reichtum und Fülle geistigen Lebens. Trockene, nackte Gelehrsamkeit zerstört den Liebreiz des schönsten Mundes; die ernste gelehrte Miene macht die Frau nur komisch, ihr abstraktes Räsonnement verscheucht den gewöhnlichen Mann und kann dem Sachkenner nur ein mitleidiges Lächeln abnöthigen.«[49]

In welchen Fächern durften Mächen nun Unterricht erhalten, um im Rahmen der Geselligkeit gebildet, aber nicht gelehrt zu erscheinen? Der Pädagoge und Theologe Friedrich Heinrich Christian Schwarz (1776-1837) zählte auf: Lesen, Schreiben, Religion, Rechnen, Briefeschreiben, Erdbeschreibung, Weltgeschichte, Naturgeschichte, Naturlehre, höhere Philosophie, fremde Sprachen, Musik, Zeichnen, Konversation und Nadelarbeit.[50]

Mütter konnten ihre Töchter in die Aufgaben der Wirtschaftsführung einweisen, ihnen wohl meist auch Lesen, Schreiben und die Grundzüge der Religion vermitteln. Sollten die Töchter darüber hinaus aber Kenntnisse in fremden Sprachen, Weltgeschichte, Naturkunde und Erdbeschreibung erwerben, so mußten sie in der Regel auf eine Schule geschickt oder im Haus durch angeworbenes Fachpersonal unterrichtet werden. Damit verlor die Mutter an Bedeutung im Leben ihrer kleinen Kinder und vor allem ihrer Töchter. Hofmeister und Gouvernanten beanspruchten innerhalb der Familie eine viel größere Einflußnahme auf die Erziehung der ihnen anvertrauten Kinder, als das früher bei dem Gesinde der Fall gewesen war. Eine Gouvernante als akkreditierte Mitarbeiterin und Stellvertreterin der Mutter konnte mütterliche Autorität bedrohen, eine »Kindsmagd« hatte das nicht vermocht. Mme de Beaumont und Mme de Genlis räumten Müttern nur Nebenrollen in der häuslichen Erziehung ihrer Töchter ein: die Hauptrolle dagegen gebührte ihrer Meinung nach der pädagogischen Expertin, der Gouvernante.

Gestiegene Anforderungen an weibliche Bildung führten nicht nur dazu, daß deutsche Familien Gouvernanten einstellten, sondern bewirkten auf der anderen Seite auch, daß Frauen eine Erwerbstätigkeit im häuslichen Erziehungsgeschäft aufnahmen. Nicht alle Frauen heirateten gleich nach der Pubertät, und manche Frauen heirateten überhaupt nicht, verloren früh ihren Ehemann oder ließen sich scheiden. Für sie war es naheliegend, mit Hilfe erworbener Fertigkeiten und Qualifikationen ihren Lebensunterhalt selbst zu bestreiten. Wenn sie Französisch sprachen, mit der deutschen Literatur einigermaßen vertraut waren, einen guten Briefstil vorweisen konnten, sich in Geschichte und Geographie etwas auskannten und auch noch Klavier spielten, waren sie in vielen Häusern, in denen es Töchter zu erziehen gab, als Gouvernanten willkommen. Nur, indem sie ästhetisch-intellektuelle Bildung weitergaben, verstießen sie gegen das Ideal der rezipierenden Bildungsbürgerin, machte doch die »ernste gelehrte Miene die Frau nur komisch«. Wenn sie sich aber auf die Vermittlung einiger weniger oberflächlicher Konversationsfloskeln beschränkten, waren sie der Konkurrenz akademisch gebildeter Hofmeister auf die Dauer nicht gewachsen. Qualifizierte Erwerbsarbeit eröffnete sich dem weiblichen Geschlecht als dorniger Pfad.

Frauen aus den unteren Schichten, ob verheiratet oder nicht, hatten so gut wie immer Erwerbsarbeit geleistet und durch eigene Arbeit und eigenen Verdienst ihren Lebensunterhalt gesichert. Töchter aus dem höheren Bürgertum besaßen dagegen jenseits der Ehe kaum Erwerbsmöglichkeiten. Verfügten sie über Vermögen, so konnten sie sich noch in ein Kloster oder ein Stift einkaufen oder aber einen eigenen Haushalt führen, waren sie jedoch mittellos, mußten sie bei Verwandten Zuflucht suchen, Heimarbeit verrichten oder ein anderweitiges Auskommen finden. Veränderungen der Sozialstruktur, die zu einer wachsenden Zahl bürgerlicher Familien und damit auch der Bürgertöchter geführt hatten, ließen die ökonomischen Probleme vermögensloser, unverheirateter Frauen stärker hervortreten. Viele Familien des Mittelstandes konnten es sich nicht leisten, eine Person mitzuernähren, die nicht zum Lebensunterhalt des Hauses beitrug. Töchter und Witwen von Pfarrern, Beamten und Gelehrten sahen sich deshalb immer häufiger dazu gedrängt, eine Erwerbsarbeit außerhalb des Hauses aufzunehmen. In pädagogischen Schriften wurde langsam zur Kenntnis genommen, daß die »natürliche« Bestimmung der Frau nicht automatisch eine realistische ökonomische Zukunftsperspektive für alle bot.

Dazu erklärte der Pädagoge Johann Bernhard Basedow, der seine erste Frau in einem Haus kennengelernt hatte, in dem er als Hofmeister und sie als französische Gouvernante angestellt war, im Jahr 1770: »Eine Tochter muß man daher so ausbilden, daß sie fähig werde, fremde Kinder zu erziehen, und im Nothfalle die Abhängigkeit von glücklichern Personen ihres Geschlechts, die übrigens fast gleichen Standes mit ihr seyn können, ohne Widerwillen, oder ohne merkliche Zeichen desselben zu ertragen.«[51] Das war ein Ratschlag, der herrschende Praxis berücksichtigte.

Johann Ludwig Ewald, Pädagoge und Theologe, hatte als Hofmeister nicht so gute Erfahrungen wie Basedow gemacht. Er warnte deshalb 1804 in seinem Handbuch »für erwachsene Töchter, Gattinnen und Mütter« junge Mädchen vor dem »unseligen Gouvernantenstand« und riet ihnen, sich lieber durch unbezahlte Tätigkeit in der eigenen Familie oder bei Freunden auf die Mutterrolle vorzubereiten: »Aber wenn Sie Erzieherin, Gouvernante seyn sollen, wie sie bei weitem in den meisten Häusern, auch bei guten treflichen Eltern sind; ein Wesen, das freiwillig jeden Lebensgenuß und jeden Genuß seiner selbst, für Geld, fremden Kindern aufopfern, nur auf diese achten, nur mit ihnen sich beschäftigen, nur für sie den ganzen Tag und alle Tage leben muß: so beschwör' ich Sie bei dem Glück Ihres künftigen Gatten, bei dem Wol ihrer künftigen Kinder, bei Allem, was Ihnen als Weib lieb und theuer ist, – nehmen Sie keine solche Stellen an, und wenn Sie sich in wenig Jahren eine mäßige Aussteuer sammeln könnten. Sie setzen an Munterkeit, Lebendigkeit und innerer Energie so viel zu; Umgang mit Kindern, Beschäftigung, leichtes Spiel mit Kindern, wird Ihnen so zum Eckel; und freier Lebensgenuß, Genuß Ihrer selbst zu einem so dringenden, brennenden Bedürfniß, daß sie unmöglich Ihren *eigenen* Kindern leben können, weil Sie zu lange *fremden* Kindern gelebt haben. Ich red' aus eigener Erfahrung, da ich mich auch mit Bildung fremder Kinder beschäftigt habe, und noch jetzt oft schmerzlich fühle, wie viel dadurch von meiner Munterkeit und meinem Geschmack an Kinderfreuden verloren gegangen ist.«[52]

Ewald war davon überzeugt, daß Erwerbsarbeit in der häuslichen Erziehung weder Frauen noch Männer auf ihre familiären Rollen vorbereiten konnte, weil es etwas völlig anderes war, fremde Kinder im Auftrag anderer zu erziehen, als sich den eigenen Töchtern und Söhnen zu widmen. Mangelnde Selbstbestimmung, Überbürdung mit einseitigen Pflichten und ständige Abhängigkeit von den Wünschen anderer raubten Gouvernanten und Hauslehrern Spontaneität und Lebensfreude. Um diese Erfahrungen der Entfremdung und Abstumpfung im Beruf zu vermeiden, sollten Frauen mit guten Heiratschancen lieber im Elternhaus bleiben, solange dort für sie gesorgt werden konnte. Ganz anders beurteilte Ewald jedoch die Annahme einer Gouvernantenstelle durch Witwen oder Frauen, die wegen ihrer mangelnden äußerlichen Attraktivität oder anderer nicht selbst verschuldeter Gründe keine Aussicht auf Heirat besaßen. Ihnen riet er durchaus, sich wie Männer auf einen Beruf vorzubereiten, und für sie sah er eine Gouvernantentätigkeit als besonders geeignet an, weil sie nah an den »natürlichen Aufgaben« der Mutter lag und im Unterschied zu mechanischen Tätigkeiten auch die Gefühle befriedigen konnte. Während Basedow die Erwerbsarbeit einer Gouvernante als Möglichkeit verstand, auf die jede unverheiratete Frau aus den höheren Ständen in Notzeiten zurückgreifen konnte, unterschied Ewald zwischen einem »normalen« weiblichen Lebenslauf, der in den höheren Ständen Erwerbstätigkeit ausschloß, und einem »unnormalen«, in dem der Beruf einer Gouvernante nicht nur den Lebensunterhalt sicherte, sondern auch eine emotionale Befriedigung schaffen konnte, die die »normale« Frau in der eigenen Familie und auch nur dort fand. Das Glück des Mannes hatte einen unabhängigen, selbständigen Beruf, wie ihn Vollbürger ausübten, zur Voraussetzung, das Glück der Frau die selbständige Leitung eines eigenen Haushaltes. Frauen, die keine Aussicht auf einen eigenen Hausstand besaßen, sollten lieber Gouvernanten werden, als ohne Betätigungsmöglichkeit und emotionale Befriedigung anderen zur Last zu fallen.

Der seinerzeit berühmte Pädagoge Joachim Friedrich Campe sprach sich dagegen prinzipiell gegen den Gouvernanten- und Lehrerinnenberuf aus. In seiner Schrift »Väterlicher Rath für meine Tochter« (1789) lehnt er es ab, daß das junge Mädchen Fremdsprachenkenntnisse erwirbt und fragt sie: »Oder solltest du endlich fremde Sprachen etwa deßwegen lernen, um dermahleinst, in Ermangelung eines Versorgers und eines anderweitigen Erwerbsmittels, die Stelle einer Französischen Erzieherinn bekleiden zu können? Aber ich habe dich zu lieb, mein Kind, um dich absichtlich zu einem Geschäfte zu verdammen, welches bei den Sitten, den Vorurtheilen und der ganzen Lebensart, die in großen Häusern herrschend sind, neun und neunzigmahl unter hunderten zu mißlingen pflegt, und ich hoffe, du werdest einst selbst zu vernünftigstolz und gewissenhaft sein, um nicht lieber von deiner Hände Arbeit, als von einer Verrichtung leben zu wollen, die, wenn man sich aus Noth und nicht aus Neigung und nach gehöriger Vorbereitung damit befaßt, nothwendig mißlingen muß.«[53]

Campe fürchtete wie Ewald, daß Töchter aus dem höheren Bürgertum unter der abhängigen Stellung einer Gouvernante im Hause ihrer Herrschaft zu leiden hätten. Aber war deshalb sein Ratschlag an unverheiratete, vermögenslose Frauen vernünftig, lieber von der »Hände Arbeit«, also vom Nähen und Sticken, zu leben als vom Erziehungsgeschäft? Wenn Frauen Handarbeit erwerbsmäßig im Elternhaus oder in ihrem eigenen Haus verrichteten, konnten sie den gesellschaftlichen Abstieg eine Zeit lang aufhalten, auf die Dauer wurde das jedoch schwierig. Joachim Friedrich Campe benennt in dem *Väterlichen Rath für meine Tochter* die Nachteile des Gouvernantendaseins, läßt aber die sozio-ökonomischen Bedingungen der Heimarbeit im Dunkeln. Der »Hände Arbeit« erscheint als würdevoller und selbständiger Gelderwerb, während in der Realität die Marktgesetze bestimmten, ob sich die Stickerinnen und Näherinnen eine Pause erlauben durften, oder ob sie bei Kerzenschein die Nacht durcharbeiten mußten, um ihren dürftigen Lebensunterhalt zu sichern.

Der Erwerb durch die »Nadel« führte Frauen nicht in die Welt hinaus und brachte sie vor allem auch nicht in ein Konkurrenzverhältnis zu Männern. Deshalb wies Friedrich Schwarz 1792 Frauen aus dem Mittelstand ausdrücklich noch einmal auf die ihnen nur zu bekannte Erwerbsmöglichkeit durch Stricken, Spinnen und Nähen hin: »Wenn ein Mädchen in allen Arten dieser Künste sich Geschicklichkeiten erworben hat, so ist das auch um deswillen gut, weil es dadurch, auch unverheirathet, sich Unterhalt kann verschaffen. Auch den Fall sieht man zuweilen, daß ein braves Eheweib durch dergleichen Geschicklichkeiten ihrer Familie Unterstützung erwirbt. Welch ein frohes Gefühl muß ihr das gewähren! Ein Frauenzimmer, welches in weiblichen Arbeiten geschickt ist, kann mit eben solchem Selbstvertrauen in die Zukunft blicken, als der in Wissenschaften gut gebildete Jüngling.«[54]

Schwarz trat durchaus für eine Verbesserung der Mädchenerziehung und für eine höhere Bildung der Frauen ein, solange das weibliche Geschlecht nicht seine »natürliche Bestimmung« aus den Augen verlor. Er stand aber dem Gouvernantenberuf skeptisch gegenüber, und es gehörte seiner Meinung nach zu den Seltenheiten, »daß die Erziehung und der Unterricht der Töchter durch Hauslehrerinnen« gelang.[55] Töchter sollten die »Nadel« als Erwerbsquelle dem Erziehungsgeschäft vorziehen, für das Frauen angeblich so wenig Talent besaßen.

Bürgerliche Pädagogen konnten die Vor- und Nachteile einer Gouvernantentätigkeit häufig gut beurteilen, wenn sie selbst als Hofmeister gearbeitet hatten, aber Erwerbsarbeit mit der »Nadel«, eine rein weibliche Tätigkeit, lag außerhalb ihres Erfahrungsbereichs. Pädagoginnen, die sich mit Heimarbeit auskannten, teilten das männliche Vertrauen in die »Nadel« als Erwerbsgrundlage nicht. Elisabeth Bernhardi (1768-1849) z.B. schreibt 1798 über unverheiratete Frauen, die keinen Beruf erlernt haben: »Alles, was uns gewöhnlich übrig bleibt, ist die Nadel und mit ihr die Freyheit uns vor dem Verhungern zu schützen. Da sitzen wir denn und zerstören unsere Gesundheit, weil der schlechte Ertrag unserer Arbeit keine Erhohlung, keine Beqemlichkeit verstattet. Da sind unsere Finger mit mechanischer Arbeit beschäftigt, und unsere Phantasie schweift umher. Uiberall sehen wir Glücklichere als wir selbst sind, und machen uns ein reitzendes Bild von dem ehelichen Leben, weil wir es nur in der Ferne sehen. Neid und Verdruß, Bitterkeit und Menschenhaß setzen sich in unsere Seele fest; wir suchen die Fehler anderer auf, um doch etwas zu haben, woran sich unser Verstand üben kann, und uns zu beweisen, daß wir nicht die Schuld unseres Unglücks tragen. Wir fühlen uns verlassen, einsam, isoliert.«[56] Nur eine Berufsausbildung der Töchter, die ihre Fähigkeiten und Neigungen berücksichtigt, kann ein derartiges trauriges Los abwenden: »Der Jüngling lernt eine Kunst, ein Handwerk, eine Wissenschaft, um sich einst sein Brod zu erwerben, und etwas nützliches zu treiben; seine Neigung und Geschicklichkeit entscheidet, oder sollte doch nach dem allgemeinen Urtheile entscheiden. Aber was lernen wir? – höchstens eine Wirthschaft führen, die wir vielleicht niemals haben. Ich will das Mädchen nicht aus seinem Berufe herausreißen, ich denke nicht insbesondere an Kunstgenie und Geist für Wissenschaften, wenn ich von unsern Fähigkeiten spreche; aber ich bin gewiß, daß, wenn man diese sorgfältig prüfte, hervorzöge und für die Ausbildung der vorzüglichen allein die Zeit verwendete, die von früher Kindheit an auf unnütze und schädliche Dinge verschwendet werden: so würde man uns ein gewisses Erwerbsmittel für die Zukunft verschaffen, so würde man uns eine reine und reiche Quelle von Freuden öffnen, und uns vor der langen Weile, vor Thorheit und Unglück bewahren können.«[57]

Elisabeth Bernhardi läßt eine fiktive Mutter schildern, wie sie ihre Töchter zur ökonomischen Selbständigkeit erzogen hat, zu einem Beruf, der ihnen »Dürftigkeit, Einsamkeit, Unthätigkeit und Geringschätzung« erspart. Die Mutter beobachtet die Entwicklung ihrer Töchter, fördert sie in ihren individuellen Fähigkeiten und läßt sie mit sechzehn Jahren einen Beruf wählen, für den eine Ausbildung unter den gegebenen Verhältnissen möglich ist. Das Erziehungsgeschäft hält sie »für das schönste und weiteste Feld«, das unverheirateten Frauen offensteht: »Meine älteste Tochter hatte einen sehr lebhaften Verstand, eine brennende Begierde, recht viel zu lernen, einen anhaltenden Eifer in dem, was sie einmal wollte. Ich benutze alles so gut ich konnte, und da sie noch besonders Talente für die schönen Künste hatte, auch früh lernte mit Menschen aller Art umzugehen, und ihr äußeres Betragen eine gewisse Politur bekam, die die Großen dieser Erde so gern ihren Kindern geben wollen; so bestimmte ich sie zur Gouvernante, und hatte die Freude, sie in ihrem zwey und zwanzigsten Jahre als solche nach S... gehen zu sehen, wo sie noch jetzt lebt, und die Liebe ihrer Schülerinnen, die Zufriedenheit ihrer Prinzipale genießt.«[58]

Frauen wurden lieber Gouvernanten als Näherinnen oder Stickerinnen, weil das eine Erwerbsarbeit war, die besser bezahlt wurde, aus dem eigenen Haus in eine fremde Umgebung führte, der Gemeinschaft diente, neue Beziehungen ermöglichte und den Geist beanspruchte. Andere Erwerbstätigkeiten, die Elisabeth Bernhardi für weniger begabte Töchter aus den höheren Ständen anführt, nämlich Wirtschafterin, Krankenpflegerin in Privathaushalten und Handarbeitslehrerin, waren eindeutig we-

niger attraktiv. Der Gouvernantenberuf war aber nicht nur der qualifi-
zierteste unter den Erwerbsarbeiten, die gebildeten Frauen offenstand, er
war auch der einzige, der mit einem männlichen Beruf, dem des Hauslehrers, konkurrierte.

Elisabeth Bernhardi schildert die Situation unverheirateter Frauen, die
mit schwindender Hoffnung in demütigenden Verhältnissen darauf warten, geheiratet zu werden, deren Leben dürftig und trostlos verrinnt.
Aber eine Ehe, die nur aus Versorgungsgründen eingegangen wird, bringt
Frauen auch nicht immer das ersehnte Glück. Frauen müssen ihre ökonomische Unabhängigkeit durch Erwerbsarbeit sichern und sich ein sinn-
volles, befriedigendes Betätigungsfeld schaffen, dann ist Ehelosigkeit für
sie kein freudloser Stand. Gleichzeitig erhöht Erwerbsarbeit weibliche
Heiratschancen, weil sie Selbstbewußtsein vermittelt, den Horizont er-
weitert und dadurch attraktiver macht. Eine Frau, die ihren Lebensunterhalt allein verdient, darf aus Liebe heiraten, wen sie will und wann sie
will.

Elisabeth Bernhardi macht keine genauen Angaben, wie die Ausbildung der klugen Tochter zur Gouvernante erfolgt ist, sondern führt nur
an, daß sie viel Geld gekostet hat, mehr als die jeweiligen Ausbildungen
der Schwestern. Weltliche Ausbildungsstätten für Erzieherinnen fehlten
damals fast völlig. Der Arzt K.F. Uden stellte 1783 fest: »Die Erfüllung
der Forderung, viele geschickte Erzieherinnen in einer Stadt zu besitzen,
ist wirklich, den Umständen nach, unmöglich. Denn wo sollen sie herkommen? So lange man keine Erziehungsinstitute für Erzieherinnen hat,
und für die weibliche Pädagogik nicht arbeitet, so lange kann man das
kaum erwarten. Wenn die Erziehung des weiblichen Geschlechts eben so
zu einer öffentlichen Angelegenheit gemacht würde, als die des männlichen: so würde man bessere Erzieherinnen haben. Da aber jenes wegfällt:
so kann man auch keine Früchte erwarten, wo man nicht gesäet hat.«[59]
Angehende Erzieherinnen erhielten ihre Ausbildung häufig durch Privatunterricht, der keinen festgelegten Richtlinien, Lehrplänen oder Normen
folgte. Es gab allerdings verschiedene pädagogische Projekte, die die Ausbildung von Gouvernanten einbezogen.[60]

Frauen, die selbst im Erziehungsgeschäft tätig waren, setzten sich seit
dem Anfang des 19. Jahrhunderts immer häufiger für die Einrichtung von
Seminaren für Lehrerinnen und Gouvernanten ein. So schrieb 1802 die
Pädagogin Amalia Holst (1758-1829): »Nach der jetzigen Lage der Dinge,
wo die Männer alle einträglichen Ämter und Gewerbe für sich genommen
haben, bleiben dem unverehelichten und unbegüterten Weibe nur wenige
Nahrungszweige übrig. Diese sind die Erziehung der Jugend; der männli-

chen nur bis zu einem gewissen Alter, der weiblichen bis zu ihrer Vollendung. Dann als Haushälterinnen oder Gesellschafterinnen sich fort zu helfen, und endlich sich durch Handarbeit, besonders im Fache der Moden und des Luxus, zu nähren. Eine jede wird von diesen Nahrungszweigen denjenigen wählen, wozu ihre Bildung, ihre Talente und ihre Neigung sie bestimmen. Lasst uns als den nützlichsten und ehrenvollsten, besonders den zahlreichen Stand der Erzieherinnen betrachten. – Man hat es noch nicht genug erwogen, wie viel das Weib in diesem Wirkungskreise zum Heil oder Unheil der Welt beitragen könne. Alles, was ich im Abschnitt der gebildeten Mutter gesagt habe, gilt auch hier, und zwar in einem noch größeren Umfange. Wenn das Weib als Mutter, als Bildnerin ihrer Kinder, der höchsten Bildung bedarf, so ist es gewiss, dass die Erzieherin, welche die Motive der mütterlichen Zärtlichkeit nicht hat, noch in einem höhern Grade gebildet sein, noch mehr vom innigen, tiefen Gefühl der Pflicht durchdrungen sein muss, als die vom Naturgefühl beseelte Mutter. (...) Wenn je ein Weib den höchsten Grad der Bildung bedarf, so ist es in dieser Lage. Sie, die mit dem schönen Bande der Gatten- und Mutterpflicht nicht mit der Menschheit vereint ist, muß ganz Weltbürgerin sein. Dies kann sie nur durch Kenntnisse werden.«[61]

Lehrerinnen und Erzieherinnen mußten eine Ausbildung erhalten, das lag im öffentlichen Interesse. Die Pädagogin Betty Gleim (1787-1827) rief den Staat auf, in der weiblichen Berufsausbildung aktiv zu werden. Als dringend notwendig sah sie die Gründung an von: »Seminarien für Frauenzimmer, damit wir Lehrerinnen bekommen; denn Weiber werden, aus mehreren Gründen, am besten durch Weiber unterrichtet und gebildet.«[62] Elisabeth Bernhardi, Amalia Holst und Betty Gleim waren keineswegs der Meinung, daß Frauen öffentliche Ämter und Tätigkeiten z.B. als Ärztinnen, Juristinnen und Pfarrerinnen anstreben sollten. Ihnen ging es um eine Professionalisierung der Erwerbsarbeiten, die möglichst nahe an denen der Gattin, Hausfrau und Mutter lagen und von Frauen bereits erfolgreich ausgeübt wurden. Die Erschließung neuer weiblicher Berufe war ihnen vorerst ein nachgeordnetes Interesse. Betty Gleim schreibt: »Es sei jetzt der Versuch erlaubt, die Geschäfte und Erwerbsarten anzugeben, die ein unverheirathetes Frauenzimmer zu den seinigen machen kann. Und da muß denn zuerst der ehrwürdige Stand einer *Erzieherinn* genannt werden; deren es zwei Gattungen giebt, solche, welche einem ganzen Institute, einer sogenannten Pensionsanstalt, vorstehen, und solche, die nur die Erziehung einiger Kinder in einer Familie besorgen, Gouvernanten. Es ist hier nicht der Ort, die Characteristik einer beispielswürdigen Erzieherinn zu liefern; aber daß diese Personen ganz anders sein sollten, als die

Meisten bisher waren und sind; daß bloße Armuth und Noth kein Recht geben können, diesen Stand zu wählen; daß er von Niemanden sollte ergriffen werden, der sich nicht lange und eig is darauf vorbereitet; daß sich Niemand demselben widmen sollte, der nicht von der hohen Wichtigkeit und der schweren Verantwortung desselben überzeugt ist; Keiner, der nicht innern Beruf dazu fühlt; Keiner, der nicht die Absicht und das Streben hat, täglich vollkommner zu werden; das ergiebt sich von selbst, oder sollte sich doch ergeben.«[63]

Für Betty Gleim war nicht jede Frau von Natur aus geeignet, Gouvernante zu werden. Eine Frau, die diesen Beruf ergreifen wollte, mußte bestimmte Voraussetzungen erfüllen. Auguste Teschner, lange Zeit selbst in der häuslichen Erziehung tätig, schreibt zu diesem Thema 1829: »Ältern, auch selbst reiche, denn wer sichert seinen Kindern den Reichtum, sollten darum sorgsam darauf achten, auf welche Seite sich das jugendliche Gemüth am meisten neige; zeigt sich ein ganz besonderes Talent zur Malerei, Musik, Dichtkunst, so werde es auch in dieser Beziehung gepflegt; in gewisser Hinsicht verträgt die sorgfältige Ausübung eines dieser Talente sich sogar nicht mit dem häuslichen Leben. Ist besondere Liebe zu Kindern und Geschikk im Lehrfach vorhanden, so widme sich die Jungfrau diesem ehrenwerten Stande, aber sie bereite sich sorgsam hierzu vor und erkenne die Wichtigkeit dieses Berufes.«[64]

Eine gute Gouvernante konnte segensreich wirken, eine schlechte nachhaltigen Schaden anrichten. Wichtig war, daß sie ihre Grenzen kannte. Denn auch Pädagoginnen wie Bernhardi, Holst, Gleim und Teschner blieben der Vorstellung verhaftet, daß »die Natur« den Frauen andere Unterrichtsfächer und Inhalte zuschrieb als den Männern. Tinette Homberg beispielsweise, langjährige Schullehrerin und Schulleiterin, forderte staatliche Lehrerinnenseminare, denn, das war die gängige Argumentation, Mädchen sollten hauptsächlich durch Frauen unterrichtet werden. Aber Frauen durften Mädchen nicht den gesamten Unterricht erteilen: Männer mußten den Unterricht in Rechnen, Mathematik, Physik und deutscher Sprache übernehmen, weil »diese Disciplinen vorzugsweise einen männlichen Verstand erfordern und auch von den Lernenden ja nur mit dem Verstand begriffen werden.«[65] Das Programm »Bildung statt Gelehrsamkeit« beeinflußte selbst diejenigen Pädagoginnen, die Frauen den Weg in die qualifizierte Erwerbsarbeit weisen wollten. Auch sie verstanden weibliche Bildung vor allem als »Herzensbildung«, wobei niemand so recht wußte, was das eigentlich war. Als sicher galt nur, daß »Herzensbildung« auf kein Universitätsstudium vorbereitete und für kein öffentliches Amt nützlich war, daß Mathematik, Latein und Griechisch nicht dazu gehörten.

Die zu ihrer Zeit berühmte Pädagogin und Dichterin Caroline Rudolphi war eine wahre Meisterin im Interpretieren von »natürlichen« Geschlechterdifferenzen im Lehrberuf. Ihr *Gemälde weiblicher Erziehung* gehörte zur Pflichtlektüre für angehende Lehrerinnen und Erzieherinnen in der ersten Hälfte des 19. Jahrhunderts.[66] Das muß entmutigend gewesen sein. Caroline Rudolphi schreibt über die ideale Erzieherin: »Sie soll alles anerkennen, was ihr männliche Hilfe sein kann, sie soll vornemlich den wissenschaftlichen Unterricht, den auch Ihr Geschlecht nicht ganz entbehren kann, lieber einem Manne anvertrauen, auch wenn sie alle nöthige Kenntnisse besäße, um ihn selbst zu geben; denn alle Verstandeskultur soll vom Manne ausgehen. Eins aber soll sie sich vorbehalten, und darf es sich unter keiner Bedingung nehmen lassen: das ist der unmittelbare Einfluß auf die Entwicklung des eigentlichen Charakters, der Weiblichkeit, des Zartgefühls.«[67] Das konnte nicht gutgehen, wenn Frauen zwar wissenschaftlichen Unterricht erhalten sollten, aber später selbst keinen erteilen durften. Rudolphi schwärmt: »Aber was die wissenschaftliche Bildung betrifft, wie sehr ist da aller männlicher Unterricht vorzuziehen. Wie so ganz anders, wie viel heller, klarer, tiefer ist der Blick des männlichen Geistes! Oft wenn ich in irgend einer Sache recht eigentlich zu Hause zu seyn meynte, und mir selbst das Zeugniß gab, ich könne sie auch treflich vortragen: so durfte nur ein Mann von mäßigen Fähigkeiten kommen, und über denselben Gegenstand sich auslassen, um mich völlig aus dem Traume zu reißen.«[68] Es war und blieb ein Hindernis für Frauen im Erziehungsgeschäft, daß sie nicht ernstgenommen wurden, sich von der exklusiv männlichen Wissenschaftssprache einschüchtern ließen und schließlich selbst von ihrem eigenen Unvermögen überzeugt waren. Doch auf die Dauer entfaltete der Zugang von Mädchen zum wissenschaftlichen Unterricht seine subversive Kraft.

Der Gouvernanten- und Lehrerinnenberuf besaß im 18. und 19. Jahrhundert unter den wenigen Erwerbsmöglichkeiten, die Frauen aus den höheren Ständen und Schichten überhaupt offenstanden, das höchste Sozialprestige. Deshalb treten Gouvernanten in den Schriften von Elisabeth Bernhardi, Amalia Holst, Betty Gleim und Tinette Homberg als selbstbewußte, erfolgreiche Frauen auf, denen es gelingt, ihr Leben durch eigene Arbeit auf der Grundlage ihrer Bildung materiell abzusichern. Sie überwinden die höfische Herkunft des Gouvernantenwesens und geben seiner sich verbreitenden Praxis eine neue, bürgerliche Legitimation.

KAPITEL 3

Chargen und Konditionen

Fürstendienst und Fürstenlohn

Der französische Titel »Gouvernante« hatte ursprünglich analog zum Hofmeister eine weibliche Person bezeichnet, die einem Hofstaat vorstand.[1] Gouvernanten verwalteten die Einkünfte fürstlicher Kinder, stellten für sie Dienstboten, Kinderwärterinnen sowie Lehrpersonen ein und erteilten ihnen manchmal auch selbst einigen Unterricht. Bei den leitenden Gouvernanten und Gouverneuren handelte es sich in Deutschland meist um Angehörige des einheimischen Adels. Als sich aber auch hier das Französische als höfische Umgangssprache durchsetzte, wurden immer häufiger französische Sous-Gouvernanten und Sous-Gouverneure für den Sprachunterricht der fürstlichen Kinder hinzugezogen. Es entstand eine Hierarchie der Chargen im »Kinderdepartement«, wobei die höfische Titelei in der Regel nicht festgelegt war und von Fall zu Fall bestimmt wurde, wer den Rang einer Oberhofmeisterin, Hofmeisterin, Grande Gouvernante, Gouvernante und Sous-Gouvernante erhielt.

Die höfische Lebensführung war auch in Deutschland seit dem 17. Jahrhundert aufwendiger geworden. Nach dem Vorbild Versailles unterhielten Fürst, Fürstin und fürstliche Kinder meist getrennte Haushalte, feierten Feste in eigens dafür entworfenen Räumen und Gärten, ließen Zeremonien mit wechselnden Moden und besonderen Etiketten inszenieren und vertrieben sich die Zeit mit Musik, Theateraufführungen und Malerei. Das führte zu einer bedeutenden Vermehrung der Hofstellen.[2] Frauen, die ja weder in der Regierung, noch in der Verwaltung oder im Militär tätig sein durften, boten sich in den Ehrendiensten, d.h. in der persönlichen Bedienung und Unterhaltung der Fürstinnen und in der Erziehung der Fürstenkinder, ökonomische und soziale Chancen, die sie sonst nirgends fanden. Frauen konnten an den Höfen »ihr Glück« machen und einflußreiche Lebensstellungen erwerben. Das galt keineswegs nur für die

Kurtisanen und Maitressen. Erfolgreiche Hofmeisterinnen, Kammerfrauen, Hofdamen, Vorleserinnen und Gouvernanten erhielten Gagen, Geschenke und Pensionen. Auch ihre Ehemänner und Kinder erfuhren fürstliche Protektion. So wird eine ehemalige Oberhofmeisterin am preußischen Hof Anfang des 19. Jahrhunderts damit positiv charakterisiert, daß sie »ein langes Leben hindurch es verstanden hatte, ihrer Familie Stellung und Vermögen emporzubringen«.[3]

Hofmeisterinnen und Gouvernanten gewannen häufig großen Einfluß auf ihre Zöglinge, wenn die jungen Prinzessinnen und Prinzen von ihren Eltern wenig Zuwendung erhielten oder in schwierigen Familienverhältnissen aufwuchsen. Ein Beispiel: Elisabeth Charlotte von der Pfalz, genannt Liselotte, wurde 1652 geboren. 1659 ging die Ehe ihrer Eltern auseinander. Kurfürst Karl Ludwig verband sich zur linken Hand mit einem Hoffräulein, obwohl seine geschiedene Ehefrau noch im Schloß lebte. Liselotte von der Pfalz wuchs in der Obhut von Gouvernanten auf. Sie erinnert sich: »Jungfer Eltz von Quadt ist meine erste Hofmeisterin gewesen; sie war schon gar alt, wollte mir einmal die Ruthe geben, denn in meiner Kindheit war ich ein wenig muthwillig. Wie sie mich wegtragen wollte, zappelte ich so stark und gab ihr so viel Schläg in ihre alten Beine mit meinen jungen Füßen, daß sie mit mir fiel und hätte sich schier zu Tode gefallen, wollte derowegen nicht mehr bei mir sein; also gab man mir Jungfer v. Offeln zur Hofmeisterin, die man Uffeln hieß und später zu Hannover Herrn von Harling geheirathet.«[4]

Um die Tochter den alltäglichen Auseinandersetzungen in der Familie zu entziehen, schickte sie der Kurfürst mit ihrer Hofmeisterin Anna Katharina von Uffeln (1624-1702) zu seiner Schwester Sophie Herzogin von Hannover. Vier Jahre später durfte Liselotte von der Pfalz nach Heidelberg zurückkehren, denn ihre Mutter, die Kurfürstin, hatte das Land verlassen, und die Familienverhältnisse im heimatlichen Schloß gestalteten sich daraufhin freundlicher. Doch das Glück der kleinen Prinzessin wurde aufs Neue getrübt: Anna Katharina von Uffeln, die sich inzwischen verheiratet hatte, blieb in Hannover und nahm dort eine höfische Charge an. Liselotte von der Pfalz war über den Verlust untröstlich. Noch 1718, als die Töchter der Prinzessin von Wales ihre deutsche Hofmeisterin Fräulein von Gemmingen aus politischen Gründen verloren, schrieb sie: »Ich weiß leyder nur zu woll, mit welcher graußamkeit man die freüllen Gemmingen von ihrer printzessin gerissen; das hat mich ahn mein betrübtnuß erinert, wie man mir mad. Trelon zu Pirmont gab undt die gute fraw von Harling bei den 2 printzen zu Ossen blieb.«[5] Zu diesem Zeitpunkt war Frau von Harling schon seit sechzehn Jahren tot.

Als »garstiges Bildnis« bezeichnete Sophie Kurfürstin von Hannover dieses Portrait ihrer verehrten 76jährigen Oberhofmeisterin Anna Katharina von Harling geb. von Uffeln. Frau von Harling hatte die Tochter der Kurfürstin Sophie Charlotte erzogen und war vorher als »Jungfer Uffeln« die geliebte Gouvernante der Liselotte von der Pfalz gewesen. Das Bild stammt von dem hannoverschen Hofmaler Andreas Scheitz und wurde 1700 gemalt.

Kurfürst Karl Ludwig hatte den Gouvernanten seiner Tochter Richtlinien für ihre Erziehungstätigkeit vorgegeben. Nach der Instruktion von 1663 sollte die Prinzessin zwar keine umfassende wissenschaftliche Bildung wie ein Junge erhalten, aber doch wenigstens außer Deutsch und Französisch auch Englisch und Italienisch lernen. Tatsächlich wurde sie jedoch nur in Deutsch, Französisch und Religion unterrichtet. Die jeweilige Hofmeisterin erteilte ihr höfischen Anstandsunterricht, überwachte ihre Körperpflege, bestimmte ihre Diät, suchte passende Lektüre aus und organisierte Ausflüge, Spiele und anderen Zeitvertreib. Mme de Trelon und Fräulein von Kolb, die Nachfolgerinnen von »Jungfer Uffeln«, waren freundliche Frauen, die ihre höfische Charge gewissenhaft erfüllten, aber keine von beiden gewann im Leben ihres Zöglings große Bedeutung. Liselotte von der Pfalz bemerkte darüber rückblickend: »Ich wollte nicht, daß die gute Frau von Harling mir einen Augenblick gelinder gewesen wäre, auch habe ich es bald erkannt, denn ich sie all mein Leben von Herzen lieb behalten und viel lieber gehabt, als Madame Trelon, so mir gar gelinde war.«[6]

Seit 1671 lebte Liselotte von der Pfalz, die mit dem Herzog von Orléans verheiratet worden war, am französischen Hof. Dorthin kam 1680 eine weitere deutsche Prinzessin, die zwanzigjährige Maria Anna Christina, Herzogin von Bayern. Sie hatte den Dauphin geheiratet und litt in der neuen glänzenden Umgebung unter ebenso starkem Heimweh wie Liselotte von der Pfalz. Und wie diese blieb sie ihrer ehemaligen Hofmeisterin in treuer Anhänglichkeit verbunden. Die Dauphine von Frankreich schrieb regelmäßig an ihre Gouvernante Magdalena Maria Gräfin Portia nach Deutschland. Als »Briefbeschwerer« legte sie Säckchen mit 500 Gulden bei. Außerdem schickte sie der Gräfin Portia Schmuck, z.B. eine Perlenschnur für 5 000 Gulden und eine mit 32 Diamanten umrahmte Miniatur im Werte von 4 000 Gulden. Gräfin Portia war zu der Zeit noch Gouvernante der Herzogin Violanta Beatrix von Bayern. Die Dauphine freute sich 1684, daß ihre jüngere Schwester französisch lernte, »dan es ihro etwan noch einmahl sehr nutz kan sein dan ein Printzessin alle Sprachen solte lehrnen dan sie nicht wissen kan was ihro noch vohr eine kann vonnötten sein ich schreibe dises nicht daß ich zweiffle daß die f.G. (Fraw Gräffin) nicht alles wirt ihro lehrnen lassen was ihro wirt von nötten sein sondern nurh damitt sie es der Printzessin sagen kann daß ich ihro solches geschrieben hab damitt sie solches aus lieb vor mich desto ehender thuen solte«.[7] Die Dauphine ließ keine Gelegenheit aus, ihrer ehemaligen Gouvernante durch Worte und Taten ihre Dankbarkeit und Liebe zu zeigen.

Als Gräfin Portia, geborene Freiin von Spiering, zur Gouvernante ernannt wurde, hatte sie bereits dem kurfürstlichen »Frauenzimmer« angehört. Jungfer Uffeln war ebenfalls schon ein Mitglied des Hofstaates der Kurfürstin von der Pfalz gewesen, als sie die Charge einer Hofmeisterin erhielt. Die Hofmeisterin, leitende Gouvernante, Grande Gouvernante oder Obergouvernante rekrutierte sich im 17. und 18. Jahrhundert häufig aus der Gruppe der am Hofe lebenden oder dem Hofe nahestehenden adeligen Frauen, deren Manieren und Charakter bekannt waren.

Das schloß jedoch tragische Fehlbesetzungen nicht aus. Prinzessin Wilhelmine von Oranien, geboren 1751, wuchs seit ihrem vierten Lebensjahr am Hofe ihres Onkels Friedrich II. auf.[8] Von 1755 bis 1758 war Friederike Wilhelmine Freiin von Redern ihre Gouvernante. Als Sous-Gouvernante wurde die Witwe Barbier aus der französischen Kolonie eingestellt. Sie erteilte den ersten Unterricht in Lesen, Religion, Geschichte, Geographie und Französisch, besaß aber keine höfischen Manieren und war daher für die alleinige Erziehung einer Prinzessin nicht geeignet. Prinzessinnen und Prinzen sollten in erster Linie standesgemäßes Benehmen erlernen. Deshalb war Friederike von Redern vom Vater ihres Zöglings, dem Prinzen von Preußen, für die Charge ausgewählt worden, auf Empfehlung seiner Schwester Amalie. Fräulein von Redern galt als ungewöhnlich gebildet und geistreich, hatte aber keine Erfahrung mit Kindern. Sie wurde eine ungeduldige, strenge Gouvernante, die ihren Zögling prügelte und vernachlässigte. 1758 starb sie im Alter von 27 Jahren. Als Nachfolgerin von

Fräulein von Redern bestimmte der Vater der kleinen Prinzessin Fräulein von Danckelmann. Diesmal war seine Wahl glücklicher: Die Gouvernante kümmerte sich um das Kind und setzte sich für seine Interessen ein. Sie erreichte eine Erhöhung der Apanage von 5 000 auf 6 000 Taler. Von diesem Geld wurden die Gouvernanten, die Lehrer, die Dienstboten und die Küche im Haushalt des Kindes bezahlt. Fräulein von Danckelmann verwaltete das Einkommen ihres Zöglings geschickt und sparsam. Ihre Stellung als Gouvernante hatte sie wohl auf Betreiben von Freunden und Verwandten erhalten. Einer ihrer Gönner war der preußische Kammerherr Graf Ernst Ahasverus Heinrich von Lehndorf, der sich der Familie von Danckelmann zu Dank verpflichtet fühlte. Er fügte 1789 einer Tagebucheintragung von 1758 über die Besetzung der Gouvernantenstelle bei der Prinzessin Wilhelmine folgende Bemerkung über Sophie von Danckelman hinzu: »Beim Tode des Herrn von Danckelman (1746) befanden sich seine Angelegenheiten sehr in Unordnung, infolgedessen wurde seine Familie bald vergessen. Einige Jahre später hatte ich das Glück, dieses schöne und interessante Mädchen dem Prinzen von Preußen bei seiner Rückkehr zu empfehlen, der sie bei seiner Tochter, der heutigen Prinzessin von Oranien, als Gouvernante anstellte. Ich hoffe, daß die Welt mit meiner Empfehlung zufrieden sein wird: sie hat aus dieser Prinzessin ein Tugendmuster und einen wahrhaft großen Menschen gemacht.«[9]

Nicht nur die Stelle der adeligen Hofmeisterin wurde mit Hilfe von Beziehungen und persönlichen Empfehlungen besetzt, sondern auch die der Gouvernanten und Sous-Gouvernanten. Die Schwester Friedrichs II., Wilhelmine, hatte wie ihr Bruder Frau von Kamecke als Hofmeisterin. Ihre Gouvernante war von 1712 bis 1721 eine gewisse Leti, eine sehr gebildete Frau, die sich auch literarisch betätigt hatte. Sie war durch eine einflußreiche englisch-hannoveranische Gönnerin empfohlen worden. Nach einiger Zeit bat die ehrgeizige Gouvernante ihre Gönnerin, sich doch dafür einzusetzen, daß sie zur Hofmeisterin ernannt würde und damit einen Titel erhielte, »der ihr manche Vorrechte brächte«.[10] Die Königin lehnte das Gesuch ab, und die Gouvernante ließ ihre Enttäuschung über die verweigerte Standeserhöhung an ihrem Zögling aus. Nachdem die Grausamkeiten und Mißhandlungen der Leti bekannt geworden waren, wurde sie 1721 entlassen. Die Königin beschenkte die scheidende Gouvernante, wohl weil es so üblich war, und die Prinzessin gab ihr »an Steinen, Schmuck und Silbersachen etwa fünftausend Taler«.[11]

Zur neuen Gouvernante wählte der König eine vierzigjährige Hofdame, Fräulein von Sonsfeld, die dem einheimischen Adel angehörte. Ihr wurde der Rang einer Hofmeisterin verliehen. Nach einer Gehaltsliste des Hofstaats von Königin Sophie Dorothea erhielt sie 598 Reichstaler und 18 Heller Gage in einem Jahr ausbezahlt.[12] Zwischen Hofmeisterin und Zögling entwickelte sich eine innige Bindung, die zu einer dauerhaften Lebensgemeinschaft führte. Die Markgräfin von Bayreuth schreibt später über ihre Gouvernante: »Ich liebe und verehre sie wie meine Mutter; sie ist heute noch bei mir, und aller Wahrscheinlichkeit nach wird nur der Tod uns trennen.«[13] Fräulein von Sonsfeld protegierte nun ihrerseits junge Verwandte, die sie an den Hof von Bayreuth kommen ließ. Eine höfische Gouvernante, die von ihrem Zögling geliebt und von seinen Verwandten geschätzt wurde, erwarb selbst genügend soziales Kapital, um ihrerseits Beziehungen spielen zu lassen.

Mit der Besetzung einer Gouvernantenstelle hörten die Intrigen und Fraktionskämpfe keineswegs auf. Davon berichtet Prinzessin Luise, Tochter des Prinzen Ferdinand von Preußen, geboren 1770, und ebenfalls eine Nichte Friedrichs II. Sie wuchs am Berliner Hof auf und wurde mit etwa sechs Jahren einer Frau von Bielfeld anvertraut. Bei dieser Gouvernante handelte es sich um die Witwe eines Hofbeamten und Schriftstellers, die mit ihren drei Kindern versorgt werden mußte. Frau von Bielfeld war eine sehr gebildete und kluge Frau, aber von zarter Gesundheit. Prinzessin Luise schreibt: »Mein Onkel, Prinz Heinrich, war sehr gütig gegen Frau von Bielfeld und übertrug sein Wohlwollen um ihretwillen auch auf mich. Aus demselben Grunde behandelte Prinzessin Amalie (Schwester meines Vaters) mich stets mit Härte. Sie liebte im allgemeinen keine kleinen Mädchen und bedauerte, daß sie nicht selber ein Knabe war. Sie war von meinem Vater in bezug auf meine Gouvernante nicht um Rat gefragt worden, war jedoch der Ansicht, daß diese aus einer vornehmen kalvinistischen Familie gewählt werden müsse. Die von meinem Vater angestellte Frau von Bielfeld war dagegen lutherisch und ihr Gatte von ganz neuem Adel; deshalb vermochte die Prinzessin nie mit ihr zusammen zu sein, ohne Verdruß an den Tag zu legen.«[14]

Die kleine Prinzessin schloß sich eng an ihre Gouvernante an, weil ihre Mutter sie nicht liebte und der Vater nicht viel Zeit für sie erübrigte. 1781 erkrankte Frau von Bielfeld schwer, und es wurde notwendig, eine Nachfolgerin für sie zu suchen. Die Gouvernante selbst schlug für ihre Stelle ein Fräulein von Keller vor, deren Schwester Hofdame der Mutter ihres Zöglings war. Prinzessin Luise schreibt über ihre neue Erzieherin: »Sie hatte, obwohl man sie beinahe häßlich nennen konnte, ein sanftes und einnehmendes Gesicht, war noch nicht dreißig Jahre alt und kannte nur das Landleben, weshalb meine Mutter es für nötig hielt, alles selbst zu leiten. Der ungeheure Unterschied zwischen den Frau von Bielfeld erwiesenen Rücksichten und der Protektion, die man Fräulein von Keller gönnte, wurde sehr bald von mir bemerkt. Ich meinte ihr auch meinerseits mit weniger Respekt begegnen zu können; sie aber verstand es, mich mit sanfter Bestimmtheit auf meinen Platz ihr gegenüber zurückzuführen. Nun sah ich die Torheit meines Benehmens ein; ich gewann meine neue Gouvernante lieb, und es ist nie wieder zu ernstlichen Auseinandersetzungen zwischen uns gekommen. Fräulein von Keller verhehlte mir nicht, daß sie selbst keine gute Erziehung genossen habe und das Bedürfnis fühle, ihre Kenntnisse zu erweitern. Indem sie an meinem Unterricht teilnahm, erweckte sie in mir den Geschmack am Lernen, der mir bisher gänzlich gefehlt hatte.«[15] Das ungebildete Fräulein Keller besaß auch nur ungenügende Französischkenntnisse, und so kam heraus, daß die eleganten französischen Briefe der Prinzessin nicht ihr eigenes Werk waren: Frau von Bielfeld hatte es bequemer gefunden, die Korrespondenz der Prinzessin selbst zu erledigen, als ihre fehlerhaften Versuche zu korrigieren.

Luise von Preussen hing nach dem Tod ihrer ersten Gouvernante leidenschaftlich und eifersüchtig an Fräulein von Keller. Auch später, als ihre Erziehung schon abgeschlossen war, wollte sie sich nicht von ihr trennen und war todunglücklich, als sich die Gouvernante mit einem adeligen Prinzenerzieher verheiratete. Fräulein von Keller, auf dem Lande aufgewachsen und ungebildet, besaß keine nennenswerten Qualifikationen für eine höfische Gouvernantenstelle, verfügte aber offensichtlich über ausgezeichnete Beziehungen. Sie verhielt sich gegenüber ihrem Zögling loyal, gegenüber seiner Mutter weniger. Prinzessin Luise erinnerte sich: »Sie hatte mir unvorsichtigerweise von gewissen Verkehrtheiten erzählt, die man meiner Mutter vorwarf. Das geschah keineswegs in der Absicht einer Pflichtverletzung ihr gegenüber, sondern lediglich in der Hoffnung, mich vor ähnlichen Fehlern zu bewahren. Fräulein von Keller glaubte nur ihrer Pflicht zu genügen.«[16] So verschlechterte sich das ohnehin gespannte Mutter-Tochter-Verhältnis.

Lisette von Bielfeld, die Tochter der früh verstorbenen Gouvernante, wurde »wegen ihrer Klugheit und hohen Bildung« von Kassel nach Berlin berufen, um hier die Erziehung der Prinzessin Auguste, Tochter Friedrich Wilhelms II., zu leiten. Gute Beziehungen konnten sich über Generationen fortsetzen.

Höfische Gouvernanten- und Gouverneursstellen wurden auch als Belohnung für geleistete Dienste vergeben. So erhielt die preußische Oberhofmeisterin Gräfin Voss nach dem Tod der Königin Luise 1810 für ihre Loyalität gegenüber der Verstorbenen den Titel und die Gage einer

Prinzessin Friederike Elisabeth von Preußen (1761-1773) mit ihrer Erzieherin.

»Grande Gouvernante und Ober-Aufseherin der Königl. Prinzen und Prinzessinnen«. Die Gräfin war bereits 81 Jahre alt. Sie schreibt in ihr Tagebuch: »Meine Tage sind leidensvoll wie immer; dabei habe ich so viel Noth mit den Gouvernanten und allen möglichen Arten von Leuten.«[17] Gräfin Voss fühlte sich verpflichtet, die ehrenvolle Hofcharge anzunehmen.[18]

Die Mühe, mit der die höfischen Stellen zur Erziehung der Prinzessinnen und Prinzen im 18. Jahrhundert besetzt wurden, erstaunt häufig, wenn man die Resultate betrachtet. Die Leti und Fräulein von Redern schlugen und quälten die ihnen anvertrauten Mädchen; Friedrich Wilhelm I. erhielt als Lehrer einen Herrn Cramer, der als unreinlich und geistig nicht ganz normal galt.[19] Die Macht der Beziehungen war vielfach stärker als die der Qualifikationen und Fähigkeiten.

Höfische Gouvernantenstellen boten Frauen Prestige, Verdienst und Versorgung. »Vor dem Nichtshaben werde ich mich sicher hüten, denn für eine Frau ist's das größte Unglück«, schrieb 1792 Caroline von Beulwitz geb. von Lengefeld an ihre Schwester Charlotte Schiller.[20] Caroline von Beulwitz hoffte, von ihrem Mann nach der Scheidung einen Unterhalt von 300 Talern zu erhalten, um dann in einem gemeinsamen Haushalt mit ihrer Mutter bequem leben zu können. Die Mutter verfügte ihrerseits über 500 Taler jährlich aus einer Witwenpension und aus ihrem Verdienst als Hofmeisterin am Schwarzburg-Rudolstädtischen Hof. Solange Frau von Lengefeld Hofmeisterin blieb, konnte sie ihren Töchtern Caroline von Beulwitz und Charlotte Schiller jeweils einen jährlichen Zuschuß von 150 Talern geben. Auch dem Schwiergersohn Friedrich Schiller war mit diesem Zuschuß gedient. Schiller gründete 1789 seinen ehelichen Hausstand in Jena auf ein angenommenes Einkommen von etwa 800 Talern, davon sollten 300-400 aus seiner Professorentätigkeit stammen und etwa 400 aus seiner Schriftstellerei.[21] Die Erwerbstätigkeit der verwitweten Frau von Lengefeld war also für die ganze Familie von Bedeutung.

Charlotte von Lengefeld hatte darüber im März 1789 aus Rudolstadt an Friedrich Schiller in Weimar geschrieben: »Endlich hat der Erbprinz eingesehen wie schlecht seine Töchter erzogen sind, und die böse Frau, die bisher bei ihnen war, fortgeschickt, und meine Mutter gebeten, sich einige Jahre ihrer Erziehung anzunehmen, sie hofte noch etwas Gutes wirken zu können, und nahm es an, und geht vielleicht schon künftige Woche bei Hof als Hofmeisterin. Es ist mir leid daß es so ist, daß unser Cirkel so getrennt wird! aber daß meine Mutter noch alles, was sich thun läßt aus den Prinzeßinnen machen wird, daß sie dadurch viel Gutes wirken kann, richtet mich einiger maßen auf; und dann ist ihr ein Wirkungskreis wo sie recht thätig sein muß auch in so weit gut, daß sie weniger an ihre Kränklichkeit denkt, und daher ruhiger wird, in ihrem Gemüthe. Uns wird sie sehr fehlen, doch können wir sie zu jeder Stunde sehn; aber es ist doch ein Unterschied!«[22]

Schiller antwortete: »Ich bewundere den herkulischen Muth, womit die Chère Mère sich der sauersten Arbeit unter der Sonne unterziehen will.« Und da er selbst gerade zum Professor in Jena ernannt worden war, scherzte er: »Die Chère Mère und ich treten also dieses Jahr ein ähnliches Amt an, das gar erstaunlich ehrwürdig ist; wir werden beyde sehr nützliche Glieder für den Staat bilden. Ich wünsche nur, daß es ihr einträglicher seyn möchte als mir; denn daß sie dem ihrigen gewachsen ist, hat sie (ich muß doch einmal galant seyn!) in ihren Töchtern bewiesen!«[23]

Die verwitwete Frau von Lengefeld hatte sich schon länger um eine Anstellung am Hof für sich oder eine ihrer Töchter bemüht. 1784 verbrachte die Familie ein Jahr auf Kosten des Schwiegersohns von Beulwitz in der Schweiz, damit die jüngere Charlotte ihre französische Konversation verbessern konnte, um eine Hofdamenstelle in Weimar anzutreten. Der Plan mißlang, aber die Mutter selbst hatte dann mehr Glück und erhielt Titel und Bezüge einer fürstlichen Hofmeisterin.

Höfische Gouvernanten, die ihre Aufgaben zur Zufriedenheit ihrer Herrschaft erfüllten, erwarben in der Regel ein Anrecht auf Pensionen, die aber an kleineren Höfen manchmal nur mit Verzögerungen oder gar nicht ausbezahlt wurden. Die ehemalige Gouvernante der Prinzessin Luise von Mecklenburg-Strelitz, späteren Königin von Preußen, geriet in finanzielle Bedrängnis, weil sie ihr Altersruhegeld nur unregelmäßig erhielt. Königin Luise setzte sich auf eine entsprechende Mitteilung hin umgehend dafür ein, daß der alten Schweizerin, Mlle Salomé von Gélieu aus Neuchâtel, die ihr zustehende Pension übersandt wurde. Sie schrieb an sie: »Welche Abscheulichkeit, Ihnen das Notwendige fehlen zu lassen, Ihnen, die Sie Ihre schönsten Jahre dazu verwandt haben, mein Herz zu bilden, damit mir nicht im Glück und nicht im Unglück das kostbarste Gut fehle, ein reines Gewissen und die Ruhe, die daraus folgt... Ich bitte Sie Millionen Mal um Vergebung, ich bin doppelt traurig, denn ich versichere Sie, teure Freundin, es ist unmöglich, aufrichtiger alles anzuerkennen, was ich Ihnen schulde, was Sie für mich getan haben, Sie mehr zu lieben, mit mehr Zärtlichkeit zu achten, als ich es tue und bis zu meiner letzten Stunde tun werde.«[24] Mlle von Gélieu hatte Erziehung und Unterricht der späteren Königin von 1786 bis 1793 geleitet.

Im Stadthaus und auf dem Lande

Seit dem 18. Jahrhundert übernahmen Angehörige des Landadels und des reichen Bürgertums die höfische Sitte, Kinder durch Gouvernanten erziehen zu lassen. Außerhalb der Höfe konzentrierte sich die Gouvernantentätigkeit auf pädagogische Funktionen und schloß nur noch in seltenen Ausnahmefällen Verwaltungsaufgaben ein. Mit dem Anwachsen des Bedarfs an weiblichen Lehrkräften entstanden Rekrutierungsprobleme, denn es gab zwar mehr als genug junge Akademiker, die als Hofmeister arbeiten wollten, aber oft nicht genügend gebildete Frauen, die an einer Gouvernantenstelle interessiert waren. Eltern setzten deshalb Verwandte, Freunde und bekannte Persönlichkeiten bei der Suche nach einer fähigen Erzieherin für ihre Kinder ein. Gesellige Zusammenkünfte eines weiteren Kreises, z.B. in Kurorten, wurden auch genutzt, um den Ruf von möglichen Kandidatinnen für eine Anstellung zu überprüfen. Elisa von der Recke, Schwester der Herzogin von Kurland, notierte 1791 in Pyrmont: »Mademoiselle Forster ist mit ihrem Zögling, einer Comtesse Wallmoden, angekommen. Daria wünschte die Bekanntschaft der Forster, weil sie diese bei unsern Prinzessinnen zu engagieren wünscht. Wir hatten diesen Morgen ein langes Gespräch mit ihr, und sie gefiel uns durch das, was sie über Erziehung sagte, ebenso sehr, als sie uns durch ihr Betragen und in ihrem Umgange interessant wurde. Auch ist die jüngere Comtesse Wallmoden durch sie zu einem artigen verständigen Frauenzimmer gebildet worden.«[25]

Bei »Mademoiselle Forster« handelte es sich um Antonie Elisabeth Susanna Forster. Sie wurde 1758 als Tochter eines Pfarrers in Nassenhuben bei Danzig geboren. 1765 brach der Vater Reinhold Forster mit seinem zehnjährigen Sohn Georg nach Rußland auf, um im Auftrag der Zarin die Siedlungsbedingungen für Deutsche an der Wolga zu begutachten. Von Rußland aus segelten Vater und Sohn dann nach England, wohin ihnen 1768 die anderen Familienangehörigen folgten. Während der Jahre 1772 bis 1775 begleiteten Reinhold und Georg Forster den englischen Weltumsegler James Cook auf großer Fahrt.

Antonie Forster lernte während ihrer wechselvollen Kindheit Armut und Entbehrung kennen, aber auch Begeisterung für Wissenschaft und Forschung. 1776 trat sie in Wien ihre erste Gouvernantenstelle an. Über ihre Vorbildung ist nichts bekannt. In Wien arbeitete sie zuerst in einer Familie von Wächtler, dann im Hause des Bankiers von Puthon, der Großschatzmeister bei den Freimaurern war. Der Bruder Georg teilt am 27.6.1780 einem Freund mit: »Die einzige Antonia ist in Wien als Gouvernante bey eines reichen Kaufmannes Kindern. Sie sehnt sich aber nach unsern Gegenden von Deutschland, und gerne sähe ich sie mir näher, wenn ich nur Auskunft für sie wüsste.«[26] Und am 28.1.1781 schreibt Georg Forster, daß »meine Schwester aus Wien jetzt bei mir wohnen will, weil sie es mit den unbilligen Leuten, bei denen sie noch ist, nicht länger aushalten kann.«[27] Antonie Forster verließ Wien dann aber wohl doch in gutem Einvernehmen mit ihren ehemaligen Arbeitgebern, denen sie durch brieflichen Kontakt verbunden blieb.[28] 1783 reiste sie als Gesellschafterin der Ehefrau des holländischen Gouverneurs nach Surinam, kehrte aber schon 1784 wieder nach Europa zurück, weil der Gouverneur bald nach ihrer Ankunft gestorben war. Ihre nächste Stelle führte Antonie Forster 1785 in das Kopenhagener Haus von Andreas Peter Graf Bernstorff. Friedrich Leopold Graf zu Stolberg schreibt am 2.8.1784 an J.H. Voß: »Neulich reiste Forster, Lichtenbergs College, hierdurch. ... Seine Schwester komt nach Bernstorff zu meinen Nichten, auf Henslers, Tobys u: Schönborns Anempfehlung...«[29] Bei den Stellenvermittlern handelte es sich um die Ärzte Philipp Gabriel Hensler und Jakob Mumssen (Toby) sowie um Gottlieb Friedrich Ernst Schönborn, dänischer Legationsrat in London. Alle drei gehörten zum Freundeskreis um den Dichter Friedrich Gottlieb Klopstock. Georg Forster berichtet am 16.1.1785: »Meine Schwester ist bei Graf Bernstorff in Kopenhagen wie ein Kind im Hause sehr glücklich und zufrieden.«[30] Aber leider hielt die Zufriedenheit nicht an: Antonie Forster fühlte sich im Hause Bernstorff gar nicht wohl und verließ die Stelle schon 1787 wieder. Von 1788 bis 1791 arbeitete sie in Hannover bei der Familie des Grafen Ludwig von Wallmoden-Gimborn. Dann begab sie sich auf die weite Reise nach Mitau in Kurland. Ihr Vater Johann Reinhold Forster ließ seinen Sohn Georg am 18.12.1791 wissen, daß die Schwester gut im Haus des Herzogs von Kurland angekommen war und dort eine ausgezeichnete Behandlung erfuhr.[31] Als später die Erziehung der Prinzessinnen Wilhelmine, Pauline und Johanna abgeschlossen war, blieb Antonie Forster in engem Kontakt mit der Herzogin von Kurland und ihrer ältesten Tochter, der Herzogin von Sagan.[32] Zwischen 1814 und 1817 erteilte sie einigen jungen Mädchen in Berlin Englischunterricht.[33] Sie starb nach 1823.

Emilie von Binzer, geboren 1801, war ein Schützling von Wilhelmine Herzogin von Sagan.[34] Sie erinnert sich an den schlesischen Winter 1820/21: »In Sagan trafen bald wieder Gäste ein. Für mich war die bedeutendste Persönlichkeit unter ihnen Antonie Forster, die Schwester des weltbekannten Georg Forster. Sie war Erzieherin meiner Pflegemutter und ihrer Schwestern gewesen, die, obgleich sie noch eine Art Furcht vor ihr empfanden, sie dennoch in hoher Achtung hielten. Mit mir war sie von Anfang an liebevoll und vertrauend, obwohl ihre grämliche Laune oft mit ihrem warmen Herzen nicht im Einklang stand. Wenn man üble Laune überhaupt rechtfertigen will, so ließ sich dies ihr gegenüber thun: sie war verwachsen, kränklich und von Blattern zerrissen, daher ihr ganzes Leben nie von einem Mann geliebt worden; doch glänzte sie von Reinlichkeit und Sorgfalt in ihrer Kleidung; nie sind Hauben regelmäßiger gefältet, Kleider gewissenhafter gebügelt und geglättet worden, als die ihrigen. Ihr Kammermädchen Malchen hatte keinen leichten Stand; ich höre sie noch, wie sie dieselbe zehnmal in einer Stunde mit einem Anflug des englischen a ruft, denn sie war Engländerin; ihr Vater, der Weltumsegler, lebte in England, wo sie geboren und erzogen ward. Nie habe ich solchen Consum von Cajaputöl geahnt, als sie ihn gegen ihre Rheumatismen zu Stande brachte. Sie hatte einen starken, gerechtfertigten Bürgerstolz; alle ihre Angehörigen gehörten dem Gelehrtenstande an, sie selbst stand an Bildung hoch über den adligen und fürstlichen Personen, die das Schloß bewohnten, und gedachte nicht, sich ihnen unterzuordnen. Auch ward sie mit gebührender Rücksicht behandelt; in das Gesellschaftszimmer kam sie nie, und wer sie suchte, bezeugte ihr schon dadurch eine Aufmerksamkeit, freilich wurde nicht gar oft an ihre Thüre geklopft. Sie war so unbewußt bucklig, als die meisten, die unter diesem Gebrechen leiden, und sagte mir einst: ›ich trage gern Kragen, weil ich einen kleinen Fehler in der Figur habe.‹ Dabei sah sie mich fragend an, ob ich es wohl bemerkt hätte? Sie erzählte mir gern von den Familien, in denen sie als Erzieherin gelebt hatte, am liebsten vom Bernstorff'schen Hause, in das sie zuerst noch jung eingetreten war. Einmal ward dort in deutscher Uebersetzung die ›Athalia‹ von Racine aufgeführt, mit der damals neu erschienenen Musik von Schulz, dem Komponisten des bekannten Liedes von Claudius: ›Am Rhein, am Rhein da wachsen unsre Reben‹. Die Forster spielte die Athalia, und eine kleine Bernstorff ihren königlichen Enkel. Die Begeisterung, mit der sie von diesem holden Kinde sprach, von seinen goldnen Locken, seiner Lieblichkeit, bewies, daß das Alter nicht die Quellen ihrer Zärtlichkeit vertrocknet hatte.«[35]

Emilie von Binzer zeichnet hier das Bild einer selbstbewußten, professionellen Gouvernante, die in langen Berufsjahren gelernt hat, wie man sich in fremden Häusern einrichtet. Es kann wohl davon ausgegangen werden, daß Antonie Forster eine Pension von der Herzogin von Kurland oder der Herzogin von Sagan erhielt.

Die jüngste Tochter des Herzogs von Kurland, die 1793 geborene Dorothea, wurde nicht gemeinsam mit ihren um so viel älteren Schwestern erzogen. Nach dem Tod des Vaters im Jahre 1800 lebte sie in ihrem eigenen Haushalt. Die Mutter hatte für sie als Gouvernante eine Mademoiselle Hoffmann eingestellt, die ihr in Warschau als fähige Erzieherin einer polnischen Adeligen aufgefallen war.[36] Mademoiselle Hoffmann verwaltete die bedeutenden Mittel, die aus den Einkünften der Prinzessin für ihre Erziehung zur Verfügung standen, und bestimmte den Ton im Hause. Sie hielt die Prinzessin Dorothea von dem glänzenden, dem Hofadel nahestehenden Kreis um die Herzogin von Kurland fern und umgab sie mit einer bürgerlichen Gesellschaft aus Künstlern, Literaten und Familienangehörigen von Kaufleuten.[37]

Prinzessin Dorothea fühlte sich während ihrer Kindheit und Jugend bei ihrer Gouvernante wohl und geborgen. Rückblickend, als französische Herzogin von Dino und gefeiertes Mitglied des europäischen Hochadels, beurteilt sie Mademoiselle Hoffmann aber recht streng. Sie erkennt zwar an, daß die Gouvernante eine begabte Lehrerin war, wirft ihr aber vor, sie der eigenen Mutter entfremdet und in ein bürgerliches Milieu gezogen zu haben, das zwar über Bildung verfügte aber doch, wie sie im nachhinein feststellt, auch Geschmacksunsicherheiten zeigte und nicht

immer frei von Pedanterie war.[38] Als typischen Repräsentanten dieses gebildeten, aber nicht ganz geschmackssicheren Berliner Großbürgertums
nennt sie Wilhelm von Humboldt, der auch in ihrem Haus verkehrte.

Mademoiselle Hoffmann konnte nur zeitweise allein über die Erziehung ihres Zöglings herrschen, denn die Herzogin von Kurland hatte
außer einer Gouvernante auch noch einen Hauslehrer für ihre Tochter
eingestellt. Außerdem kamen Lehrkräfte ins Haus, die der Prinzessin
Dorothea Unterricht in verschiedenen Fächern erteilten. Henriette Herz
z.B. wurden die Englischstunden anvertraut.

Die protestantische Gouvernante und der katholische Abbé Piatolli
stimmten selten in ihren Erziehungsansichten überein, so daß die Schul-
stube zum Schauplatz lebhafter pädagogischer Auseinandersetzungen
wurde. 1804 ging der Hauslehrer im Auftrag der Herzogin von Kurland
nach Petersburg, um sie dort bei politischen und finanziellen Verhandlun-
gen zu vertreten. Die Gouvernante blieb allein bei der Prinzessin, bis ihr
Zögling 1809 verheiratet wurde. Mademoiselle Hoffmann hatte damit
neun Jahre lang eine glänzende, unabhängige Stellung eingenommen und
ein großes Haus nach ihrem Geschmack führen können. Von der Mutter
ihres Zöglings wurde sie kaum behelligt, denn die Herzogin von Kurland
fürchtete sich vor ihr.[39] Gleichwohl, nachdem die Erziehung der Prinzessin Dorothea mit ihrer Heirat abgeschlossen war, trennten sich Mutter
und Gouvernante keineswegs, denn Lili Parthey notierte 1816 bei einem
Besuch in Löbichau:»Kaum waren wir eingeführt, so erschien die Herzogin und Mamsell Hoffmann, und wir wurden sehr freundlich bewill-
kommt.«[40]

Mademoiselle Hoffmann brauchte sich keine Sorgen um ihren Lebensabend zu machen. Bei den meisten Gouvernanten war das anders. Marianne Philipi z.B. hatte Gräfin Elisa von Ahlefeldt, geboren 1790, erzogen.
Die Biographin der Gräfin berichtet:»Eine sehr glückliche Wahl traf man
in ihrer Erzieherin, Marianne Philipi aus Hamburg, die durch Gemüth
und Charakter ausgezeichnet war, und lebenslänglich mit ihrer Pflegebe-
fohlenen in der innigsten Beziehung blieb. Marianne, von jener schlichten
Tüchtigkeit, wie sie oft den Hamburgerinnen eigen zu sein pflegt, liebte
Elisen mit mütterlicher Anhänglichkeit, und war schon früh bemüht, in
einer Umgebung voll Genuß und Zerstreuung, den Sinn ihres Zöglings
auf jenen Kern der Dinge aufmerksam zu machen, der so leicht ob ihres
äußeren Prunks und Schimmers in solchem Kreise übersehen wird. Den
Menschen nach seinem Menschenwerth zu schätzen und zu beurtheilen,
und nicht nach Rang und Geburt, in ihrer bevorzugten Stellung bescheiden, frei von allen Vorurtheilen, ohne allen Stolz und Hochmuth zu blei-

ben, das lernte Elisa von der vortrefflichen Philipi; eine lebhafte Verehrerin Klopstock's, Herder's und Schiller's, suchte diese auch Elisens Theilnahme für die Werke dieser Schriftsteller zu erwecken. Elisens frischer Geist ergriff mit jugendlicher Wärme und Begeisterung diese Lectüre, und lebte neben dem äußeren Leben voll einschmeichelnder Oberflächlichkeit, mit ihrer Erzieherin ein inneres voll ernsten Nachdenkens, sinniger Betrachtung und poetischer Träumerei.«[41]

Graf Friedrich von Ahlefeldt hatte mit einer Schwester von Marianne Philipi, die als Wirtschafterin im Schloß angestellt war, ein uneheliches Kind. Seine Tochter Elisa nahm sich später dieser Halbschwester an, so wie sie es ihrer Gouvernante versprochen hatte. Aber auch gegenüber Marianne Philipi selbst, die sich wieder in Hamburg niedergelassen hatte, versuchte sie, die Fehler ihres Vaters gutzumachen. Als der Graf gestorben war, und seine legitime Tochter ihr Erbe angetreten hatte, zahlte sie als erstes der nun 76 Jahre alten ehemaligen Erzieherin die Pension, »die Graf Friedrich von Ahlefeldt ihr auf Lebenszeit verheißen, aber seit einundzwanzig Jahren nicht mehr ausbezahlt hatte«.[42]

Gouvernanten, die ihren Beruf nur kurze Zeit ausübten, konnten nicht mit einer Altersversorgung durch ihre Arbeitgeber rechnen. Überhaupt verfügten die wenigsten der einstellenden Familien über entsprechende Mittel. Viele Gouvernanten verheirateten sich nach einigen Jahren der Erwerbstätigkeit, nicht selten mit einem Mann, den sie im Beruf kennengelernt hatten. F.A. Crome und A.H. Niemeyer warnten junge Hauslehrer wohl aus gutem Grund vor einer zu großen Intimität mit den Kolleginnen in der häuslichen Erziehung, die unter finanziellen Aspekten ja keine gute Partie darstellten. Elise Gräfin Bernstorff, geboren 1789, erinnert sich an eine Eheschließung zwischen Gouvernante und Hauslehrer in ihrer Familie. Sie schreibt: »Schloß Rantzau, unweit Eutin, war der Besitz meines Onkels Grafen Baudissin; dort verlebten wir einen Theil dieses Sommers und verdankten die größere Freiheit der Freundschaft unserer Gouvernanten, der beiden Marianen. Die meine, gut und geistreich, mochte wohl im Allgemeinen wenig gefallen, die allerliebste Marianne Heintze dagegen, Susanne Baudissins Lehrerin, war eine Zierde mehr des hübschen Baudissinschen Kreises und paßte auf alle Weise hinein. Später hat sie Wolfs Hofmeister, Pfeiffer, als er Prediger in Eutin ward, geheiratet.«[43]

Auch Elise Bernstorffs eigene Gouvernante, Marianne Randahl, verlobte sich. Ihr ehemaliger Zögling berichtet über den Brautstand: »Unser Winteraufenthalt in Kiel war noch nicht geschlossen, als eines Tages meine Niedergeschlagenheit und meine Thränen der Mutter verriethen, was

Charlotte und ich in dankbarer Erinnerung der früheren Güte unserer Gouvernante nicht hatten sagen wollen, daß sie nämlich seit ihrem Brautstande von der allerunerträglichsten üblen Laune war; namentlich hatte Charlotte viel zu leiden, diesmal aber war ich das Opfer ihrer Laune gewesen. Ich indeß hatte mir die Ohrfeigen nicht so geduldig gefallen lassen wie die sanfte und verzagte Charlotte. Es war zu einer Scene gekommen; dennoch hätte ich geschwiegen, wenn die Spuren vergossener Thränen mein Geheimnis nicht verrathen hätten. Das Ergebniß der Vorstellungen meiner Mutter war, daß Marianne Randahl unerwartet schnell von uns schied und wir uns für unsere ferneren Studien ganz selbst überlassen blieben.«[44]

Andere Gouvernanten bauten im Gegensatz zu »den beiden Mariannen« ihre Erwerbstätigkeit aus. Caroline Rudolphi, geboren 1750 oder 1754, eröffnete nach ihrer Anstellung in der häuslichen Erziehung ein Institut der Mädchenbildung. Ihr Vater, Lehrer in einem Waisenhaus, war früh gestorben und hatte Frau und zwei Kinder in großer Armut hinterlassen. Während ihr Bruder zur weiteren Erziehung in das Francksche Waisenhaus nach Halle geschickt wurde, blieb Caroline Rudolphi bei der Mutter und bildete sich autodidaktisch weiter, vor allem in deutscher Literatur. Nachdem sie mit ihren Gedichten erste Erfolge erzielt hatte, wurde ihr 1778 eine Gouvernantenstelle auf einem Rittergut in Neu-Brandenburg angetragen, obwohl sie zu diesem Zeitpunkt noch keine Fremdsprachen beherrschte und auch keine Musikkenntnisse besaß. Caroline Rudolphi schreibt über sich in der dritten Person: »Am Abend ihrer Ankunft, als sie traurig ihren Koffer auspackte, und viele große Tropfen hineinfielen, sammelten sich die fünf Kinder liebkosend um sie, und baten sie, nicht traurig zu seyn, sie wollten alle gehorsam und brav seyn. Das jüngste dieser Kinder war viertehalb Jahre alt, das älteste elf Jahr.«[45]

Auch auf dem Lande besang Caroline Rudolphi die Natur und das einfache Leben, was ihr großen örtlichen Ruhm einbrachte. Nach fünf Jahren zog sie mit vier ihrer Zöglinge in die Nähe von Hamburg und eröffnete eine Erziehungsanstalt für Mädchen. Später siedelte sie mit ihrem Unternehmen nach Heidelberg über. Am 28. August 1796 schrieb sie an Elisa von der Recke: »Was macht Ihre Forster? und welche Wirkung sahen Sie von Ihrer Bildung an Ihrer Pflegetochter? Haben Sie mehr Hofnung zum glücklichen Erfolg? – Es ist sehr traurig, auf dürre Sandwüsten und Felsen säen zu müssen: ich kenne das, hab das auch erfahren.«[46] Ob Antonie Forster und Caroline Rudolphi ihre Gedanken über den Individualunterricht von wenig begabten Mädchen jemals persönlich austauschen konnten, ist nicht bekannt.

Anderen Gouvernanten wie z.B. Fanny Tarnow, Amalia Schoppe und Luise Hensel gelang es, wenigstens zeitweise, mit ihrer schriftstellerischen Tätigkeit Geld zu verdienen. Fanny Tarnow, geboren 1779, wurde mit zwanzig Jahren Erzieherin in einer Gutsbesitzerfamilie auf Rügen.[47] Bis 1812 arbeitete sie in verschiedenen Familien in Mecklenburg, dann gab sie ihre Erzieherinnentätigkeit auf, um als Schriftstellerin in Dresden zu leben.

Amalia Schoppe, geboren 1791, hatte als Gouvernante in städtischen Häusern gearbeitet. Sie war sehr gut vorgebildet, denn ihr Stiefvater hatte den Plan verfolgt, das begabte Mädchen, die fiktive Clementine, studieren zu lassen: »...und zwar Medicin, vorzüglich aber Accouchement, um für die Frauen eine neue Bahn zu brechen und den Männern einen Theil der medicinischen Praxis zu entreißen, der, wie er glaubte, sich schicklicher in den Händen von Frauen befinden würde. Es fehlte bei diesem abentheuerlichen Plane nicht an den zur Ausführung gehörigen Geldmitteln, noch fand man bei Clementinen selbst ein Hinderniß, und so wurde er, durch Anwerbung der erforderlichen Lehrer, sogleich in's Werk gesetzt. Clementinens Unterricht wurde jetzt von dem der andern Kinder getrennt und erhielt eine streng wissenschaftliche Richtung. Da, als Alles recht schön im Gange war, erwachte plötzlich, ihr selbst unbewußt wie und auf welche Veranlassung, ein unüberwindlicher Widerwille gegen die neue Bestimmung in ihr, und sie erklärte den erstaunten Eltern mit der ihr eigenthümlichen Offenheit und Festigkeit, sie wolle die neu betretene Bahn nicht weiter fortsetzen, weil sie auf ihr dahin gelangen werde, ein Zwitterwesen, das nicht Mann noch Weib sei, zu werden; und dabei blieb es, trotz aller Gegenvorstellungen.«[48] Als Amalia Weises Stiefvater, ein Kaufmann, sein Vermögen verlor, nahm sie eine Stelle als Erzieherin in einem reichen städtischen Haus an. Sie war zu der Zeit erst fünfzehn Jahre alt und noch im Wachstum. Durch ihren Beruf lernte sie Rosa Varnhagen von Ense kennen, die in einem anderen Haushalt in derselben Stadt als Gouvernante tätig war.[49] Später heiratete Amalie Schoppe, gründete eine Erziehungsanstalt und wurde eine bekannte Jugendschriftstellerin.

Die Pfarrerstochter Luise Hensel, geboren 1798 in der Mark Brandenburg, siedelte im Alter von zwölf Jahren mit ihrer verwitweten Mutter und den drei Geschwistern nach Berlin über, wo sie eine Töchterschule besuchte.[50] 1818 trat sie zum Katholizismus über, hielt den Glaubenswechsel aber zunächst geheim, um ihre Angehörigen zu schonen. Zu der Zeit war sie nachmittags bei der Familie von Werther angestellt, um deren vierzehnjährige Tochter in Deutsch und einigen anderen Fächern zu unterrichten. Die schöne Luise Hensel wurde von vielen Männern umschwärmt und erhielt mehrere Heiratsanträge. Sie fühlte sich jedoch nicht für die Ehe bestimmt und wäre gerne Nonne in einem Pflegeorden geworden. Diesen Plan konnte sie nicht verwirklichen, u.a. weil sie für die Erziehung eines Neffen verantwortlich war. 1819 vermittelte ihr Clemens Brentano eine Stelle als Gesellschafterin bei der katholischen Fürstin Salm, und 1821 eine Erzieherinnenstelle im Hause der ebenfalls katholischen Gräfin Stolberg. Luise Hensel schreibt über ihre Tätigkeit: »Das Leben als Erzieherin usw. bringt natürlich den Wechsel der Verhältnisse mit sich, der mir jedes Mal unbeschreiblich schwer ward, denn die Kinder entwachsen der leitenden Hand. Ich war 3 Jahre ohngefähr Hauslehrerin zu Sondermühle, wo ich die 3 jüngsten Töchter von Graf Friedrich Leopold zu Stolberg unterrichtete. Er war aber schon heimgegangen. Seiner edlen, trefflichen Wittwe habe ich viel Liebe zu danken und bin mit ihr in innigstem Verkehr gebliebn bis zu ihrem Ende.«[51] Im Stolbergschen Haus wurde sie wie eine Freundin behandelt und durfte dort auch ihren Neffen bei sich haben. Ab 1823 unterrichtete Luise Hensel in Wiedenbrück einige der Elementarschule entwachsene Mädchen, dann arbeitete sie sechs Jahre lang in Aachen als erste Lehrerin der beiden Oberklassen an einer Töchterschule. Zwischenzeitlich war sie auch als Krankenpflegerin tätig. Berühmt wurde sie schon zu Lebzeiten durch ihre frommen Lieder und Gedichte.[52] Luise Hensel war eine starke Persönlichkeit, die auch vor extremen Aktionen nicht zurückschreckte und z.B. das Grab der stigmatisierten Nonne Anna Katharina Emmerick nachts heimlich öffnen ließ, um sich mit eigenen Augen zu überzeugen, daß der Sarg nicht leer war. Dennoch schrieb sie: »Ich glaube übrigens auch, daß wir Frauen mehr zum Kochen und Nähen bestimmt seien, als zum Dichten und Schreiben.«[53]

Viele Frauen versuchten, ihren Lebensunterhalt durch die »Feder« zu bestreiten, aber nur wenige verdienten genug, um einen eigenen Haushalt führen zu können. Luise Hensel z.B. wurde im Alter von ihrem Bruder Wilhelm, einem erfolgreichen Maler und Ehemann von Fanny Mendelssohn, finanziell unterstützt. Therese Forster-Huber dagegen konnte einen großen Teil der Kosten für ihren Lebensunterhalt selbst verdienen. Sie bezog 1816 in Stuttgart als Redakteurin des *Morgenblattes* ein Gehalt von 700 Gulden, die sie für die Internatserziehung ihres Sohnes ausgab. Ferner erhielt sie 300 Gulden Pension, 500 Gulden Rente aus ihrem Vermögen und 400-500 Gulden Honorar für ihre schriftstellerischen Arbeiten.[54] Die ihr zur Verfügung stehenden 1200 oder 1300 Gulden brauchte sie für das tägliche Leben. Ein Gulden war grob umgerechnet etwas mehr als ein halber preußischer Taler. Therese Forster-Huber schreibt über Haushaltskosten am 9. November 1821 an ihre Schriftstellerkollegin Helmine von Chézy: »Ein Logis von quasi drei heizbaren Zimmern und ein paar ungeheizten nebst Küche und Zubehör kostet 300 bis 350 Gulden aufs mindeste, und da ist's lokal sehr schwer, nur Sonne, geschweige denn Aussicht zu finden. Sie wohnen denn außer dem Thor, welches beim Unpflaster, schlechtem Pflaster und Teure der Fiacres sehr schwer ist. Chaises à porteur hat man nicht, ein Wagen kostet einen preußischen Thaler zu einem Besuch, und die Stuttgarter City patscht im Kote ohne allen Spott. Holz kostet 20-22 Gulden das Maß, vulgo Klafter, hat auch 26 und 32 gekostet und möchten zu zwei Zimmer heizen und Küche des Jahres sechs bis acht Maß bedürfen. Magd kostet eine Hausmagd 30-33 Gulden Lohn, 11-16 Gulden bestimmte Geschenke; wer aber keine Gäste logiert, regaliert, wo also das Lohn nicht durch stete Trinkgelder verdoppelt wird, oder ansehnlich vermehrt, der bekommt nur eine saloppe oder muß Lohn auflegen. Eine Köchin kostet mehr. Lebensmittel sind wohlfeil.«[55] Therese Forster-Huber brauchte etwa 650 Taler, um davon recht bequem in Stuttgart zu leben.

Fanny Tarnow, die sich nach vierzehnjähriger Gouvernantentätigkeit als Schriftstellerin in Dresden niederließ, notierte 1820 in ihr Tagebuch: »Ich glaube, daß 80 Louisd'or jährlich mir genügen und da ich auf 40 Louisd'or, so lange Cotta lebt, wie stehend rechnen darf, so kann mir das Uebrige nicht fehlen. Ich richte mich nun nach und nach ein. – Ein Bett, ein Secretair, ein hübsches Theeservice mit Theebrett, Brodkorb, 6 Theelöffel, 2 Eßlöffel, Gläser und das nöthige Porzellan besitze ich schon. Ich habe mir selbst zur Wirthschaft wöchentlich 1 Louisd'or ausgesetzt – davon muß auch Postgeld, Vergnügen, kurz alles bestritten werden, außer Miethe, Holz, Mädchenlohn und Kleidung; – dazu nehme ich die 28 Louisd'or, welche mir nach Abzug dieser 52 noch übrig bleiben. – Miethe 13 Louisd'or, das Mädchen 6 – behalte ich 9 Louisd'or für mich zur Kleidung. Von dem Louisd'or Wochengeld suche ich nun so viel zu ersparen, daß ich mir jede Woche eine Kleinigkeit in der Wirthschaft, oder irgend etwas auf Vorrath einkaufen kann; vorige Woche habe ich ein Conzert-Billet, eine kleine Theegesellschaft und ein halbes Dutzend zierlicher Gläserchen mit Flasche erübrigt. Das macht mir viel Freude. Allein von den 9 Louisd'or zu meiner Kleidung werde ich auch noch 4 zu Holz abgeben müssen, – und mit 5 Louisd'or reiche ich nicht aus.«[56]

Ein Louisdor wurde mit fünf preußischen Talern ausbezahlt. Fanny Tarnow brauchte also 400 Taler, um bescheiden aber angemessen leben zu können, d.h. in einer eigenen Wohnung, mit eigenen Möbeln und einem Dienstmädchen, das nur in ihrem Haushalt arbeitete. Mit 100-150 Talern im Jahr war es möglich, ein kümmerliches Dasein in Untermiete zu fristen, aber Ausgaben für Kleidung, Kutsche, Bücher und Unterhaltung waren darin nicht enthalten. Eine Gouvernante, die Kost, Logis und etwa 80 bis 100 Taler Gehalt im Jahr erhielt, stand sich nicht schlecht, sah aber einem ungesicherten Alter entgegen und lebte in einer abhängigen Stellung. Deshalb war die Erzieherinnentätigkeit für Frauen wie Caroline Rudolphi, Fanny Tarnow, Amalia Weise und Luise Hensel nur eine Durchgangsstation. Antonie Forster, Mademoiselle Hoffmann und Marianne Philipi dagegen machten in sehr reichen Familien aus der häuslichen Kindererziehung ihren Lebensberuf.

So unterschiedlich wie der Verlauf ihrer Erwerbstätigkeit waren auch die Kenntnisse und Fähigkeiten von Gouvernanten. Amalia Weise hatte eine umfangreiche Bildung genossen und besaß Kenntnisse in den Naturwissenschaften, Mademoiselle Hoffmann beherrschte das Französische genausogut wie das Deutsche, auch in Fanny Tarnows Elternhaus wurde französisch gesprochen, Antonie Forsters Hauptfach dagegen war Englisch, während Marianne Philippi, Caroline Rudolphi und Luise Hensel sich besonders mit der deutschen Literatur beschäftigt hatten. Über Fanny Tarnow wird berichtet, daß sie sich aufgrund einer Notlage, in die ihre Familie geraten war, zur Aufnahme einer Erwerbstätigkeit entschloß. Amalie Weise hatte zwar eine gewisse Berufsvorbereitung erhalten, wurde dann aber doch nur deshalb Erzieherin, weil sich die finanzielle Situation ihrer Familie verschlechterte. Antonie Forster und Luise Hensel stammten dagegen aus Elternhäusern, die über kein Vermögen verfügten und selber erst eins erwerben wollten. Für sie gehörte die Aufnahme einer Erwerbsarbeit, die sie nicht deklassierte, frühzeitig zum Lebensplan. Caroline Rudolphi wuchs in ärmlichen Verhältnissen auf und schaffte durch ihren Beruf den Aufstieg ins Bildungsbürgertum.

Die angeführten Gouvernanten besaßen nicht dasselbe Wissen wie Hauslehrer, die ein akademisches Studium abgelegt hatten, galten aber bei ihrem Eintritt ins Erwerbsleben als überdurchschnittlich gebildete Frauen, die aufgrund ihrer jeweiligen Fähigkeiten und Kenntnisse für eine Lehrtätigkeit geeignet waren. Nach Antritt ihrer Stellen nutzten sie jede Gelegenheit, um ihr Wissen zu erweitern. Da sie keine Diplome und akademischen Abschlüsse erwerben konnten, mußten Bekannte, Freunde und Verwandte für ihre Bildung und ihren guten Ruf bürgen. Zwar erfolgte auch die Vermittlung von Akademikern in Hofmeisterstellen durch Professoren und andere Honoratioren, deren Wohlwollen während der Ausbildung gewonnen worden war, aber für Frauen, die bis zur Mitte des

19. Jahrhunderts außerhalb der Klöster ja meist nur Privatunterricht erhielten, war es wesentlich schwieriger, vergleichbar nützliche Kontakte aufzubauen.

Eine Stellenvermittlung durch Bekannte und Verwandte sollte die Arbeitgeber davor schützen, daß übelbeleumdete, unfähige Gouvernanten in ihr Haus kamen, und sie sollte den erwerbstätigen Frauen gewährleisten, daß es ihnen nicht so erging wie der Schwester von Marianne Philipi. Sowohl die einzustellende Gouvernante wie auch das einstellende Haus mußten über einen untadeligen Ruf verfügen, sollte sozialer Schaden vermieden werden. Ein persönliches Einstellungsgespräch, wie es z.B. zwischen Dorothea von Kurland und Antonie Forster in Pyrmont stattgefunden hatte, ließ sich nicht immer arrangieren. Meist wurden Gouvernanten »verschrieben«, d.h. nur aufgrund schriftlicher Unterlagen und Empfehlungen eingestellt. Es gab nicht viele Frauen auf dem Arbeitsmarkt, die die nötigen Voraussetzungen besaßen, um eine Gouvernantenstelle auszufüllen, und oft mußten sie auch an entfernteren Orten gesucht werden.

War eine Stelle schwer zu besetzen, so wurde in seltenen Einzelfällen auch über das Fehlen des »guten Rufes« einer Kandidatin hinweggesehen. Judith Rave, geb. Freiin von Scheidter, beispielsweise hatte schon ein bewegtes Leben hinter sich, als sie eine Stellung in der häuslichen Erziehung antrat. Sie war die Tochter eines Generals, hatte in Berlin eine gute Erziehung genossen, sich um 1788 unter ihrem Stand mit einem Pfarrer verheiratet und vier Kinder geboren. Als ihre Ehe schon nicht mehr glücklich war, begann sie mit Einwilligung ihres Ehemannes, dem Neffen eines Nachbarn Unterricht zu erteilen. Die Pfarrfrau ging mit ihrem Schüler auf Reisen und gebar eine uneheliche Tochter. Das Ehepaar Rave trennte sich. Judith Rave lebte nun in dürftigen Verhältnissen, veröffentlichte den Roman *Molly's Bekenntnisse*, arbeitete einige Zeit als Lehrerin an einer Töchterschule in Goslar und wurde schließlich Erzieherin in einem adeligen Hause.[57]

Elisa Friederike von Langeland geb. von Burgwedel gibt in ihren Memoiren nähere Auskunft über Judith Raves Arbeitsplatz. Sie selbst hatte sich von ihrem Mann getrennt und mit ihrem kleinen Sohn im Elternhaus Zuflucht gefunden, bis sie 1807 eine Erzieherinnenstelle in der Familie des Kriegsministers von Buggenhagen annahm. In demselben Haus war vor ihr Judith Rave tätig gewesen. Elisa von Langeland schreibt: »Der Etats Minister von Buggenhagen hatte sich mit einem Mädchen aus der letzten Classe verbunden, er starb und hinterließ seiner Wittwe drei Töchter, deren Erzieherin ich jetzt war. Die Aelteste, ein Mädchen von zehn Jahren, hatte einen ausgezeichneten Geist; Alle fand ich für ihr Alter sehr unterrichtet, da meine Vorgängerin (...) eine äußerst talentvolle Frau, sie äußerst sorgfältig erzogen, und nach dem Tode des Ministers P. verlassen hatte, da seine Witwe sie höchst unhuman behandelte.«[58] Elisa von Langeland, die bis 1809 in dieser Stellung blieb, klagt, daß ihre Arbeitgeberin in der ganzen Gegend verachtet war, weil sie die Leibeigenen schlecht behandelte, einen sittenlosen Lebenswandel führte und so geizig war, daß die Erzieherin die Hälfte ihres Gehalts für Nahrungsmittel ausgeben mußte.

Frau von Buggenhagen verhielt sich möglicherweise wirklich nicht wie eine »Frau von Stand«, aber die indiskrete, klatschsüchtige Elisa von Langeland war eine Erzieherin, die man guten Freunden nicht ins Haus empfohlen hätte. Es entsteht der Eindruck, daß Judith Rave mit ihrem nicht ganz einwandfreien Ruf gezielt in ein Haus vermittelt wurde, von dem gerechterweise Toleranz erwartet werden durfte, weil sein Leumund auch nicht über alle Kritik erhaben war. Hausherrin und Gouvernante waren in diesem Fall durch negative Gemeinsamkeiten verbunden.

Dagegen besaß die Hugenottin Mme Girard ohne Zweifel einen tadellosen Leumund, nahm aber eine wenig respektable Stelle als Erzieherin von Wilhelmine Enke an. Wilhelmine Enke, geboren 1753, war die Tochter eines Hofmusikers und wurde mit dreizehn Jahren vom preußischen Kronprinzen »entdeckt«. Mit sechzehn Jahren erhielt das junge Mädchen ein eigenes Haus. Nun begann, wie sie schreibt, das »Amüsement auf physische Art«, ohne daß »das Geistige« ganz übergangen wurde: »Ich erhielt von dem Kronprinzen eine Gouvernante, eine gewisse Madame Girard von der französischen Kolonie. Diese Frau gab mir im Französischen noch weiteren Unterricht; der Kronprinz selbst aber lehrte mich Geschichte und Geographie: und dieser Unterricht dauerte fast unausgesetzt drei Jahre, solange als ich in Potsdam blieb.«[59] Mme Girard hatte wenigstens die Befriedigung, ihrem künftigen König zu dienen.

Stellensuchende Erzieherinnen wendeten sich zuerst an Personen, die ihnen lieb und vertraut waren. So auch Henriette Herz, die 1806 in finanzielle Bedrängnis geriet, weil ihre Witwenpension während der französischen Besatzungszeit Preußens gar nicht oder nur unregelmäßig ausgezahlt wurde. Sie war damals 42 Jahre alt und hatte ihren jüdischen Glauben noch nicht abgelegt. Freunde bemühten sich, ihr eine Gouvernantenstelle zu verschaffen, weil sie von den Englischstunden, die sie der jungen Dorothea von Kurland erteilte, nicht leben konnte. Henriette Herz schrieb am 18.10.1807 an ihre Freundinnen auf Rügen: »Soll ich Euch wohl sagen, was mir vor einiger Zeit durch den Sinn ging? Ich *ver-*

Henriette Herz, gemalt von G.F.A. Schöner 1802. Fünf Jahre später suchte sie eine Stelle als Erzieherin und schrieb: »Die Gouvernantenkünste verstehe ich alle...«

traue es Euch, aber sagt es nicht weiter. Die Kathen suchte eine Erzieherin für ihre Kinder und bat mich, ihr eine zu suchen; jetzt wollte ich mich selbst vorschlagen, aber wie eine andere, und wollte zur bestimmten Zeit kommen. Dann fiel es mir aber ein, daß die Jüdin der alten Kathen vielleicht nicht recht sei und daß Kathen selbst es vielleicht sonderbar finden würde, – da wagte ichs nicht. Ihr könnt denken, daß bei Freunden mir am wohlsten wäre und daß, was bei Fremden mir Pflicht allein zu tun befähle, Neigung hier vollziehen hülfe.«[60] Henriette Herz blieb zwei Jahre als Erzieherin auf dem Gut der Familie von Kathen. Als dann ihre Pension wieder regelmäßig ausgezahlt wurde, kehrte sie nach Berlin zurück, wo sie Mädchen aus verarmten Familien über viele Jahre hinweg täglich kostenlosen Unterricht erteilte.

Wenn Henriette Herz aufgrund ihrer »Berühmtheit« als Salondame auch unter den Gouvernanten eine Besonderheit darstellte, so zeigt ihr Beispiel doch, daß die Annahme einer Erzieherinnen- oder Gesellschafterinnenstellung für eine gebildete Frau, die sich in finanziellen Schwierigkeiten befand, eine naheliegende Lösung geworden war. Henriette Herz besaß Alternativen zur Erwerbsarbeit, ihr stand z.B. das Haus der reichen und kultivierten Fanny von Arnstein in Wien offen. Aber wenn sie sich schon keinen eigenen Haushalt leisten konnte, zog sie es vor, für ihren Unterhalt zu arbeiten, anstatt die Rolle des armen Dauergastes zu übernehmen. Wichtig war ihr jedoch, im Haus von Freunden unterzukommen, wo sie auch in ihrer Rolle als angestellte Erzieherin eine gute Behandlung erwarten durfte.

Elisa von Langeland hatte sich als Gouvernante in ihrer sozialen Stellung verunsichert gefühlt und als Ursache dafür die Person und das Verhalten der Frau von Buggenhagen angesehen. Sie schreibt: »Zum Abschiede lies ich ein Billet zurück das ihr sagt: wie sie umsonst gehoft mich wie meine Vorgängerinnen behandeln zu können, da ich in jeder Rücksicht geboren, ihre Gebieterinn zu seyn, sie, und ihre Meinung, von Herzen verachte. – Von den Kindern, die ich unendlich liebte, trennte ich mich mit unsäglicher Rührung. Sie hatte das nicht erwartet, boshaft war sie im Grunde nicht, dazu hatte sie mich in Wahrheit herzlich geliebt, und ich erfuhr bald wie innig sie es bedaure, mich verloren zu haben! doch konnte ich anders handeln?«[61]

Auch Antonie Forster hatte es 1781 in Wien bei den »unbilligen Leuten«, bei denen sie angestellt war, nicht länger ausgehalten und fühlte sich im Hause des Grafen Bernstorff ebenfalls nicht gut behandelt. Später lernte sie, sich in einem fremden Haushalt gegenüber Herrschaft und Dienstboten zu behaupten. Caroline Rudolphi und Fanny Tarnow berichten dagegen, daß sie sich sehr schnell den Respekt ihrer Arbeitgeber durch ihre Bildung erwerben konnten. Amalia Weise und Mlle Hoffmann scheinen keine Probleme im Umgang mit ihrer jeweiligen Herrschaft gehabt zu haben.

Gouvernanten machten sehr unterschiedliche Erfahrungen im täglichen Umgang mit ihren Arbeitgebern und mit dem Leben in einem fremden Haushalt. Aber für alle Frauen aus den gebildeten Ständen war es vorerst noch eine ungewohnte Situation, bei einer Familie zu arbeiten, mit der sie nicht verwandt waren und die ihnen ein Gehalt zahlte. Als Gouvernanten gehörten sie nicht zur Herrschaft und auch nicht zu den Dienstboten, was Verhaltensunsicherheiten schuf und Mißverständnisse förderte. Akademiker hatten in der Literatur des 18. Jahrhunderts pathetisch auf ihre unbefriedigende Lage in Stellen der häuslichen Erziehung aufmerksam gemacht. Davon profitierten auch Gouvernanten, deren Arbeitsmarkt nicht gleichermaßen überlaufen war. In Preußen versuchte man, die »Hofmeistermisere« durch Gesetze zu beseitigen oder wenigstens abzuschwächen, und legte im Allgemeinen Landrecht für die Preußischen Staaten von 1794 fest: »Personen beyderley Geschlechts, welche zur Erziehung der Kinder angenommen worden, ingleichen Privatsekretairs, Kapläne, und andere, die mit erlernten Wissenschaften und schönen Künsten im Hause Dienst leisten, sind nicht für bloße Hausofficianten zu achten. Vielmehr müssen die Rechte und Pflichten derselben nach dem Inhalte des mit ihnen geschlossenen schriftlichen Vertrages; nach der Natur, der Absicht und den Erfordernissen des übernommenen Geschäfts; und nach den allgemeinen gesetzlichen Vorschriften von Verträgen, und von Veräußerung der Sachen gegen Handlungen, beurtheilt werden. Dergleichen Personen sind zu häuslichen Diensten in keinem

Fall verbunden. Sie gehören unter diejenigen Mitglieder der Familie, denen das gemeine Gesinde, nach der Anordnung der Herrschaft, seine Dienste leisten muß.«[62]

Das Gesetz behandelte Gouvernanten und Hofmeister hier gleich, weil sie beide einen Beruf in der häuslichen Erziehung ausübten, der den Erwerb von Bildung voraussetzte. Ob sie diese Bildung an Universitäten oder anderswo erworben hatten, war dabei ohne Belang. Frauen wurden unabhängig von Vater oder Ehemann dem gebildeten Bürgertum zugeordnet, wenn sie mit ihrer Bildung Geld verdienten. Aber im Vergleich zu den Hofmeistern, »deren Bestimmung und Geschäfte ähnlich waren«, wie auch der Pädagoge Niemeyer schreibt, fehlten Gouvernanten im 18. und 19. Jahrhundert nicht nur politisch-öffentliche Rechte und universitäre Ausbildungsmöglichkeiten, sondern auch berufliche Perspektiven, die über eine zwangsläufig befristete, isolierte und instabile Anstellung in der häuslichen Erziehung hinausgingen. Hofmeister konnten Pfarrer, Professoren, Ärzte, Beamte und Notare werden, Gouvernanten dagegen blieben in der Regel nur Privatstellen im häuslichen oder schulischen Lehramt. Dennoch eröffneten sich Frauen mit der Erwerbsarbeit als Gouvernante, selbst unter demütigenden Arbeitsbedingungen, neue wichtige Lebenserfahrungen und Anforderungen. Im Gegensatz zu den Arbeiterinnen mit der »Nadel« hatten sie es mit verbürgten Rechten und Verträgen zu tun, mußten über Gehalt, Erstattung der Reisekosten, zu erbringende Arbeitsleistungen, Unterkunft, Art der Verpflegung und eventuelle zusätzliche Gratifikationen verhandeln, verließen das Elternhaus oder das eigene Heim, um eine Stelle an einem entfernten Ort anzutreten und lernten, ihre eigenen Interessen zu vertreten.

In Autobiographien von ehemaligen Zöglingen, die außerhalb von Höfen aufwuchsen, werden die angestellten weiblichen Personen, die mit ihrer Erziehung und ihrem Unterricht im Haus betraut wurden, im 18. und frühen 19. Jahrhundert meist »Gouvernanten« oder »Erzieherinnen«, seltener auch »Lehrerinnen« genannt und zwar oft abwechselnd in demselben Text. Caroline Rudolphi, Fanny Tarnow und Amalia Weise bezeichnen sich in ihren autobiographischen Schriften dagegen selbst nur als »Erzieherinnen«. Das war durchaus polemisch gemeint, denn sie wollten sich dadurch als Deutsche von den französischen »gouvernantes« absetzen. Pädagogen mochten seit dem 17. Jahrhundert noch so viel über nützliche und überflüssige Unterrichtsfächer in der Mädchenbildung debattieren, viele Eltern wußten genau, was ihre Töchter vor allem lernen sollten, nämlich die französische Sprache. Dabei ging es aber nicht nur um die Erlernung einer auch an deutschen Höfen häufig gesprochenen Fremdsprache, sondern um den Zugang zu einer fremden, als höherwertig angesehenen Kultur.

Luise Adelgunde Gottsched hatte bereits 1751 an eine junge Freundin über eine Gouvernantenstelle geschrieben: »Darf ich Ihnen einen Vorschlag thun? Nehmen Sie eine solche Stelle an, liebste Wilhelmine! Sie werden Ehre und Vorteil, sowie Ihre Untergebenen mehr Nutzen, als von den meisten geborenen Französinnen haben. Wie viele schlecht erzogenen Personen kommen nach Sachsen, um einen reichlichen Gehalt zu beziehen und die Plage des Hauses zu sein, wo man ihre Mängel noch mit viel Geld bezahlt. Die Klagen sind fast allgemein. Ich nehme diejenigen Personen von dieser Zahl aus, die ihre Stelle mit Ruhm bekleiden und würdige Gouvernanten sind. Ich kenne verschiedene derselben, die sich von der erwähnten Art ganz auszeichnen und vortreffliche Proben ihrer Erziehungskunst abgelegt haben, und für diese habe ich ebenso viel Achtung, als ich mit den jungen Personen Mitleid habe, die in schlechte Hände fallen. Oft habe ich mir gewünscht, daß rechtschaffene Prediger, Kaufleute und auch Gelehrte, die in ihrem Beruf nichts weiter als ihr Auskommen vor sich bringen, und oft eine Anzahl hilfloser Töchter hinterlassen, soviel auf ihre Erziehung wendeten, daß diese hernach, wenn ihre Väter stürben, auf eine anständige Art ihren Unterhalt fänden. Dieses würde ungemein viel Nutzen stiften und unsere Landestöchter würden jenen Ausländern vorgezogen werden, die nur allzu oft schlechte Sitten, eine schlechte Aussprache und schlechte Neigung ihren Untergebenen beibringen. Machen Sie den Anfang, eine solche Stelle zu übernehmen.«[63] Da Frauen die Lateinschulen und Universitäten verschlossen waren, mußte die von Luise Adelgunde Gottsched vorgeschlagene Berufsvorbereitung auf das Lehramt außerhalb der Klöster durch Privatunterricht oder autodidaktisch erfolgen. Das war in Frankreich nicht anders als in Deutschland. Dennoch bürgerte sich schon in den pädagogischen Diskursen des 18. Jahrhunderts eine klischeehafte Gegenüberstellung von deutschen, gebildeten und ausgebildeten Erzieherinnen und französischen, ungebildeten und unfähigen Gouvernanten ein.

KAPITEL 4

Interkulturelle Erziehung in Deutschland

Die »Französinnen«

Erinnern wir uns an Johann Georg Heinrich Feders französische Gouvernante Madame H., die den »neuen Emil« und seine beiden Schwestern so erfolgreich erzogen hatte. Ihr gräflicher Arbeitgeber sagte über sie: »Ein besonders Glück für meine Kinder ist die Madame H., die freilich sehr über die gemeinen Eigenschaften derjenigen Frauenzimmer erhaben ist, die, unter dem Namen Französinnen, insgemein die ersten Jahre der Erziehung besorgen.«[1] Madame H. war also nur eine gute Ausnahme von der schlechten Regel.

Erstaunlich ist, daß die Einstellung französischer Gouvernanten zur Erziehung deutscher Kinder kaum je in pädagogischen, philosophischen oder theologischen Ratgebern für Eltern empfohlen wurde; nur in ganz seltenen Fällen war zu lesen, daß es gut und nützlich sein konnte, »Französinnen« einzustellen.[2] Dagegen waren die ausdrücklichen Warnungen vor dem üblen Einfluß der »Französinnen« auf Kinder und Eltern zahlreich und weit verbreitet.[3] Aber dessenungeachtet bildeten französische Gouvernanten einen Pfeiler der häuslichen Erziehung im deutschen Adel und im reichen Bürgertum vom späten 17. bis zum frühen 19. Jahrhundert. Diese große Bedeutung von Ausländerinnen in der Mädchenbildung war eine deutsche Besonderheit. Zwar gab es im 18. Jahrhundert auch schon französische und deutsche Gouvernanten in England, und englische und deutsche in Frankreich, aber sie besaßen kein Monopol in der häuslichen Erziehung der oberen Stände wie die »Französinnen« in Deutschland.[4] Deshalb galt die Erziehung zur Mehrsprachigkeit im eigenen Haus mit Hilfe ausländischen Personals auch als deutsche Erfindung. So heißt es in einer Kurzbiographie von Mme de Genlis, sie hätte in Frankreich die aus Deutschland stammende Methode eingeführt, Kinder moderne Fremdsprachen durch den häuslichen Umgang mit Ausländerinnen und Ausländern lernen zu lassen.[5] Französische Gouvernanten waren in den deutschen Ländern so verbreitet, daß die Nationalitätenbezeichnung »Französin« wie eine Berufsbezeichnung gebraucht wurde. Im *Nutzbaren, galanten und curiösen Frauenzimmer-Lexicon* von 1715 heißt es unter dem Stichwort »Französin«: »Ist ein aus Französischer Nation und Geburt entsprossenes Weibsbild, so die Mütter in vornehmen Häusern ihren Töchtern zur Erlernung der Französischen Sprache und anderer weiblichen Wissenschaften vorsetzen, und in ihren Häusern erhalten.«[6]

Die berühmteste französische Gouvernante in Fiktion und Wirklichkeit war sicher Madame de Maintenon. Sie wirkte zwar nur in Frankreich, aber Berichte über ihr Leben und ihr Werk, die Erziehungsanstalt »Maison royale de Saint Louis« in Saint-Cyr, gelangten auch nach Deutschland. Madame de Maintenon entstammte dem protestantischen Adel und wurde 1635 als Françoise d'Aubigné in einem Gefängnis geboren, in das ihre Mutter dem Ehemann gefolgt war, der dort eine Strafe wegen Falschmünzerei verbüßte. Während der Kindheit waren ihre Glücksumstände wechselhaft: Sie lebte zwei Jahre mit ihrer Familie auf Martinique, wurde nach dem Tod des Vaters in Frankreich erst bei einer protestantischen Tante, dann bei einer katholischen Verwandten und in verschiedenen Klöstern erzogen. Françoise d'Aubignés Lebensverhältnisse stabilisierten sich, nachdem sie ihrem staatlich unerwünschten Glauben abgeschworen hatte und zum Katholizismus konvertiert war. 1652 heiratete sie den viel älteren, kranken, aber berühmten Lustspieldichter Scarron. Durch ihn erhielt sie Bildung und Zugang zu höfischen Kreisen. Als Scarron 1660 starb, hinterließ er eine zwar vermögenslose, aber schöne und geistreiche Witwe mit hochgestellten Freunden. Mme Scarron übernahm ab 1669 die Stellung einer Gouvernante bei den Kindern der Madame de Montespan und Ludwigs XIV. Es blieb vorläufig ein Geheimnis, daß sie dem Haushalt dieser Kinder, die aus einem doppelten Ehebruch hervorgegangen waren, in Paris vorstand, denn sie sollte ihre Zöglinge »nicht nur gut erziehen, sondern auch gut verstecken«.[7] Erst 1673, nachdem der König seine Kinder legitimiert hatte, bezog sie ein gemeinsames Haus mit ihnen. Mme Scarron lebte still und zurückgezogen, erschien aber mit ihren Zöglingen häufig am Hof von Versailles. Um 1677, nachdem sie mit dem kleinen Duc du Maine zweimal Badereisen unternommen hatte, die den Gesundheitszustand des Kindes verbesserten, kam es zu Auseinandersetzungen zwischen der Gouvernante und Mme de Montespan über Erziehungsfragen. Mme Scarron hatte bereits 1674 in einem Brief über ihren Liebling, den Duc du Maine, geschrieben: »... nichts ist

so dumm, wie ein Kind so stark zu lieben, daß mir nicht gehört, über das
ich niemals bestimmen darf...«[8] Sie war ihren Zöglingen eine engagiertere
Bezugsperson als die Mutter der Kinder.[9] Mit dem König, dem liebevollen
Vater, verstand sie sich immer besser. Er erkannte den pädagogischen Einsatz der Gouvernante an und interessierte sich für ihre Erziehungskon-
zepte. Mme Scarron erhielt nun die versprochene finanzielle Belohnung
für ihre Gouvernantentätigkeit und konnte davon den Grundbesitz
Maintenon erwerben. Der König gestattete ihr, sich Marquise de Maintenon zu nennen. 1679 trennte sich der König von Mme de Montespan.
Und 1684, ein Jahr nach dem Tod der Königin, ging er mit Mme de Maintenon eine heimliche Ehe ein. 1686 gründete die ehemalige Gouvernante
in Saint-Cyr ein Internat für 250 mittellose adelige Töchter, das bis 1793
bestand. Hier konnte sie ihre pädagogischen Prinzipien umsetzen, hier
verbrachte sie nach dem Tod des Königs im Kreise von Lehrerinnen und
Schülerinnen den Lebensabend.

Das »Maison royale de Saint Louis« in Saint-Cyr blieb bis ins 18. Jahrhundert eine vielgerühmte Einrichtung, in der Mädchen nach den Vor-
schlägen Fénelons auf die Anforderungen ihrer zukünftigen Rolle als
adelige Ehefrauen vorbereitet wurden. In dem Institut waren die Schülerinnen nach ihrem Alter auf vier Klassen verteilt, um ihre unterschiedlichen Vorkenntnisse und Fähigkeiten zu berücksichtigen. Das war neu.
Die älteren Schülerinnen halfen den Lehrerinnen beim Unterricht der unteren Klassen, wie es bis ins 19. Jahrhundert an vielen Mädchenschulen
üblich blieb. Mme de Maintenons Lehrpläne sahen vor, daß die jungen
Mädchen Haushaltsführung erlernten und mit Finanzverwaltung vertraut
gemacht wurden, denn schließlich sollten sie ihr Leben nicht als mondäne
Salondamen verbringen, sondern als Vorsteherinnen großer, ländlicher
Haushalte.[10] Aber die jungen Adeligen wurden auch dazu angehalten, sich
in ihrer Muttersprache gewandt auszudrücken, sich gut zu kleiden und
elegant zu bewegen, sich auf nützliche und angenehme Weise die Zeit zu
vertreiben. Sprachen und Gesten wurden im Theaterspiel geübt.[11]

Eine derartige Skizze des Lebens und Werks von Mme de Maintenon
folgt der Interpretation, die sie selbst ihrer eigenen Lebensgeschichte un-
terlegt hat. Für sie war ihre Karriere das Resultat von persönlichen Eigenschaften wie Frömmigkeit und pädagogischem Engagement. Sie sah sich
in erster Linie als erfolgreiche Gouvernante und nicht etwa als mächtige
Egeria, ehrgeizige Kurtisane oder militante Konvertitin. Auch Mme de
Genlis, die sich zeitlebens mit ihrer berühmten Kollegin identifizierte,
hatte sie, zumindest in der Öffentlichkeit, nach ihren pädagogischen Erfolgen beurteilt. Sie widmete Mme de Maintenon 1806 eine Biographie,

die hervorhob, wie wenig Wert eine Mutter und wie viel Bedeutung eine Gouvernante für Kinder haben kann.[12]

Mme de Maintenons Karriere beflügelte auch in Deutschland die Phantasien, nährte Träume von Glanz und Glück, schürte aber auch Ängste vor machtgierigen Gouvernanten und besonders vor französischen machtgierigen Gouvernanten. Schließlich hatte Mme de Maintenon tatsächlich den Vater ihrer geliebten Zöglinge geheiratet und deren leibliche Mutter verdrängt.

An französischen wie an deutschen Höfen nahm die Gouvernante, Grande-Gouvernante oder Hofmeisterin eine wichtige Stellung in der höfischen Hierarchie ein. Mme de Maintenon hatte diese Charge nie besessen, denn sie gehörte zum Haushalt der Mme de Montespan, hatte zwar nach der Legitimierung ihrer Zöglinge eine drastische Standeserhöhung erfahren, wurde aber erst 1680 zur Hofdame der Dauphine ernannt und damit endlich zu einem Mitglied des Hofstaates. Mme de Genlis dagegen war als Hofdame in den Haushalt des Herzogs und der Herzogin von Orléans gekommen, dann zur Gouvernante und schließlich zum Gouverneur ernannt worden.

Als sich in Deutschland die Gouvernantenerziehung im 18. Jahrhundert auch außerhalb der Höfe verbreitete, blieb ihr Kernstück die Vermittlung der französischen Sprache und Lebensart. Französisch war in Deutschland, wie in weiten Teilen Europas überhaupt, die Verkehrssprache der höheren Stände geworden, des Adels und mehr und mehr auch des gebildeten Bürgertums. Der private und öffentliche Briefwechsel erfolgte weitgehend auf Französisch. Luise Adelgunde Kulmus schrieb 1730 an ihren zukünftigen Ehemann, den Sprachreformer Johann Christoph Gottsched: »Aber warum wollen sie mir nicht erlauben, daß ich französisch schreibe? Zu welchem Ende erlernen wir diese Sprache, wenn wir uns nicht üben und unsere Fertigkeit darinnen zeigen sollten? Sie sagen, es sey unverantwortlich, in einer fremden Sprache besser als in seiner eigenen zu schreiben, und meine Lehrmeister haben mich versichert, es sey nichts gemeiner als deutsche Briefe, alle wohlgesitteten Leute schrieben französisch.«[13]

Die Dominanz des Französischen im Umgang der oberen Stände löste immer häufiger auch deshalb Kritik aus, weil sich die eigene deutsche Nationalliteratur und die einheitliche deutsche Schriftsprache weiter entwickelten. Es wurde den »Französinnen« vorgeworfen, ihre Zöglinge der eigenen Kultur zu entfremden, ihnen eine auf bloße Äußerlichkeiten bedachte, oberflächliche Bildung zu vermitteln und sie zum Vorführen einiger Konversationsfloskeln, Verneigungen und Manieriertheiten zu dressieren.

Kritik an den »Französinnen« hatte bereits August Hermann Francke 1698 geäußert, und zwar ausgerechnet in dem Vorwort zu seiner Übersetzung von Fénelons Schrift über die Erziehung der Töchter: »Wenn in jetziger Zeit vornehme Leute ihren Kindern am besten raten wollen, so suchen sie eine französische Mademoiselle. Nun ist zwar nicht zu leugnen, daß diese Nation zu äußerlicher guter Erziehung der Jugend mehr Geschick hat als die Deutschen und daß, wenn man solche haben kann, die zugleich von Herzen Gott fürchten, keine geschickter sind zu guter Erziehung als sie. Hingegen werden Verständige auch nicht leugnen, daß diese Nation eben diejenige sei, welche die deutsche am allermeisten zur Eitelkeit verführt, und es pflegt die Eitelkeit ihnen insgemein so sehr anzuhängen, daß all ihr Tun auf das plaire au monde oder wie man der Welt wohlgefalle geht.«[14] Die »Französinnen« waren nach Franckes Beobachtung deutschen Eltern und Erziehern in den Methoden der Erziehung und des Unterrichts zwar überlegen, in ihren Lehrinhalten aber auf weltliche Oberflächlichkeiten beschränkt. Der Pietist August Hermann Francke hatte aber prinzipiell weder gegen Mädchenbildung, noch gegen fähige französische Erzieherinnen etwas einzuwenden. 1709 eröffnete er das »Gynäceum«, eine höhere Bildungsanstalt für Mädchen, die allerdings schon 1732 wieder schließen mußte. Das »Gynäceum« war aus einem Erziehungsinstitut hervorgegangen, das von der »Französin« Louise Charbonnet gegründet worden war. Louise Charbonnet arbeitete mit Francke zusammen und leitete das »Gynäceum«, bis sie in den Ruhestand ging. Von ihr stammt eine Grammatik, die in Halle im Französischunterricht der Mädchen und Jungen benutzt wurde. Obwohl Francke selbst so gute Erfahrungen mit einer »Französin« gemacht hatte, sah er sich doch genötigt, vor ihren weniger engagierten Kolleginnen zu warnen.

Luise Adelgunde Gottsched, einst durch ihren Mann zum schriftlichen Gebrauch der deutschen Sprache bekehrt, schildert in ihrem Stück *Die Hausfranzösin oder die Mammsell* (1749), wie es einer betrügerischen Französin elf Jahre lang gelingen konnte, eine brave deutsche Familie hinters Licht zu führen. Die Französin, Mme La Flèche, wird als Tochter einer Komödiantin und eines Lakaien entlarvt. Ihr Zögling, ein fünfzehnjähriger Junge, hat bei ihr nichts gelernt und kann nicht einmal richtig deutsch schreiben. Sein Onkel empört sich: »Wie soll er auch anders schreiben? da er seine ganze Schreiberey von eurer Französinn gelernet hat. Wer Teufel wird doch einen Knaben bey einem Weibsmensche in die Schreibschule schicken? Denket selbst, wie sich das, zumal für euren Sohn schickt, der ein Kaufmann werden soll?«[15] Der große Junge schläft immer noch im Zimmer der Hausfranzösin. Dieses ungewöhnliche Arrangement wird ebenfalls der Gouvernante angelastet. Lüsternheit und Koketterie waren häufige Zuschreibungen an »Französinnen«.

Luise Adelgunde Gottsched ging es bei ihrer Kritik an französischen Gouvernanten aber in erster Linie darum, den durch dilettantische ausländische Erzieherinnen verursachten Verlust an deutscher Kultur anzuprangern. Sie trat deshalb, wie wir gesehen haben, dafür ein, daß sich deutsche Frauen zu Gouvernanten ausbilden ließen, um die »Französinnen« zu ersetzen.[16]

Justus Möser kritisierte die »Französinnen« aus einer anderen Perspektive. 1768 gab er in den »Patriotischen Phantasien« die Gedanken eines alten Mannes auf Freiersfüßen über die Erziehung von Mädchen aus den höheren Ständen auf dem Lande wieder: »Eine Französin werde mit Hülfe des Rollins und der Frau Beaumont keine Genies aus ihren Untergebenen ziehen. Sie sei nur eine Putzmacherin für den Geist, und alles, was sie Mädchen lehre, sei ein bischen gelehrte Entoillage«.[17] Auch hier wird die Mädchenerziehung durch französische Gouvernanten als bloße Tünche, als oberflächliche Politur beklagt. Möser hielt aber im Gegensatz zu Francke und Gottsched die Verstandesbildung von Mädchen als neumodisches Zeug überhaupt für überflüssig. Töchter sollten nach wie vor durch ihre Mütter in die praktischen Aufgaben der Hausfrau, Gattin und Mutter eingewiesen werden. Das war es, was sie auf dem Lande und in kleinen Städten für die Bewältigung ihres Alltags brauchen konnten. Möser dachte dabei vor allem an die Töchter von Handwerkern und armen Landpfarrern.

In seiner Enzyklopädie von 1778 führt Johann Georg Krünitz eine Reihe von Gründen gegen die Einstellung von französischen Gouvernanten in deutschen Familien an, obwohl er ihnen »Munterkeit und gute Manieren« nicht absprechen möchte und auch einsieht, daß Mütter den häuslichen Unterricht ihrer Kinder nicht alleine bewältigen können. Er beklagt u.a., daß die »Französinnen« bei ihren Zöglingen den »deutschen Originalcharakter« verderben, daß sie in jungen Jahren kokettieren, im Alter aber herrschsüchtig sind, daß sie eine schlechte Aussprache haben und durch ihre Geschichten und Anekdoten die kindliche Einbildungskraft in die Irre führen: »Nimmt man nun alles zusammen: so findet man nur wenig Vortheile bey dieser neumodischen Erziehung, denn, ohne sich anderer Lehrer zu bedienen, werden Lesen, Schreiben und die Gründe des Christenthums doch nicht erlernt. Das Französische selbst ist gestümpert, die prompten Einfälle vielleicht so gefährlich, als das Lesen der Romanen; gleichwohl muß so viel Geld dafür ausgegeben werden. Eine tugendhafte Prediger- oder andere Wittwe, welche selbst wohlgezogene Kinder hat, würde ich allemahl weit vorziehen; man thut auch dadurch mehr gottgefällige Werke.«[18]

Die deutsche Witwe, die durch Schicksalsschläge zur Erwerbsarbeit gezwungen wurde, paßte besser in die herrschende Sicht der Geschlechterverhältnisse als eine »Französin«, die materialistisch nach Gewinn und sozialem Aufstieg strebte. Dennoch erkannte Krünitz sowohl die Notwendigkeit des Gouvernantenwesens als auch die einer Erwerbsmöglichkeit für unverheiratete Frauen aus den höheren Ständen an.

Der Theologe und Pädagoge Friedrich Schwarz wetterte 1792: »Genug, man verschrieb Französinnen, sie gehörten nun einmal zum sogenannten feinen Ton, und diesem gifthauchenden Götzen sollten nun die Töchter geopfert werden. Bald zeigt das Gift seine unselige Folgen; noch hört man laute Klagen darüber, Klagen, welche von den Orten, wo Hofkrankheiten herrschen, bis dahin, wo der kleinstädtische Geist sein Wesen hat, gehört werden, und deren Widerhall man sogar auf dem stillen Lande deutlich vernimmt. So lange nun die Männer noch selbst solche Thoren sind, welche ihre Demoiselles Töchter nach der Klugheit ihrer modischen Madame verschnüren und vereiteln lassen, so lange verdienen sie auch die Klagen und Seufzer, worunter sie erliegen.«[19] Im Gegensatz zu Möser war es Schwarz sehr wichtig, daß Töchter neben den Hausmuttertugenden auch eine ästhetisch-literarische Bildung erwarben, nur sollte es keine französische sein.

In dem Erziehungsroman *Auguste oder Die Würde des weiblichen Geschlechts*, der 1796 erschien, löst eine fähige deutsche Gouvernante ihre nichtsnutzige französische Kollegin ab. Über die deutsche »Unsitte«, die eigenen Kinder Ausländerinnen anzuvertrauen, heißt es: »Auch glaubten die deutschen Damen nicht besser für die Erziehung ihrer Töchter sorgen zu können, als wenn sie ihnen Französinnen zu Gouvernanten gäben. Auch dazu fand sich Rath; denn auch Französinnen strömten in Menge herüber und verschroben und betäubten bey ihren deutschen Zöglingen jedes reine Naturgefühl und flößten ihnen den Geschmack des Gesuchten und Gezierten ein, den unglücklichen Geschmack in kindischen Kleinigkeiten groß zu sein.«[20] »Französinnen« werden in dem Roman als kaltherzig, berechnend, falsch, naschhaft und putzsüchtig dargestellt, sie machen schwülstige Komplimente und treiben ihren Spott mit der Tugend. Der Autor des Romans, Friedrich Volkmann, hatte gegen die Gouvernantenerziehung an sich nichts einzuwenden, wenn sie nur richtig durch einheimische Kräfte durchgeführt wurde und auch deutsche Sprache und Kultur nicht vernachlässigte. Volkmanns Position zur Mädchenbildung ähnelte der von Luise Adelgunde Gottsched. Anders Caroline Rudolphi: Sie entwirft 1807 in ihrem *Gemälde weiblicher Erziehung* das Bild einer steifen französischen Gouvernante zur Warnung und Abschreckung für deutsche Mütter. Auf die Französin, Mlle Fleuri, ist zurückzuführen, daß die ihr anvertrauten Kinder durch ihre »frostige Art« auffallen, sich wie Höflinge verbeugen und »Komplimente wie ein Tanzmeister« machen. Anklagend fragt Caroline Rudolphi: »O warum hat diese gute Mutter es sich nicht zugetraut, ihre Töchter selbst zu bilden!« Eine merkwürdige Frage, wenn man bedenkt, daß Caroline Rudolphi fünf Jahre lang als Gouvernante auf dem Lande gearbeitet hatte und später als Leiterin eines Erziehungsinstituts für Mädchen ihren Lebensunterhalt verdiente. Sie wollte Mädchen zu guten Müttern, Gattinnen und Ehefrauen erziehen, die keiner französischen Gouvernanten bedurften. Wenn eine Mutter ihre Kinder nicht selbst erziehen konnte, z.B. weil sie ihrem Ehemann in ein entferntes Ausland folgen mußte, sollte sie sie keinen »Mietlingen« anvertrauen, sondern einer pädagogisch befähigten Freundin.[21] Dem Frauenzimmer, und besonders dem französischen, keinen Erwerb!

Karl von Raumer schrieb 1853 über den häuslichen Französischunterricht: »Wie ernstlich es mit diesem Französischparlieren gemeint sei, zeigt am Besten die Art wie dieser Unterricht ertheilt wird. – Doch ich mißbrauche das Wort ›Unterricht‹, denn nicht von Unterrichten, sondern von Abrichten ist die Rede, von einem Abrichten wie Staare und Papageien abgerichtet werden Worte nachzusprechen. Wer aber giebt sich zu einem so traurigen Geschäft her? – Nicht bloß reiche, sondern selbst wenig begüterte Aeltern erschwingen es oft Meister oder vielmehr Meisterinnen dieses Dressierens für schweres Geld zu verschreiben – nämlich französische Gouvernanten. Man erkundige sich nur in Paris, welche Geschöpfe so häufig nach Deutschland als Gouvernanten spedirt werden. – Und der Art Personen vertrauen thörichte Aeltern ihre Kinder an.«[22] Von Raumer sprach sich wie Caroline Rudolphi gegen Gouvernantenerziehung überhaupt aus, denn seiner Meinung nach sollten Mädchen durch ihre Mütter oder ältere Schwestern erzogen werden. »Französinnen«, die aus der häuslichen Erziehung einen Broterwerb machten, erschienen ihm deshalb besonders verdächtig.

Die Kritik an den »Französinnen«, die unter unterschiedlichen Voraussetzungen und mit unterschiedlichen Zielen erfolgte, war sicher in vielen Fällen berechtigt, denn wenn es auch tüchtige und engagierte Lehrerinnen und Erzieherinnen unter ihnen gab, so gab es doch auch unfähige und unwillige.[23] Aber bei einheimischen Lehrkräften, Frauen wie Männern, war das nicht anders. Gegen die Erziehung deutscher Kinder durch »Französinnen« sprach wohl vor allem, daß sie höfischen Ursprungs war und sich im adeligen Lebensstil durchgesetzt hatte. Das aufstrebende Bürgertum dagegen redete, las und schrieb deutsch. Es verstand sich als Träger einer fortschrittlichen nationalen Kultur. Deshalb sollten seine Kinder durch deutsche Lehrkräfte herangebildet werden.

In Frankreich hatte früher als in Deutschland eine pädagogische Auseinandersetzung über die Inhalte und Methoden der häuslichen Mädchenerziehung eingesetzt, an der sich Frauen stark beteiligten. Hier waren als praktische Resultate des weiblichen Engagements in der Pädagogik Unterrichtsmaterialien für Gouvernanten entstanden. Diese Voraussetzungen und die Tatsache, daß sich Französinnen in Deutschland im 17. und 18. Jahrhundert häufig als Angehörige einer höher entwickelten Kultur ansahen, trug dazu bei, daß einige von ihnen in der Fremde selbstbewußt als Erziehungs- und Unterrichtsexpertinnen auftraten. Die »Französinnen« stellten finanzielle Forderungen und setzten sich für ihre eigenen Interessen ein. Es fällt an der deutschen Kritik der »Französinnen« auf, daß die hohen Kosten, die ihr Gehalt verursachte, und die hohen Ansprüche, die sie stellten, vielfach beklagt wurden. Eltern war es offensichtlich ungewohnt, Geld für die Erziehung der Töchter auszugeben. Hinzu kam noch die Irritation, daß Frauen für eine Geistesarbeit, die auch Männer des Bildungsbürgertums verrichteten, bezahlt werden mußten.

Selbst wenn es Verfolgung und Not waren, die die »Französinnen« nach Deutschland geführt hatten, so wußten sie doch, daß sie wegen ihrer Qualifikation, und mochte die auch nur in ihren französischen Sprachkenntnissen bestehen, als Gouvernanten eingestellt wurden und nicht aus Mitleid. Religion, Lesen, Schreiben und Handarbeiten konnten die Töchter von der Mutter oder anderen weiblichen Verwandten lernen, Französisch aber meistens nicht, dafür mußte eine Fachkraft herangezogen werden. Die negativen Bilder der steifen, auf Anstand bedachten, pedantischen französischen Gouvernante oder der stark geschminkten, eitlen Exzentrikerin waren Karikaturen, die berufstätige Frauen zu ihrem Nachteil mit nicht-erwerbstätigen Ehefrauen, Gattinnen und Müttern kontrastierten. Die Kritik richtete sich nicht gegen einzelne »Französinnen«, sondern gegen die Berufsgruppe an sich, deren Vertreterinnen ausschließlich Frauen waren und aus der Fremde kamen. Die Erziehung deutscher Kinder durch französische Hauslehrer wurde dagegen kaum jemals kritisiert. Nun mag das u.a. daran gelegen haben, daß die Franzosen nur eine kleine Gruppe in der gesamten Lehrerschaft in Deutschland bildeten, während die »Französinnen« in der Mädchenerziehung des 18. Jahrhunderts eindeutig dominierten. Dennoch ist das Mißtrauen gegenüber »Französinnen« vor allem auch ein Mißtrauen gegenüber Frauen in einem Beruf, der sie zu Kolleginnen von Bildungsbürgern machte.

Bildung, Konfession und Politik

Woher kamen die »Französinnen«? Es waren sehr unterschiedliche Gründe, die sie aus Frankreich, der französischen Schweiz und vereinzelt auch aus Belgien nach Deutschland führten. Viele von ihnen gehörten zu der Gruppe der »réfugiés«, der Hugenotten, oder der »émigrés«, der Flüchtlinge vor den Folgen der Revolution von 1789.

Protestanten waren in Frankreich seit dem 16. Jahrhundert wegen ihres Glaubens verfolgt worden. Nach der Aufhebung des Toleranzedikts von Nantes im Jahr 1685 durch Ludwig XIV. verließen über 200000 Hugenotten trotz des Auswanderungsverbots unter großen Gefahren ihr Land, um sich in der Schweiz, den Niederlanden, in England und in Deutschland niederzulassen. In Brandenburg-Preußen förderte Kurfürst Friedrich Wilhelm ihre Aufnahme und Ansiedlung durch das Edikt von Potsdam aus dem Jahr 1685. Es entstanden französische Kolonien mit eigenen Kirchen, Schulen, Fürsorgeeinrichtungen und Gerichten. Im Laufe des 19. Jahrhunderts erfolgte hier wie in anderen deutschen Ländern eine weitgehende Verschmelzung mit der einheimischen Bevölkerung durch einen natürlichen Assimilierungsprozeß. Unter den Hugenotten, die nach Deutschland flüchteten, befanden sich nicht nur Bauern und Handwerker, sondern auch gelehrte Bürger und Angehörige des Adels. Aus dem Adel und dem Bürgertum stammten Französinnen und Franzosen, die mit Erziehungsaufgaben an deutschen protestantischen Höfen und in den Häusern des reichen protestantischen Adels betraut wurden, weil ihre Bildung der ihrer deutschen Standesgenossen überlegen war. Denn auch deutsche Höfe versuchten, das Versailles Ludwigs XIV. zu imitieren. Nun hatten die Hugenotten zwar nicht am katholischen Königshof verkehrt, aber sie konnten neben der französischen Sprache auch französische Umgangsformen und Sitten vermitteln, die in weiten Kreisen Europas als besonders elegant, zivilisiert und angenehm galten.

Elisabeth d'Ingenheim (1650-1734) aus Metz wurde vom Kurfürsten Friedrich Wilhelm als Gouvernante für seine 1680 geborene Tochter Luise Sophie Dorothea eingestellt.[24] Diese Ernennung erregte Neid und Mißgunst, und 1693 kursierte in Berlin ein an den Kurfürsten gerichtetes

Spottgedicht über Fräulein d'Ingenheim und ihren Kollegen, den Gouverneur d'Anché:

>»L' un plein de sagesse et prudence,
A, dit-on, eu sous la régence,
Ou bien sous sa direction
Trois Princes de votre maison.
Quel honneur pour notre noblesse!
Cela vaut mieux que la Messe,
Ou qu'un Chapeau de Cardinal.
Et votre unique et chère fille,
Louise Charlotte qui brille
Comme un autre Soleil levant
Lorsqu'il parait en Orient,
N'a-t-elle pas pour Gouvernante
Une Demoiselle charmante
Qui ressent sa condition
Et de la même nation.«[25]

Prinzessin Louise Charlotte heiratete nach Kassel und Elisabeth d'Ingenheim folgte ihr dorthin als Ehrendame. Seit 1705, dem Todesjahr der Prinzessin, lebte die »Französin« dann wieder in Berlin.

Bei Elisabeth d'Ingenheim handelte es sich um die erste Hugenottin, die eine Vertrauensstellung als Gouvernante am Hof von Brandenburg-Preußen einnahm. Ihr folgten viele ihrer Glaubensgenossinnen in ähnlichen Positionen an demselben und anderen Höfen nach.[26] Unter diesen höfischen »Französinnen« erwarb sich Marthe de Rocoule (1659-1741) eine herausragende Stellung.[27] Sie war als verwitwete de Monbail mit ihren Kindern nach Deutschland geflüchtet und lebte in Berlin zeitweise in großer Armut. 1691 ernannte Friedrich I. sie zur Gouvernante des dreijährigen Kronprinzen Friedrich Wilhelm, einem wenig begabten und schwierigen Kind. Der Prinz blieb bis zu seinem siebenten Lebensjahr unter ihrer Obhut und wurde dann einem Gouverneur übergeben. Mme de Monbail verheiratete sich bald darauf mit dem Obersten de Rocoule, der aber 1698 starb. 1712 wurde Mme de Rocoule zur Gouvernante des späteren Friedrich II. und seiner älteren Schwestern bestimmt. Frau von Kamecke behielt als Oberhofmeisterin die Verwaltungsaufsicht über den Haushalt der Kinder.[28] Königin Sophie Dorothea schrieb dazu am 10. März 1714 an ihren Mann, König Friedrich Wilhelm I.: »Ich habe die Roucouline kommen lassen und mit ihr gesprochen, sie ist sehr erfreut, zu uns zu kommen und schreibt Ihnen einen Brief ... ich glaube, es würde sie freuen, wenn Sie ihr einige Zeilen antworteten. Wenn Sie damit einverstanden sind, werde ich mit dem Oberhofmeister sprechen, damit er Frau

Kameken mitteilt, daß sie nichts mehr mit den Kindern zu tun hat.«[29] Und am 25. März: »Frau Roucoule wird ab morgen hier schlafen, ihre Zimmer sind fertig.«[30] Am 2. Mai 1714 wurde Mme de Rocoule das Patent ausgestellt, das ihre Ernennung zur Gouvernante »auprès du prince et des princesses royales« bestätigte.[31] Am 20. Mai 1714 erteilten Friedrich Wilhelm I. und Sophie Dorothea der »Dame Marte du Val de Roccouls« die Instruktionen für ihre Tätigkeit.[32] Sie folgten damit dem höfischen und adeligen Brauch, die Richtlinien für die Erziehung ihrer Kinder schriftlich festzulegen. In dem vom König unterzeichneten Dokument unterstellten sie den Prinzen und seine Schwestern der Verantwortung von Mme de Rocoule, die für ihre »Frömmigkeit, Klugheit und Fähigkeit« bekannt war.

Die Gouvernante sollte die Kinder zur Tugend anhalten und ihnen Abscheu vor allen Verhaltensweisen einflößen, die eines Prinzen oder einer Prinzessin unwürdig waren. Um dieses Ziel zu erreichen, durfte sie die Kinder niemals verlassen. Sie hatte ihre Schützlinge ständig zu beobachten und ihr Benehmen zu korrigieren, die Personen auszusuchen, deren Unterhaltung ihnen nützlich sein konnte, und andere fernzuhalten, deren Umgang sie als ungeeignet ansah. Die Gouvernante sollte die Kinder dazu anhalten, ihre Eltern zu achten, zu respektieren und sich ihnen zu unterwerfen. Die Gouvernante war für die Lebensweise und Gesundheit der Kinder verantwortlich. Wurden die Kinder krank, so hatte sie ihre medizinische Behandlung zu überwachen. Mme de Rocoules Aufgabe war es, die Spaziergänge und Vergnügungen des Prinzen und der Prinzessinnen zu organisieren und dabei aufzupassen, daß den Kindern bei derartigen Unternehmungen nichts zustieß. Der König und die Königin legten ferner fest, daß die Kinder der Gouvernante gehorchen mußten, und daß die Dienerschaft auf die Befehle der Gouvernante schnell und beflissen zu reagieren hatte. Falls Mme de Rocoule erkrankte, sollte ihre Tochter Mlle de Montbail sie vertreten. Die Gouvernante erhielt für ihre Dienste 600 écus (Taler) Gehalt.

Mme de Rocoule erfüllte ihre schwierige Aufgabe zur allgemeinen Zufriedenheit. Die Königin äußerte sich in ihren Briefen weiterhin in freundlichem Ton über »la bonne Rouccouline«. Als der Kronprinz sieben Jahre alt war, »fand der König für ratsam, ihn den Händen der Frau von Roucoulles zu entziehen und ihm Gouverneure zu geben«.[33] Mme de Rocoule blieb vorerst als Gouvernante der Prinzessinnen am Hof.

Zwischen 1782 und 1799 veröffentlichten Jean Pierre Erman und Pierre Chrétien Frédéric Reclam eine Geschichte der Hugenotten in Brandenburg-Preußen. Mit Stolz schreiben sie über die Leistungen ihrer Glaubensgenossen auf den verschiedensten Gebieten und gehen auch auf die

Bedeutung der französischen Erzieherinnen und Erzieher an deutschen Höfen ein. Über Mme de Rocoule heißt es: »... alle, die sie gekannt haben, bewunderten an ihr diese ungewöhnliche Verbindung von innerer Ruhe und Annehmlichkeiten des Geistes, von Ausgeglichenheit der Seele, den breitesten Kenntnissen und der strengsten Tugend, die den vollkommenen Lehrer oder die vollkommene Lehrerin ausmachen.«[34] Friedrich II. selbst, der lebenslang in Kontakt mit Mme de Rocoule blieb, schrieb ihr 1737: »Ich nenne Sie Mutter..., denn Sie sind nächst meinen Eltern, die Person gegen die ich die meisten Verpflichtungen fühle...«.[35]

Auf dem Bild, das Antoine Pesne 1735 von Marthe de Rocoule malte und das heute in Potsdam im Schloß Sanssouci hängt, wird sie als »Ober-Hoffmeisterin« bezeichnet. Diese Position aber hatte Frau von Kamecke eingenommen. Pesne wollte wohl auf die große Bedeutung der alten Französin für die Erziehung des nun herrschenden Königs hinweisen. Marthe de Rocoule hält in der Hand eine Tabatière, die sich im Zentrum des Bildes befindet und bei der es sich vermutlich um ein Geschenk Friedrichs II. handelt.

Eine Tochter von Mme de Rocoule, Marthe de Montbail, wurde als Sous-Gouvernante am preußischen Hof beschäftigt. Am 25. März 1721 stellten der König und die Königin die Instruktionen für »la freulein de Montbail« aus.[36] Das von der Königin unterzeichnete Dokument legt die Pflichten der Sous-Gouvernante genauer fest als das bei der leitenden Gouvernante, ihrer Mutter, der Fall gewesen war. Mlle de Montbail wurden die Prinzessinnen Frederike und Charlotte anvertraut. Die Gouvernante sollte morgens und abends mit ihnen beten. Beim Unterricht der Mädchen hatte sie ständig anwesend zu sein und dafür zu sorgen, daß die Prinzessinnen auch aufpaßten. Sie sollte mit ihnen lesen, schreiben und ihren Geist formen. Ferner war sie für die Gesundheit der Schwestern verantwortlich. Wurden die Prinzessinnen krank, so hatte sie Mme de Rocoule zu verständigen. Mlle de Montbail durfte ihre Zöglinge niemals verlassen und sollte nachts zwischen ihnen schlafen. Tag und Nacht durfte kein Mann in die Nähe der Prinzessinnen kommen. Die Mädchen sollten zum Respekt vor ihren Eltern angehalten werden. Fräulein de Montbail erhielt nach einer Liste des Hofstaats von Königin Sophie Dorothea 200 Reichstaler Gehalt im Jahr. Die Summe erscheint erstaunlich niedrig im Vergleich zu dem Gehalt des Kammermädchens, das für die Bedienung von Fräulein de Montbail eingestellt worden war und das 128 Reichstaler ausgezahlt bekam.[37] Für eine höfische Unter-Gouvernante bestand die Vergütung aber nicht nur in Geld, sondern auch in Wohnung, Bedienung, Beköstigung, Equipage und Geschenken.

Mme Rocoule, ehemalige Gouvernante der Könige
Friedrich-Wilhelm I. und Friedrich II. von Preußen

Es war nicht ungewöhnlich, daß einer Gouvernante, wie im Fall von Mme de Rocoule, die Erziehung in einer Familie über zwei Generationen anvertraut wurde. Kurfürstin Sophie von Hannover, geboren 1630, erinnert sich in ihren Memoiren an ihre Gouvernante Mme de Ples, die bereits Gouvernante ihres Vaters, des Kurfürsten von der Pfalz, gewesen war. Die Töchter der Gouvernante arbeiteten als Sous-Gouvernantes mit ihrer Mutter zusammen. Kurfürstin Sophie beschreibt ihre Gouvernanten als alte, erzieherisch unbegabte, devote Kalvinistinnen, deren Äußeres gräßlich war und »sehr geeignet, kleinen Kindern Furcht einzuflößen«.[38] Auch daß verwandte Gouvernanten wie Mme de Rocoule und Mlle de Montbail an einem Hof arbeiteten, kam häufiger vor. Landgräfin Caroline von Hessen wurde von Marianne von Ravanel erzogen und stellte für ihre Kinder eine Louise von Ravanel als Erzieherin ein.[39] Sophie Auguste Frie-

derike von Anhalt-Zerbst, geboren 1729, später als Katharina II. Kaiserin
von Rußland, wurde mit zwei Jahren der Gouvernante Madeleine (de)
Cardel, einer Hugenottin, anvertraut. Als die Gouvernante sich zwei Jahre darauf verheiratete, übernahm ihre jüngere Schwester Elisabeth die
Stelle bis zur Abreise der Prinzessin nach Rußland.[40]

Dem höfischen Vorbild, »Französinnen« für die häusliche Kindererziehung einzustellen, folgten bald auch der Landadel und das wohlhabende
Bürgertum. Sophie Marie Gräfin Voss, geboren 1729, erinnert sich: »Meine erste Erziehung erhielt ich durch eine französische Gouvernante, namens Bonafond, die ich zärtlich liebte. Sie kam in unser Haus als ich noch
nicht sieben Jahre alt war und bis ich ganz an den Hof kam, hat sie mich
keinen Tag verlassen.«[41]

Elisa von der Recke, geboren 1754 in Kurland, hatte weniger Glück:
»Meine Französin war eine übermäßig dicke, sehr unangenehme Person;
ihr Körper war so unbehülflich, daß sie nur mit Mühe von ihrem Stuhle
aufstehen und nicht anders gehen konnte, als wenn zwei Personen sie
führten. Ihre Hauptneigung war Neugier und Kartenspiel: an den Stuhl
dieser Lehrerin war ich gebannt und im Beisein der Demoiselle Audui
gab mein Lehrer Apfelbaum mir Unterricht im Lesen, Schreiben, Rechnen, in Geographie und Geschichte. (...) Zu meinem Glücke starb die Audui; an ihre Stelle wurde eine andere Französin genommen, die nicht besser war«.[42] Elisa von der Recke, die in sehr reichen Verhältnissen
aufwuchs, bekam vorgehalten, daß ihre Bildung der Familie hohe Kosten
verursachte.

Wilhelm Ludwig Victor Graf Henckel von Donnersmarck wurde 1775
in Potsdam geboren und während der ersten Jahre »einer französischen
Mademoiselle Barthelemi, von der französischen Colonie aus Berlin
übergeben.«[43] Mit sechs Jahren erhielt er einen akademisch gebildeten
deutschen Hofmeister.

Friedrich August Ludwig von der Marwitz, geboren 1777, erinnert sich
in seiner Autobiographie an seine Kinderjahre in Preußen. Damals
stammten die Erzieherinnen in Berlin beinahe ausschließlich wegen ihrer
»äußeren feineren Bildung« aus der französischen Kolonie. Allerdings
sprach die vierte oder fünfte Generation der ehemaligen Flüchtlinge bereits besser deutsch als französisch oder hatte das Französische ganz aufgegeben. Marwitz, dessen Mutter selbst eine adelige Hugenottin war,
schreibt: »Ich lernte also von Kindesbeinen an französisch mit dem Deutschen zugleich, und das eine war mir vollkommen so geläufig als das andere. In dem Hause meiner Eltern ward beständig französisch gesprochen, wie in allen andern zu damaliger Zeit, mit denen wir Umgang

hatten. Aber schon in meinen Kinderjahren trat die oben erwähnte Veränderung ein, das Deutsche gewann die Oberhand, und schon meine jüngsten Geschwister, zehn bis fünfzehn Jahre jünger wie ich, konnten dessen nicht mehr als Kinder durch die bloße Übung mächtig werden, sondern mußten es nach Regeln erlernen. Wie ich vier Jahre alt war, also 1781 oder Anfang 1782, bekam ich mit meinen Schwestern eine Gouvernante aus der Kolonie, oder wie man damals sagte: ›eine französische Mamsell‹. Sie hieß Mamsell Bénézet und war ein sehr böses Weib, die uns viel ohrfeigte, im Winter in einem kalten Winkel einsperrte, im Sommer aber zur Strafe ans Fenster stellte, mit dem Rücken nach selbigem, so daß uns die Sonne durch die Scheiben auf den Kopf brennen mußte. Sie war aber fleißig, hielt uns zur Ordnung an, lehrte uns Lesen, Schreiben, Rechnen und auch etwas Geographie.«[44] Mit acht Jahren erhielt der Junge einen Hauslehrer. Später, nach einer überstandenen schweren Krankheit, entdeckte er seinen Eltern die Tyrannei der »Französin«. Mamsell Bénézet wurde entlassen und durch eine andere Gouvernante für die Töchter ersetzt.

Die Nachfrage nach »Französinnen« blieb während des 18. und frühen 19. Jahrhunderts groß. Aber es tauchte mit zunehmender Assimilierung der Hugenotten Kritik an der uneleganten Sprechweise dieser Erzieherinnen auf, deren Französisch zunehmend mit deutschen Ausdrücken durchmischt war. Auch nutzte sich der gute Ruf, den die ersten Hugenotten als besonders aufrechte, treue, mutige, ehrliche und loyale Leute genossen hatten, ab. Französischunterricht galt jedoch weiterhin als unentbehrlich und war am einfachsten durch die »Mamsells« aus den Hugenottenfamilien zu bekommen.

Johanna Schopenhauer, 1766 in Danzig als Tochter der Kaufmannsfamilie Trosiener geboren, erinnert sich: »Die französischen Mamsells jener Zeit, so nämlich wurden ein für allemal die Gouvernanten genannt, die französischen Mamsells waren sämtlich geborene Berlinerinnen aus der französischen Kolonie, was man aus ihrem Dialekt sowohl in deutscher als in französischer Sprache sogleich erraten konnte, und hatten Frankreichs Boden nie betreten. Das allgemeine Vorurteil war schon des Ortes ihrer Geburt wegen gegen sie gestimmt, und auch ihnen konnte der Aufenthalt in der alten formellen Kaufmannsstadt so wenig zusagen, daß nur völlige Hoffnungslosigkeit, ein angenehmeres Unterkommen zu finden, sie zu bewegen fähig war, sich zu demselben zu bequemen. Auch war ihre Anzahl in Danzig sehr beschränkt; in Familien, mit welchen meine Eltern Umgang hatten, erinnere ich mich deren nur zwei gesehen zu haben, und der Widerwille meiner Mutter gegen diese Art von Erzieherinnen wurde gerade durch diese beiden auf das vollkommenste gerechtfertigt.«[45]

Johanna Schopenhauers Mutter wünschte keine Gouvernante für ihre Tochter, weil sie ihre Tochter zwar nicht selbst unterrichten konnte, wohl aber selbst erziehen wollte. Johanna Schopenhauer erhielt deshalb Privatstunden zusammen mit anderen Mädchen bei der vornehmen, gebildeten ehemaligen Sous-Gouvernante einer schwedischen Prinzessin. Mlle Ackermann war aber ebenfalls eine Französin aus der Berliner Kolonie: »In einer Hofrobe von schwerem zitrongelbem Seidenstoff mit großen roten Blumen prachtvoll angetan, machte sie meiner Mutter ›ihre Aufwartung‹, wie sie es nannte, und wurde von der guten einfachen Frau, der bei ihrem Anblick ein schwerer Stein vom Herzen fiel, auf das freundlichste aufgenommen, denn daß die viel gepriesene Französin ihr nicht zur Hausgenossin aufgedrungen werden könne, wie sie noch immer heimlich gefürchtet hatte, davon überzeugte sie der erste Blick auf die vornehme, kostbar geputzte Dame vom feinsten Ton, die höchst graziös sich vor ihr verneigte.«[46]

»Französinnen« begegneten deutschen Erzieherinnen auch als Kolleginnen. Fanny Tarnow, die seit 1799 als Gouvernante in Mecklenburg arbeitete, erholte sich dort zwischen zwei Stellungen im Hause ihrer Mutter. Auf einem benachbarten Gut »fand sie in Charlotte Hochecorn, einer jungen Französin aus der Colonie der Emigranten in Berlin, die dort als Erzieherin lebte, eine Freundin, wie sie sie sich lange gewünscht hatte. Jene war jung, schön, frisch, natürlich, und von einem so glücklichen Temperamente, daß ihre Nähe jedem wohltat.«[47]

Kinder aus bescheidenen, aber gebildeten Verhältnissen lernten französische Gouvernanten im Haus begüterter Freunde kennen. So schreibt die 1756 geborene Pfarrerstochter Charlotte von Einem in ihren Erinnerungen: »Quiter, ehmals Obristleutnant im Hanöv: Dienst hatte 2 Töchter welche 2 bis 4 Jahr älter als ich, eine sehr kränkliche Frau und den Töchtern war eine Französin namens Clement als Erzieherinn beygesellt. Bey dieser Familie war ich sehr häufig – zuweilen halbe und ganze Tage, da G.M. die Erlaubnis ausgewürkt hatte, daß ich Antheil an dem Unterricht nehmen durfte.«[48]

Nicht alle protestantischen »Französinnen« in Deutschland stammten aus den Kolonien der Glaubensflüchtlinge, einige kamen direkt aus Frankreich. Christoph Heinrich Pfaff, geboren 1773 in Stuttgart als siebentes von neun Kindern, war der Sohn eines Staatsbeamten. Seine Mutter erkrankte an einem Nervenleiden, als der Junge etwa fünf Jahre alt war. Pfaff schreibt: »Um dem Mangel in unserer Erziehung abzuhelfen, wurde, was sehr charakteristisch für die damalige Zeit in Beziehung auf ein bürgerliches Haus ist, eine französische Gouvernante aus Nancy verschrieben, die mich durch ihr sanftes gefälliges Wesen gewann, und durch deren, wie ich glaube durch Schminke vorzüglich bewirkte Schönheit, ich sogar in so früher Jugend schon mich angezogen fühlte, besonders, wenn sie mich vor sich hinstellte, und freundlich anblickend fragte: que pensez vous? Indeß paßte sie doch nicht ganz für unsere Verhältnisse, vollends für drei so unbändige Knaben; die drei ältesten waren nämlich schon in der Academie.«[49] Pfaff selbst besuchte ab dem fünften Lebensjahr die gelehrte Schule und erhielt im Haus wohl nur Französischunterricht.

Gustav Parthey, geboren 1798 in Berlin als Sohn eines höheren Beamten, verlor mit fünf Jahren seine Mutter. Er schreibt in seinen Erinnerungen: »Nach dem Tode meiner Mutter nahm mein Vater, der Sitte der damaligen Zeit folgend, eine französische Gouvernante zur Erziehung der Kinder in das Haus, Madame Clause, eine ältliche Wittwe aus Toulouse. Das Französische lernten wir nun sehr bald, aber freilich auf höchst unvollkommne Weise, denn unsre Lehrerin war viel zu gutmüthig, um irgend etwas mit Ernst durchzusetzen. Wir beide, meine Schwester und ich, liebten sie von Herzen. Dies hinderte aber nicht, daß ich in einem Anfalle von Unart es wagte, ihr mit der Feuerzange zu Leibe zu gehn, was mir von dem sonst allzu nachsichtigen Vater einen scharfen Verweis zuzog. Von unserem französisch Sprechen mögen die folgenden Proben Zeugniß geben, bei denen ich mich jedoch weniger auf mein Gedächtniß, als die in jeder Familie fortlebende Tradition verlassen darf. Bei den Spielen im kleinen Hausgarten hieß es: Madame, òu est la Gieskanne? – Madame, je vous prie de me donner un Bindfaden.«[50]

Als der Vater sich drei Jahre später wieder verheiratete, wurde die Gouvernante als Stellvertreterin der Mutter entlassen. Sie kehrte nach Toulouse zurück, konnte sich dort aber nicht wieder einleben, weil alle ihre Verwandten inzwischen verstorben waren. Mme Clause bat die Familie Parthey, in ihr Haus zurückkehren zu dürfen. Gustav Parthey schreibt: »Meine Aeltern waren so unendlich gut, daß sie dieses Verlangen erfüllten, obgleich es sich herausgestellt, daß die Gouvernante den Kindern nicht mehr von Nutzen sein konnte. Madame Clause kam wirklich nach einiger Zeit aus dem sonnigen Toulouse nach dem kalten Berlin zurück und nahm mit Freuden ein kleines Mansardstübchen in unserem Hause an, wo sie den Rest ihrer Tage bis zum Anfang der Freiheitskriege verlebte. Wir waren ihr aus alter Anhänglichkeit zugethan und besuchten sie gern in dem, zwar einfach, doch mit französischer Eleganz eingerichteten Zimmer. Aber als im Jahre 1813 der Franzosenhaß in seiner ganzen Stärke auflöderte, hatte sie viel von der Lebhaftigkeit meiner Schwester zu leiden, die gegen den Kaiser Napoléon, den Unterdrücker des Vaterlandes,

die heftigsten Ausfälle machte, denen Madame Clause bisweilen mit süd-
lichem Feuer entgegentrat.«[51]

In Deutschland waren es überwiegend protestantische Familien, die
französische Gouvernanten einstellten. Es gab aber auch katholische
»Französinnen« in Deutschland, und wie im Falle der Hugenottinnen beeinflußte hier das Angebot oft die Nachfrage. Denn nach der Revolution
von 1789 mußten viele Angehörige royalistischer und strenggläubiger katholischer Familien aus Frankreich fliehen. Einige nahmen im Ausland
Stellen als Erzieherinnen und Erzieher an. Die österreichische Gräfin Lulu Thürheim, geboren 1788, schreibt über ihre Gouvernante Mlle Josephine Tisserant: »Vor der französischen Revolution lebte sie samt einer
jungen Schwester als Waisen angesehener und wohlhabender Eltern in
Saint Dié in Lothringen bei ihrem Bruder, der Grand Vicaire war. Ein jüngerer Bruder war Pfarrer. Diese bescheidene, aber durchaus anständige
Existenz vernichtete die Revolution. Als diese in Lothringen ausbrach,
veranlaßte sie den jüngeren Bruder, abzuschwören und sich zu verheiraten. Der Vikar und die beiden Schwestern verloren ihr Vermögen und
verließen, hauptsächlich aus Schmerz über die Felonie ihres Bruders,
Frankreich. Die jüngere Schwester trat, wie erwähnt, als Gouvernante bei
einer Baronin Zedtwitz ein, der Bruder unterrichtete junge Engländer,
während Mlle Josephine Tisserant in unser Haus kam. Es gab keine bessere Person, als sie. Jeder selbstischen Regung fremd, zeigte sie immer nur
Wohlwollen, Liebe und Bescheidenheit. Ihr etwas beschränkter Geist
verlor niemals das Gefühl für das Gute, das überhaupt das Cachet aller ihrer Handlungen bildete.«[52]

Im Gegensatz zu den Hugenotten und zu der guten Mlle Tisserant hatten die »émigrés« häufig einen schlechten Ruf und wurden als dekadent,
oberflächlich und korrupt angesehen. Ihr kultureller Einfluß auf die
häusliche Erziehung in Deutschland war im Vergleich zu dem der protestantischen Flüchtlinge seit dem 17. Jahrhundert nur gering. Die katholischen Höfe und der katholische Adel in Deutschland holten Gouvernanten ihres Glaubens auch weiterhin direkt aus Frankreich.

In der pädagogischen Literatur des 19. und frühen 20. Jahrhunderts
wurden »Französinnen« häufig als eine unangenehme Episode in der
deutschen Mädchenbildung dargestellt. Gertrud Bäumer, die mehr als andere Autorinnen Gouvernanten und besonders französische Gouvernanten zum Negativum der modernen deutschen Lehrerinnen im frühen 20.
Jahrhundert stilisiert hat, schreibt: »Im höheren Unterrichtswesen oder,
besser gesagt, in der Erziehung der Mädchen der höheren Stände finden
wir die Frau als Gouvernante oder Hauslehrerin. Ihre Obliegenheiten

waren da weniger Unterricht, den die Mädchen, wie es scheint, mehr von Privatlehrern oder auch von den Hauslehrern ihrer Brüder empfingen, als vielmehr die Unterweisung in den gesellschaftlichen Fertigkeiten, besonders im Französischen und in den weiblichen Handarbeiten. Man hat auch vorzugsweise Französinnen für diese Posten gewählt, und von der verderblichen Rolle, die sie für die Entwicklung der Frauen jener Zeit spielten, wissen Romane und Erziehungsschriften, Lustspiele und Artikel in den moralischen Wochenschriften viel zu erzählen.«[53]

Mlle Josephine Tisserant, Gouvernante im gräflichen Hause Thürheim

Gertrud Bäumer übernimmt hier unkritisch Urteile aus dem pädagogischen und literarischen Diskurs, an dem sich die »Französinnen« selbst nicht beteiligten. Gouvernanten hätten darauf hinweisen können, daß das Erlernen der französischen Sprache nicht nur Aneignung einer weiteren »gesellschaftlichen Fähigkeit« war, sondern neue Denkweisen, Gesichtspunkte, Vorstellungen und Bedeutungen eröffnete. Kinder arbeiteten mit französischen Grammatiken und Sprachlehren. Sie lasen die Fabeln Lafontaines, die Märchen, die Charles P. Perrault gesammelt hatte, die Theaterstücke für Kinder von Mme de Genlis, die Lehrgespräche von Marie Le Prince de Beaumont, sie erwarben Kenntnisse über französische Literatur und Geschichte.

Latein als Kirchen- und Gelehrtensprache diente Männern zur beruflichen Qualifikation und bot Frauen nur wenige Verwendungsmöglichkeiten. Französisch dagegen eröffnete als Sprache der »Encyclopédie« Frauen auf einer breiten Basis Informationsmöglichkeiten. Es war die Umgangssprache einer gebildeten Welt, der in den Salons sowohl Männer als auch Frauen angehörten. Im Bürgertum mochte sich das Erlernen der französischen Sprache auf einige Floskeln beschränkt haben, und Joachim Heinrich Campe wie auch Justus Möser fragten nicht zu Unrecht, mit wem die Bürgermädchen auf dem Lande, die so fleißig Französisch lernten, sich denn jemals in dieser Sprache unterhalten wollten. Dennoch brachte das Französische auch für diese Mädchen eine Horizonterweiterung, die Begegnung mit fremden Lebensformen und oft auch mit einer fremden Literatur.

Wie die Tätigkeit einer »Französin« in einem deutschen Haus oder einer deutschen Familie aussah, worin ihre Aufgabe bestand, hing von der gesellschaftlichen Stellung des betreffenden Hauses oder der betreffenden Familie ab und davon, ob nur Mädchen oder Mädchen und Jungen im Haus Unterricht erhielten. An Höfen und in hochadeligen Häusern war das Ziel der französischen Gouvernantenerziehung in erster Linie die Beherrschung der französischen Sprache und der französischen standesgemäßen Umgangsformen. Für den Unterricht in Geschichte, Erdkunde, Naturwissenschaften und anderen Fächern wurden meist akademisch gebildete Lehrer eingestellt, ebenso in reichen Familien, in denen auch Jungen erzogen wurden. In Häusern auf dem Lande jedoch übernahm die »Französin« meist den gesamten Unterricht von Mädchen aller Altersstufen, und den von Jungen bis etwa zum siebenten Lebensjahr. Sie gingen nach der »Parliermethode« vor, d.h. sie lehrten Französisch in der direkten Unterhaltung, oder nach der Regelmethode, d.h. sie vermittelten als erstes grammatische Kenntnisse. Beide Methoden konnten erfolgreich sein. Für ihren Sprachunterricht standen den Gouvernanten zahlreiche Sprachlehrwerke und Grammatiken zur Verfügung. Einige dieser Grammatiken waren besonders für Frauen konzipiert worden, sowie für andere Personen, die kein Latein gelernt hatten, »vornehmlich aber zu großen Vortheil der Französischen Gouvernantinnen und aller derjenigen, die in Französisch öffentlich Unterricht geben«.[54]

»Französinnen« schrieben auch selbst Lehrbücher für den Unterricht. Von Madame Renelle erschienen zwischen 1786 und 1790 in Berlin die drei Bände einer *Géographie nouvelle à l'usage des Instituts et des Gouvernantes françaises*. Über diese Autorin, die außer pädagogischen Schriften auch eine erfolgreiche französische Komödie mit dem Titel *La Veuve* in Deutschland veröffentlichte, heißt es in dem Verzeichnis *Das gelehrte Teutschland*: »Frau Wittwe Renelle (Lucie Elisabeth) gebohrne Bouillon, lebt zu Berlin, nachdem sie sich viele Jahre in Ansbach als Mamsell bey Fräulein aufgehalten hatte. Sie nennt sich auf ihren Schriften: Directrice d'un Institut d'éducation de jeunes Dames à Berlin, geb. zu Mömpelgard am 15. May 1747«.[55]

»Französinnen« spielten aber nicht nur eine wichtige Rolle in der Mädchenerziehung, sondern auch in der Erziehung von Jungen aus den höheren Ständen und Schichten.[56] Das ist heute fast vergessen. »Französinnen« vermittelten Jungen französische Sprache als Grundlage aller Bildung oder gaben ihnen ergänzend zur humanistischen Bildung Sprachunterricht. Prinz Alexius von Anhalt-Bernburg, geb. 1767, und seine zwei Jahre jüngere Schwester Pauline wurden gemeinsam erzogen und erhielten auch allen Unterricht zusammen. Als die Kinder vierzehn bzw. zwölf Jahre alt waren, wurde für sie eine Gouvernante aus der Schweiz eingestellt, Mlle Bourgeois de Pierre, um ihre französische Konversation und ihren Briefstil zu verfeinern. Über die Französin heißt es: »Ihre Kenntnisse auf dem Gebiet der französischen Literatur sollen außergewöhnlich gewesen sein. Auch verstand sie angenehm zu plaudern und durch ihren Vortrag anzuregen. Mit ihr zieht die Beschäftigung mit der französischen Klassik in Ballenstedt ein, Boileau, Corneille, Molière, Scaron, Marmontel.«[57] Offensichtlich wurde die Vorstellung, die Frauen verbot, Jungen höheren Unterricht zu erteilen, in der häuslichen Erziehung nicht so ernst genommen wie in der öffentlichen Diskussion, und im 18. Jahrhundert weniger als im 19. Jahrhundert. Darüber hatten sich schon Johann Georg Krünitz und Luise Adelgunde Gottsched beschwert.

Ein Netzwerk der »Französischen Mamsells«

Die Frauen und Männer, die der französischen Kolonie angehörten, besaßen in der ständischen Gesellschaft Brandenburg-Preußens bis 1809 eine juristische Sonderstellung. Nicht nur durch ihre Sprache, sondern auch dadurch, daß sie sich wie das herrschende Haus Hohenzollern zum kalvinistischen Glauben bekannten, unterschieden sie sich von den deutschen lutherischen Untertanen. Dem Land, das die Glaubensflüchtlinge aufgenommen hatte, brachte ihre Anwesenheit Aufschwung im Gewerbe und eine Verfeinerung der Lebensweisen. Aber die Frauen und Männer der französischen Kolonien wurden von Mißernten, Kriegsfolgen und wirtschaftlichen Notzeiten genauso betroffen wie ihre deutschen Nachbarn auch und lebten wie diese in ständiger Sorge um das tägliche Brot. Ledige und verwitwete Hugenottinnen aus den gebildeten Ständen konnten häufig nicht von ihren Angehörigen miternährt werden und sahen sich deshalb gezwungen, ihren Lebensunterhalt selbst zu verdienen. Weil die Nachfrage nach Französischunterricht groß war, arbeiteten sie vor allem als Gouvernanten und Bonnen in deutschen Familien. Die Stellenvermittlung erfolgte über einzelne bekannte Persönlichkeiten. In Brandenburg-Preußen galt Jean Henri Samuel Formey jahrzehntelang als besonders vertrauenswürdiger und verantwortungsvoller Stellenvermittler von Gouvernanten und Hauslehrern.[58]

Formey war der Sohn französischer Glaubensflüchtlinge aus der Champagne und wurde 1711 in Berlin geboren. Er war Theologe, Schriftsteller, Pädagoge, Professor der Philosophie am Französischen Kollegium, seit 1744 ordentliches Mitglied der Königlich Preußischen Akademie der Wissenschaften, von 1748 bis zu seinem Tod 1797 Beständiger Sekretär der Akademie und von 1789 an auch Direktor ihrer Kirchlich-Orientalischen Klasse. Außerdem verwaltete er das »Maison d'Orange«, eine Wohlfahrtseinrichtung für notleidende Hugenotten, und nahm Pensionäre, wie z.B. den Prinzen von Württemberg, zur Erziehung in seinen kinderreichen Haushalt auf.

In einem umfangreichen Briefwechsel erscheint Formey als frommer, hochgebildeter und unermüdlich hilfsbereiter Mensch.[59] Er spendet Trost, zeigt Verständnis in heiklen Lebenslagen, bemüht sich um Pensionen, Pflege und Hilfe für Alte und Kranke, er beschafft Stellen, ist aber auch bereit, Aufträge aller Art in Berlin zu erledigen, kauft Lotterielose für Gouvernanten auf dem Lande, besorgt Weihnachtsgeschenke für Gutsbesitzerfrauen, leiht großzügig Bücher aus, steht den unterschiedlichsten Menschen mit Rat und Tat zur Seite. Wie er, der ungefähr 600 Publikationen hinterließ, das alles schaffen konnte, ist heute schwer vorstellbar. Viele Menschen waren Formey dankbar und versuchten, ihm eine Freude zu bereiten: Korrespondenten schickten Kaviar und Tee aus Rußland und aus deutschen Landen, bedauerlicherweise, Dutzende von Nachtigallen zum Verzehr.

Eltern wandten sich bei der Suche nach einer Gouvernante oder einem Hauslehrer an Formey, Gouvernanten und Hauslehrer baten ihn um Vermittlung einer guten »Kondition«. Auf diese Weise entwickelte sich ein kompliziertes Netzwerk, das zeitweise den Stellenmarkt im häuslichen Erziehungsgeschäft in ganz Nordostdeutschland umspannte. Die durch Formey vermittelten Gouvernanten und Hauslehrer informierten ihn über offene Stellen in ihrem Umfeld. So teilt Antoinette Couderc, Gouvernante in Magdeburg, am 28. September 1761 mit, daß ein kriegsgefangener General für seine zehnjährige Tochter eine Gouvernante suchte und bereit sei, ihr 80 Reichstaler zu zahlen.[60] Sie selbst ist im Haus des Präsidenten und der Präsidentin von Voß angestellt und erhält 60 Reichstaler, die bald erhöht werden sollen (10. März 1761). Formey hatte Antoinette Couderc, Tochter eines verstorbenen Pfarrers, für diese Stelle auf ihre Bitte hin empfohlen, als sich ihre Vorgängerin, Mlle Pellet, verheiratete. Im April 1763 verläßt Antoinette Couderc das Haus der Familie von Voß, weil sie erkrankt ist (8. April 1763).

Louise DEyverdun schreibt am 10. Februar 1763 von einem Gut in Sachsen, daß in der Nähe eine Gouvernante für ein elfjähriges Mädchen gesucht wird. Sie soll 60 Taler und die Reisekosten erhalten, also dasselbe Gehalt wie Antoinette Couderc.[61] Die Gouvernante C.S. Heck berichtet 1776 von dem Gut Zehdenick an Formey: »Es gibt eine freie Stelle in Blumenau zwei Meilen von hier; es handelt sich nur um eine einzige Schülerin von zehn Jahren. Der Ort liegt in Mecklenburg. Aber man sucht eine Gouvernante, die bereit ist (weil es auf dem Lande ist und keinen Informator im Hause gibt) Geschichte, Geographie, Religion und Arithmetik zu unterrichten. Was verlangt man noch alles von einer Gouvernante? Wenn Sie oder die Demoiselles Hauchecorne eine solche kennen, empfehlen Sie sie mir. Sie kann ihre Bedingungen stellen, aber sie soll nicht unter 120 Talern bei freier Kost und Logis verlangen. Wenn der Adel so viel verlangt (ich muß dieselben Aufgaben erfüllen), soll er auch bezahlen, das ist nur gerecht.«

Die verwitwete Mme Heck wie auch ihre Kollegin Louise DEyverdun verdienten jeweils 100 Taler im Jahr, zuzüglich Reisekosten für die Hin- und Rückfahrt, Kaffee, der mit etwa 10 Talern angesetzt wurde, Wäsche, die zwischen 10-12 Taler kostete, Holz, Kerzen, Benutzung der Pferdekutsche, Kost und Unterkunft. Hauslehrer, die auch nicht mehr erhielten, und Gouvernanten arbeiteten, weil es keine andere Möglichkeit für sie gab, die etwa 100 bis 150 Taler zu beschaffen, die eine äußerst bescheidene Lebensführung z.B. in Untermiete bei einer Witwe oder Handwerkersfrau erforderte. Die »Gage«, die neben Kost und Logis gezahlt wurde, konnte als Notgroschen oder für besondere Ausgaben gespart werden. So trat die Verlobte von J.H.S. Formey, Suzanne Bonafous, 1733 eine Gouvernantenstelle in Schlesien an, um Geld für ihre Aussteuer zu verdienen.

Suzanne Bonafous bezeichnete ihre weiblichen Zöglinge als »mes frelles«. Gouvernanten aus den Kolonien der Hugenotten benutzten diese französisierte Abkürzung von »Fräulein« während des 18. Jahrhunderts. Die Frauen wiederum, die sich um die häusliche Erziehung der »frelles« kümmerten, wurden »demoiselles françaises« genannt, wobei dieser Sammelbegriff nicht zwischen Gouvernanten und gebildeten Kinderfrauen unterschied. Tatsächlich aber waren Einstellungsvoraussetzungen, Aufgaben im Haus und Verdienst für beide Gruppen nicht dieselben. Die Gouvernanten stammten aus guter, d.h. gebildeter Familie, unterrichteten häufig neben Französisch auch Geschichte, Geographie und Literatur, verrichteten meist keine anderen Arbeiten im Haus und bezogen ein Gehalt zwischen 50 und 150 Talern, manchmal darüber. In sehr reichen Häusern erhielten sie häufig auch kostbare Geschenke und in einigen Fällen

Alterspensionen. Die Kinderfrauen oder Bonnen stammten aus bescheideneren Verhältnissen und waren häufig im französischen Waisenhaus oder in der Ecole de Charité erzogen worden. Sie konnten feine Handarbeiten herstellen und den ersten Unterricht im Lesen und Schreiben erteilen. Sie erhielten ein Gehalt, das unter 50 Talern lag, und übernahmen im Haus auch Näharbeiten und andere Pflichten, die nichts mit der Erziehung zu tun hatten. Die Gouvernanten waren stets sehr bemüht, sich gegen die Bonnen abzugrenzen, während viele Arbeitgeber am liebsten als »demoiselle française« eine Gouvernante für das Gehalt einer Bonne eingestellt hätten. Es war aber nicht nur Geiz, der die Gehälter drückte. Einigen Gutsbesitzern fiel es nach schlechten Ernten nicht leicht, Bargeld aufzubringen. Hatten sie nur eine Tochter, so war es billiger, das Mädchen für 100 Taler in ein Pensionat zu geben. Eine Gouvernante rentierte sich erst bei mehreren Kindern. Suzanne Bonafous hatte auf dem Gut der Familie von Panwitz gemeinsam mit dem Hauslehrer fünf Kinder zu unterrichten. Sie war eine ausgebildete Gouvernante, und keine Bonne. Am 11. September 1734 schreibt sie an Formey nach Berlin: »Wenn sie eine ›demoiselle‹ für die Stelle bei dem Major von Leben kennen, würden sie mir große Freude machen, wenn Sie sie mir nennen könnten, aber es werden nur 30 Taler Gage gezahlt. Wenn es sich um eine von diesen ›demoiselles‹ handelt, von denen es so viele in Berlin gibt, wäre das nicht schlimm, weil man sich nicht darum kümmert, ob sie aus guter Familie ist.«

Mlle Mourein, Gouvernante auf einem Gut in Schlesien, schreibt am 5. Mai 1776 an J.H.S. Formey: »Eine Dame von Stand aus unserer Nachbarschaft hat mich gebeten, ihr eine Person zu beschaffen, die ihre Kinder in der französischen Sprache erzieht und unterrichtet. Ich nehme mir die Freiheit, mich an Sie, mein Herr, zu wenden, um Sie zu bitten, eine solche einzustellen. Ich wage nicht, diese Person ›demoiselle‹ zu nennen, weil das Gehalt zu niedrig ist, um auf eine echte Gouvernante Anspruch zu erheben. Die Dame, um die es geht, hat einen etwas geizigen Ehemann und kann der Person, die ihre beiden Töchter erziehen soll, nicht mehr als 30 Reichstaler, Kaffee und ihren Tisch bewilligen. Gewünscht werden gutes Benehmen, daß sie nicht kokett sei, und daß sie französisch Sprechen, Lesen und Schreiben unterrichten kann. Ich glaube, versichern zu können, daß es ihr sehr gut gehen wird und daß die Dame sehr gut ist. Wenn man mit ihrer Sorge um die Jugend zufrieden ist, wird ihr Gehalt sicher erhöht. Vielleicht wäre dieser Posten für ein Mädchen aus dem Waisenhaus geeignet, das sich in einer Stelle ausbilden will. Sie erhielte auch den Titel einer ›demoiselle‹. Das Gut ist vier Meilen von hier entfernt und der Gutsherr heißt Salisch. Man wünscht, daß sie zu Wasser bis Breslau reist, von wo man sie abholen wird. Die Reisekosten werden ihr ersetzt, auch für die Rückreise, im Fall, daß sie zurückkehren will. Um so eher Sie eine finden, um so mehr wird sich die Dame freuen. Die ›demoiselle‹ für dieses Haus ist nicht gezwungen, Gesellschaftskleidung zu tragen, sie darf tragen, was sie will und kann.«

Es gab auch noch andere Häuser, in denen sehr gerechnet wurde. Herr und Frau Ritter aus Fürstenwalde schreiben Formey am 9. Juli 1774, daß sie für ihre beiden Töchter eine gute »demoiselle« suchen, die nicht zu alt und nicht zu jung sein soll, und alles kann, was man von einer Gouvernante erwartet. Sie wollen ihr 52 Taler zahlen. Im nächsten Brief lehnen sie die von Formey vorgeschlagene Mme du Reinel ab, weil sie schon über 60 Jahre alt ist. Formey macht einen weiteren Vorschlag, der angenommen wird. Das Ehepaar erklärt sich bereit, ihrer »demoiselle« 55 Taler zu zahlen. Aber aus der ganzen Sache wurde wohl nichts, denn das Ehepaar Ritter bittet, das Einstellungsdatum um ein halbes Jahr zu verschieben, weil die ältere Tochter krank geworden ist. Offensichtlich war ihnen eine Gouvernante für nur eine Tochter zu teuer.

Christiane von Strantz, geborene von der Lahr, schreibt am 5. August 1774 vom Lande an Formey: »Die verwitwete Frau Kapitän von Loos wünscht eine gute ›demoiselle française‹ für ihre fünf reizenden Kinder«. Die gewünschte Person soll gut Französisch sprechen, nicht zu jung und schon in Stellung gewesen sein. Wenn sie auch noch Frisuren stecken oder Kleider anfertigen kann, würde das sehr begrüßt werden. Die Gage beträgt 50-60 Reichstaler bei freier Wäsche. Die Dame des Hauses zeichnet sich durch einen guten Charakter aus.

Christiane von Strantz hatte vor ihrer Heirat selbst als Gouvernante gearbeitet, und 1774 waren noch ihre Mutter und ihre beiden Schwestern im Erziehungsgeschäft tätig. Die Stelle, die sie hier zu besetzen half, erscheint wenig attraktiv: zu viele Kinder, Nebenarbeiten, wenngleich keine diskriminierenden, und ein nicht besonders hohes Gehalt.

Mlle Mourein hatte auch gute Stellen anzubieten. Am 15. September 1776 fragt sie Formey nach einer Gouvernante für die Familie von Bonin auf Gut Elvershagen in Pommern. Hier wird eine Gouvernante gesucht, die ein zehnjähriges Mädchen in Religion sowie französischer Sprache und Literatur unterrichten soll, sonst aber keine Aufgaben im Haus zu erfüllen hat. Sie erhält 100 Taler Gage, 15 Taler Weihnachtsgeld, Kaffee und Erstattung der Reisekosten. Die Behandlung im Haus ist erfahrungsgemäß sehr gut, die Gouvernante nimmt an allen Vergnügungen der Herrschaft teil. Mlle Mourein kann diesen Posten deshalb empfehlen, weil sie selbst vier Jahre lang in Elvershagen zur Erziehung der Tochter angestellt gewesen ist. Sie hatte die Stellung wegen Krankheit verlassen müssen.

Mlle Mourein hat im selben Brief auch eine freiwerdende Gouvernante zu melden. Die fünfundzwanzigjährige Mlle Dary war bisher in ihrem Beruf sehr erfolgreich und hat nur in hochadeligen Häusern gearbeitet. Nun geht ihr Kontrakt zu Ende und sie möchte sich verändern, am liebsten wäre ihr eine Stelle in Berlin. Allerdings ist sie nur bereit, in einem gräflichen oder in einem anderen aristokratischen Haus zu arbeiten. Sie will nur Komtessen erziehen, möglichst jeweils nur eine. In ihrer augenblicklichen Stellung erhält sie eine Gage von 130 Reichstalern, sowie 16 Reichstaler für Kaffee. Sie hat einen Zögling, und der Graf ist sehr zufrieden mit ihrer Arbeit. Aber das bizarre Verhalten der Gräfin, die grundlos eifersüchtig ist, zwingt sie, sich eine andere Stellung zu suchen.

Die »demoiselles«, die selbst an Formey schrieben, befanden sich häufig in schwierigen Situationen. Charlotte Deflaut berichtet am 16. Januar 1766 aus Landshut, daß sie Waise ist und seit vier Jahren in einer Familie als »demoiselle française« arbeitet. Sie erhält nur 20 Taler Gehalt, und obwohl man ihr bei der Einstellung versprochen hat, diese Summe bald zu erhöhen, ist das nicht geschehen. Sie kommt auch nicht gut mit den Kindern zurecht, weil sie nicht wagt, ihnen Vorschriften zu machen. Charlotte Deflaut bittet Formey, ihr eine bessere Stellung in Berlin zu besorgen.

Louise von der Lahr ist im Gegensatz zu Charlotte Deflaut keine Bonne, sondern eine Gouvernante. Sie schreibt am 25. Juni 1768 aus Steinhöffel bei Fürstenwalde, wo sie vier Jahre lang als »demoiselle« für die Tochter des Herrn von Wulfen angestellt gewesen ist. Ihr Arbeitgeber ist plötzlich gestorben, und der Vormund ihres Zöglings hat das Mädchen in ein Pensionat geschickt. Die Gouvernante ist stellungslos und außerdem seit sechs Monaten krank. Ihre Krankheit mag die Entscheidung des Vormunds, Fräulein von Wulfen nicht mehr im Hause erziehen zu lassen, beeinflußt haben. Jedenfalls braucht Louise von der Lahr dringend eine neue Anstellung.

Am 18. Dezember 1769 schreibt sie von ihrer neuen Stelle aus, die sie so schnell wie möglich wieder verlassen möchte. Sie muß hier ein Zimmer mit vier Kindern teilen, die dauernd schreien, so daß sie nicht einmal in Ruhe ihre Gebete verrichten kann. Sie bittet Formey, ihr einen anderen Posten zu verschaffen: »Ich wage, Ihnen zu versichern, daß ich mich während meiner siebenjährigen Unterrichtstätigkeit selbst gebildet habe und durch nützliche Lektüre einige Kenntnisse und Talente erworben habe, die mich befähigen den Geist einer jungen Dame zu kultivieren.« Wohin möchte Louise von der Lahr? Nach Berlin, wie so viele Bonnen, Gouvernanten und Hauslehrer. Berlin bildete das religiöse und intellektuelle Zentrum der französischen Kolonie, hier gab es Bekannte, Geselligkeit, Bücher, Abwechslung und Unterhaltung. Aber in Berlin gab es auch gute Schulen, und die Nachfrage nach Gouvernanten war nicht so groß wie auf dem Land und in kleinen Städten. Das Landleben begeisterte nur wenige Gouvernanten, sie klagten über Langeweile, Kälte und gefahrvolle Reisen. Suzanne Bonafous berichtet ihrem Verlobten am 11. März 1733 aus Cottbus, daß der Postillion sich für die Reise mit zwei geladenen Pistolen und einem Säbel bewaffnet hatte, weil die Kutsche durch einen Wald fahren mußte, in dem Räuber hausen. Louise DEyverdun möchte ebenfalls zurück nach Berlin, u.a. weil die Straßen in Sachsen so unsicher sind (17.10.1761). Selbst Sibille Marie Sperlette, die Formey 1750 aus Plön berichtet, wie wohl sie sich als Gouvernante im Hause des Herzogs und der Herzogin von Holstein fühlt, möchte später einmal in »ihr liebes Vaterland«, nach Berlin zurück (20.7.1750).

Gouvernantenstellen wurden zu Michaelis (29. September) besetzt, in Ausnahmefällen auch zu Ostern. In der Regel wurde der Kontrakt auf ein Jahr abgeschlossen und dann verlängert. Arbeitgeber waren häufiger an einer mehrjährigen Verpflichtung der Gouvernante interessiert, damit sich das entrichtete Reisegeld amortisieren konnte. Da sich Gouvernanten und Arbeitgeber in vielen Fällen erst nach Beginn der Anstellungszeit kennenlernten, waren gegenseitige Enttäuschungen nicht auszuschließen. Beide Parteien bemühten sich in derartigen Fällen um gütliche Regelungen, weil sie um ihren Ruf besorgt waren. Formey wurde bei Konflikten zu einer Instanz der sozialen Kontrolle und erhielt häufig eine Schiedsrichterfunktion zugewiesen. Kam ein Kontrakt nicht zustande oder wurde ein Arbeitsverhältnis vorzeitig abgebrochen, schrieben meist sowohl die Arbeitgeber als auch die Gouvernanten an Formey, um sich zu rechtfertigen. So nahm Louise DEyverdun eine Stelle in Sachsen auf einem Gut an, dessen Besitzer sie nach persönlichem Kennenlernen in Leipzig engagiert hatte. Eine Stelle, die ihr Formey bei einer Frau von Rex vermitteln wollte, lehnte sie ab. Am 26.10.1761 schreibt sie an Formey: »Sie haben in dem Brief von Madame de Rex gesehen, was sie von mir verlangt hat, hier ist die Antwort, die ich ihr gegeben habe: Da ich nicht die Wissenschaften beherrsche, die Sie von mir erwarten, und nicht genug Philosophie besitze, um meine Sensibilität zu verleugnen, bin ich entschlossen an der Universität Leipzig zu bleiben, um mir die nötigen wissenschaftlichen Kenntnisse anzueignen.« Louise DEyverdun geht es um ihre Gouvernantenehre, »le point d'honneur nécessaire d'une Gouvernante«, sie möchte nichts unterrichten, was sie nicht gründlich versteht, um sich keine

Schande zu machen. Sie ist schon seit acht Jahren im häuslichen Erziehungsgeschäft tätig und weiß, was von einer Gouvernante erwartet werden darf und was nicht. Sie hat bereits eine andere Stelle abgelehnt, weil die Arbeitgeber Deutschkenntnisse verlangten. Louise DEyverdun aber kann nur Französisch und glaubt, »daß das kein Fehler für eine Gouvernante ist« (13. Mai 1761). Es war offensichtlich nicht ungewöhnlich, daß »Französinnen« das Deutsche nicht beherrschten. Sibille Marie Sperlettes herzogliche Arbeitgeber in Holstein hatten sich geradezu entzückt darüber gezeigt, daß die Gouvernante aus Berlin deutsch sprechen konnte.

Frau von Rex geborene de Friese schreibt ihrerseits am 29. Oktober 1761 aus Zeitz an Formey. Sie rechtfertigt sich, daß sie Louise DEyverdun ein sehr gutes Angebot gemacht hat und sogar bereit war, sie in dem halben Jahr, in dem die Tochter noch außer Haus lebte, bei sich wohnen zu lassen und zu bezahlen. Frau von Rex findet, daß sie sich »in den schlechten Zeiten, in denen das Geld überall mangelt«, sehr großzügig verhalten hätte. »Aber was macht man nicht alles für seine Kinder!« Louise DEyverdun konnte sich so selbstbewußt auf dem Arbeitsmarkt bewegen, weil es in Sachsen genügend freie Stellen für Gouvernanten gab (19. September 1761).

Mlle Mourein bedankt sich am 18. November 1775 bei Formey für die Vermittlung der Gouvernantenstelle auf Gut Reesewitz. Sie war gleich nach ihrer Ankunft zwei Monate lang krank, und kann daher erst jetzt Eindrücke sammeln. Es gefällt ihr sehr gut, die Gräfin Dyhrn besitzt Geist und Frömmigkeit, die ihr anvertrauten Kinder sind begabt. Sie wird sehr gut behandelt. Am 5. Mai 1776 fühlt sie sich immer noch in ihrer Stellung wohl, klagt aber über die hohen Kosten, die Arzt und Medikamente während ihrer Krankheit verursacht haben. Zwar hat die Gräfin die Bezahlung von 30 Reichstalern übernommen, aber 50 Reichstaler muß sie selbst zahlen.

Am 1. Januar 1777 schreibt die Gouvernante, daß sie ihren Kontrakt nicht verlängern möchte, weil die Gräfin sich ihr gegenüber nicht mehr freundlich verhält, sondern sich mißtrauisch und abweisend zeigt. Mlle Mourein bittet Formey, ihr eine neue Stellung zu vermitteln, möglichst bei einer Prinzessin. Sie gesteht, daß sie bereits zwei Stellenangebote bekommen hat, aber beide sind für Schlesien, und da möchte sie nicht bleiben. Aber schon am 7. Februar 1777 teilt sie Formey mit, daß sie doch eine Stelle im Haus seiner Excellenz des Ministers von Hoym in Breslau annehmen möchte. Sie soll dort zwei Mädchen erziehen und erhält 140 Reichstaler Gage. Offenbar bietet ihr Formey in der Zwischenzeit eine Stellung in Rußland an, die sie wegen Krankheit und der großen Entfernung ablehnt. Frau von Hoym, die befürchtet, daß es sich Mlle Mourein angesichts der vielen Stellenangebote anders überlegt, erhöht die Gage auf 150 Taler, sagt bedeutende Neujahrsgeschenke zu und erklärt sich bereit, die Reisekosten für einen Besuch der Gouvernante bei ihrer Mutter in Berlin zu übernehmen. Mlle Mourein tritt die Stelle in Breslau im April an. Aber schon am 22. September 1777 schreibt sie Formey, daß sie diese sehr gute Position so schnell wie möglich wieder verlassen möchte. Die Gründe hierfür will sie ihm später mündlich mitteilen. Sie ist verzweifelt, denn sie hat sich 50 Taler Vorschuß geben lassen, um ihrer verschuldeten Mutter zu helfen. Nun bittet sie Formey, ihr dieses Geld zu borgen, damit sie nach Berlin abreisen kann. Er soll ihr schnell eine neue Stelle vermitteln, irgendwo! Am 11. Oktober 1777 teilt sie Formey mit, daß sie doch noch nicht gekündigt hat und die augenblicklichen Umstände es ihr erlauben, ihren Jahreskontrakt zu erfüllen und vielleicht sogar noch länger in dieser sehr guten Stellung zu bleiben. Was mag die vorübergehende Verzweiflung verursacht haben?

Acht Jahre später, am 7. Februar 1785, schreibt sie aus Neustrelitz, wieder in großer Verzweiflung. Mutter und Schwester waren lange krank, die Kosten für Arzt und Apotheker haben alle Ersparnisse verschlungen. Sie selbst verdient in ihrer augenblicklichen Stellung im Hause de Guin nur 80 Reichstaler, hat große Ausgaben, weil sie am Hof erscheinen muß, und bittet Formey, ihr eine bessere Position zu vermitteln.

Juliette Gräfin Dyhrn geborene Dyhrn auf Gut Reesewitz, deren Betragen Mlle Mourein veranlaßt hatte, ihre Stelle zu kündigen, schreibt an Formey, um sich zu rechtfertigen. Sie hat die Gouvernante immer gut behandelt, und schließlich wäre Mlle Mourein nicht zwei Jahre bei ihnen geblieben, wenn es ihr nicht gefallen hätte. Allerdings lebt die Familie sehr zurückgezogen auf dem Gut und unterhält wenig Kontakt zu den Nachbarn. Mlle Mourein hat wohl Abwechslung vermißt und Gelegenheit, zu gefallen und gewürdigt zu werden. Gräfin Dyhrn bittet Formey, ihr doch Mlle Bénézet als Gouvernante zu vermitteln, die er ursprünglich für die Familie Hoym ausgewählt hatte, denn dort arbeitete nun schon Mlle Mourein. Mlle Bénézet sollte 100 Taler Gage erhalten, Reisegeld und 10 Taler als Neujahrsgeschenk. Sie wird es gut im Hause haben, denn die Gräfin weiß, welch schwere Aufgabe es ist, Kinder zu erziehen, und ist deshalb bestrebt, ihrer Gouvernante die Last zu erleichtern, wo sie nur kann, und ihr das Leben so angenehm wie möglich zu gestalten. Mlle Bénézet soll drei Mädchen unterrichten, von denen das älteste neun Jahre alt ist. Es ist noch ein dreijähriges Mädchen im Haus, um das sich aber eine Kinderfrau kümmert. Die beiden Jungen sollen durch einen Gouverneur erzogen werden (Dyhrn, 16.3.1777, 28.3.1777). So weit, so gut, aber was hatte Mlle Mourein doch am 1. November 1777 an Formey geschrieben? Sie sei Gouvernante und Gouverneur zugleich: »Der Gouverneur hat uns verlassen, und der Graf hat noch keinen passenden Ersatz gefunden. Ich habe deshalb viel zu tun«. Mlle Bénézet stellt bei ihrer Ankunft in Reesewitz mit Schrecken fest, daß sie sechs Kinder zu unterrichten hat. Außerdem gefällt ihr das Landleben nicht, sie möchte zurück nach Berlin (Bénézet, 21. Mai 1777). Die Gräfin erfährt von den Plänen ihrer Gouvernante und kommt ihr mit der Kündigung zu Michaelis zuvor. Was nun? Das Netzwerk setzt sich in Bewegung. Mlle Bénézet tritt eine Stelle bei einer Familie von Berg an, ganz in der Nähe von Mlle Mourein; nach Reesewitz geht eine Mlle Henri. Herr und Frau von Bonin geben die Suche nach einer Gouvernante für ihre Pflegetochter auf und schicken das Mädchen zur weiteren Erziehung nach Stettin. Ob es sich bei Mlle Bénézet um das »böse Weib« handelte, das später im Hause Marwitz angestellt war, ist nicht festzustellen.

Formey mußte sich bei seiner Vermittlertätigkeit auf die Angaben der Beteiligten, die er meistens nicht persönlich kannte, verlassen. Dabei waren aber bewußte und unbewußte Fehlangaben und Mißverständnisse unvermeidbar. In diesen Fällen wurden weite Reisen ohne Erfolg gemacht, unnötige Kosten verursacht und bittere Kränkungen zugefügt.

1758 schreibt F.J. Schaeffer, Hauslehrer und Sekretär, im Auftrag des Grafen Reuß zu Plauen aus Holstein an Formey mit der Bitte um Vermittlung einer Gouvernante für die elfjährige Komtesse. Die augenblickliche Erzieherin des Mädchens geht nach Frankreich zurück. Sie hat sich nicht bewährt, denn sie ist zwar geistreich, aber auch intrigant und will selbst mehr glänzen, als ihren Zögling herausstellen. Außerdem ist die Französin katholisch, was in dem protestantischen Haus doch zu Problemen führt. Nun sucht der Graf eine protestantische Gouvernante, die einen sehr guten Briefstil schreibt und einen Pariser Akzent besitzt. Auf den Pariser Akzent wird am Hof von Kopenhagen großer Wert gelegt. Welch schlechter Eindruck könnte entstehen, wenn der Graf die Französin mit dem Pariser Akzent entläßt, um eine Frau einzustellen, die vielleicht weniger elegant spricht? Wenn Formey in Berlin keine protestantische Gouvernante mit Pariser Aussprache finden kann, sollte er doch auch in Genf suchen (J.F. Schaeffer, 17. Februar 1758; 19. Februar 1758). Formey schlägt eine Mlle Perrin für die Stelle vor. Daraufhin präzisiert J.F. Schaeffer am 7. März 1758 das Angebot der gräflichen Familie. Die Gouvernante soll neben dem elfjährigen Mädchen auch zwei Jungen von sechs und vier Jahren in der französischen Sprache unterrichten. Ihre Gage beträgt 125 dänische Taler, die ihr als 160 deutsche Taler ausgezahlt werden, sie erhält 22 Dukaten Reisegeld, die sie auslegen muß. Da die gräfliche Familie überwiegend auf dem Lande lebt, ist einfache Kleidung ausreichend. Die Gouvernante muß ihre Wäsche selbst waschen lassen, was 10-12 Taler kostet. Wenn sie sich dessen würdig erweist, wird sie dieselben Vorteile »wie die anderen Domestiken« empfangen und für ihr Leben mit einer Pension versorgt sein. Weil sie nicht von Stande, d.h. nicht adelig, ist, darf sie nicht am herrschaftlichen Tisch mitessen, wenn Prinzen und Prinzessinnen anwesend sind.

Am 2. Juli 1758 berichtet J.F. Schaeffer, daß Mlle Perrin eingetroffen ist. Leider ist sie gleich erkrankt und daher nicht in der Lage, ihre Arbeit aufzunehmen. Auch hat sich gezeigt, daß sie für die Stelle nicht die nötigen Qualifikationen besitzt, denn sie kann keinen Unterricht in Grammatik und Orthographie erteilen. Sie behauptet, in ganz Berlin und Brandenburg gäbe es keine Gouvernante, die so gut Französisch kann, wie der Unterricht der Komtesse es erfordert. Mlle Perrin wird so bald wie möglich zu ihrem Bruder nach Holland abreisen.

Wie sieht nun Mlle Perrin diese mißglückte Vermittlung? Sie schreibt am 26. Oktober 1758 aus dem Haus des Grafen Reuß zu Plauen einen gelassenen Brief an Formey, in dem sie die entstandenen Mißverständnisse bedauert. J.F. Schaeffer, der Hauslehrer, hatte gehofft, daß ihm die neue Gouvernante Unterrichtsstunden abnähme. Sie soll Grammatik, Geschichte, Geographie und die Regeln der Poesie unterrichten, dafür ist sie aber nicht vorgebildet. Wie Louise DEyverdun geht es ihr gegen die Berufsehre als Gouvernante, Fächer zu unterrichten, für die sie nicht qualifiziert ist. Außerdem verträgt Mlle Perrin das Klima in Holstein nicht. Den Unterricht mit ihrer Schülerin hat sie aber dennoch begonnen. Sie liest mit dem Mädchen verschiedene Texte und läßt sie aus dem Französischen und ins Französische übersetzen, dann unterhält sie sich mit ihr über das Gelesene. Sie versucht, den Unterricht so angenehm wie möglich für ihre Schülerin zu gestalten, findet es aber unangemessen, daß die Eltern wünschen, ihre Tochter solle schnelle Fortschritte machen, ohne sich anzustrengen. Die Gouvernante ist von morgens bis abends mit ihrer Schülerin und deren Brüdern zusammen und kommt gut mit ihnen aus.

Erst am 1. November 1763 schreibt Mlle Perrin wieder an Formey, diesmal aus Amsterdam. Sie hat sich hier in einem Haus auf fünf Jahre verpflichtet für ein jährliches Gehalt von 300 Gulden. Nach Abschluß dieser Zeit soll sie ein Geschenk von 100 Dukaten erhalten. Sie hat ihren Arbeitgeber gebeten, ihr diese Versprechungen schriftlich zu geben, er möchte aber darüber lieber nur formlos an Formey schreiben. Wenn Formey den Brief des Arbeitgebers erhält, soll er es ihr bitte mitteilen. Sie hat in Amsterdam ein zwölfjähriges Mädchen zu erziehen, kümmert sich aber auch um einen fünfjährigen Jungen, dem sie Französisch beibringt, weil es ihr Spaß macht.

Gouvernanten, die Verwandte besaßen, die ihnen in Notzeiten beistehen konnten, oder die über Ersparnisse bzw. Pensionen verfügten, waren den Stürmen des Erwerbslebens nicht so hilflos ausgesetzt wie z.B. Mlle Mourein, die ihrerseits für Mutter und Schwester zu sorgen hatte. Gouvernanten arbeiteten in der Regel aus Not und hätten meist lieber einer eigenen Wirtschaft als Gattin, Hausfrau und Mutter vorgestanden als fremder Leute Kinder erzogen. Aber einige hingen auch ganz anderen Wünschen nach. Die Witwe C.S. Heck z.B. lehnt Formeys freundliches Angebot, ihr einen Ehemann zu suchen, dankend ab. Lieber soll er sich um ihr berufliches Fortkommen kümmern. Mme Heck war mit Johann Christoph Gottsched bekannt gewesen und hatte einige seiner Werke ins Französische übersetzt. Sie bittet Formey, diese Übersetzungen in Hinblick auf Orthographie und Ausdruck zu korrigieren (8. März 1766). Offensichtlich gelingt es ihr jedoch nicht, sich als Schriftstellerin und Übersetzerin zu etablieren. Mme Heck schlägt Formey neun Jahre später vor, ihr doch eine Tätigkeit im Sekretariat der Kirche zu vermitteln (3. Juni 1775, 25. Juni 1775). Aber dieser Plan, durch Schreibarbeiten den Lebensunterhalt zu verdienen, scheitert an ihrem Geschlecht und an der kirchlichen Organisation. Es bleibt nur der Gouvernantenstand, für den sie »einen so ausgeprägten Ekel empfindet«, daß ihre ganze Vernunft ihn nicht bezwingen kann. Als Gouvernante ist die gebildete, ehrgeizige Mme Heck erfolgreich, sagt sich aber 1785 von dem ungeliebten Beruf endgültig los. Sie schreibt Formey aus Berlin, daß sie sich aus der Kindererziehung zurückziehen möchte, »weil die Deutschen wirklich zu undankbar sind, um die Mühe, die man sich mit ihren Kindern gibt, anzuerkennen« (21. März 1785). Mme Heck möchte als Selbstzahlerin in das Altersheim des Maison d'Orange aufgenommen werden. Für die Pension, die sie zu entrichten bereit ist, erwartet sie ein Einzelzimmer, Kost und Holz. Falls sie sich aber in der Stiftung nützlich machen könnte, würde sie für Kost und Logis lieber arbeiten, statt Geld zu bezahlen. Energie, Unternehmungsgeist und Selbstbewußtsein von C.S. Heck scheinen durch die vielen gescheiterten Pläne und erlebten Enttäuschungen weitgehend ungebrochen zu sein. Auch materiell geht es ihr nicht schlecht. Dennoch ist gerade Mme Heck ein besonders eindringliches Beispiel für die Einschränkungen und Verhinderungen im weiblichen Lebenszusammenhang des 18. Jahrhunderts. Diese Gouvernante wider Willen bemühte sich unermüdlich, ihre intellektuellen Fähigkeiten zu entfalten und zu nutzen. Ihr berufliches Streben drängte über die zeitgenössisch sozial akzeptierten weiblichen Tätigkeiten hinaus und mußte deshalb scheitern.

Louise DEyverdun erklärt Formey am 10. September 1761, daß sie die Gouvernantenstellen satt habe und in Berlin mit ihrem bescheidenen Vermögen ein kleines Mädchenpensionat eröffnen möchte. Sie besitzt auch noch etwas Kapital in der Schweiz: »Sie werden mich fragen, warum ich nicht ruhig dort lebe, darauf habe ich die Ehre Ihnen zu antworten, daß das müßige Leben nichts für mich ist. Ich bin gewöhnt, tätig zu sein, und es würde mir auch nicht gefallen, alleine zu leben.« Ein Mädchenpensionat bedeutete einen eigenen Haushalt und persönliche Unabhängigkeit, die der Gouvernantenstand eben gerade nicht bot.

In den meisten Fällen führte aber keine andere Erwerbsarbeit, sondern eine Heirat aus dem ungeliebten Gouvernantenstand hinaus. So schreibt Salomé Monod aus Torgau mit wunderschöner Handschrift an Formey, um Näheres über einen jungen Mann aus Berlin zu erfahren, der sie heiraten möchte, und der auch ihr gut gefällt. Sie ist 25 Jahre alt und vor dreieinhalb Jahren aus der Schweiz zu einer Tante nach Sachsen gekommen. Die Tante hat Salomé Monod eine Gouvernantenstelle in einem adeligen Haus verschafft. Die Stelle ist zu anstrengend, weil die Gouvernante sieben verwöhnte Kinder unterrichten muß. Ein Graf aus Wien hat ihr zwar hundert Dukaten angeboten, wenn sie die Erziehung seiner einzigen Tochter übernimmt, aber die Familie ist katholisch, und deshalb möchte sie nicht nach Wien. Sie schreibt Formey dies alles, um zu erklären, warum sie sich gerne verheiraten möchte, obwohl sie doch eine, allerdings nur auf den ersten Blick, gute Stelle einnimmt und obwohl sie keine blinde und alles dominierende Leidenschaft zur Heirat drängt (12.1.1760, 4.2.1760). Eine Gouvernante wie Salomé Monod war sicher, daß sie nicht ihres Geldes wegen geheiratet wurde. Sie betont gegenüber Formey ausdrücklich, daß sie nichts als eine gute Erziehung vorweisen kann.

Fühlte sich eine Frau in einer Gouvernantenstelle wohl, brauchte sie nicht zu heiraten, nur um versorgt zu sein. Das machen die dramatischen Ereignisse deutlich, über die die Pfarrerswitwe Marianne von der Lahr aus Stettin in ihren Briefen an Formey berichtet: Marianne von der Lahr unterhält ein kleines Mädchenpensionat, ihre Töchter Louise und Christiane arbeiten als Gouvernanten, zwei Söhne studieren an der Universität, die jüngste Tochter, die ebenfalls Marianne heißt, wird im Hause der Mutter auf den Gouvernantenberuf vorbereitet. Die junge Marianne erhält Privatunterricht durch den Lehrer Poulet in Orthographie, Geschichte, Geographie und Grammatik, täglich von fünf Uhr bis sechs Uhr dreißig. Im Mai 1770 stellt sich heraus, daß der verheiratete Familienvater seine Schülerin geschwängert hat. Die Mutter will es erst gar nicht glauben, wie konnte so etwas unter ihren Augen geschehen? Sie ist verzweifelt und sieht sich mitsamt ihren Töchtern in ihrer sozialen Existenz vernichtet. Die Eltern ihrer Pensionärinnen melden die Mädchen aus dem nun verrufenen Haus ab, der ökonomische Ruin droht. Die Witwe geht nicht mehr zur Kirche, weil sie gemieden wird und niemand mit ihr spricht. Ihre beiden älteren Töchter, die Gouvernanten, stehen ihr zur Seite, haben aber selbst unter der sozialen Katastrophe zu leiden. Dennoch kann das Schlimmste, die öffentliche Kirchenbuße, vermieden werden. Die Schwangere wird nach Rußland geschafft, der Lehrer Poulet wird versetzt, aber nicht ausgestoßen. Der aufgeklärte Formey hilft und tröstet, die Zeit vergeht. Die Eltern der Pensionärinnen überlegen es sich anders und schicken ihre Töchter wieder zu der frommen Witwe von der Lahr. Die Tochter Louise zieht zur Mutter, um ihr bei dem bald wieder blühenden Erziehungsgeschäft zu helfen. Die Tochter Christiane hat sich sehr gut verheiratet und lebt in einer glücklichen Ehe. Das schwarze Schaf, die Tochter Marianne, ist gereift und arbeitet als Gouvernante in Kurland. Sie hat eine beneidenswerte Stellung, erhält 150 Goldtaler, jedes Jahr kostbare Geschenke und wird im Hause ihrer Arbeitgeber geliebt und respektiert. Die Witwe von der Lahr ist glücklich und zufrieden, obwohl sie ihre Tochter lieber in einer nähergelegenen Stelle sähe, z.B. in Berlin. Da schlägt das Schicksal wieder zu. Unvorsichtigerweise hat die Witwe 1780 ihrer Tochter Marianne mitgeteilt, daß die Ehefrau des Lehrers Poulet gestorben ist. Nun muß sie zu ihrem großen Schrecken hören, daß die Tochter erwägt, Poulet zu heiraten. Es geht nicht um Liebe, sondern um das gemeinsame uneheliche Kind. Der Junge wird in der Berliner »Ecole de Charité« erzogen. Auch Marianne von der Lahr tut ihr Enkel leid, der ohne Eltern aufwächst. Aber soll ihre kluge, glänzende Tochter deshalb den gräßlichen Poulet heiraten, den niemand mag und respektiert, der mit seinen vielen Kindern in jämmerlichen Verhältnissen lebt? Das kann es doch nicht sein, was Moral und Religion erfordern? »Doch!«, antwortet ihr Formey. Marianne von der Lahr resigniert. Sie hat nun nur noch eine Bitte, nämlich daß Poulet wenigstens daran gehindert werde, sich mit ihrer unglücklichen Tochter in Stettin oder Umgebung niederzulassen.[62]

Die Gouvernanten, die im Nachlaß Formey zu Worte kommen, unterscheiden sich nach Vorbildung, Vermögen, Familienstand, Verdienst, Berufsfreude und Berufsverlauf. Allerdings sind unter ihnen die Pfarrerswitwen und -töchter besonders zahlreich vertreten. Das erklärt sich zum einen daraus, daß ihr Korrespondent Formey eine einflußreiche Position innerhalb der französisch-reformierten Gemeinde einnahm, zum anderen aber auch aus den ökonomischen Bedingungen, unter denen Pfarrfamilien lebten.

Was die Gouvernanten, die mit Formey korrespondierten, verbindet, ist die Fähigkeit, sich schriftlich gut und klar auszudrücken, vor allem aber, ihr Leben selbständig in Frömmigkeit zu meistern. Sie glauben daran, daß ihr Lebenslauf vorherbestimmt ist, daß Glanz und Elend göttliche Prüfungen sind, die sie bewältigen müssen. Geht es ihnen gut, dürfen sie nicht eitel werden, sondern sollen an die Vergänglichkeit denken und sich auf das Jenseits vorbereiten; geht es ihnen schlecht, und das kommt öfter vor, so sollen sie diese Herausforderungen mit Würde bewältigen. Marianne von der Lahr schreibt am 21. Dezember 1770 in verzweifelter Lage: »Wir müssen uns alle, groß und klein, den Gesetzen der weisen Vorsehung unterwerfen, und es gibt auf dieser Welt keine glücklicheren Sterblichen als diejenigen, die von den Prüfungen, die Gott ihnen schickt, profitieren, um sich von dieser Welt zu lösen, und sie für ihr Seelenheil arbeiten zu lassen, mit Furcht und Zittern.«

Aus der Schweiz

Protestantische deutsche Familien, die für ihre Kinder keine passenden Gouvernanten in den französischen reformierten Gemeinden fanden, stellten seit dem späten 18. Jahrhundert immer häufiger Schweizerinnen ein. Deshalb konnte Varnhagen von Ense 1832 dem Fürsten Pückler-Muskau ohne weitere Erklärungen die Beobachtung mitteilen, daß bestimmte Orte bestimmte Berufe hervorbrachten: aus Berlin ließ man Publizisten kommen, aus Neuchâtel Gouvernanten.[63]

Schweizerinnen besaßen gegenüber den Hugenottinnen den Vorteil, daß sie ein unvermischtes, lebendiges Französisch sprachen. Vor protestantischen Gouvernanten aus Frankreich wurde ihnen häufig aus politischen Gründen der Vorzug gegeben. Besonders während und nach den Befreiungskriegen legten nur wenige deutsche Familien Wert darauf, eine mögliche Anhängerin Napoléon Bonapartes im Haus zu haben, selbst wenn es sich um eine so gutmütige Person wie Gustav Partheys Madame Clause handelte. Im pädagogischen Diskurs bildeten die Gouvernanten aus der Schweiz keine Gruppe für sich, sondern wurden zu den »Französinnen« gerechnet.

Bei einer Gouvernante jedoch wird in Geschichte und Literatur ausdrücklich ihre Herkunft aus der Schweiz erwähnt. Allerdings hat diese Gouvernante nie in Deutschland gearbeitet. Suzanne Curchod stammte aus demselben aufgeklärten protestantischen Milieu wie die Korrespondentinnen von J.H.S. Formey. Sie wurde 1737 als Tochter eines Landpfarrers geboren und erhielt Unterricht in Latein, Griechisch, Mathematik und Naturwissenschaften. Außerdem spielte sie Cembalo und Geige und konnte malen. »Der Geist, die Schönheit und die Gelehrsamkeit der Mademoiselle Curchod waren der Gegenstand allgemeinen Beifalls«, erinnert sich der britische Historiker Edward Gibbon in seinen Memoiren.[64] Nach dem Tod ihrer Eltern mußte sich die junge Frau den Lebensunterhalt selbst verdienen. Sie gab Privatstunden, erzog die Kinder eines Genfer Pfarrers und wurde 1764 als Gouvernante nach Paris engagiert. Dort im Hause ihrer adeligen, protestantischen Arbeitgeberin lernte sie den Landsmann Jacques Necker kennen. Noch im selben Jahr wurde die Ehe zwischen der armen Erzieherin und dem reichen Bankier geschlossen. Mme Necker führte nun einen berühmten Salon in Paris und widmete sich ihrem einzigen Kind, der späteren Mme de Staël.

Die »demoiselle francaise« Salomé Monod, die J.H.S. Formey 1760 um Auskunft über einen Heiratskandidaten gebeten hatte, stammte wie Suzanne Curchod aus der Schweiz. Marie Belli-Gontard, geboren 1788 als Kind assimilierter Frankfurter Hugenotten, erhielt mit vier Jahren eine Schweizer »Französin«. Sie erinnert sich: »Schon in Oberrad hörten wir die Eltern den Entschluß aussprechen, eine Gouvernante für uns anzunehmen. Charlotte, eine junge Wittwe aus Sachsenhausen, unsere Kinderfrau, welche gewiß für unser körperliches Wohl besorgt war, und welche wir sehr liebten, freute sich nicht dieses Vorhabens. Sie malte uns die Zukunft trübe aus. Der Gedanke, unsere Freiheit durch Lernen zu verlieren, machte keinen guten Eindruck auf uns; wir sahen mit Betrübniß der Ankunft unserer Gouvernante entgegen. Meine Eltern waren so glücklich, Fräulein Elise von Retzer aus Bern, die Tochter einer zurückgekommenen Patrizierfamilie, zu wählen; ihre jüngere Schwester, Marie, kam später zu meinem Onkel Cobus-Borkenstein. Noch sehe ich ihr Eintreten. Wir wohnten wieder in der Stadt, waren eben fertig mit dem Frühstücke. Die Mutter hing das feuchte Tassentuch über eine am Ofen befestigte Galerie auf, da fuhr der Wagen an. Bald darauf trat sie ins Zimmer. Scheu wichen wir vor ihr zurück, jedoch bald faßten wir Neigung zu ihr, trotz der Kinderfrau, trotz Lernen und Aufsicht. Sie war gescheidt und gutmüthig. Bis kurz vor ihrem Tode stand ich mit ihr im Briefwechsel. Unsere chère amie (so nannten wir Elise), war untersetzt, aber gut gebaut. Ihr Gesicht gehörte nicht zu den hübschen. Sie hatte schöne Augen, einen frischen

Teint und angenehmen Ausdruck (...) Wir lernten sehr bald französisch bei der chère amie, und sprachen es so gut wie deutsch.«[65]

Marie Belli-Gontard schildert hier in leichtem Ton einen der traurigen Aspekte häuslicher Erziehung durch Kinderfrauen und Gouvernanten, der in vielen Kindheitserinnerungen aus den höheren Ständen und Schichten erwähnt wird: die Trennung von der geliebten Kinderfrau, der geliebten Gouvernante oder gar erst von der einen, dann von der anderen. Kinderfrauen sorgten häufig dafür, daß die ihnen anvertrauten Kinder der Gouvernante entgegenbangten, die sie um ihre Stelle brachte oder sie auf eine untergeordnetere Position verwies. Wenn die Kinderfrau ausschließlich deutsch, die Gouvernante aber nur französisch sprach, dann war der Übergang für die betroffenen Kinder besonders schmerzhaft und anstrengend. Einfacher, zumindest unter sprachlichen Gesichtspunkten, war es für die Kinder dann, wenn es sich bei der Kinderfrau bereits um eine Französin, eine »Bonne«, gehandelt hatte. Als nun die »chère amie« das Haus Gontard verließ, um in Leipzig zu heiraten, klammerte sich die kleine Marie an ein Treppengeländer und wollte in dieser Haltung solange warten, bis die Entschwundene zurückkäme.

Amalie von Romberg geb. Gräfin Dönhoff schreibt über ihre »Französinnen« gegen Ende des 18. Jahrhunderts: »Hier folgen hintereinander die Bilder der hübschen und guten Sophie Sandrart (...), der trefflichen Mlle Laporte, der es anfangs so schwer ward, sich in Deutschland zu akklimatisieren, wie meiner Mutter und meinen Schwestern, sich in sie und ihre Wunderlichkeiten zu finden, bis ein Abbruch des Verhältnisses und ein Besuch in der Schweiz ihr Heimweh stillte und die Anerkennung ihres tiefen Wertes ihre Zurückberufung von meiner Mutter bewirkte, worauf sie noch vier Jahre (bis in Sophiens zwölftes) im Hause blieb und bis an ihr spätes Lebensende im lebendigsten Briefwechsel mit meinen Schwestern stand, die ihr vieles, und Cécile besonders, wie sie meinte, die ersten und tiefsten religiösen Eindrücke zu verdanken hatten; – der schwarzäugigen Mlle Blanchot, der jungen Republikanerin aus Montbéliard, von der meine Mutter meinte, sich nur ein ungezogenes Kind mehr in die Kinderstube gezogen zu haben, und durch die meine Schwestern die ersten Eindrücke der französischen Revolution, für die sie noch in frischer Begeisterung schwärmte, empfingen, ja die sie aus voller Kehle die Marseillaise und allerlei republikanische Soldatenlieder singen lehrte. (...) Dieser verunglückten Wahl entledigte meine Mutter sich bald wieder, und ihr folgte im grellsten Kontraste Marguerite de Wildermeth aus Biel in der Schweiz.«[66]

Gräfin Elise von Bernstorff hatte als Mutter mit »Französinnen« zu tun. Sie stellte eine Schweizerin für ihre Kinder ein und erinnerte sich noch im Alter: »Der 5. Juli dieses Gnadenjahres 1811 ward ein wichtiger Tag für unser Haus; denn es zog ein Engel in dasselbe ein, ein wahrer ›Engel in irdischer Gestalt‹, der ein schweres, wenn auch recht eigentlich für den Himmel vorbereitendes Geschäft zu übernehmen kam! (...) Es war Seraphine Courvoisier, die Tochter eines Uhrfabrikanten in Locle, der plötzlich seiner Familie durch den Tod entrissen war und sie infolge unglücklicher Verwicklungen in großer Dürftigkeit hinterlassen hatte.«[67]

Seraphine Courvoisier erscheint in der Schilderung ihrer Arbeitgeberin demütig, bittend und unschuldig. Die junge Gouvernante war in Trauer gekleidet und erregte schon dadurch Mitleid. Das gefiel der Hausfrau, die nun nicht zu fürchten brauchte, sich eine autoritäre Erziehungsexpertin als Konkurrenz ins Haus zu holen oder gar eine auf Emanzipation bedachte »gelehrte Frau«. Andererseits ließ Seraphine Courvoisier aber auch Festigkeit und Entschiedenheit ahnen, ohne die keine Gouvernante auskommen konnte, wollte sie ihre Arbeit zur Zufriedenheit der Herrschaft verrichten. Gräfin Bernstorff beschreibt die junge Schweizerin als »armes Ding«. Damit entschuldigt sie die wichtige Rolle, die die Gouvernante in ihrem Haushalt spielen sollte. Die Gouvernante als Symbiose von »armem Ding« und »rettendem Engel« war ein erfolgreiches Wahrnehmungsmuster, das das Ideal passiver bürgerlicher Weiblichkeit im frühen 19. Jahrhundert mit dem der erwerbstätigen Frau aus den höheren Schichten zusammenbrachte. Unverschuldetes materielles Unglück machte Gouvernanten vertrauenswürdig und war auch ein geeignetes Argument, um Neid und Mißgunst ihnen gegenüber zu begegnen. Ideale Erzieherinnen waren deshalb, neben jungen unschuldigen Mädchen, ältere würdige Witwen, die über Koketterie und Liebeleien erhaben waren. Aber es blieben doch häufig Zweifel: Waren diese Ausländerinnen, die von weit herkamen, wirklich die, für die sie sich ausgaben? Die Verleumdung machte sie zu ehemaligen Kammerjungfern und Angehörigen anderer nicht standesgemäßer Gruppen, die sich in die höheren Stände einschleichen wollten. Soziale Mobilität von Frauen verbunden mit geographischer Mobilität wurde als besonders bedrohlich empfunden. Es war immer ein Risiko, sich eine Gouvernante »verschreiben« zu lassen, aber bei den »Französinnen« galt es als besonders groß. Deshalb begrüßte Gräfin Bernstorff ihre neue Gouvernante Seraphine Courvoisier, die »schüchterne holde Schweizer-Jungfrau«, mit großer Freude und Erleichterung.

Was wurde später aus den ausländischen Gouvernanten, wenn ihre Aufgabe in einer Familie erfüllt war? Einige kehrten wieder in ihre Heimat zurück, andere verheirateten sich in Deutschland (wie Marie Belli-

Gontards »chère amie«, deren Schwester und Sophie Sandrart im Döhn-hoffschen Haus), und wieder andere suchten sich eine neue Stelle in einer deutschen Familie oder in einer Schule. Mlle Tisserant verbrachte ihren Lebensabend in Wien mit ihren ehemaligen Zöglingen. Im kurländischen Hause Keyserling lebte Mlle Sorbière, die als Gouvernante den Grafen und seine acht Geschwister miterzogen hatte. Henriette Keyserling erin-nert sich: »Eine kleine alte Gestalt im dunklen Kleide, weißer Halskrause und Haube kommt jetzt mit kleinen alten Schritten und in gebeugter Hal-tung durch die hellen, einsamen Zimmer. Das ist Sorbière, unsere alte Schweizerin, die schon Lehrerin bei meinen Eltern gewesen und jetzt als Freundin in ihrem Hause lebt. Sie hat uns sehr lieb und verwöhnt uns; sie legt sich, wie sie es gern tut, auf die grüne Couchette in Mamas Schlafzim-mer und sieht unseren Spielen zu.«[68] Die alte Frau erzählte den kleinen Mädchen französische Geschichten und übte mit ihnen unregelmäßige Verben. Als sie starb, trauerte die ganze Familie.

Wie »Französinnen« ihr Alter verbrachten, die in weniger reichen und großzügigen Familien gearbeitet hatten, ist nicht bekannt. Für die Huge-nottinnen bestand im 18. Jahrhundert die Möglichkeit, in eine Fürsorge-einrichtung der französischen Kolonie aufgenommen zu werden.

KAPITEL 5

Von der Gouvernante zur Hauslehrerin

Ausbildung und Professionalisierung

In Deutschland nahm die Anzahl höherer Mädchenschulen und Pensionate seit dem Ende des 18. Jahrhunderts kontinuierlich zu. Allerdings handelte es sich bei diesen Schulen meist um sehr kleine private, kirchliche oder städtische Einrichtungen ohne Jahrgangsklassen.[1] Sie boten durch den Französischunterricht eine über die Elementarschulen hinausgehende Bildungsmöglichkeit, blieben aber weit hinter dem Anspruchsniveau der höheren Jungenschulen zurück. Mädchen beendeten ihre Schulzeit zwei oder drei Jahre vor den Jungen, die das Gymnasium besuchten, und wurden, wenn überhaupt, nur in den einfachsten Anfangsgründen der Mathematik unterrichtet. Latein und Griechisch tauchten in ihren Stundenplänen nicht auf. Die weiterführenden Schulen qualifizierten Mädchen weder für Universitäten noch für andere berufliche Ausbildungsstätten. Denn Frauen sollten auf häusliche Aufgaben vorbereitet werden und nicht auf öffentliche Ämter in Justiz, Verwaltung, Kirche oder Gesundheitswesen. Deshalb fühlte sich der Staat auch lediglich für den weiblichen Elementarunterricht zuständig, dem das höhere Mädchenschulwesen verwaltungstechnisch vorerst zugeordnet blieb.[2]

Als Folge der Schulpflicht, die sich in den deutschen Ländern seit dem 18. Jahrhundert nach und nach für Mädchen und Jungen durchgesetzt hatte, waren zwar staatliche Seminare für die Ausbildung von Elementarlehrern eingerichtet worden, vorerst jedoch nicht für die von Lehrerinnen. Universitäten, an denen die zukünftigen Gymnasiallehrer studierten, blieben Frauen ebenfalls verschlossen. Nur in einigen Klöstern konnten Ordensfrauen eine Ausbildung zu Lehrschwestern erhalten und begabte Schülerinnen auf das weltliche Lehramt vorbereitet werden.[3]

An der Wende vom 18. zum 19. Jahrhundert begannen deshalb einzelne höhere Mädchenschulen und Pensionate zusätzliche Klassen für angehende Lehrerinnen einzurichten.[4] Daneben entstanden auch erste berufsbildende Institute. In Preußen gründete Johanna Ernestine von Krosigk geb. Krüger 1803 eines der ersten Lehrerinnenseminare. Die vermögenslose geschiedene Frau unterhielt in Berlin bereits eine höhere Töchterschule, mit der sie das Erzieherinnenseminar räumlich und organisatorisch verband.[5] Da König Friedrich Wilhelm III. sich mehrfach für die Errichtung von Lehrerinnenbildungsstätten ausgesprochen hatte, bat ihn Ernestine von Krosigk um finanzielle Unterstützung für ihr Unternehmen. Eine Prüfung durch das Unterrichtsministerium ergab, daß die Krosigksche Anstalt noch nicht einmal über einen Lehrplan verfügte, aber trotz der entdeckten Mängel erklärte der zuständige Minister von Massow in einem Bericht an den König, daß »ein Institut, worin deutsche Mädchen zu Erzieherinnen gebildet werden, ein Bedürfnis für den Staat sei« und folglich unterstützt werden müßte.[6] Töchterschule und Erzieherinnenseminar erhielten nach Erfüllung verschiedener Auflagen, zu denen auch die Erstellung eines Lehrplans gehörte, die Zusicherung einer zeitlich befristeten staatlichen Unterstützung von jährlich 300 Talern. Die Schule durfte sich nun »Königliches Seminarium für Erzieherinnen zu Berlin« nennen. Von den damals sechs Seminaristinnen stammten vier aus der französischen Kolonie. Die zukünftigen Erzieherinnen erhielten Unterricht in den Fächern Religion, Geschichte, und zwar am ausführlichsten die der Preußisch-Brandenburgischen Staaten, Geographie, Naturgeschichte und Naturlehre, deutsche Sprache, Französisch, Rechnen und Schreiben, Zeichnen, Handarbeiten. Aber Unterricht in Pädagogik war nicht vorgesehen. Über die Methode der beruflichen Bildung an ihrer Schule schreibt Ernestine von Krosigk, »daß jeder wissenschaftliche Unterricht in der Art gegeben wird, daß durch deutlichen Vortrag, öftere Wiederholung, kurze aber treue Aufsätze, über das Vorgetragene die eigenen Begriffe der jungen Erzieherinnen möglichst erhellt werden, und daß man sie dann in der niederen Klasse der Schule praktische Versuche im Unterrichten anstellen läßt, aus welchen hervorgehet, in welchem Grade sie sich die nothwendigen Kenntnisse zu eigen gemacht, oder durch Naturanlage, Nachdenken und Thätigkeit die Kraft zur Mittheilung derselben erhalten haben.«[7] Dieses Konzept einer engen Verknüpfung von Theorie und Praxis durch die organisatorische Bindung von Seminaren an Übungsschulen blieb für die Lehrerinnenbildungsanstalten im 19. Jahrhundert charakteristisch.

Am Krosigkschen Institut betrug die Ausbildungsdauer zwei Jahre. Im ersten Jahr besuchten die 13 bis 14 Jahre alten »Elevinnen« die letzte Klasse der höheren Töchterschule, im zweiten Jahr erhielten sie als eigentliche »Seminaristinnen« praktische Anleitung zum Unterricht. Zwar wurden die Seminaristinnen während ihrer Ausbildung an den schulischen Gruppenunterricht herangeführt, aber das vordringlichste Ziel Ernestine vom Krosigks war es, »Gehülfinnen würdiger Mütter« auf Stellen in Privathaushalten vorzubereiten. Das Institut verpflichtete sich, »seinen Zöglingen nach vollendetem Unterricht anständige und den Fähigkeiten angemessene Conditionen zu verschaffen.« 1810 mußte Johanna von Krosigk ihre Schulen jedoch bereits wieder schließen, nachdem Friedrich Wilhelm III. seine finanzielle Unterstützung eingestellt hatte.[8]

Das königliche Engagement richtete sich nun auf die »Luisenstiftung«, die 1811 in Berlin als eine der ersten öffentlichen Lehrerinnenbildungsstätten in Deutschland gegründet wurde. Bei ihr handelte es sich um eine private Stiftung, die dem Unterrichtsministerium unterstellt war. Die Stiftung sollte dem Andenken der ein Jahr früher verstorbenen Königin Luise statt »eines Denkmals aus Stein« dienen. Königin Luise, die selbst unter ihrer geringen Bildung gelitten hatte, wollte die Mädchenbildung in Preußen fördern. Sie starb jedoch, bevor sie ihre Projekte verwirklichen konnte. Die Stiftung basierte auf Plänen der Königin und diente bis 1928, als der Seminarbereich eingestellt wurde, folgenden Zwecken: »1. junge Mädchen, die bereits die nötige Vorbildung haben, zu Erzieherinnen und Lehrerinnen auszubilden und zur Durchführung dieser Aufgabe 2. weibliche Zöglinge zu unterrichten und auf der Grundlage familienmäßigen Zusammenlebens zu erziehen.«[9] Häuslichen Arbeiten und geistiger Beschäftigung wurde dabei anfangs ein »verhältnismäßig gleicher Wert« zugeschrieben, »gelehrte Frauen« wollte man nicht heranbilden. Dennoch stiegen die Ansprüche an die intellektuelle Ausbildung kontinuierlich, und um 1900 war es ein Ziel der Anstalt geworden, »selbständige Denktätigkeit anzuregen, der allein eine bildende Kraft innewohnt.«[10]

1811 bestand die Stiftung aus einer Vorsteherin, vier Erzieherinnen und fünfzehn Schülerinnen. Lehrkräfte für den Unterricht der verschiedenen Fächer kamen von außerhalb. Zum Eintritt in die Anstalt als Erzieherin war erforderlich, »daß die Aufzunehmende

1. ein Alter von 18 bis 22 Jahren erreicht habe,
2. wirklich beabsichtige, dem Lehr- und Erziehungsfache mit entschiedener Neigung für diesen Beruf sich dauernd zu widmen,
3. die erforderliche Bildungsfähigkeit besitze und insbesondere auch mit Kindern umzugehen wisse,
4. gesunden Körpers, auch frei von kleinen körperlichen Gebrechen und Fehlern der Sinn- und Sprachorgane sei,

5. unbescholtenen Rufes sei, und
6. sich die unten näher bezeichneten Kenntnisse und Fertigkeiten
bereits angeeignet habe.

Den Gesuchen um Aufnahme als
Erzieherin ist daher beizufügen:

a) ein Taufschein,
b) ein Gesundheits- und Blattern-
Impf-Attest,
c) ein Zeugniß des Pfarrers des
Orts, wo die Aufzunehmende
wohnt, über ihre sittliche
Führung, ihre Bildungsfähigkeit
und ihre Kenntnisse.«[11]

Die Kandidatinnen sollten im
Deutschen über eine »gebildete
Aussprache« verfügen, in Rechtschreibung und Grammatik sicher
sein; sie sollten das Französische

*Friederike Lehmann, die erste Vorste-
herin der 1811 gegründeten Luisenstiftung in Berlin*

beherrschen und schriftliche Übersetzungen anfertigen können; es wurde
von ihnen eine »Fertigkeit im Lesen leichter englischer Schriftsteller« erwartet; ferner mußten sie Kenntnisse in Religion, Rechnen, Geschichte
und Geographie vorweisen, Klavierspielen können und »ausgebildete
Geschicklichkeit in den weiblichen Handarbeiten« zeigen. Über ihre endgültige Aufnahme in die Stiftung wurde erst nach einer Probezeit entschieden. Das waren wesentlich höhere Voraussetzungen,. als Ernestine
von Krosigks kindliche Seminaristinnen mitgebracht hatten.

Zwischen 1811 und 1818 wurden an der Luisenstiftung 12 Erzieherinnen auf ihren Beruf vorbereitet und 47 Schülerinnen bis zum Abschluß
ihrer allgemeinen Bildung geführt. Unterrichtsfächer waren für die Schülerinnen Deutsch, Französisch, Religion, Weltgeschichte, Rechnen, Erd-
und Naturkunde, Musik, Zeichnen, Tanz, Nadelarbeit. An einigen Stunden nahmen die Erzieherinnen als Zuhörerinnen teil. Sie selbst erhielten
zusätzlichen Unterricht in deutscher Literatur, Französisch, später auch
Englisch, Pädagogik, Musik sowie im Rechnen und erteilten bereits Unterricht in den unteren Klassen. Das Schulgeld für die Internatsschülerin-
nen betrug 200 Taler um 1818 und 1200 Mark um die Jahrhundertwende.[12] Die Erzieherinnen erhielten ihre dreijährige Berufsausbildung

dagegen unentgeltlich und durften auch umsonst im Internat wohnen. Eine Erzieherin lebte jeweils mit vier Schülerinnen und einer angehenden Kinderwärterin in einer familienähnlichen Gemeinschaft zusammen. Das war die pädagogische Besonderheit der Luisenstiftung, die sich bis in das 20. Jahrhundert bewährte. Durch sie waren Ausbildungsbedingungen gegeben, die junge Frauen auch auf die Erteilung von Individualunterricht in einer Familie vorbereiteten.

Ab 1877 wurde die Abschlußprüfung der Erzieherinnen an der Luisenstiftung als Befähigung für das Lehramt an Volksschulen sowie an mittleren und höheren Mädchenschulen staatlich anerkannt. Eine getrennte Ausbildung für den Elementarbereich und die höheren Mädchenschulen analog zur Lehrerbildung gab es für Lehrerinnen noch nicht.[13] Dennoch qualifizierte die Luisenstiftung angehende Lehrerinnen und Erzieherinnen durch den Fremdsprachenunterricht und die Verbindung des Instituts mit einem anspruchsvollen Pensionat eindeutig für eine Tätigkeit in der höheren Mädchenbildung.

1832 entstand ebenfalls in Berlin die »Neue Töchterschule auf der Friedrichstadt«, mit der ein öffentliches Lehrerinnenseminar verbunden wurde, das wie die Luisenstiftung auf eine Tätigkeit in der weiterführenden Mädchenbildung vorbereitete, die aber an Berliner Schulen und nicht in Privathäusern ausgeübt werden sollte. Der dreijährige Kurs war kostenlos. Wie Lehrlinge alten Stils lernten die ersten sechs angehenden Lehrerinnen ihren Beruf durch Abschauen und Nachmachen. Sie mußten bei Eintritt in die Anstalt das sechzehnte Lebensjahr vollendet haben und über die Kenntnisse verfügen, die eine höhere Töchterschule vermittelte. Es gab für die Ausbildung wesentlich mehr Anmeldungen, als die Anstalt berücksichtigen konnte. Deshalb wurde nach 1838 dazu übergegangen, Frauen, die bereits als Lehrerinnen und Erzieherinnen gearbeitet hatten oder schon älter waren, hospitieren zu lassen. Die Hospitantinnen zahlten 24 Taler Schulgeld und durften bereits nach einem Jahr die Lehrerinnenprüfung ablegen, wenn sie älter als 18 Jahre waren. Die Seminarleitung ging davon aus, daß die Seminaristinnen später an Berliner Schulen unterrichteten, die Hospitantinnen dagegen als Erzieherinnen, d.h. als Gouvernanten, in Privathaushalten arbeiteten. Deshalb wurde die Anstalt 1845 umbenannt in »Königliche Bildungsanstalt für Lehrerinnen und Erzieherinnen«. Ab 1846 nahm das Seminar neun angehende Lehrerinnen gegenüber rund 30 Hospitantinnen auf. Ein Lehrerinnenseminar, das sich ausschließlich an den Bedürfnissen von Schulen ausrichtete, war noch nicht zeitgemäß. Zwar erteilten Seminaristinnen einzelnen Schülerinnen der höheren Töchterschule Nachhilfeunterricht, aber eine gesonderte pädagogische Ausbildung für den Individualunterricht, den die zukünftigen Hauslehrerinnen später erteilen sollten, gab es nicht. 1863 wurde die Anstalt abermals umbenannt in »Königliche Augustaschule«. Namensgeberin war die damalige preußische Königin. Der Lehrkurs für die zukünftigen Erzieherinnen, die schon über Lehrerfahrung verfügten, wurde auf zwei Jahre festgesetzt, das Schulgeld auf 30 Taler erhöht. Der Lehrkurs der Seminaristinnen dauerte drei Jahre und war weiterhin unentgeltlich. 1877 wurde die Augustaschule staatliches Lehrerinnenseminar mit einem einheitlichen dreijährigen Lehrkurs für alle Studierenden.[14]

Karl Bormann leitete die spätere »Augustaschule« von ihrer Gründung bis 1850 und erteilte auch viele Jahre lang am »Luisenstift« den angehenden Erzieherinnen Unterricht in Pädagogik. Wie Ernestine von Krosigk sprach er sich dagegen aus, vorwiegend junge Frauen in finanziellen Notlagen für das Lehramt heranzubilden. Armut konnte als Motiv bei der Berufswahl das Interesse an Kindern und an Erziehungsfragen nicht ersetzen. Außerdem: »Unsere Bildungsanstalt empfängt ihre Zöglinge aus den Familien von Geistlichen, Lehrern, Kaufleuten und Beamten, und unter den letzteren sind nicht wenige, die den höheren Kreisen der Gesellschaft angehören. Dadurch erlangen wir den nicht hoch genug anzuschlagenden Vorteil, daß diejenigen unserer Zöglinge, welche nach vollendeter Bildungszeit in Familien als Erzieherinnen eintreten, mit den gesellschaftlichen Formen und Lebensbeziehungen vertraut sind, die ihnen hier entgegenkommen, und deren Beherrschung man als einen wesentlichen Theil ihrer Berufsausbildung von ihnen fordert, und daß diejenigen, welche als Lehrerinnen in höheren Töchterschulen beschäftigt werden, die Lebenskreise aus eigener Anschauung kennen, aus denen ihre Schülerinnen her sind.«[15]

Gouvernanten und Lehrerinnen an höheren Töchterschulen bereiteten Mädchen der Oberschicht auf ihren »weiblichen Beruf« als Gattinnen, Hausfrauen und Mütter vor. Sie vermittelten höhere Bildung in einem doppelten Sinne, denn ihr Unterricht ging über den der Elementarschulen hinaus und ihre Schülerinnen stammten überwiegend aus wohlhabenden Familien.

Pädagoginnen und Pädagogen, Politiker und Schriftstellerinnen, alle waren sich im 19. Jahrhundert in Deutschland darüber einig, daß die alte Gouvernantenerziehung nach französischer Art in der höheren Mädchenbildung überwunden werden mußte. Aber an das Vorbild der Gymnasien für Jungen durfte dabei nicht angeknüpft werden. Töchter sollten weiterhin in erster Linie für das Haus erzogen werden, und solange diese Einschränkung fortbestand, gab es keine grundsätzlichen Verän-

derungen in den Inhalten der weiblichen Bildung. Mädchen aus den
höheren Schichten lernten in Schule und Haus auch im 19. Jahrhundert
vor allem: Französisch, Musik, Geschichte, Geographie und gute Manieren. Diese Ausrichtung, ergänzt durch eine zweite moderne Fremdsprache und etwas Mathematik, blieb typisch für die höhere schulische und
private Mädchenbildung bis an die Wende zum 20. Jahrhundert. Trotz aller gegenteiligen propagandistischen Versicherungen knüpften auch die
Lehrpläne der höheren Mädchenbildung und die Ausbildung der Lehrerinnen für die höheren Töchterschulen im 19. Jahrhundert an das alte
Gouvernantenwesen des 17. und 18. Jahrhunderts an. Institutionalisierung und Professionalisierung veränderten zwar die Strukturen der
Mädchenbildung, aber vorerst kaum ihre Inhalte.

Weil das Erbe der »Französinnen« weiter fortwirkte, mußte es auch
immer wieder zurückgewiesen werden. Selbst Karl Bormann, der von der
Befähigung der Frauen für das Lehramt überzeugt war, sie sogar im Vergleich zu vielen männlichen »Rohrstockpädagogen« für die besseren
Lehrkräfte hielt, versäumte nicht, sich mit der inzwischen klassischen Begründung für den Ausbau der Lehrerinnenbildung einzusetzen: »Es giebt
gegenwärtig in unserem Vaterlande noch viele Hundert Bonnen, die aus
der Schweiz, aus Frankreich und England für die Erziehung der Mädchen
herbeigeholt werden. Das wachsende nationale Bewußtsein, wie die immer weiter sich verbreitende pädagogische Einsicht wird in diesen bishe-
rigen Gehülfinnen der Erziehung je länger je deutlicher Solche erkennen,
die ihrem Berufe in keiner Beziehung gewachsen sind, und die eben in der
Thätigkeit, um deretwillen man sie sucht, in dem frühen Anlernen einer
zweiten Sprache neben der Muttersprache, einen schlechthin verderblichen Einfluß auf die geistige Entwicklung des Kindes ausüben. So wird
das Bedürfniß nach durchgebildeten deutschen Erzieherinnen sich meh-
ren, und ich halte es daher an der Zeit, darauf zu denken, wie diesem Bedürfnisse entgegenzukommen sei.«[16]

Auch das 1840 in Posen gegründete Lehrerinnenseminar wurde damit
legitimiert, daß sich hier im Osten der Mangel an höheren Töchterschulen
und »der schädliche Einfluß oft ganz ungebildeter Französinnen auf die
Erziehung der weiblichen Jugend« besonders bemerkbar machten: »denn
es ist klar, daß gerade in den polnischen Landesteilen die französische
Modebildung sklavisch nachgeahmt wurde. Die ›Hausfranzösin‹ war ein
notwendiges Übel in allen besseren Familien und diese Demoiselles po-
lierten mit innerer Verachtung an der ihnen anvertrauten Jugend umher,
bis der französische Anstrich den guten Kern überzogen hatte.«[17]

Das Posener Seminar war räumlich an eine höhere Töchterschule, die

1829 gegründete »Königliche Luisenschule«, gebunden. Namensgeberin war hier nicht die verstorbene preußische Königin, sondern die Protektorin der Schule, Prinzessin Luise von Preußen, Fürstin Radziwill, Frau des Statthalters im Großherzogtum Posen.

Der Seminarkurs war zweijährig und sollte vor allem Erzieherinnen »für gebildete und wohlhabende Stände« heranbilden, aber auch »Volksschullehrerinnen für die Städte«. An die Ausbildung von Lehrerinnen für schulpflichtige Kinder dachte man vor allem, um Kommunen finanziell für das Projekt zu interessieren. Den Unterrichtsschwerpunkt bildeten die Sprachen Französisch, Englisch und Polnisch, und schon von daher war die Anstalt lange Zeit eher ein »Gouvernanteninstitut« als ein Seminar für Elementarschullehrerinnen. 1842 verließen die ersten fünf Absolventinnen das Seminar, bis 1910 hatten 1879 Lehrerinnen ihre Berufsqualifikation dort erworben. Die »Luisenschulgouvernanten« waren sehr gesucht.[18] 1872 wurden »Luisenschule« und Erzieherinnenseminar als staatliche Einrichtungen unter dem Namen »Königliche Luisenstiftung« zusammengefaßt. Seit 1881 war der Seminarkurs dreijährig.

1860 wurde in Posen von polnischen Ursulinen eine Lehrerinnenbildungsstätte eröffnet, die über wesentlich mehr Lehrkräfte verfügte als das Luisenseminar. Um dieser Konkurrenz bei der Besetzung von Gouvernantenstellen auf dem Lande zu begegnen, bemühte sich das deutsche Seminar, sein Fremdsprachenangebot durch die Anstellung einer Französin und einer Engländerin zu verbessern. Der deutsch-nationale Direktor war aus patriotischem Engagement sogar bereit, die Französin gegebenfalls unentgeltlich in seinen Haushalt aufzunehmen.[19]

1840, also im selben Jahr wie die Lehrerinnenbildungsstätte in Posen, wurde in Marienwerder (Westpreußen) ein »Seminar für Lehrerinnen und Erzieherinnen« gegründet, das sich um Anerkennung als öffentliche Anstalt bemühte. Das Seminar war mit einer höheren Töchterschule verbunden und bot einen zweijährigen Kurs an. Auch hier sollte neue deutsche Mädchenbildung die alte »Verbildung« durch französische Gouvernanten und Bonnen ablösen: »Die blendende Tünche des französischen Wesens, das feine, galante savoir faire jener nachbarlichen Fremdlinge gab, seitdem man gewohnt war, seinen höchsten Ruhm in Bewunderung und Nachäffung der Franzosen zu suchen, gar Manchen die irrthümliche Ansicht, als sei jene äußere Glätte und Gewandtheit, jene Fertigkeit im französischen galanten Ausdruck das, was man als wahre Bildung von den Frauen fordern müsse, und so sehen wir, wenn auch nur vorübergehend, diese Mißgeburt mit vieler Prätension auftreten, als sei in ihr eine wahre Idee der Zeit verwirklicht worden! In den Familien der höheren Gesellschaft gab

es lange genug solche Französinnen, nicht als Er-, wohl aber als Verziehe-
rinnen, jene Bonnen, die alles andere, nur nicht gut und heilsam den ihnen
anvertrauten Kindern waren. Aber eben als Karrikatur des Heiligen
konnte solche Erfahrung von keiner Dauer sein.«[20]

Der Direktor der Anstalt, der Theologe C.E.R. Alberti, schlug vor, daß
Lehrerinnen für höhere Töchterschulen und Gouvernanten in Privatstellen getrennte Prüfungen ablegten. Auf diese Weise würde ihren unterschiedlichen beruflichen Aufgaben Rechnung getragen. Gouvernanten
sollten in fast allen Unterrichtsfächern und in ihrer »allgemeinen Lehr-
tüchtigkeit« geprüft werden, weil sie ihre Zöglinge in allen Fächern und
auf den verschiedensten Stufen unterrichteten. Von Lehrerinnen wurde
dagegen ein tieferes Eingehen auf einzelne Unterrichtsgegenstände verlangt. Gegen eine völlige Trennung der Ausbildung von Lehrerinnen und
Gouvernanten, die Alberti aus didaktischer Sicht sinnvoll gefunden hätte,
sprachen vor allem bildungspolitische Gründe. Der Bedarf an Gouvernanten war in den vierziger Jahren des 19. Jahrhunderts größer als der an
Schullehrerinnen, und es war deshalb zu befürchten, daß die Bedürfnisse
der öffentlichen Mädchenschulen gegenüber denen der häuslichen Erziehung vernachlässigt würden.

Direktor Alberti nahm auch den Einwand auf, daß Gouvernanten, die
ja nur in Privatstellen arbeiteten, eigentlich nicht mit Hilfe staatlicher
Gelder ausgebildet werden dürften. Er vertrat die Ansicht, daß die Bildung zukünftiger Mütter keine Privatsache sei, sondern Aufgabe des
Staates. Nicht nur die Gouvernante, sondern auch die Schullehrerin er-
gänzte oder ersetzte ja die Bildung der Mädchen durch die eigene Mutter.
Außerdem konnten viele Eltern ihre Töchter auf dem Lande nicht in
höhere Schulen schicken, weil es dort keine entsprechenden Anstalten
gab. Deshalb sei der Staat für die Gouvernantenbildung zuständig.

Neben den Städten wurden vor allem auch kirchliche Kreise im 19.
Jahrhundert bei der Gründung von öffentlichen Lehrerinnenseminaren
aktiv, d.h. sie schufen private Stiftungen, die dem Unterrichtsministerium
unterstellt waren. Dabei sollte auch der stark vernachlässigte Bedarf an
Volksschullehrerinnen stärker berücksichtigt werden. In Münster entstand 1832 eine katholische höhere Töchterschule mit angegliedertem
Lehrerinnenseminar. Die Seminaristinnen, die überwiegend im Internat
lebten, besuchten im ersten Jahr ihrer Ausbildung die Oberklasse der
höheren Töchterschule und unterrichteten im zweiten Jahr unter Anleitung selbst. Ziel des zweijährigen Kurses war es, »begabte lerneifrige
Mädchen vom Lande im Alter von 17-22 Jahren zu Lehrerinnen für den
hiesigen Regierungsbezirk auszubilden.«[21]

Das katholische Seminar, das von einem Priester geleitet wurde, bildete Elementarschullehrerinnen aus und keine Lehrkräfte für die höhere Mädchenbildung. Es lehnte die ästhetisch-literarische Frauenbildung ab und orientierte sich am Hausmutterideal. Dennoch heißt es im Verwaltungsbericht von 1857: »Die Rücksicht auf die Privatstellen, in welche fast alle hier approbierten Lehrerinnen eintreten müssen, um Anstellung an einer Schule abwarten zu können, macht es dem Seminar zur Pflicht, die französische Sprache mit mehr Eifer zu betreiben als die Elementarschule erfordert.«[22] Der Bedarf an katholischen Erzieherinnen war aber offensichtlich so groß, daß auch Absolventinnen des ebenfalls 1832 gegründeten Lehrerinnenseminars in Paderborn Stellen in Privathäusern fanden, obwohl diese katholische Ausbildungsstätte für Volksschullehrerinnen zeitweise keinen Französischunterricht anbot.[23]

1844 gründete Pastor Fliedner in der Diakonissenanstalt Kaiserswerth ein Seminar für Elementarlehrerinnen, an dem ab 1848 die staatliche Prüfung abgenommen werden durfte. 1855 kamen Ausbildungsgänge für Lehrerinnen an höheren Töchterschulen und für Gouvernanten hinzu. Die Seminaristinnen durften zu Beginn ihrer Ausbildung nicht jünger als 18 und möglichst nicht älter als 30, höchstens aber 35 Jahre alt sein. Die Ausbildung zur Elementarlehrerin dauerte zwei Jahre, die zur Lehrerin an höheren Töchterschulen oder zur Gouvernante drei Jahre. Von den zukünftigen Elementarlehrerinnen wurden gute Beherrschung der deutschen Sprache, Musikalität, Kenntnisse in Rechnen, biblischer Geschichte, vaterländischer Geschichte, Geographie und Naturgeschichte erwartet; ferner mußten Fähigkeiten im Stricken und Nähen sowie die auswendige Beherrschung mehrerer Gesangbuchslieder nachgewiesen werden. Über die Aufnahmebedingungen heißt es weiterhin: »Diejenigen, welche sich zu Gouvernanten, oder zu Lehrerinnen für höhere Töchterschulen hier ausbilden wollen, müssen von der französischen und, wo möglich, auch von der englischen Sprache so viel Kenntniß mitbringen, daß sie die Anfangsgründe der Grammatik, Declination, Zeitwörter usw. gelernt haben, und ein leichtes Lesebuch übersetzen können. Etwas Uebung im Klavierspielen mitzubringen, ist für künftige Gouvernanten fast unerläßlich.«[24] Ferner wurde von den Bewerberinnen ein selbstgeschriebener Lebenslauf, ein Gesundheitszeugnis, eine Garantie über die Zahlungen der Ausbildungskosten, sowie ein »Sitten-Zeugniß«, das der Seelsorger einsenden mußte, verlangt. Für Kost, Logis, Unterricht und Wäsche hatten die Seminaristinnen im Semester 60 Taler zu zahlen, die angehenden Lehrerinnen an höheren Töchterschulen und die zukünftigen Gouvernanten dazu noch jeweils 2 Taler im Semester für den Französisch- und Englischunterricht. Die Ausbildung orientierte sich auch hier an den Forderungen des Arbeitsmarktes. Gouvernanten mußten aus gebildeten Familien stammen und nach wie vor über bestimmte Attribute kultivierter Weiblichkeit wie Fremdsprachenkenntnisse, Klavierspielen und gute Manieren verfügen.

Das Lehrerinnenseminar in Kaiserswerth inspirierte Fürst Otto Victor von Schönburg-Waldenburg dazu, in Droyßig bei Zeitz 1852 eine Ausbildungsstätte für Elementarlehrerinnen zu gründen. Ihr wurden 1855 ein evangelisches Gouvernantenseminar und ein Töchterpensionat angeschlossen. Alle drei Anstalten waren dem preußischen Unterrichtsministerium unterstellt. Für den Eintritt in das Gouvernantenseminar mußte die Bewerberin mindestens 18 Jahre alt sein und etwa dieselben Voraussetzungen wie für Kaiserswerth erfüllen. Die Ausbildung zur Gouvernante dauerte für den ersten Kurs zwei, danach aber immer drei Jahre und wurde mit einer staatlichen Prüfung abgeschlossen, die auch zum Unterricht an höheren Töchterschulen sowie Elementar- und Mittelschulen berechtigte. Die Ausbildung der Seminaristinnen beschränkte sich dagegen während der ersten 25 Jahre nach Gründung der Anstalt auf einen zweijährigen Kurs, der dann in einen dreijährigen umgewandelt wurde. Wie in Kaiserswerth waren die Unterschiede in den Lehrgängen für Elementarschullehrerinnen und Gouvernanten auch in Droyßig bereits ausgeprägt. Das Kostgeld der Seminarschülerinnen betrug nur 32 Taler, das der angehenden Gouvernanten dagegen 100 Taler im Jahr. Das Pensionat kostete 200 Taler.

Was hatte den konservativen, als sparsam geltenden Fürsten dazu veranlaßt, sich mit einer äußerst großzügigen Spende für die weibliche Berufsbildung in Sachsen einzusetzen, nicht nur die Anstalten in Droyßig, sondern 1856 auch noch ein Lehrerinnenseminar in Callnberg zu gründen? Otto Victor von Schönburg-Waldenburg (1785-1859) gehörte der neu auflebenden pietistischen Richtung im Protestantismus an, für die innere Mission und Liebeswerke wichtiger Ausdruck gelebter Frömmigkeit waren. Durch seinen Kontakt mit Pastor Fliedner aus Kaiserswerth war der Fürst mit evangelischen Bestrebungen zur Verbesserung der Mädchenbildung bekannt geworden. Er hatte sich aber auch über die katholischen Lehrerinnenbildungsseminare in Münster und Paderborn sowie über das protestantische Seminar in Straßburg informiert und war von ihrer Arbeit sehr beeindruckt. Der Fürst machte dem preußischen Staat ein Stiftungsangebot, daß er folgendermaßen begründete: Im Schuldienst seien an anderen Orten gute Erfahrungen mit weiblichen Lehrkräften gemacht worden. Lehrerinnen wären genügsamer als Lehrer, hätten keine Familie zu ernähren und nähmen deshalb auch schlecht dotierte Schulstellen in armen Gemeinden an, die sonst unbesetzt bleiben müßten. Anstalten, die eine höhere Bildung vermittelten als die Seminare für Elementarlehrerinnen, könnten helfen, dem Mangel an guten Erzieherinnen für Privathaushalte und Pensionate abzuhelfen. Auf diese Weise profitiere das Gemeinwesen von weiblichen Kräften und Talenten, die sonst ungenutzt verkümmerten. Die Stiftung sollte auch ermöglichen, daß »unverehelichten Frauenspersonen ein neuer ehrenhafter Erwerbszweig eröffnet wird, dessen sie, da sie von so vielen anderen ausgeschlossen sind, so sehr bedürfen«.[25]

Durch königliche Kabinettsorder vom 2. Juli 1847 wurde die Stiftung mit Dank und Anerkennung angenommen. Die politischen Unruhen nach der Revolution von 1848 verzögerten jedoch erst einmal ihre Realisierung. Und im Januar 1850 erklärte die zuständige sächsische Provinzialbehörde, daß in der Provinz Sachsen kein Bedarf an einem Lehrerinnenseminar bestünde, da nur einige städtische Schulen Lehrerinnen einstellten. Diese wenigen Stellen könnten durch die Absolventinnen der Zusatzklassen an den höheren Töchterschulen in Magdeburg oder Halberstadt besetzt werden. Nachdem die Provinz Sachsen jedoch einen neuen Oberpräsidenten erhalten hatte, wurde der Bedarf an Lehrerinnen anders beurteilt und die fürstliche Stiftung auch von der Provinzialbehörde begrüßt.[26] Die Pläne des Stifters, das Lehrerinnenseminar um ein Pensionat und ein Gouvernanteninstitut zu erweitern, konkretisierten sich 1853. In der Nachtragsurkunde zum Stifterbrief heißt es, daß die Zöglinge des Gouvernanteninstituts hier die erforderliche Bildung erhalten sollen, »um auch als Lehrerinnen für höhere Töchterschulen und Erzieherinnen in weiblichen Erziehungsanstalten und in Familien verwendet zu werden«.[27] Und in der ministeriellen Bekanntmachung der Eröffnung des Gouvernanteninstituts wird 1855 erläutert: »Die Hauptaufgabe der Anstalt ist, für den höheren Lehrerinnenberuf geeignete evangelische Jungfrauen, zunächst in christlicher Wahrheit und in christlichem Leben selbst so zu begründen, daß sie befähigt und geneigt werden, die ihnen später anzuvertrauenden Kinder in Liebe und Selbstverleugnung ihrem Herrn und Heiland zuzuführen. Sodann sollen sie theoretisch und praktisch mit einer guten und einfachen Unterrichts- und Erziehungskunst bekannt gemacht werden, in welcher letzteren Beziehung sie in dem Pensionat lehrend und erziehend mitbeschäftigt werden. Ein besonderes Gewicht wird auf die Ausbildung der französischen und englischen Sprache, so wie in der Musik gelegt. Geborene Engländerinnen und Französinnen werden namentlich die Konversation in den genannten Sprachen leiten. Der Un-

Die Anstalt von Osten gesehen, zwischen 1855 und 1863.

Die Anstalt von Süden gesehen, zwischen 1855 und 1863.

Die Bildungsanstalten für Lehrerinnen und Gouvernanten in Droyßig

terricht in Geschichte, Literatur und sonstigen zur allgemeinen Bildung gehörigen Gegenständen wird seine angemessene Vertretung finden, aber streng auf die Zwecke weiblicher Bildung in das Auge fassend, jede Verflachung zu vermeiden, und in dem Notwendigen Vertiefung des Gemütslebens zu erzielen suchen.«[28]

Das Zusammenwachsen der verschiedenen Bildungsanstalten in Droyßig verlief nicht ohne Probleme. Während der ersten Jahre nach der Gründung fand ein häufiger Wechsel des Lehrpersonals statt, das Verhältnis zwischen Seminar und Gouvernanteninstitut wurde durch »Neid und Hochmut« gestört, die Lehrer waren nicht gewohnt, gleichberechtigt mit Lehrerinnen zusammenzuarbeiten, und die Einsamkeit des Ortes, der nur durch einen unbefestigten Landweg mit dem acht Kilometer entfernten Zeitz verbunden war, bedrückte viele Gemüter. Nachdem jedoch die Konsolidierungsphase abgeschlossen war, entwickelten sich die Anstalten erfolgreich. Ihre Absolventinnen hatten sehr gute Arbeitsmarktchancen. Zwischen 1855 und 1902 besuchten 887 Frauen das Gouvernanteninstitut, und 690 von ihnen legten erfolgreich die Prüfung für das Lehramt an Volks-, Mittel- und höheren Mädchenschulen ab.[29]

Thekla Trinks war 1859 als vorstehende Lehrerin in das Seminar von Droyßig eingetreten. Dabei war ihr ein Mißverständnis unterlaufen: »Ich war freilich inbezug auf die Organisation der Anstalt in einem Hauptirrtum befangen gewesen: ich hatte gemeint, daß Seminar bilde Lehrerinnen, die vorzugsweise an Schulen wirken sollten; das Gouvernanteninstitut hingegen solche, die als Erzieherinnen in Familien thätig sein würden. Jetzt erst verstand ich klar, daß das Seminar Elementarlehrerinnen, das Gouvernanteninstitut hingegen Lehrerinnen für höhere Töchterschulen ausbilde; ob sie später Lehrerinnen oder Erzieherinnen sein würden, war gleichgültig.«[30]

In der Anstalt waren neben dem Direktor sieben Lehrerinnen und sieben Lehrer tätig, die fortgeschritteneren Schülerinnen beteiligten sich ebenfalls am Unterricht. Thekla Trinks selbst sollte am Seminar in erster Linie Zeichnen und Handarbeit unterrichten, was sie nicht wollte und nicht konnte, u.a. weil sie stark kurzsichtig war. Ihre eigentlichen Fächer, in denen sie bereits umfassende Lehrerfahrung besaß, waren Religion, Geschichte, deutsche, französische und englische Sprache und Literatur. Unangenehm war ihr ferner, daß sie zwar über ein eigenes Wohn- und Arbeitszimmer verfügte, aber gemeinsam mit den Seminaristinnen in einem Schlafsaal übernachten mußte. Thekla Trinks erhielt nun Zeichen- und Nähunterricht, um in diesen Fächern selbst zu unterrichten, jedoch blieben die Resultate dermaßen unbefriedigend, daß sie ihren Lehraufga-

ben nicht gerecht werden konnte. Glücklicherweise wurde die Stelle der
Französischlehrerin am Gouvernanteninstitut frei, die ihren Fähigkeiten
besser entsprach. Thekla Trinks neuer Wirkungskreis, das Gouvernanteninstitut, bestand aus drei Klassen mit je fünfzehn Schülerinnen. Die angehenden Lehrerinnen für den höheren Mädchenunterricht teilten sich einen Schlafsaal und einen Waschraum. Neben dem Unterricht mußten sie
eine Stunde täglich Klavier üben. Es war im 19. Jahrhundert in Mädchenpensionaten und Ausbildungsstätten für Gouvernanten üblich, daß mehrere Klaviere in einem Raum standen und gleichzeitig benutzt wurden.
Zu dem Gouvernanteninstitut gehörten auch drei Krankenzimmer und
eine Krankenpflegerin, was zu dieser Zeit außerordentlich fortschrittlich
war. In anderen Erziehungsinstituten bestand gewöhnlich keine Möglichkeit, Pensionärinnen mit ansteckenden Krankheiten zu isolieren.

In Droyßig unterrichteten Lehrerinnen nur zwölf bis vierzehn Stunden
in der Woche, mußten sich aber den Schülerinnen auch während der Frei-
stunden widmen. Ihr Tageslauf begann im Winter um sechs Uhr, im Sommer um halb sechs. Bis sieben Uhr bereiteten sich die Schülerinnen auf
den Unterricht vor. Um sieben Uhr gab es Frühstück. Um halb acht Uhr
war Morgenandacht, von acht Uhr bis zwölf Uhr Unterricht oder Vorbereitung auf den Unterricht. Um zwölf Uhr wurde zu Mittag gegessen.
Von zwei bis vier war wieder Unterricht, dann noch einmal von fünf bis
sieben, im Sommer durchgehend von zwei bis sechs Uhr. Der Unterricht
wurde aber häufig durch Arbeits- und Vorbereitungsstunden unterbro-
chen. Um sieben Uhr war Abendessen. Danach wurde meist noch bis zur
Abendandacht um neun Uhr gearbeitet. Im Winter wurden mittags und
im Sommer abends Spaziergänge gemacht. Das war ein hartes Leben nicht
nur für die Lehrerinnen, sondern auch für die angehenden Gouvernanten.
Thekla Trinks verließ Droyßig 1863 wieder, weil sie sich mit ihren Kolleginnen nicht gut verstand und sich deshalb einsam fühlte.

Die Schülerinnen des Lehrerinnenseminars, des Gouvernanteninstituts
und des Pensionats stammten überwiegend aus bürgerlichen Familien.
Listen aus dem Jahr 1879 zeigen aber, daß es dennoch Unterschiede in ihrer sozialen Herkunft gab.[31] Von den Seminaristinnen hatten 36 Prozent
einen Beamten oder Offizier zum Vater und 31 Prozent einen Geistlichen
oder Lehrer. Die Berufsgruppe der Beamten schloß sowohl den »Regie-
rungs-Hilfs-Kassen-Buchhalter« ein wie auch den »Kreisgerichtsdirek-
tor«, die Gruppe der Lehrenden umfaßte Volksschullehrer, aber auch einen Universitätsprofessor. Unter den Vätern, deren Berufe in keine der
beiden großen Gruppen fielen, befanden sich u.a. Handwerksmeister,
Kaufleute und auch ein Fabrikarbeiter.

Von den angehenden Gouvernanten hatten 24 Prozent einen Beamten oder Offizier zum Vater, 40 Prozent einen Geistlichen oder Lehrer. Bei den lehrenden Vätern handelte es sich hier häufig um Gymnasiallehrer. Unter den übrigen Vätern gab es keinen Arbeiter, dafür aber Ärzte, Rentiers und einen Rechtsanwalt.

Die Pensionärinnen stammten aus deutlich wohlhabenderen Elternhäusern als die Seminaristinnen und die Schülerinnen des Gouvernanteninstituts. 36 Prozent der Väter waren Beamte oder Offiziere, ebenfalls 36 Prozent Kaufleute oder Unternehmer und nur 12 Prozent Geistliche oder Lehrer. Unter den Offizieren befand sich ein General, unter den übrigen Vätern mehrere Rittergutsbesitzer.

Die Väter der Pensionärinnen mußten das höchste Kostgeld für ihre Töchter aufbringen, die Väter der Seminaristinnen das niedrigste. Die Ausbildung zur Gouvernante bzw. Lehrerin an einer höheren Töchterschule war teurer als die zur Elementarlehrerin und setzte auch eine Vorbildung voraus, die häufig nur durch privaten Fremdsprachen- und Musikunterricht erworben werden konnte. Den Schülerinnen des Gouvernanteninstituts ging es eher darum, trotz Erwerbsarbeit die soziale Schichtzugehörigkeit zu erhalten, während sich unter den Schülerinnen des Lehrerinnenseminars mehrere befanden, u.a. die Tochter des Fabrikarbeiters, die sozialen Aufstieg über einen qualifizierten Beruf anstrebten.

Bei der Berufsausbildung der Lehrerinnen und Gouvernanten in Droyßig übernahmen weibliche Lehrkräfte wichtige Funktionen, obwohl der Fürst mit seinem Plan, die Leitung der Anstalt einer Frau anzuvertrauen, am Widerstand des preußischen Unterrichtsministeriums gescheitert war. Die in der weiblichen Berufsausbildung tätigen Frauen selbst wollten keineswegs Mädchen zu emanzipierten Frauen erziehen, sondern betonten immer wieder, daß der Mann von Gott und der Natur für die Welt, die Frau aber für die stille Häuslichkeit bestimmt war. Sie predigten weibliche Selbstverleugnung und Hintansetzung des eigenen Ichs, aber das Rollenvorbild, das sie ihren Schülerinnen vermittelten, enthielt zwangsläufig auch progressivere Elemente wie Durchsetzungsfähigkeit, Urteilskraft, ökonomische Selbständigkeit und Autorität. Denn im konservativen Droyßig arbeiteten Frauen in einem geistigen Beruf, und die Lehrerinnen am Gouvernanteninstitut genossen aufgrund ihrer Fremdsprachenkenntnisse und »weiteren Anschauung« ein höheres berufliches Prestige als die Elementarlehrer am Seminar. Elementarlehrer wurden sozial nicht zum Bildungsbürgertum gerechnet, Frauen, die höheren Unterricht in Fremdsprachen erteilten, gehörten aber zweifellos dazu. In Droyßig, wie in den anderen Lehrerinnenbildungsstätten auch, wurde die

Der Lehrkörper der Anstalten Ostern 1900.

Oberlehrerin Frl. Aß. 2. Frl. Schulße. 3. Mölle. Duwernet. 4. Sem.-Lehrer Hoffmann. 5. Sem.-Lehrer Möhnert. 6. Frl. Schmidt. 7. Frl. Staukemord. Frl. Blumen. 9. Sem.-Direktor Meyer. 10. Frl. v. Blumenthal. 11. Frl. Zadowski. 12. Sem.-Lehrer Liebau. 13. Oberlehrer Dr. Lampe. 14. Sem.-Lehrer Schumm. 15. Frl. Bohnß. 16. Oberlehrer Bollheim. 17. Frl. Johow. 18. Miß Shaw. 19. Frl. Bender.

Vorstellung einer notwendigerweise untergeordneten Rolle der Lehrerin
gegenüber dem Lehrer mit Überzeugung vertreten, aber im praktischen
Alltagsleben wieder eingeschränkt und teilweise zurückgenommen.

Die Droyßiger Anstalten erlebten im 19. Jahrhundert zahlreiche Veränderungen der Lehrpläne und der Organisation. Doch erst die staatliche Neuordnung des höheren Mädchenschulwesens von 1908 führte zu
ihrer völligen Umgestaltung.[32] In Droyßig entstanden nun ein Lyzeum,
ein Oberlyzeum, eine Frauenschule und ein höheres Lehrerinnenseminar. Das Seminar für Elementarschullehrerinnen wurde nach Torgau
verlegt.

Institute der weiblichen Berufsbildung wie die Luisenstiftung, die Augustaschule, der Gouvernantenlehrgang in Kaiserswerth und das Gouvernanteninstitut in Droyßig trugen den Anforderungen des Arbeitsmarktes
in besonderer Weise Rechnung. Die Nachfrage nach ihren Absolventinnen überstieg meistens das Angebot. Dabei wuchs die Zahl der Ausbildungsstätten für Lehrerinnen in den deutschen Ländern während des 19.
Jahrhunderts ständig. Allein in Preußen gab es 1869 bereits 39 Lehrerinnenbildungsanstalten, von denen zehn privat waren.[33] Der Besuch eines
Lehrerinnenseminars setzte nach wie vor keinen schulischen Abschluß
voraus.

Die neuen Ausbildungsstätten für Lehrerinnen fanden nicht nur Anerkennung. Der konservative Pädagoge Karl von Raumer schrieb 1853: »Wenn die ältere Schwester der Mutter in der Haushaltung bei Erziehung der jüngern Kinder u.s.w. beisteht, so lernt sie aufs Einfachste und Natürlichste, was ihr einst als Hausfrau Noth thut, ohne daß sie pedantisch und roh auf ihre künftigen etwaigen Mutterpflichten hingewiesen und zuletzt doch nur zur Gouvernante abgerichtet wird. Denn einzig Gouvernanten könnten aus einem solchen Seminar hervorgehen, steife Gouvernanten, welche dem Mann ein Erziehungssystem zur Mitgift brächten und vermeinten: sie allein verständen sich aufs Erziehen, da sie es zunftmäßig gelernt, der Mann habe, da er keine solche Schule durchgemacht, nicht drein zu reden, weil er eben nichts von der Sache verstehe.«[34]

Ganz so eng sah es Luise Büchner in ihrer erfolgreichen Schrift *Die Frauen und ihr Beruf* (1855) nicht, aber auch sie äußerte Vorbehalte gegenüber der steigenden Anzahl examinierter Gouvernanten. Die Natur habe Mädchen für die Rollen der Gattin, Hausfrau und Mutter bestimmt, deshalb sollten sie auf diese Rollen vorbereitet werden und nicht auf eine Erwerbsarbeit. Erst nach dem 25. Lebensjahr, wenn sie alle häuslichen Arbeiten beherrschten und eine Heirat nicht mehr wahrscheinlich war, durften Frauen guten Gewissens mit der Berufsausbildung oder der Erwerbsarbeit beginnen. Luise Büchner erläuterte: »Ein durchgebildetes, älteres Mädchen werden wir auch selten jener lächerlichen Pedanterie und steifen Schulweisheit verfallen sehen, die so viele Gouvernanten von Profession charakterisiert. Es wird nicht bloß belehren wollen, nicht bloß meistern und tadeln, sondern wirklich erziehen, in des Wortes vollster Bedeutung. Aber in diesem Sinne zu erziehen, dies ist ein heiliger und schöner Beruf, wie oft man auch, und die Männerwelt insbesondere, die ältlichen Gouvernanten belächeln und bespötteln mag.«[35] Der Gouvernantenberuf mochte schön und heilig sein, aber für Luise Büchner bestand er letztlich doch nur darin, »fremde Kinder, zuweilen unter den widerlichsten Verhältnissen, zu erziehen.«[36] Mußten Frauen jedoch erwerbstätig werden, so erlaubte ein verspäteter Eintritt in das Berufsleben nicht nur die vorhergehende Ausbildung für die Häuslichkeit, sondern minderte auch die Vermittlungsprobleme, die durch das Überangebot an examinierten Lehrerinnen zeitweise entstanden. Dieser Gedanke wurde im 19. Jahrhundert immer wieder aufgegriffen.[37]

Helene Lange, Vorkämpferin für höhere Frauenbildung, kritisierte die »bedrückenden, kleinmachenden« Lehrerinnenseminare aus einer anderen Perspektive als Luise Büchner. Sie beklagte sich nicht darüber, daß den Seminaristinnen zuviel, sondern daß ihnen zu wenig zugemutet wurde. Helene Lange betrachtete es als Glück, daß sie nie ein Lehrerinnenseminar besucht hatte.[38] Deshalb brauchte sie auch nicht »eingerammte Methoden und festgelegte Überzeugungen« wieder loszuwerden.[39] Ihrer Meinung nach beschränkten sich die Ausbildungsstätten für Lehrerinnen auf die Vermittlung von oberflächlichem Wissen, statt zum selbständigen Denken und Urteilen anzuhalten. Sie bereiteten die Frauen darauf vor, an öffentlichen Schulen eine Lückenbüßerrolle zu spielen und sich mit der Stellung einer Gehilfin des Lehrers zu begnügen. Helene Lange forderte, daß Frauen an Lehrerinnenseminaren erst einmal lernen sollten, Wissen zu erwerben und kritisch damit umzugehen.

1837 hatte als erste preußische Provinz Brandenburg eine Prüfungsordnung für Lehrerinnen erlassen, 1857 folgte die Provinz Sachsen. Ein Seminarbesuch war für die Zulassung zum Examen nicht vorgeschrieben. Die Prüfung in Religion, Deutsch, Geschichte, Geographie, Rechnen und Erziehungslehre war obligatorisch, in Französisch, Zeichnen, Schreiben und Gesang fakultativ.[40] Die fakultativen Fächer befähigten zum höheren Töchterunterricht. Seit 1874 gab es in Preußen getrennte Prüfungen für Lehrerinnen an Volksschulen und an mittleren bzw. höheren Schulen. Die Befähigung für den Unterricht an den weiterführenden Schulen wurde denjenigen Frauen zuerkannt, die außer der Prüfung für Volksschulen auch noch eine Prüfung in zusätzlichen Fächern, vor allem in Französisch und Englisch, abgelegt hatten. Seit 1896 wurden in Preußen nur noch diejenigen Frauen zur Lehrerinnenprüfung zugelassen, die das 19. Lebensjahr vollendet hatten.[41] Die Lehramtsprüfung für Frauen schrieb das im Vergleich zu Männern niedrige Niveau formeller weiblicher Bildung fest. Aber die Frauen, die sich der Lehramtsprüfung erfolgreich stellten, waren dennoch stolz auf das Erreichte.

Die bereits erwähnte Thekla Trinks, geboren 1831, wuchs in Meiningen als Tochter eines Rechtsanwaltes auf. Bis zu ihrer Konfirmation mit fünfzehn Jahren besuchte sie ein privates Erziehungsinstitut für Mädchen in ihrer Heimatstadt, anschließend erhielt sie Privatunterricht in Musik, Französisch und Englisch. Mit 19 Jahren beschloß sie, Lehrerin zu werden, weil sie sich zum Eheleben nicht hingezogen fühlte. Eine staatliche Lehrerinnenausbildung gab es damals in Thüringen noch nicht, deshalb wandte sie sich 1851 nach Preußen. »Es war das Seminar des Direktors Friedländer zu Elberfeld, um dessen Besuch es sich für mich handelte. Nicht weil wir diese Anstalt für besser hielten als eine andere, sondern weil es die einzige war, von der wir überhaupt etwas wußten. Denn dort bereitete sich meine Freundin Fräulein Richter auf das Lehrerinnenexamen vor.«[42] Das bekannte Elberfelder Institut bestand aus einer sechs-klassigen Töchterschule, an die eine Seminarklasse mit zehn Schülerinnen angeschlossen war. Außer dem Direktor unterrichteten drei Lehrerinnen und zehn Lehrer an dem Institut, in der Seminarklasse unterrichteten wohl ausschließlich Lehrer. Der Lehrplan umfaßte Religion, Weltge-schichte, deutsche und französische Literatur, Englisch, Pädagogik und Musik. Praktische Anleitung zum Unterricht erhielten die Seminaristin-nen so gut wie gar nicht; ihre einzige praktische pädagogische Übung be-stand darin, daß sie den Schülerinnen der höheren Töchterschule Nach-hilfeunterricht in Französisch erteilen mußten.

Thekla Trinks legte 1853 in Düsseldorf vor der königlichen Prüfungs-kommission, die aus drei Männern bestand, ihr Lehrerinnenexamen ab. »Wir hatten zwei sehr vergnügliche Tage in Düsseldorf verlebt und kehr-ten hochbeglückt und mit erhöhtem Selbstbewußtsein nach Elberfeld zurück. Wie groß erschien damals das Erreichte! – Wie stolz blickten wir auf das Errungene! Wie gering es in der That war – nur der erste keimarti-ge Anfang –, das sollte die Zukunft lehren.«[43] Stolz auf eine erreichte Be-rufsqualifikation und Selbstbewußtsein aufgrund intellektueller Leistung waren 1853 Frauen selten vergönnt, es waren noch neue Erfahrungen im weiblichen Lebenszusammenhang.

Juliane (Lilla) Gräfin Rehbinder, geboren 1847, wurde in dem Stift Finn, einer Gründung des deutschen Adels in Estland, erzogen. Ihr ver-armter Vater bestimmte sie zur Lehrerin, damit sie möglichst bald zum Unterhalt der Familie beitragen konnte. In ihrer Biographie heißt es: »Mit sechzehn Jahren war Lilla Rehbinder mit der Schule fertig. Nun kamen eineinhalb Jahre der Vorbereitung zum Examen, dem ersten Examen, das von Finn aus gemacht worden war, eine Zeit anstrengender und schöner Arbeit. Sie wohnte nun für sich allein in der sechsten Zelle und arbeitete hauptsächlich mit Fräulein Gramberg. Zur praktischen Vorbereitung un-terrichtete sie die erste Klasse Russisch, Kinder, die ein einziges Jahr jün-ger waren als sie. Das Examen selbst fand in Reval statt. Ganz Finn sah es als Ehrensache an, daß es gut wurde. Um so verzweifelter war Julie Gramberg, als ihre Schülerin am letzten Abend nicht einmal mehr wußte, wann man den Beginn der Völkerwanderung rechnet. Die Priorin beglei-tete Lilla nach Reval. Vier Tage dauerte die Prüfung und war eingehend und streng. Es ging alles gut, sogar das Rechnen, in dem sie immer schwach gewesen war.«[44] Als Lilla Rehbinder nach bestandener Prüfung wieder in Finn eintraf, war das Haus für sie feierlich bekränzt, und sämtli-che Stiftsangehörigen hatten sich zu ihrem Empfang im Garten aufgebaut. Eine unvergeßliche Erinnerung, ein Meilenstein im Leben, denn wo wurden junge Frauen aufgrund vollbrachter intellektueller Leistungen sonst noch öffentlich gefeiert? Lilla Rehbinder blieb ein weiteres Jahr in Finn und trat dann ihre erste Gouvernantenstelle an.

Anna Wagemann, geboren 1855 als Tochter eines Pfarrers, besuchte die höhere Töchterschule und lernte Latein und Griechisch bei ihrem Vater. »Mit achtzehn Jahren machte ich zur Entrüstung verschiedener in der Familie mein Lehrerinnenexamen für höhere Lehranstalten. Sich einen Beruf zu wählen, galt damals noch für ein junges Mädchen in unseren Kreisen als unstandesgemäß. Wer sich nicht verheiratete, mußte sich als Drohne in der Familie herumdrücken. ›Glauben Sie nicht‹, hatte unser Direktor gesagt, als er uns nach dem Examen entließ, ›daß Sie schon etwas wissen! Bei uns haben Sie nur gelernt, wie man lernen soll. Ihre Lernzeit ist das ganze Leben. Wer nicht mehr lernt, kann auch nicht mehr lehren.‹ So fing denn meine Lernzeit jetzt erst recht an, in Gesang, Klavierspiel, Musiktheorie, Fremdsprachen, Zeichnen und Malen, Kunstgeschichte usw. Wo sich mir durch Konservatorien, Hochschulen oder guten Privatunterricht die Gelegenheit bot, mich fortzubilden, nahm ich sie wahr. Wer eine gute Gesundheit hat und sehr früh aufsteht, der kann sich auch bei Ausübung eines Berufs wohl einige ruhige Arbeitsstunden verschaffen, ehe für die anderen der Tag beginnt. Zunächst unterrichtete ich drei Jahre lang jüngere Geschwister, dann zwei Jahre in dem hübschen Städtchen Lauenstein drei Brüder (solange es möglich war, auch wenn wir braun und blau froren, ganz im Freien). Und nachdem ich sie in der Quinta und Quarta des Gymnasiums abgeliefert hatte, landete ich als Lehrerin in der ausgezeichneten ›Finishing School‹ von Miß Glendinning in Dresden.«[45] Gouvernanten durften Jungen auf das Gymnasium vorbereiten, das ihnen selbst verschlossen blieb. Anna Wagemanns Fortbildungsbestreben war charakteristisch für gute Gouvernanten, mit und ohne Lehrerinnenexamen. Strebsame Gouvernanten nahmen alles Wissen auf, das ihnen zugänglich war. Sie nahmen freiwillig am Unterricht ihrer Schülerinnen bei akademisch gebildeten Hauslehrern teil, lernten von Kolleginnen, borgten Bücher und legten sich selbst kleine Bibliotheken zu. Deutsche Gouvernanten arbeiteten in Frankreich und England, um ihre Sprachkenntnisse zu verbessern.[46] Das Lehrerinnenexamen oder die erste Anstellung war für viele ein Signal, nun mit der Bildung ernst zu machen. Für andere dagegen, die schon länger als Gouvernante oder Schullehrerin gearbeitet und sich im Beruf weitergebildet hatten, war die Lehrerinnenprüfung nur eine nützliche oder notwendige Formalität. Auguste Sprengel z.B., geboren 1847, legte ihre staatliche Lehrerinnenprüfung erst 1871 ab, nachdem sie schon sieben Jahre lang im Beruf gestanden hatte. Sie war nach Abschluß der höheren Töchterschule mit 16 Jahren und acht Monaten Erzieherin geworden, weil es in ihrem heimatlichen Mecklenburg-Schwerin kein Lehrerinnenseminar und keine staatliche Prüfungskommission gab. Nach sechs Jahren Erzieherinnentätigkeit in drei verschiedenen Stellen wurde ihr die Position der ersten Lehrerin in der geplanten städtischen höheren Töchterschule in ihrem Heimatort Waren angeboten mit der Auflage, nach einem Jahr die staatliche Lehrerinnenprüfung in Hannover abzulegen. Sie bestand die Prüfung als beste von 16 Kandidatinnen und folgerte: »Es ist eben ein großer Unterschied, ob man schon 7 Jahre lang unterrichtet hat oder frisch vom Seminar, beziehungsweise aus der Presse kommt.«[47] Offensichtlich ließ sich der Lehrberuf genauso gut, wenn nicht besser, in der Praxis wie in einem Seminar erlernen.

Helene Lange bestand ihre Lehrerinnenprüfung 1872 in Berlin. Auch sie hatte bereits Unterrichtserfahrung in einem französischen Pensionat und als Hauslehrerin gesammelt. Den Prüfungsvorbereitungen widmete sie ein halbes Jahr, in dem ihr ein guter »Repetitor in ein paar Wochenstunden, besonders in brandenburgischer Geschichte und in dem, was man unter Religion verstand«[47a], die nötigen Kenntnisse einpaukte.

Den Familien, die Gouvernanten einstellten, garantierte eine abgelegte Lehrerinnenprüfung das Vorhandensein normierten Wissens, zu dem auch Kenntnisse schulischer Organisation und schulischer Lehrpläne gehörten. Eltern wünschten immer häufiger, daß ihre Kinder durch häuslichen Unterricht auf einen späteren Schulbesuch vorbereitet wurden. Das zeigt eine Diskussion, die 1887 in der Zeitschrift *Die Lehrerin in Schule und Haus* stattfand. Ausgangspunkt war ein kurzer mit C.K. unterzeichneter Artikel, der die harmlose Überschrift »Ein Vorschlag für die Erzieherinnen« trug. Bei C.K. handelte es sich um die Leiterin einer höheren Töchterschule, die an die Öffentlichkeit ging, um sich über die Resultate häuslichen Unterrichts durch Erzieherinnen zu beklagen. Sie berichtete, daß viele Mädchen in ihre Schule eintraten, die bisher im Elternhaus unterrichtet worden waren, und von denen nicht eines die seinem Alter entsprechenden Kenntnisse aufweisen konnte. Mit 14 und 15 Jahren waren die Mädchen aber oft schon zu alt, um in der Schule alles Versäumte nachzuholen. C.K. zog aus diesen traurigen Erfahrungen Konsequenzen. Sie riet den Eltern, ihre Kinder lieber in eine Schule zu schicken, als sie im Haus unterrichten zu lassen. Inzwischen handelte es sich nicht nur bei den öffentlichen höheren Mädchenschulen, sondern auch bei den privaten um größere und besser ausgestattete Einrichtungen als zu Anfang des Jahrhunderts.[48] Den Erzieherinnen warf C.K. vor, schlecht ausgebildet zu sein und »pfuscherhafte Arbeit« zu leisten. Sie forderte Erzieherinnen auf, sich in ihrem häuslichen Unterricht nach dem Lehrplan einer wohlorganisierten höheren Mädchenschule zu richten.

In der Zeitschrift *Die Lehrerin in Schule und Haus* gingen zahlreiche Zuschriften auf diesen offenen Brief ein. Empörte Erzieherinnen wiesen die gegen sie erhobenen Vorwürfe vehement zurück. Erzieherinnen sollten schlecht ausgebildet sein? Sie hatten doch dieselben Seminare besucht wie die Schullehrerinnen, dieselben Prüfungen abgelegt. Erzieherinnen leisteten »pfuscherhafte Arbeit«? Das war eine unbewiesene, diskriminierende Behauptung. Natürlich konnte eine einzige Erzieherin, die mehrere Kinder unterschiedlichen Alters zu unterrichten hatte, nicht dieselben weitgespannten Fachkenntnisse vermitteln, die an Schulen durch verschiedene Lehrer eingebracht wurden. Dafür konnte sie aber die individuellen Begabungen der Schülerinnen besser berücksichtigen und Gelerntes in einem anderen Kontext, z.B. auf einem Spaziergang oder während eines Spiels, wieder aufnehmen und vertiefen. Viele Kinder, die im Haus unterrichtet worden waren, schafften den Anschluß an die Schule sehr gut. Die ihn nicht schafften, waren deshalb noch lange keine Opfer unfähiger Erzieherinnen. Ursache für schlechte Ergebnisse häuslichen Unterrichts war vielmehr, und darin stimmten alle Zuschriften auf C.K.s offenen Brief überein, der häufige Wechsel des häuslichen Lehrpersonals. Wo sich z.B. elf Erzieherinnen in sechs Jahren ablösten, konnten Kinder nichts lernen. Häufiger Wechsel der Lehrkräfte in einem Haus bedeutete nicht notwendigerweise, daß es sich hier um eine besonders schlechte Stelle handelte. Erzieherinnen kündigten vorzeitig, um zu heiraten, eine lang erwartete Schulstelle zu übernehmen, aus Gesundheitsgründen, um kranke Eltern zu pflegen. In solchen Fällen half auch kein Lehrplan. Denn nach Lehrplänen höherer Töchterschulen richteten sich die Erzieherinnen in der Regel durchaus, allerdings unter stärkerer Berücksichtigung des individuellen Leistungsvermögens und der individuellen Interessen ihrer Schülerinnen. Lehrerinnen, die in Privathäusern arbeiteten, hatten immer seltener die Aufgabe, im höheren Unterricht partikularistische Erziehungsvorstellungen der Eltern umzusetzen, sondern sollten meist einen allgemein anerkannten Lehrstoff wie an den Schulen vermitteln. Nur noch schulische Bildung war relevante Bildung, denn sie wirkte sich über die Prüfungszeugnisse direkt auf die Lebenschancen aus. Das galt im 19. Jahrhundert zunehmend auch für Mädchen. Weil die Bedeutung schulischer Bildung im weiblichen Lebenszusammenhang größer wurde, ging das pädagogische Interesse an Fragen der häuslichen Mädchenbildung zurück. Zwar arbeitete auch Ende des 19. Jahrhunderts nur ein Bruchteil aller geprüften Lehrerinnen im öffentlichen Schuldienst, aber dieser Bruchteil wurde immer größer und entwickelte sich mit der Zeit zum alleinigen Bezugspunkt der Ausbildung an Lehrerinnenseminaren.

Berufsverläufe und Stellenmarkt

Um den institutionellen Bezug auf das Schulsystem zu betonen, trat die Berufsbezeichnung »Hauslehrerin« gegen Ende des 19. Jahrhunderts im professionellen Diskurs neben die der »Gouvernante« und der »Erzieherin«. »Gouvernante« erinnerte zu stark an die »Französinnen«, die »Erzieherin« konnte wiederum mit einer Kindergärtnerin oder Kinderfrau verwechselt werden.[49] Um verbreitete Begriffsverwirrungen zu klären, schrieb Marie Loeper-Housselle 1885 in der ersten Nummer der von ihr herausgegebenen Fachzeitschrift *Die Lehrerin in Schule und Haus. Centralorgan für die Interessen der Lehrerinnen und Erzieherinnen im In- und Auslande* über den Namen des Blattes: »Wir gestehen, daß wir nur mit Widerstreben ›Lehrerinnen und Erzieherinnen‹ gesagt haben, denn jede Lehrerin soll Erzieherin sein und ist es auch, wenn sie ihre Aufgabe erfüllt, wie wiederum jede Erzieherin Lehrerin ist; aber da man sich gewöhnt hat, diejenigen Lehrerinnen, welche in der Familie wirken, Erzieherinnen (häufiger noch Gouvernanten) anstatt – analog der Bezeichnung Hauslehrer – sie Hauslehrerinnen zu nennen, so haben wir dem Gebrauch Rechnung getragen, wollen uns aber in der Zeitschrift nur des Ausdrucks ›Lehrerin‹ bedienen.«[50]

Neben der Hauslehrerin gab es noch die Privatlehrerin, die in ihrer eigenen Wohnung oder im Haus ihrer Zöglinge stundenweise Unterricht erteilte, aber nicht im Haushalt ihrer Arbeitgeber lebte. In Preußen waren im 19. Jahrhundert die Stellung der Hauslehrerin und der Privatlehrerin durch das Allgemeine Landrecht, das Reskript des Unterrichtsministeriums vom 30. Oktober 1827 und die Instruktion des Staatsministeriums vom 31. Dezember 1839 geregelt. Das Allgemeine Landrecht gestattete Eltern, ihre Kinder im Hause unterrichten zu lassen, wenn das Lernpensum dabei mindestens dem Lehrplan der Elementarschulen folgte. Hauslehrerinnen und Hauslehrer mußten bei ihrer Einstellung einen Erlaubnisschein zur Ausübung ihres Berufes vorlegen, den die zuständige Bezirksregierung nach Prüfung des sittlichen und politischen Vorlebens ausstellte. Einen Nachweis der wissenschaftlichen oder pädagogischen

Befähigung wurde in beiden Fällen nicht verlangt. Privatlehrerinnen und Privatlehrer dagegen, ob sie nun in einer Schule oder in einer Familie unterrichteten, mußten sich ihre wissenschaftliche Befähigung von der Schulbehörde bestätigen lassen, wenn sie Unterricht in Fächern erteilen wollten, die zum Lehrplan der öffentlichen Schulen gehörten. Ihr Erlaubnisschein mußte jedes Jahr erneuert werden, wurde aber auch früher widerrufen, wenn eine Prüfung der Kinder durch die zuständigen staatlichen Schulinspektoren ergab, daß sie hinter dem altersgemäßen Stand der Elementarbildung, wie sie die Schulpflicht vorschrieb, zurückblieben. Diese Bestimmungen waren auch für Zeitgenossen verwirrend und mißverständlich.

Hauslehrerinnen brauchten für die Ausübung ihrer Tätigkeit zwar keine Berufsausbildung vorzuweisen, aber der Besitz eines Diploms erhöhte ihre Chancen auf dem Arbeitsmarkt. Außerdem spielten die Lehrerinnenseminare eine wichtige Rolle bei der Stellenvermittlung. Allein Karl Bormann, Direktor der »Königlichen Bildungsanstalt für Lehrerinnen und Erzieherinnen«, vermittelte zwischen 1845 und 1850 jährlich 50 bis 60 Erzieherinnen in Familien, später 100 bis 125. Nach 1857 wurde es in Berlin zeitweise schwieriger, für ausgebildete Lehrerinnen Stellen zu finden, die ihren Wünschen entsprachen, weil die Konkurrenz unter den Bewerberinnen durch die Gründung zahlreicher privater Ausbildungsstätten gewachsen war.[51]

Das Gouvernanten- bzw. Hauslehrerinnenwesen erlebte durch den Ausbau des öffentlichen höheren Bildungswesens für Mädchen und die Gründung beruflicher Ausbildungsanstalten für Lehrerinnen einen ungeahnten Aufschwung. Das hatte verschiedene Gründe. Die Bildungsansprüche der Eltern für ihre Töchter stiegen, und es gab immer mehr Mädchen, die nicht nur eine Lehrerinnenprüfung abgelegt hatten, sondern die erworbene Qualifikation auch nutzen wollten. Immer mehr bürgerliche Frauen drängten in die Erwerbsarbeit, und nach wie vor war der Lehrerinnenberuf der am häufigsten gewählte weibliche Beruf in den bürgerlichen Schichten. Das öffentliche Schulsystem stellte bevorzugt Männer ein, so daß sich viele ausgebildete Lehrerinnen um Gouvernantenstellen im In- und Ausland bemühen mußten, wenn sie ihren Beruf überhaupt ausüben wollten. Aber nicht nur das Angebot an Gouvernanten wuchs, sondern auch die Nachfrage. Eltern auf dem Lande waren bestrebt, den Töchtern einen ähnlich guten Unterricht zu ermöglichen, wie ihn die Stadtschulen anboten, und stellten dafür ausgebildete Lehrerinnen im Hause ein. Ältere Töchter wurden auch in Pensionate geschickt, aber meist nur für ein oder zwei Jahre zum Abschluß der Erziehung. Die Aristokratie betrachtete häuslichen Unterricht zum Teil auch weiterhin als sicherste Form der Standeserziehung. Wohlhabende Eltern in den Städten stellten häufig Gouvernanten ein, damit ihre Kinder neben der Schule zusätzlichen Fremdsprachen- und Musikunterricht erhielten und über eine Hilfe bei der Anfertigung der Hausaufgaben verfügten.

Das Berufsbild »Lehrerin in Schule und Haus«, das in der zweiten Hälfte des 19. Jahrhunderts von engagierten Pädagoginnen entworfen wurde, beschreibt eine Frau, die die Lehrerinnenprüfung abgelegt hatte, eine dauerhafte Berufstätigkeit im schulischen Lehramt plante, Mitglied einer Berufsorganisation war, sich weiterbildete und umfangreiche Berufserfahrung sowohl in Schulen wie auch in Hauslehrerinnenstellen vorweisen konnte. Schulische und häusliche Lehrtätigkeiten wurden als gleichwertige Berufserfahrungen angesehen. Beispielsweise mußten Lehrerinnen, die sich zur Schulvorsteherinnenprüfung oder zum Oberlehrerinnenexamen melden wollten, den Nachweis über eine fünfjährige Lehrtätigkeit erbringen, aber diese Tätigkeit brauchte nur zwei Jahre lang an einer Schule ausgeübt worden zu sein. Die Methoden des Individualunterrichts wurden jedoch nur an wenigen Ausbildungsstätten vermittelt, und examinierte Lehrerinnen mußten sich auf die Tätigkeit in einer Familie in der Regel autodidaktisch vorbereiten.

Dennoch galten Stellen in Privathäusern im Vergleich zum Unterricht an Volksschulen als weniger anstrengend und deshalb als besonders geeignet für junge Lehrerinnen, die erst noch berufliche Erfahrung sammeln wollten. 1887 schrieb ein Mitglied des »Vereins christlicher Lehrerinnen«: »Mir scheint, eben ihres Mangels an Erfahrung und unselbständigen Urteils wegen sollten junge Mädchen, die eben erst ihr Examen bestanden haben, zunächst eine Stelle als Erzieherin suchen, nicht die einer Schullehrerin. Sie lernten in ersterer besser: sich in ihre Mitmenschen schicken und in einen Haushalt dienend unterordnen, die erhaltenen pädagogischen und methodischen Lehren nicht dem Buchstaben, sondern dem Geiste nach anwenden, und sie bleiben sich dabei leichter ihrer Mängel bewußt. (...) Auch in Bezug auf die Behandlung der einzelnen Fächer bleibt es von unberechenbarem Vorteil für die Lehrerin, sich erst einzelnen Individuen ganz haben widmen zu können, ehe sie einer Klasse von Kindern gegenübersteht, die sich in ihren Anspruch an ihre Aufmerksamkeit teilen und nur für wenige Stunden des Tages ihr anvertraut sind. Als Hauslehrerin erst gewinnt sie ein richtiges Urteil über die Zulässigkeit von mehr oder weniger häuslichen Arbeiten; dort, wo die Kinder auch bei der Anfertigung ihrer Schularbeiten immer unter ihrer Aufsicht sind, sammelt sie mit größerer Leichtigkeit Erfahrungen über die Art, wie diese vorbereitet sein müssen, wenn sie ohne Hilfe gelöst werden sollen. Dort nur kann der Grund gelegt werden zu einem Eingehen auf die einzelnen Persönlichkeiten, zu einem Modifizieren der erhaltenen pädagogischen und methodischen Anweisungen, das auch in der Schule notwendig ist, aber dort schwer gelernt werden kann, da es nicht hervortreten darf, sondern nur unmerklich die Art des Lehrers beeinflußt und zu einer recht wirkungsvollen macht. Vorher muß man sich die Fähigkeit dazu erworben haben, wenn man in der Schule sich sogleich in die persönliche Lage eines fehlenden Kindes versetzen und ohne weitere Nachfrage wissen will, was zu seiner Entschuldigung dienen kann.«[52]

Eine junge Lehrerin, die frisch vom Seminar ihre erste Stelle antrat, war auch besonders gut dazu geeignet, sich von ihren Arbeitgebern wie »eine ältere Tochter« behandeln zu lassen. Eine derartige Wahlverwandtschaft, die allerdings in der Regel Übereinstimmung der sozialen Schichtzugehörigkeit voraussetzte, galt in Deutschland als ideales Verhältnis zwischen Arbeitgebern und Hauslehrerin. In derartigen Fällen wurde die Hauslehrerin nicht nur zu allen häuslichen Geselligkeiten hinzugezogen, das wurde sie meist sowieso, sondern nahm auch darüber hinaus am Privatleben der Familie Anteil. Vor allem aber erkannte sie die überlegene Autorität der Mutter ihrer Zöglinge in Fragen des Unterrichts und der Erziehung an.[53]

Junge examinierte Lehrerinnen nahmen aber nicht nur Privatstellen an, weil sie im Schuldienst nicht unterkamen oder ihre pädagogischen Kräfte erst einmal im Individualunterricht erproben wollten, sondern auch um etwas zu erleben und fremde Verhältnisse kennenzulernen. Nur als Hauslehrerinnen konnten sie in die Welt derjenigen Menschen gelangen, die sozial »ganz oben« standen. Das wurde ihnen auch zum Vorwurf gemacht, denn gebildete Frauen durften wohl aus Not oder edlem Streben erwerbstätig werden, aber nicht weil sie Glanz und Unterhaltung suchten. Luise Büchner konstatierte um die Mitte des 19. Jahrhunderts besorgt, daß es für junge Mädchen »zur Sucht und Mode geworden« war, den Gouvernantenberuf zu ergreifen, weil sie »ein Anhängsel der vornehmen Welt werden, sich putzen und die vornehmen Damen spielen« wollten.[54]

Der liberale Pädagoge Adolf Diesterweg (1790-1866), der maßgeblich am Aufbau der preußischen Lehrerbildung beteiligt war, fragte 1864 in einem Aufsatz ebenfalls nach den Ursachen für die steigende Anzahl von Frauen, die die Lehrerinnenprüfung ablegten: »Hat das Lehrerinnen- und Gouvernantenleben etwa so viel innern Reiz? hat es äußern? eröffnet es lockende Chancen für die Zukunft? ist mit einem Zauberschlage eine so wundersame Begeisterung über die gereifteren Mädchen ausgegossen, daß sie einem höhern Drange nicht widerstehen können und bei der Unterweisung und Erziehung der Jugend mit Hand anlegen müssen? oder ist's eine Modesache, welche psychologisch-epidemisch um sich gegriffen hat? oder ist's Not? Etwas von dem einen oder andern, oder von alle diesem – so scheint es – muß der Erscheinung wohl zum Grunde liegen.«[55] Diesterweg erkannte, daß Frauen nicht nur aus Armut und Zwang den Lehrerinnenberuf ergriffen, sondern auch weil er ihnen neue intellektuelle und soziale Möglichkeiten eröffnete. Gouvernanten erlagen dem Reiz der geistigen Arbeit, der pädagogischen Wirkung, der beruflichen Erfolge und der Anziehung, den »eine sehr anständige Behandlung, wohlthuende äußere Lage und Umgebung, gebildeter Umgang, feiner Ton, geselliger Wechsel und manche angenehme Erheiterung« auf sie ausübten.[56] Im Gegensatz zu Luise Büchner zeigt Diesterweg Verständnis für diese neuen weiblichen Motive zur Erwerbsarbeit: »Gouvernanten haben es bei der geringen Zahl von Kindern, mit denen sie zu thun haben, etwas leichter. Die Kinder reicher Leute sollen nicht so sehr angestrengt werden, auf ihre Unpäßlichkeit wird gleich sorglich geachtet und der Unterricht ausgesetzt, es ist mehr freie Zeit zum Verweilen in der Familie gegeben, wo gute Werke einheimischer und fremdländischer Autoren gelesen, musikalische Genüsse bereitet werden, es kommt hinzu, daß der Tisch gut, das Honorar nach Verhältnis recht anständig ist, in Erkrankungsfällen auf angemessene Pflege gerechnet werden kann. Das sagt sich ein Mädchen nicht ungern. Ist's doch mehr, als tausend andere Mädchen in andern Dienst- und Arbeitslagen zu hoffen haben, und ist doch ein gewisser Glanz um eine solche Stellung verbreitet, der allen, welche dessen in der That recht dünnen Schleier nicht durchschauen, immer einen etwas höhern Grad von Ehrerbietung abnötigt. Also äußerer Reiz für ein Gouvernantenleben ist wirklich vorhanden und gar nicht wenig.«[57] Diesterweg beschreibt dann die Nachteile des Gouvernantenberufs: Abhängigkeit von den Launen der Herrschaft, mangelnde Freizeit, Isolierung, Demütigungen, ungesicherte Zukunft. Die Ambivalenz der Hauslehrerinnentätigkeit wurde zeitgenössisch häufig mit dem Bild des »glänzenden Elends« beschrieben.

Nüchterner verglich die junge Hauslehrerin Martha Schrenk im Jahre 1902 die Vor- und Nachteile einer Lehrtätigkeit in der Schule mit der in einer Familie: »Im September 1903 sollen Rudolf und Gertrud nach München in öffentliche Schulen kommen. Daraus ergibt sich für mich die traurige Notwendigkeit, eine neue Stelle zu suchen. Wenn möglich, werde ich dann an eine öffentliche Schule gehen. Dafür gibt es mehrere Gründe.

Ich glaube, man lebt sich eher in Schulverhältnisse ein, und dann sind es auch materielle Gründe. An einer Schule hat man eine sichere Stellung mit Pensionsberechtigung, während man als Hauslehrerin über kurz oder lang wieder gehen muß. Viele Ersparnisse sind hierbei wohl auch nicht zu machen. Außerdem bietet eine Stellung an einer Schule mehr Selbständigkeit. Man hat die schulfreie Zeit und damit viel mehr Zeit zur Weiterbildung, während in einer Familie auch außer dem Unterricht viel freie Zeit durch Spaziergänge mit den Kindern, Mithilfe bei der Hausarbeit etc. verlorengeht. Ihr, liebe Schwestern, die Ihr in Familien gearbeitet habt, werdet mir dies bestätigen.«[58] Martha Schrenk fiel es aber doch »außerordentlich schwer«, von der Familie, in der sie vier Jahre lang gelebt und gearbeitet hatte, Abschied zu nehmen. Ein Trost war, daß ihre Schülerin und ihr Schüler bei der Aufnahmeprüfung für öffentliche Schulen sehr gut abschnitten. Sie selbst fand durch die Vermittlung des deutschen Lehrerinnenvereins eine Stelle an einem evangelischen Privatinstitut für höhere Töchter. Dort war sie Leiterin und einzige Lehrerin in einer Person, weil die Schule nur von sechs Schülerinnen besucht wurde. Ihr Gehalt betrug 1300 Mark im Jahr.[59] Diese Stellung mußte Martha Schrenk aus gesundheitlichen Gründen wieder aufgeben. 1905 unterrichtete sie an einer anderen privaten Töchterschule 34 Stunden in der Woche und konnte sich aus Zeitmangel weder angemessen vorbereiten noch weiterbilden.[60] 1906 ging sie wieder als Hauslehrerin in eine Familie.[61] Martha Schrenks Berufsweg zeigt, daß sich weibliche Ansprüche an eine ökonomisch abgesicherte, befriedigende Lehrtätigkeit auch noch Anfang des 20. Jahrhunderts im Schulwesen nur schwer realisieren ließen. Zwar handelte es sich bei Privatstellen meist um Anfangsstellen, aber Lehrerinnen wechselten auch von Schulen in Familien, z.B. wenn sie im Ausland ihre Sprachkenntnisse vertiefen wollten oder wenn ihnen eine Schulstelle zu beschwerlich wurde.

Bertha Lindner, lange Zeit in der Stellenvermittlung des Lehrerinnenverbandes tätig, schreibt über die Arbeitsmarktlage im Jahr 1885, daß etwa eintausend Frauen jährlich die staatliche Prüfung als Lehrerinnen für Volksschulen sowie mittlere und höhere Mädchenschulen ablegten, von ihnen höchstens 100 eine staatliche oder städtische Anstellung fanden, 150 in Privatschulen eintraten, und 200 Stellen als Erzieherinnen annahmen.[62] Es blieben also mindestens 400-500 stellungslos. Bertha Lindner schätzte, daß von diesen stellungslosen Lehrerinnen etwa zehn Prozent gar nicht erwerbstätig werden wollten.[63] Die verbleibende große Zahl arbeitsuchender Frauen mußte auf bessere Zeiten warten und versuchen, sich inzwischen durch das Erteilen von Privatstunden zu ernähren.

Helene Lange zeichnet rund zwanzig Jahre später ein wesentlich positiveres Bild. Sie schreibt 1904 über Hauslehrerinnen: »Es gibt im Augenblick mehr Stellen als tüchtige Kräfte, so daß die Aussichten bei guten Fähigkeiten und Leistungen in Deutschland gute sind.«[64] Auch Pauline Herber, Vorsitzende des Vereins katholischer Lehrerinnen, stellte 1906 fest: »Gute, empfohlene Familienstellen müssen vielfach unbesetzt bleiben mangels genügend vorgebildeter Bewerberinnen. Und die Ursache dieses bedauerlichen Rückschritts auf einem der ältesten Berufsgebiete der Frau? Zunächst die Hebung und Festigung des öffentlich wirkenden Lehrerinnen-, insbesondere des Volksschullehrerinnenstandes.«[65]

Die »Überfüllung des Lehrerinnenstandes« wurde in den achtziger Jahren des 19. Jahrhunderts nicht nur von Personen beklagt, die für eine Vermehrung weiblicher Berufsmöglichkeiten eintraten, sondern auch zur Abschreckung von den Feinden einer qualifizierten weiblichen Erwerbstätigkeit vorgebracht.[66] Statistiken über den Arbeitsmarkt von Lehrerinnen während des 19. Jahrhunderts liegen nicht vor. Nach dem Lehrerinnen-Kalender von 1890 arbeiteten 45 000 Frauen in Deutschland als Lehrerinnen oder Erzieherinnen, aber nur etwa 10 000 nahmen eine Stellung im öffentlichen Dienst ein.[67] Marie Loeper-Houselle schätzte 1895 in der *Gartenlaube*, daß ungefähr 80 000 Lehrerinnen im deutschen Reich arbeiteten, von denen etwa 17 000 an Volksschulen, etwa 6 000 an mittleren und höheren öffentlichen Mädchenschulen und etwa 55 000 an Privatschulen oder als Erzieherinnen beschäftigt waren.[68] Allerdings zählte die Berufsstatistik von 1895 im deutschen Reich nur 66 000 hauptberufliche weibliche Lehrkräfte, unter Einschluß der Kindergärtnerinnen.[69] Rosalie Büttner, ebenfalls lange in der Lehrerinnenvermittlung tätig, schreibt 1899, daß in Preußen von allen erwerbstätigen Lehrerinnen 47 Prozent an Volksschulen, 8 Prozent an öffentlichen höheren und mittleren Mädchenschulen, 19 Prozent an Privatschulen und 26 Prozent in Familien tätig waren. Während also im deutschen Reich weniger als 30 Prozent aller Lehrerinnen an öffentlichen Schulen arbeiteten und fast 70 Prozent im Privatsektor, waren in Preußen etwa 55 Prozent an öffentlichen Schulen angestellt und 45 Prozent im privaten Sektor. Auch diese Zahlen weisen auf das Bestehen großer Unterschiede innerhalb des deutschen Arbeitsmarktes hin, soweit sich die angegebenen Schätzungen, die häufig von unterschiedlichen Daten und Kriterien ausgingen, überhaupt vergleichen lassen.

Die meisten Stellen mit Pensionsberechtigung wurden von Volksschullehrerinnen besetzt. Für viele Absolventinnen von Lehrerinnenseminaren war das gesicherte Altersruhegeld aber auch die einzige Attraktion, die

ein Arbeitsplatz an einer Volksschule zu bieten hatte. Denn häufig mußten dort unter schwierigen Bedingungen Klassen mit vierzig bis fünfzig
Schülern unterrichtet werden für ein Gehalt, das nur einen dürftigen Le-
bensstandard erlaubte. Eine Lehrerin, die im Unterricht ihre Fremdspra-
chen- und Musikkenntnisse anwenden wollte, hatte dazu an Volksschulen
nur selten Gelegenheit. Außerdem galt die Arbeit an Volksschulen im Gegensatz zur Erteilung von Elementarunterricht in einem Privathaushalt
als nicht standesgemäß für Frauen aus dem höheren Bürgertum.[70] Attraktive Stellen mit Pensionsberechtigung an öffentlichen höheren Mädchenschulen konnten dagegen nur von einigen wenigen Frauen eingenommen
werden.

Über eine Alterssicherung verfügten nach einer Schätzung aus dem Jahr
1890 weniger als ein Viertel aller Lehrerinnen in Deutschland.[71] Bertha
Lindner schreibt:»Nur die staatlich oder städtisch angestellten Lehrerinnen, sowie diejenigen an einer verschwindend kleinen Anzahl von gut situ-
ierten Privatschulen, sowie viele Erzieherinnen haben ein auskömmliches
Gehalt; die ersteren sind pensionsberechtigt, bei einzelnen Privatanstalten
ist für eine geringe Aushilfe für spätere Ruhejahre gesorgt, und die Erzieherinnen können häufig Sparpfennige für das Alter zurücklegen.«[72]

Wieviele Hauslehrerinnen tatsächlich von ihrem Gehalt einen Notgroschen für ihr Alter sparen konnten, läßt sich nicht feststellen. Jedenfalls
waren die Einkommensverhältnisse schwankend. 1885 schreibt eine Lehrerin über den Verdienst in einer Privatstelle:»Ich erhielt hier in Aachen
als Erzieherin in einem Privathause bei mäßiger Anstrengung und freier
Station ein jährliches Gehalt von 2 100 M. Wenn ich nun gleichzeitig erwähne, daß ich allerdings manches Jahr vor dieser Stellung, ebenfalls in
Deutschland bei sehr anstrengender Thätigkeit ein Jahresgehalt von 150
M. bezogen habe, so wären damit wohl die äußersten Enden der Gehalts-
skala einer Erzieherin in Deutschland angegeben.«[73]

Aus dem Jahresbericht der »Vereinigung zur Stellenvermittlung für ge-
prüfte Lehrerinnen und Erzieherinnen« ist 1893 zu entnehmen, daß die
Gehälter von Lehrerinnen in Schule und Haus bei freier Station 300-2 000
Mark, durchschnittlich 550 Mark betrugen, ohne freie Station 720-1 500
Mark, durchschnittlich 1 030 Mark.[74] Nach Rosalie Büttner erhielten
Hauslehrerinnen 1899 zwischen 300 und 1 500 Mark bei freier Station.
Helene Lange gibt den Verdienst von Erzieherinnen für den Zeitraum
1902/03 bei freier Station mit 400 bis 2 000 Mark, normalerweise 600 bis
700 Mark an.[75] Es war wohl kaum möglich, von derartigen Gehältern ein
Kapital zu ersparen, dessen Zinsen ein sorgenfreies Alter garantierten.
Deshalb wurde 1875 unter dem Protektorat der Kaiserin Friedrich die

»Allgemeine Pensionsanstalt für Lehrerinnen und Erzieherinnen« ins Leben gerufen. Sie sollte Lehrerinnen an Privatschulen und in Familien helfen, durch regelmäßige Beitragszahlungen selbst für ihr Alter zu sorgen.[76] Lehrerinnen und Gouvernanten gründeten außerdem Feierabendhäuser, Ferienheime und Kureinrichtungen, sie organisierten Studienreisen und Fortbildungsmöglichkeiten. Jenseits von Not und Bedürftigkeit entstand hier ein ganz neuer weiblicher Lebensstil. Gebildete, unverheiratete, berufstätige Frauen konnten sich nun in ihrer Freizeit fern der Familie entfalten, sich erholen, neue Eindrücke sammeln, mit Kolleginnen eine schöne Zeit verbringen. Verschiedene Versuche von Hauslehrerinnen, sich neben der Zugehörigkeit im »Allgemeinen Deutschen Lehrerinnenverein« in einem eigenen Bund zusammenzuschließen, scheiterten dagegen, weil die Arbeitsbedingungen und materiellen Umstände in den Privatstellen zu unterschiedlich waren. Auch fehlte den Hauslehrerinnen ein Gegenüber wie der Staat, an das sie sich mit ihren Forderungen und Initiativen wenden konnten.

Im 19. Jahrhundert verlor der Arbeitsmarkt für Gouvernanten seine Übersichtlichkeit, so daß die bisher praktizierte Stellenvermittlung über Privatpersonen und Lehrerinnenseminare nicht mehr ausreichte. Es wurde nun immer üblicher, Stellen auch durch Inserate in Zeitungen und Zeitschriften zu suchen bzw. anzubieten und »Plazierungsbüreaus« und »Agenturen« einzuschalten. Damit wuchs für alle Beteiligten das Risiko, in ihren Erwartungen enttäuscht zu werden, ohne daß eine vermittelnde Instanz sich verpflichtet gefühlt hätte, entstandenen Schaden zu begrenzen. Außerdem kosteten Inserate Geld. Als besonders günstige Anzeigenträger, die auch im Ausland gelesen wurden, galten unter Hauslehrerinnen die *Kölnische Zeitung*, die *Augsburger Allgemeine Zeitung*, der *Hannoversche Courier*, *Die Gartenlaube* und das illustrierte Blatt *Daheim*.[77]

In den Anzeigen wurden vor allem Hauslehrerinnen gesucht, die »außer in den gewöhnlichen Schulkenntnissen« auch Unterricht in Französisch, Englisch und Musik erteilen konnten.[78] Examinierte Lehrerinnen und ausländische Gouvernanten annoncierten ebenfalls und stellten besonders ihre Sprach- und Musikkenntnisse heraus.[79] Häufig erwähnten Arbeitgeber und stellungssuchende Frauen die Konfessionszugehörigkeit. So heißt es beispielsweise 1854 in der »Kölnischen Zeitung«: »Annonce. Eine junge Deutsche, evang. Confession, die im Stande ist, in allen wissenschaftlichen Fächern gründlichen Unterricht zu erteilen, so wie in der Musik, dem Französischen und den Anfangsgründen des Englischen, sucht eine Stelle als Lehrerin oder Erzieherin im In- und Auslande, doch würde dem letzteren der Vorzug gegeben.«[80]

Und 1875 in demselben Blatt: »Eine adelige Familie aus Besancon sucht für die Erziehung ihrer drei Kinder eine deutsche Gouvernante. Man wünscht, daß sie katholisch und 25-30 Jahre alt ist. Besonders gute Behandlung und hohes Gehalt werden zugesichert.«[81] In den siebziger Jahren wurde es üblich, den Bewerbungsunterlagen ein Photo beizufügen.

Stellenvermittlungen durch Anzeigen in Zeitungen waren nicht ideal, boten aber weniger Probleme als Vermittlungen durch unseriöse Agenturen. »Plazierungsbüreaus« berechneten häufig hohe Gebühren für ihre Dienste und verletzten in einigen Fällen das Feingefühl ihrer Kundinnen, wenn sie examinierte Lehrerinnen wie eine Ware anpriesen oder wie Dienstboten behandelten.[82] Außerdem wurden die Agenturen manchmal verdächtigt, Erzieherinnen bewußt in ungeeigneten Stellen unterzubringen, um sie bald wieder gegen Gebühr aufs Neue vermitteln zu können. Selbst solide Agenturen waren in der Regel kaum in der Lage, Erkundigungen über die Familien einzuziehen, denen sie Hauslehrerinnen zuführten, oder über die Personen, denen sie eine Anstellung verschafften. Eine Ausnahme bildeten lediglich einige kleine Unternehmen, die von ehemaligen Lehrerinnen und Gouvernanten ins Leben gerufen worden waren. Emma Doering z.B. hatte ihre Tätigkeit als Schulvorsteherin und Hauslehrerin wegen chronischer Heiserkeit aufgeben müssen und 1873 eine Stellenvermittlung in Breslau eröffnet. Sie prüfte die Französischkenntnisse der Kandidatinnen und ließ sich von ihnen auf dem Klavier vorspielen. Die Familien, die Hauslehrerinnen suchten, lernten sie ebenfalls persönlich kennen.[83]

Um die Stellenvermittlung zu verbessern, schritten die Lehrerinnen und Gouvernanten zur Selbsthilfe.[84] 1888 gründeten mehrere Vereine für Lehrerinnen und Erzieherinnen eine gemeinsame Agentur und richteten in vielen Städten »Sprechstellen« ein, in denen Arbeitssuchende und Arbeitgeber ihre Wünsche persönlich vortragen konnten.[85] Lehrerinnen, die eine Stelle verließen, wurden aufgefordert, über etwaige dort gemachte schlechte Erfahrungen zu berichten, um ihre Nachfolgerinnen vor Schaden zu bewahren.[86] Ab 1890 nannte sich die Vereinigung »Stellenvermittlung des allgemeinen deutschen Lehrerinnenvereins«. Sie erhob niedrigere Vermittlungsgebühren als die kommerziellen Agenturen, und zwar nur zwei Prozent des ersten Jahresgehalts statt der üblichen fünf bis sieben Prozent. Die Stellenangebote und Stellengesuche, die der Verein veröffentlichte, enthielten im Gegensatz zu kommerziellen Zeitungsannoncen meist Gehaltsangaben. So heißt es beispielsweise 1892 im Zentralorgan des Lehrerinnenvereins: »Nach der Provinz Brandenburg wird sofort oder 1. Januar 1892 eine nicht zu junge Erzieherin gesucht, welche 2 Mädchen von 10 und 15 Jahren in allen Fächern Unterricht erteilen und

mit 2 kleinen Kindern täglich 1/2
Stunde französisch sprechen und
ihnen etwas Musik beibringen soll.
Gehalt 800 Mk.«[87]

Hauslehrerinnen wurden auch
eingestellt, um Jungen auf das
Gymnasium vorzubereiten: »Nach
Schlesien wird von einer israeliti-
schen Familie sofort eine Erzieherin gesucht für einen 10jährigen
Knaben, den sie auch im Lateinischen unterrichten soll.«[88]

Die Stellenvermittlung des Lehrerinnenvereins wurde in allen Teilen des deutschen Reichs in Anspruch genommen, auf dem Lande
wie in den Städten, in protestantischen, katholischen und jüdischen
Gemeinden. Die meisten Vermittlungen betrafen Hauslehrerinnen,
bei denen es sich überwiegend um
evangelische Frauen mit Lehrerinnenexamen handelte, die unter 27
Jahre alt waren und Fremdspra-
chen- sowie Musikkenntnisse besaßen.[89]

*Aus dem Leben einer Stellensuchen-
den: »Noch immer kein Brief«. (Zeich-
nung von Berthold Woltze, in: »Daheim« 1882)*

Seit 1911 hieß das Organ des Allgemeinen Deutschen Lehrerinnenvereins zwar nur noch *Die Lehrerin*, aber der Charakter der Stellenangebote
änderte sich deswegen kaum. Es wurden weiterhin geradezu klassische
Gouvernantenpositionen angeboten, wie 1913/14 beispielsweise: »Zum 1.
April 1914 sucht adlige Familie, Sachsen-Meinigen, evangelische Lehrerin. Etwas Erfahrung erwünscht. Zwei Mädchen 11 und 10 Jahre. Musik
und Französisch Bedingung. Gehalt 1 000 M und freie Station.«[90]

Auf die Dauer fanden Frauen jedoch im öffentlichen Schulwesen Ar-
beits- und Aufstiegsmöglichkeiten, mit denen der Privatsektor nicht
mehr konkurrieren konnte. Seit 1894 berechtigte das Oberlehrerinnenexamen weibliche Lehrkräfte zum wissenschaftlichen Unterricht an öffentlichen höheren Mädchenschulen, und seit der Jahrhundertwende war es
immer mehr Frauen mit Abitur möglich, sich auch durch ein Universitätsstudium für eine höhere Lehrtätigkeit zu qualifizieren.[91]

KAPITEL 6

Das deutsche Gouvernantenwesen im 19. und 20. Jahrhundert

Bei Hofe

Während sich der Lehrerinnenberuf in Schule und Haus im Verlauf des 19. Jahrhunderts professionalisierte, schien das höfische Gouvernantenwesen von diesem Wandel ausgenommen zu bleiben. Weder in seiner Organisation noch in seinen Inhalten zeichneten sich vorerst bedeutende Veränderungen zum 18. Jahrhundert ab. Weiterhin leiteten Gouvernanten unter Aufsicht einer adeligen Hofmeisterin die fürstliche Standeserziehung, wurden Prinzessinnen vor allem in Religion, Tanz, höfischem Benehmen und Französisch unterwiesen.

Am Hof von Mecklenburg-Schwerin beispielsweise nahm Katharina Freifrau von Bechtolsheim seit 1816 die Charge einer Obersthofmeisterin der herzoglichen Kinder ein. Die gebildete Witwe stammte aus Frankreich und war mit ihren Eltern auf der Flucht vor den Folgen der Französischen Revolution nach Deutschland gekommen, wo sie sich später verheiratete. Als Obersthofmeisterin waren ihr neben Dienstboten die Schweizer Gouvernanten Adrienne und Nancy von Salomon, zwei Schwestern, unterstellt. Katharina von Bechtolsheim ging mit den ihr anvertrauten Kindern spazieren, teilte ihre Mahlzeiten, las mit der ältesten Prinzessin abends französische Literatur und begleitete das junge Mädchen auf Bälle. Ihr Verantwortungsgefühl für die körperliche Bildung der Kinder trug manchmal seltsame Blüten. Sie schreibt über die Reaktion des Herzogs auf ihre Bemühungen um das rotblonde Haar seiner Tochter Marie: »und er war etwas erschrocken, als ich ihm von einem Kamme aus Blei erzählte, den ich mitgebracht hatte, um die rote Farbe ihrer Haare damit zu verändern, wie es mir geraten worden war.«[1]

Katharina von Bechtolsheim blieb in Mecklenburg bis zur Heirat der Prinzessin Marie im Jahre 1825. Dann erwarb sie ein Schloßgut in Bayern und ließ sich dort mit ihren beiden eigenen Kindern nieder. Die erfolgreiche höfische Karriere hatte ihr eine »geschützte« gesellschaftliche Stellung, ein abwechslungsreiches Leben und ein gutes Einkommen gesichert.

Im 19. Jahrhundert blieben die Ergebnisse des komplizierten Entscheidungsprozesses, der zur Ernennung einer Oberhofmeisterin oder einer höfischen Gouvernante führte, oft so unbefriedigend wie im 18. Jahrhundert, wenn auch physische Grausamkeiten und Prügelstrafen gegenüber den fürstlichen Kindern zwar nicht ganz verschwanden, aber doch wohl seltener wurden. Caroline von Rochow, Hofdame der Prinzessin Marianne von Preußen in den Jahren zwischen 1814 und 1818 schreibt: »Es ist nicht zu leugnen, daß die ganze Schar der fürstlichen Erzieher und Erzieherinnen sonderbar ausgesucht erschien. Vielleicht sind die Gaben hierzu schwer zu finden, aber vorhanden waren sie wohl nicht, vielmehr hielten Unbedeutenheit, Eitelkeit, Zerstreutheit und Leidenschaft einander die Waage«.[2] Als Beweis für die Richtigkeit ihrer Behauptung beschreibt sie die Gouvernanten der Prinzessinnen Charlotte (1798-1860), Friederike (1796-1850) und Alexandrine (1803-1892). Die Schweizerin Marguerite de Wildermeth, Erzieherin der Prinzessin Charlotte, galt nach Caroline von Rochow zwar als brave Person, fiel aber auch durch ihr konfuses und zerstreutes Wesen auf. Frau von Kamecke, Gouvernante der Prinzessin Friederike, wurde am Hof als »liebe Seele, gute vernünftige Frau« geschätzt, förderte auch den »studiösen Sinn« ihres Zöglings, konnte aber selbst kaum orthographisch schreiben. Ihre Tochter, Fräulein von Kamecke, besaß eine »vortreffliche Haltung und ein gutes Herz«, wirkte äußerlich wie eine passende Prinzessinnenerzieherin, brachte es aber nicht fertig, der Prinzessin Alexandrine korrekte Rechtschreibung beizubringen oder ihren Zögling für »geistige Bildung« zu interessieren. Caroline von Rochow zufolge fiel die Wahl der Erzieher am preußischen Hof nicht glücklicher aus als die der Erzieherinnen. Aber wie berechtigt die Kritik der ehemaligen Hofdame auch gewesen sein mag, so ist doch nicht zu übersehen, daß zumindest die als Beispiele angeführten drei Gouvernanten ihre Aufgaben zufriedenstellend erfüllten und die Prinzessinnen Charlotte, Friederike und Alexandrine angemessen auf die Rolle einer »Landesmutter« vorbereiteten. Die Prinzessinnen selbst schätzten ihre Gouvernanten und blieben ihnen ein Leben lang herzlich verbunden. Anfang des 19. Jahrhunderts brauchten Gouvernanten am preußischen Hof noch nicht unbedingt besonders gebildet und pädagogisch begabt zu sein. Für ihre Zöglinge war nach wie vor wichtiger, daß es sich bei ihnen um freundliche, loyale Personen handelte, die sich am Hofe auskannten und die Interessen der fürstlichen Kinder vertraten.

Neben adeligen Frauen hatten im 18. Jahrhundert auch bürgerliche
»Französinnen« Aufgaben in der höfischen Erziehung übernommen und
häufig als Sous-Gouvernanten den eigentlichen Unterricht in den Ele-
mentarfächern, in Sprachen und Musik erteilt. Im Verlauf des 19. Jahrhunderts zogen fürstliche Eltern dann immer häufiger deutsche bürgerliche Frauen, die über eine höhere Bildung und pädagogisches Geschick
verfügten, den »Französinnen« bei der Besetzung derartiger Stellen vor.
Am kleinen Hof des Fürstentums Schwarzburg-Sonderhausen in Arn-
stadt beispielsweise wurde Therese Forster, Nichte von Antonie Forster,
1821 als Prinzessinnenerzieherin eingestellt. Therese Forster hatte, 1786
geboren, einen Teil ihrer Jugend in der französischen Schweiz verbracht
und viele Jahre lang erfolgreich als Gouvernante in Holland und Berlin
gearbeitet. Ihre Mutter Therese Forster-Huber besuchte sie 1823 im Hause ihrer Arbeitgeber und schrieb über die Tochter: »Sie ist ein stilles Kind
– das edle Geschöpf hat wenig erfüllte Wünsche im Leben gekannt, aber
Gott sorgt für sie: sie ist in einer ehrenvollen, angenehmen Lage, soweit es
je eine Erzieherin sein kann. Gêne und Opfer fordert diese Lage – und
welche denn nicht?«[3]

Doch drei Jahre später mußte Therese Forster ihre Stelle, von der sie
sich eine Lebensversorgung versprochen hatte, wieder verlassen. Ihre Arbeitgeber warfen ihr schädliche Zerstreutheit, Unordnung, Vernachlässi-
gung und Eigensinn vor, die sie daran hinderten, den übernommenen erzieherischen Aufgaben weiterhin gerecht zu werden. Die Gouvernante
wurde von Selbstzweifeln gequält, wußte in dieser peinlichen Situation
allein nicht mehr weiter und suchte Hilfe bei ihrer Mutter. Therese Forster-Huber bat daraufhin um die Entlassung ihrer Tochter aus den fürstlichen Diensten unter dem Vorwand, daß sie ihrer dringend in Stuttgart bedurfte. Der glücklosen Therese Forster war es auf diese Weise möglich,
auf ehrenvolle Art und Weise, jedoch ohne Pension, ihren Abschied vom
Erwerbsleben zu nehmen.[4]

Anfang des 19. Jahrhunderts arbeiteten erst wenige deutsche bürgerliche Gouvernanten in der höfischen Erziehung, aber nach 1850 nahm ihre
Anzahl schnell zu. Für Prinzessin Marie von Battenberg wurde 1853 die
Gouvernante Adele Bassing eingestellt, die bereits als Gesellschafterin bei
einer Mme de Lassence gearbeitet hatte und dem Darmstädter Hof als
hochgebildete Frau empfohlen worden war. Die Prinzessin schreibt:
»Adele übernahm mich als kleines, einjähriges Kind und war bald diejenige Person meiner Umgebung, nächst meinem Vater, die ich über alles liebte. Ihr Einfluß erstreckte sich auch nach und nach auf alle meine Brüder.
Sie war eine Pädagogin ersten Ranges, und ihr verdanke ich ganz unend-

lich viel von dem, was ich in jungen Jahren an Bildung des Herzens und des Verstandes gewann. Sie verstand es, alle in mir schlummernden Interessen und Talente zu wecken und mich frühe an Selbstbeherrschung und Opferfreudigkeit zu gewöhnen. Eine Klippe all dieser Vorzüge war, wie es so oft der Fall ist, daß sie bei unserem sehr auf die Kinder- und Lernstube angewiesenen Leben mich ganz und gar an sich zu fesseln verstand, und die leidenschaftliche Liebe und Bewunderung, die ich für sie empfand, mich oft in inneren Konflikt mit meiner Mutter brachte. Dies zeigte sich in besonders schwieriger Weise, als ich älter wurde und sie es nicht ertragen konnte, wenn ich irgend etwas ohne sie mit den Eltern unternehmen sollte. Sie peinigte mich dann geradezu und machte meiner Mutter Szenen.«[5] Die Gouvernante erteilte ihrem Zögling vom vierten Lebensjahr an Unterricht. Später, als verschiedene akademisch gebildete Lehrer der Brüder immer mehr Fächer übernahmen, unterrichtete sie hauptsächlich Sprachen, Literatur und Musik. Auch als die Erziehung der Prinzessin beendet war und sie sich verheiratete, blieb Adele Bassing bei ihr. Erst der Tod der Gouvernante trennte die beiden Frauen im Jahre 1898.

Gegen Ende des 19. Jahrhunderts wurden immer mehr höfische Gouvernantenstellen mit geprüften Lehrerinnen besetzt. Anna Wagemann, die ihr Examen 1873 abgelegt hatte, arbeitete an einem höheren Töchterinstitut in Dresden, als ein Konsistorialrat sie der Herzogin von Schleswig-Holstein für einen Gouvernantenposten empfahl. Das war in den achtziger Jahren des 19. Jahrhunderts. Anna Wagemann schreibt in ihren Erinnerungen:»Ich eilte zu meinem Gönner, dankte ihm für sein Vertrauen, erklärte jedoch, daß ich unmöglich gehen könnte. ›Ich bin keine Spur ehrgeizig‹, sagte ich, ›und bleibe darum lieber bei meinesgleichen. Von oben herab behandeln lasse ich mich nicht gern.‹ ›Das riskieren Sie vielleicht bei Emporkömmlingen‹, eiferte er, ›niemals bei innerlich so vornehmen Menschen, wie die Herzogin und ihre Kinder es sind.‹ – ›Aber die Toilettengeschichten, die bei Hof eine so große Rolle spielen!‹ wandte ich ein, ›und überhaupt das Ganze, das liegt mir gar nicht. Ich bitte daher die Frau Herzogin, mich entschuldigen zu wollen.‹ ›Dann müssen Sie ihr das selbst sagen‹, erklärte der Konsistorialrat. ›Eine Aufforderung von solch einer Dame ist ein Befehl. Hin müssen Sie.‹ – Unmutig und etwas befangen machte ich mich auf den Weg. Ein Lakai und dann die Hofdame empfingen mich. Sie führte mich zur Herzogin, einer noch immer fesselnden Erscheinung in schwarzem Schleppkleid (seit dem Tode ihres Gemahls, des Herzogs Friedrich VII. im Jahre 1880 hat sie außer bei Familienfesten nie wieder ein farbiges Kleid getragen) mit tiefer weißer Trauerschnebbe und lang herunterwallendem Schleier aus weißem Krepp, der ihr einen besonderen Reiz verlieh. Und als ihre schönen braunen Augen so freundlich und herzlich auf mir ruhten, da wurde es mir warm ums Herz. Ich wollte ihr erklären, weshalb ich kam, aber da holte sie das Bild ihrer ›Kleinen‹ und drückte es mir in die Hand. Aus einem schmalen, ernsten Gesichtchen sahen mich ein Paar großer, trauriger Kinderaugen an. Da wallte es in mir auf: diese dünnen Bäckchen rund und diese schwermütigen Augen fröhlich zu bekommen, welch schöne Aufgabe müßte das sein! Und am selben Abend noch schrieb ich an den Konsistorialrat: ›Wenn die Herzogin mich will, ich will!‹ Und sie wollte mich.«[6]

Anna Wagemann brauchte ihre Entscheidung nicht zu bereuen. Sie hatte Freude an ihrer pädagogischen Aufgabe und fühlte sich in der höfischen Atmosphäre wohl. Sehr zu statten kam ihr, daß sie nach dem Lehrerinnenexamen Schneidern und Putzmachen gelernt hatte, und sich ihre Hofkleidung den verschiedenen Anlässen entsprechend selbst ändern konnte.

Höfischen Gouvernanten standen nach erfolgreicher Beendigung ihrer Erziehungstätigkeit die besten Stellen offen. Dennoch war die Gestaltung ihres weiteren Lebens schwierig, weil es für sie eigentlich nur noch sozialen Abstieg gab, es sei denn sie gingen an einen anderen Hof oder blieben als Pensionärinnen in der gewohnten Umgebung. Anna Wagemann schreibt: »Prinzeß Feos Erziehung war beendet, sie mußte jetzt selbständiger werden, das wurde mir klar. Folglich mußte ich gehen. Frau Herzogin war empört, als ich ihr das auseinandersetzte und um meine Entlassung bat. Sie hätte nie anders gedacht, als daß ich bis an mein Lebensende bei ihnen bleiben würde. Prinzeß Feo hat zu meiner Schwester gesagt, es wäre ihr gewesen, als ob die Erde unter ihr zusammenkrachte. Aber ich blieb fest. Ich sah meinen Weg vor mir und mußte ihn gehen. ›Kindchen‹, sagte ich ihr, ›als was sollte ich denn bleiben? Ihre Hofdame könnte ich doch nicht sein.‹ ›Sie sollen immer meine Erzieherin bleiben!‹ – ›Als solche‹, wandte ich ein, ›würde ich nicht dazu schweigen, wenn sie etwas täten, das ich nicht recht fände. Neunmal hätten sie vielleicht nichts dagegen, und das zehntemal dächten sie: ›Die alte Gouvernante hat auch ewig etwas an dir auszusetzen‹. Wir wollen uns räumlich trennen, um innerlich verbunden zu bleiben.‹ Es war aber ein schwerer Abschied.«[7]

Am Berliner Hof schlug das kaiserliche Hausministerium am 6. Dezember 1900 Rosemarie von Beulwitz zur Einstellung als Gouvernante für Prinzessin Victoria Margarethe, Tochter des Prinzen Friedrich Leopold von Preußen, vor. Die Lehrerin, geboren 1869 als Tochter eines Rittergutsbesitzers, hatte eine Schule in Breslau besucht, die Prüfung zur Zeichenlehrerin abgelegt und ihre Berufsausbildung an einem privaten

Höfische Gruppe mit Gouvernante 1888: Anna Wagemann, die Erzieherin, ist in der ersten Reihe von oben die zweite Person. Ihr Zögling, Prinzessin Feodora, steht unten rechts im hellen Kleid.

Lehrerinnenseminar in Meiningen fortgesetzt. Nach bestandenem Staatsexamen nahm sie Erzieherinnenstellen in England und in Frankreich an, um ihre Sprachkenntnisse zu erweitern. Zuletzt war Rosemarie von Beulwitz in der Familie des Prinzen Polignac angestellt gewesen. Das Hausministerium schreibt: »Seit Anfang vorigen Monats weilt sie im Jagdschloß Klein-Glienecke, um ihre Befähigung für die in Aussicht genommene Stellung darzutun. Das Ergebniß ist der Wunsch der Höchsten Herrschaften, sie mit der Gouvernantenstelle zu betrauen, zu deren Übernahme sie sich bereit erklärt hat. Nach der Schilderung des Hofmarschalls von Luck macht die Persönlichkeit des Fräuleins von Beulwitz und deren Art zu unterrichten, einen angenehmen und der Stellung entsprechenden Eindruck, Ihre Zeugnisse sind durchweg sehr gute. Hiernach und da auch Ihre Königliche Hoheit die Prinzessin Victoria Margarethe höchstsich in einem Alter befindet, in welchen den Königlichen Prinzessinnen Gouvernanten gegeben zu werden pflegen, sind meinerseits Bedenken in der Sache nicht zu erheben.«[8]

Schon einige Monate später gab Rosemarie von Beulwitz ihre Stelle aus gesundheitlichen Gründen wieder auf. Nachfolgerin wurde die bürgerliche Elisabeth Schroeder, geboren 1869 als Tochter eines inzwischen verstorbenen Domänenpächters. Sie hatte ein privates Lehrerinnenseminar in Greifswald besucht und dort 1888 die Befähigung für das Lehramt an mittleren und höheren Mädchenschulen erworben. Seitdem unterrichtete sie an einer privaten höheren Mädchenschule in ihrer Heimatstadt und lebte bei ihrer Mutter. 1899 hatte Elisabeth Schroeder einen siebenmonatigen Urlaub dazu benutzt, ihre Sprachkenntnisse in Paris und London zu erweitern.[9]

Im 19. Jahrhundert richtete sich die Höhe der Gehälter und Pensionen von höfischen Gouvernanten mehr und mehr nach ihren Aufgaben und ihrer Dienstzeit und weniger nach fürstlichem Gutdünken. Das wurde deutlich als es 1842 darum ging, den Hofstaat der Prinzessin Maria von Preußen anläßlich ihrer Heirat aufzulösen und u.a. die Pension der Gouvernante Julie von Obstfelder festzulegen. Das Königliche Hausministerium richtete sich bei seinem Vorschlag über die Höhe der zu zahlenden Pension nach den Präzedenzfällen de Wildermeth (ausgeschieden 1819), von Kamecke (ausgeschieden 1823) und Bock. Alle drei Gouvernanten erhielten ein Ruhegeld von 1 400 Talern jährlich, weil sie die gesamte Erziehung einer Prinzessin geleitet hatten. Eine Pension von derselben Höhe stand auch Julie von Obstfelder zu, weil sie ebenso lange wie ihre Kolleginnen als Gouvernante am preußischen Hof gearbeitet hatte. Zum Vergleich: Die durch die Auflösung des Hofstaates stellungslos gewordene Jungfer erhielt 150 Taler Wartegeld, da sie erst 31 Jahre alt war und vermutlich bald eine neue Stelle finden würde, der Lakai erhielt 330 Taler, der Hausknecht 120 Taler und der Damenlakai 200 Taler.[10]

Am 17. Dezember 1851 befaßte sich das Königliche Hausministerium mit dem Ruhegeld der Gouvernante Sophie von May. Sie war Gouvernante der Prinzessin Maria Luise Elisabeth und wollte wegen Krankheit ausscheiden. Ein Arzt bestätigte ihren schlechten Gesundheitszustand. Die Gouvernante erhielt 750 Taler Gehalt, freie Tafel, Wohnung, Equipage, Heizung und Beleuchtung. Da Sophie von May erst seit kurzer Zeit am preußischen Hof angestellt war, ihn auf eigenen Wunsch verlassen wollte und die Erziehung der Prinzessin nicht abgeschlossen hatte, stand ihr die übliche Pension von 1 400 Talern, die auch die 1850 ausgeschiedenen Gouvernanten von Schluckmann und von Zastrow erhielten, nicht zu. Das Hausministerium schlug dem König vor, ihr ein Altersruhegeld von 500 Talern zu gewähren.[11] Die endgültige Pension betrug dann 600 Taler. Am 27. November 1852 befaßte sich das Königliche Hausministerium erneut mit Sophie von May. Die ehemalige Gouvernante wünschte,

einen Adeligen ohne Vermögen zu heiraten, und bat, ihr das Altersruhegeld auch nach der Eheschließung weiterzuzahlen. Ihr wurde eine lebenslange Pension von 400 Talern gewährt.[12]

1882 teilte das Hofministerium dem Kaiser mit, daß die Gouvernante
Miss Byng unheilbar erkrankt war. Das wurde durch ärztliches Attest bestätigt. Miss Byng hatte seit 1870 als Gouvernante am Hof gearbeitet und
ein pensionsfähiges Gehalt von 2 400 Mark erhalten. Das Hofministerium
schlug vor, ihr eine Pension von 3 000 Mark jährlich zu gewähren, obwohl
dieser Betrag das Gehalt überstieg. Das Hofministerium argumentierte folgendermaßen: Die übliche Gouvernantenpension am Berliner Hof betrug
1 400 Taler neben freier Wohnung und Equipage. Anrecht auf eine derartige
Pension hatten diejenigen Gouvernanten erworben, die eine königliche
Prinzessin von Anfang an, d.h. nach Entlassung der Bonne, bis zur Vermäh-
lung bzw. bis zur Vollendung des 18. Lebensjahrs erzogen hatten.[13] Wenn sie
für mehrere Prinzessinnen verantwortlich gewesen waren, erhielten sie eine
höhere Pension als 1 400 Taler, wenn sie die Erziehung der Prinzessin nicht
vollendet hatten jedoch weniger. Miss Byng hatte zwar mehrere Prinzessinnen erzogen und war elf bis zwölf Jahre am Hof angestellt gewesen, aber sie
hatte unter einer Obergouvernante gearbeitet und nicht selbständig. Deshalb sollte sie statt 1 400 Talern nur 1 000 Taler = 3 000 Mark erhalten bei
Wegfall aller sonstigen Bezüge. Die Höhe der Pension sollte den Wegfall der
freien Tafel, der Heizung und der Beleuchtung ausgleichen.[14]

Die Gouvernanten Miss Green und Mlle Bujard wurden 1888 pensio-
niert, weil die Erziehung der Prinzessinnen Viktoria, Sophie und Marga-
rete abgeschlossen war. Die Engländerin hatte mehr als sieben, die Französin mehr als acht Jahre am Berliner Hof unter einer Obergouvernante
gearbeitet. Beide erhielten 2 400 Mark Ruhegeld, das sie auch im Ausland
verzehren durften.[15]

Miss Topham und Mlle Lauru wurde 1909 die vergleichsweise niedrige
Pension von 1 650 Mark zugestanden. Sie hatten durch die Kürze ihrer
Dienstzeit von etwa siebeneinhalb bzw. sechs Jahren kein Anrecht auf eine Altersversorgung erworben und außerdem auch nur eine Prinzessin in
jeweils nur einem Fach unterrichtet. Das Ministerium des Kaiserlichen
Hauses schrieb dem Kaiser am 7. August 1909: »Indessen ist es im Königlichen Hause stets üblich gewesen, die Gouvernanten Königlicher Prinzessinnen ohne Rücksicht auf diese Voraussetzungen mit Gnadenpensio-
nen zu bedenken. Eure Kaiserliche und Königliche Majestät erlaube ich
mir deshalb allerunterthänigst unter Überreichung eines entsprechenden
Ordreentwurfes zu bitten, jeder der beiden Gouvernanten vom 1. Januar
nächsten Jahres ab eine Pension von 1 650 Mark in Gnaden bewilligen zu

wollen. Der vorgeschlagene Betrag entspricht etwa derjenigen Mindestsummen, welche sie erdient haben würden, wenn die gesetzlichen Voraussetzungen für eine Pensionierung vorlägen.«[16]

1877 suchte Fanny Gräfin Reventlow, Obergouvernante der kronprinzlichen Kinder, wegen Krankheit um ihre Pensionierung nach. Da es sich bei ihr um eine Gouvernante handelte, die die gesamte Erziehung einer königlichen Prinzessin geleitet hatte, erhielt sie die übliche Pension von 1 400 Talern, nebst freier Wohnung, freier Equipage (ersatzweise 200 Taler) und der Befugnis zur weiteren Benutzung der großen königlichen Loge im Berliner Theater.[17]

Georgina von Perpigna wurde zur Nachfolgerin der Gräfin Reventlow ernannt. Neun Jahre später bat sie um ihre Pensionierung, weil sie sich bei ihrer unterrichtenden und erzieherischen Tätigkeit eine »hochgradige Nervosität« zugezogen hatte, die auch durch einen längeren Urlaub nicht behoben werden konnte. Sie trat ihren Ruhestand jedoch erst 1893 mit einer Pension von 4 500 Mark an. Als Ausgleich für die ihr zustehende Equipage erhielt sie weitere 600 Mark im Jahr. Sie durfte ihre Pension auch im Ausland beziehen. Georgina von Perpigna war 1874 als Französischlehrerin an den Hof gekommen, hatte aber bereits in dieser Funktion die kränkliche Obergouvernante Gräfin Reventlow vertreten. Sie hatte daher den überwiegenden Teil der Erziehung von drei Prinzessinnen des Hofes geleitet und damit mehr als den vollen Pensionsanspruch einer Obergouvernante erworben.[18]

Fräulein Helfritz, Lehrerin des Prinzen Joachim und der Prinzessin Viktoria Luise, erhielt 1 800 Mark Gehalt bei freier Wohnung und Beköstigung. Als sie 1901 eine Wohnung außerhalb des Schlosses beziehen mußte, wurde ihr Gehalt auf 2 400 Mark jährlich erhöht. Außerdem wurden ihr 30 Mark monatlich als Fahrgeld ausbezahlt, wenn sie sich nicht auf Reisen befand. Fräulein Helfritz wird vom Ministerium des Königlichen Hauses nur als Lehrerin und nicht als Gouvernante bezeichnet. Die ihr vorgesetzte Gouvernante, Hildegard von Thadden, erhielt ein Gehalt von 4 500 Mark jährlich, freie Beköstigung, Wohnung, Equipage und Bedienung durch einen Lakaien. Wenn sie die Beköstigung am Hof nicht in Anspruch nahm, erhielt sie einen Ausgleich von 6 Mark Tafel- und Weingeld. Auf dienstlichen Reisen stand ihr ein Tagegeld von 15 Mark im Inland und von 25,50 Mark im Ausland zur Verfügung.

Hildegard von Thadden wurde als Gouvernante der Rang einer Hofdame Königlicher Prinzessinnen zugewiesen. Georgina von Perpigna dagegen hatte die Charge eine Obergouvernante eingenommen mit dem höheren Rang einer Hofdame der Kaiserin.[19]

Hildegard von Thadden bat um ihre Entlassung zum 1. Januar 1905, weil sie den Anforderungen der Stelle gesundheitlich nicht mehr gewachsen war. Der Hofarzt bestätigte ihren schlechten Gesundheitszustand. Eine Pension stand ihr nicht zu, weil sie nur dreieinhalb Jahre als Gouvernante der Prinzessin Victoria Luise gearbeitet und sich ihre Krankheit auch nicht während des Dienstes zugezogen hatte. Sie erhielt eine einmalige Abfindung von 12 000 Mark und die Ernennung zur Stiftsdame des Klosters zum Heiligen Grabe.[20] Ihre Nachfolgerin wurde Elisabeth von Saldern, die die Ernennung zur Obergouvernante erhielt und die Erziehung der Prinzessin bis zu ihrem Abschluß 1909 leitete.[21]

Elisabeth von Saldern war die letzte Gouvernante am preußischen Hof. 1918 fand das höfische Gouvernantenwesen dann in ganz Deutschland ein Ende. Seine Vorbildfunktion für die Mädchenbildung der Oberschichten, die es während des 17. und 18. Jahrhunderts besaß, hatte es bereits seit dem frühen 19. Jahrhundert immer mehr verloren. Es mußte sich während der letzten Jahrzehnte bemühen, seinen zunehmend marginalen Charakter durch Anlehnung an das öffentliche Schulsystem und an allgemein anerkannte Bildungsinhalte abzuschwächen. Das höfische Gouvernantenwesen veränderte sich im Laufe des 19. Jahrhunderts tiefgehend durch die Einstellung bürgerlicher deutscher Gouvernanten, die zunehmende Bedeutung des staatlichen Lehrerinnenexamens bei der Stellenbesetzung und die Normierung von Gehältern und Pensionen nach Dienstalter und Leistung. Dieser Prozeß der Verbürgerlichung nahm der Prinzessinnenerziehung aber nichts von dem Glanz, in dem Equipagen, Theaterlogen, Schlösser, Reisen und Bedienung das fürstliche Schulzimmer erstrahlen ließen.

Ausländerinnen: »My dear, that is a very personal question«[22]

Auch im 19. und frühen 20. Jahrhundert wurden viele Kinder aus wohlhabenden Familien von französischen Gouvernanten unterrichtet. Es war zwar nicht mehr üblich, Mädchen und Jungen der Oberschicht wie kleine Französinnen und Franzosen zu erziehen, aber Französisch blieb eine Sprache, die jede gebildete Person in Deutschland beherrschen mußte. Marie von Ebner-Eschenbach, geboren 1830 als österreichische Gräfin Dubsky, beschreibt in ihren Erinnerungen, wie sich deutsche und französische Gouvernanten in ihrem Kinderzimmer abwechselten. Ihre erste

Gouvernante war Mademoiselle Hélène Hallé, empfohlen durch die Frau des französischen Botschafters in Wien. Die sanfte junge Lehrerin begeisterte ihre Zöglinge für den Unterricht und fügte sich gut in den Haushalt ein. Nach kurzer Zeit konnte die fünfjährige Marie Dubsky französisch sprechen und lesen. Schon zwei Jahre später wurde die Gouvernante von ihrer Familie zurück nach Frankreich gerufen. Die Nachfolgerin, ebenfalls eine junge, schöne Frau, erwies sich als »Drache«: »Wer Mademoiselle Henriette unsern Eltern empfohlen hatte, wußten wir nicht, doch davon waren wir überzeugt: Beim Jüngsten Gericht wird er darüber zur Rechenschaft gezogen werden. In seinem Zorne hatte Gott Mademoiselle Henriette zur Gouvernante geschaffen.«[23] Die Gouvernante vermittelte ihren Zöglingen das Gefühl, einer böswilligen Macht hilflos ausgeliefert zu sein. Erst nach vier oder fünf Jahren wurde sie entlassen und durch eine deutsche Lehrerin ersetzt, der dann zwei Jahre später für kurze Zeit eine andere Deutsche folgte. Dann war wieder eine Französin an der Reihe, diesmal eine zwar gutmütige, aber ungebildete Frau, die erneut von einer Deutschen abgelöst wurde. Eine fähige, nicht mehr ganz junge Französin schloß den Gouvernantenreigen. Sie war mit einem französischen Hofmeister verheiratet, der in einem anderen gräflichen Haus angestellt war. Marie Dubsky lernte Deutsch nach dem Tschechischen und dem Französischen als dritte Sprache.

Es war eine Besonderheit vieler Gouvernanten aus der Schweiz, sich wie »Mademoiselle Henriette« mit dem Vornamen anreden zu lassen. Französische, englische und deutsche Erzieherinnen taten das im Gegensatz zu den Kinderfräulein nur in seltenen Ausnahmefällen. Auch herrschte zwischen Französinnen und Schweizerinnen eine gewisse Konkurrenz. Die Schweizerinnen galten als besser ausgebildet, während die Französinnen, besonders die Pariserinnen, stolz auf ihren Akzent und ihren mondänen Umgangston waren. Schweizerinnen nutzten die guten Verdienstmöglichkeiten, die sich ihnen in Deutschland boten. Seit 1874 gab es in Genf eine gemeinnützige Agentur, die Lehrerinnen und Gouvernanten unentgeltlich ins Ausland vermittelte. Der Jahresbericht 1882/83 registrierte 412 Stellen und 548 Stellensuchende. 189 Stellungssuchende konnten vermittelt werden, davon waren 159 französischsprachige Schweizerinnen.[24]

Die bürgerliche Louise Pantenius, geboren 1850 in Riga, lernte im elterlichen Geschäftshaushalt fast so viele Gouvernanten kennen wie Marie von Ebner-Eschenbach im Grafenschloß. Zuerst trat Lolli Feusier, die Gouvernante der beiden älteren Schwestern, in ihr Leben: »Lolli war eigentlich eine etwas leichte Fliege, die in Riga manchen Flirt gehabt haben soll. Sie kehrte nach Neuschatel zurück und hat dort einen kleinen Beamten geheiratet, in sehr bescheidenen, fast dürftigen Verhältnissen. Sie ist eine glückliche Frau und Mutter geworden, was wir uns nur schwer vorstellen konnten. Ihre ältere, sehr viel klügere und gediegnere Schwester war merkwürdigerweise in dem Hause Eurer Großmutter Pantenius Erzieherin.«[25]

Louise Pantenius hatte Lesen und etwas Rechnen bei ihrer Mutter gelernt. Dann besuchte sie eine kleine Schule, die von den Eltern der Schülerinnen unterhalten wurde, und erhielt anschließend häuslichen Unterricht durch Gouvernanten. Die erste war eine Schweizerin und wurde von ihrem Zögling sehr geliebt, mußte aber bald wieder in die Heimat zurückkehren, um ihre Mutter zu pflegen. Danach kam eine Witwe, ebenfalls aus der Schweiz, ins Haus, die sich durch ihr einfältiges Wesen bei allen Familienmitgliedern schnell unbeliebt machte. Die Gouvernante schwelgte in Erinnerungen an die körperlichen Vorzüge ihres verstorbenen zweiten Mannes und schwärmte besonders von seinen schönen Waden. Die Behandlung derartiger Themen war wohl in der häuslichen Mädchenerziehung nicht üblich, jedenfalls wurde die Witwe nach einiger Zeit wieder entlassen, noch bevor die Erziehung ihres Zöglings abgeschlossen war. Nun wollte man keine »Französinnen« mehr im Haus haben, um die schlechte Erfahrung mit der Schweizer Witwe nicht zu wiederholen, und suchte nach einer geeigneten englischen oder deutschen Erzieherin. Schließlich wurde für Louise Pantenius eine deutsche Pastorentochter mit sehr guten Sprachkenntnissen und einem gründlichen Wissen als Gouvernante eingestellt.[26]

Als Louise Pantenius' Vater an die Einstellung einer englischen Erzieherin für seine Tochter dachte, arbeiteten noch nicht viele Engländerinnen in Deutschland. Sie repräsentierten andere Erziehungsziele und -methoden als französische, Schweizer und deutsche Gouvernanten und wurden assoziiert mit der Überzeugung vom pädagogischen Wert der Abhärtung durch dünne Kleidung, kaltes Wasser, gut gelüftete Schlafzimmer und ungewürzte Kost. Englische Mädchenerziehung in Deutschland sollte neben Sprachkenntnissen oft auch Selbstdisziplin und korrekte Haltung vermitteln.

Schon im letzten Drittel des 18. Jahrhunderts wurde Englisch von einigen deutschen Frauen gelernt, um Literatur zu lesen und zu übersetzen. Gesprochen wurde es vorerst nur wenig, von Frauen z.B. an Höfen wie Hannover und Berlin, die mit dem englischen Königshaus verwandtschaftlich verbunden waren. Caroline Michaelis, Professorentochter in Göttingen, teilte einer Freundin 1778 mit, daß sie dabei sei, Italienisch zu lernen, und sich später vielleicht auch das Englische aneignen wolle, eine Sprache, die ihrer Meinung nach nützlicher, aber auch schwerer als das Italienische war.[27]

Im 19. Jahrhundert entwickelte sich dann Englisch zu einer anerkannten Weltsprache und trat etwa ab 1850 in den Lehrplänen der höheren Töchterschulen neben das Französische. Eine gebildete Frau hatte nun mindestens zwei Fremdsprachen zu beherrschen und die dazugehörige Literatur im Überblick zu kennen. Mädchenpensionate und höhere Mädchenschulen stellten, wenn ihre finanziellen Möglichkeiten es erlaubten, außer der »Mademoiselle« auch eine »Miss« für den Sprachenunterricht ein. Englische Gouvernanten tauchten seit dem letzten Drittel des 19. Jahrhunderts in reichen deutschen Familien auf. Ihre Anzahl und ihre Bedeutung blieben im Vergleich zu den »Französinnen« jedoch nur begrenzt.

Mentona Moser, geboren 1874 in Badenweiler als zweite Tochter sehr reicher Eltern, verbrachte eine unglückliche Kindheit. Sie lernte zuerst Französisch, aber: »Mit dem Einzug der ersten englischen Gouvernante war fortan Englisch unsere Umgangssprache, wir behielten sie noch in späteren Jahren bei und schrieben einander sogar englische Briefe. Deutsch lernten wir zu allerletzt und sprachen mit ausländischer Betonung, was uns noch mehr von den wenigen Kindern, die wir kannten, isolierte.«[28]

Dorothee von Velsen wurde zwar von der Schweizerin Marie Jaermann erzogen und unterrichtet, sollte aber später neben Französisch auch Englisch fließend sprechen lernen. Die Eltern organisierten deshalb einen Gouvernantenaustausch: Marie Jaermann nahm eine Stelle in England an, um sich sprachlich weiterzubilden, und während dieser Zeit kam »eine junge, pädagogisch gänzlich unbelastete, liebenswürdige Engländerin, die ungezwungen die Rolle einer ältesten Tochter übernahm«, ins Haus. Die Engländerin blieb zwei Jahre, dann kehrte die Schweizerin zurück.[29]

Englisch lernten Kinder reicher Familien oft schon bei ihrer englischen Nurse, die im 20. Jahrhundert auch Nanny genannt wurde.[30] Viktoria Luise, geboren 1892 als einzige Tochter unter den sieben Kindern des letzten deutschen Kaiserpaares, schreibt in ihren Erinnerungen: »Unsere Kinderstube wurde von der heißgeliebten Nana geführt. Daß sie Miß Matcham hieß, erfuhr ich erst nach Jahren, und dieser Name sagte mir nichts. Sie war eben unsere Nana und lebte nur für uns Kinder, ›ihre‹ Kinder. Ich kann mich überhaupt nicht erinnern, daß Nana je auf Urlaub ging. Sie war immer da. Den Geburtstag ihrer Königin, der Queen Victoria, beging sie stets auf ihre eigene Weise. Sie hat bei Tisch ein Glas Wasser

vor ihr Weinglas gestellt und ist
dann, wenn sie zum Wein langte,
darüber hingefahren. Das hieß: sie
war auf dem Festland und die
Queen drüben, überm Wasser, auf
der anderen Seite des Kanals.«[31]
1900 wurde Miss Kate Barnard
aus London als Gouvernante für
die Prinzessin eingestellt mit einem
Gehalt von 2 400 Mark jährlich bei
freier Wohnung, Beköstigung und
Erstattung der Reisekosten.[32] 1905
übernahm Mlle Lauru den Französischunterricht zu den gleichen
Konditionen.[33] Die beiden Ausländerinnen erteilten nur Sprachunterricht, die übrigen Fächer übernahmen deutsche Lehrerinnen und
Lehrer. Nachfolgerin von Miss
Barnard wurde Miss Topham. Sie
blieb am Hof, bis die Erziehung
der Prinzessin abgeschlossen war,
und erhielt anschließend wie Mlle
Lauru die oben erwähnte Pension

*Die Gouvernanten der Prinzessin Vik-
toria Luise von Preußen: Fräulein von
Saldern, Mlle Lauru und Miss Topham
(von links).*

von 1 650 Mark jährlich, die auch im Ausland ausgezahlt werden konnte.[34]

Maria Wertheimber, geboren 1896 in einer reichen Frankfurter Bankiersfamilie, besuchte eine private höhere Töchterschule: »Dazu bedurfte
es in erster Linie einer Gouvernante, die mich in die Schule begleitete und
auch wieder nach Hause beförderte. Da mein Vater viel von englischer
Erziehung hielt, kam eine entsprechende ältere Person, sehr ladylike, ins
Haus. Ihr unvergessener Verdienst war es, daß sie mir drei Lebensregeln
einpflanzte, die mich bis zum heutigen Tage begleiten: ›Never ask questi-
ons, never talk names and never bother about other peoples private af-
fairs! (Stelle nie Fragen, nenne nie Namen und kümmere dich nie um anderer Leute Privatangelegenheiten!) Ansonsten läßt sich von ihr nur
sagen: ›She was a dear‹, denn zumeist saß sie, mit Wärmflasche versehen,
still in ihrem Sessel und ließ den Dingen ihren Lauf.«[35]

Louis Ferdinand Prinz von Preußen, geboren 1907, schreibt in seinen
Memoiren über Miß Brimble, die eine von dem Kind geliebte Vorgängerin ablöste: »Trotzdem gelang es ihr bald, unseren Widerstand zu brechen

und uns ganz für sich einzunehmen. Das war um so erstaunlicher, als sie recht merkwürdige Strafmethoden anwandte, wenn wir ungehorsam waren. Sie ließ uns beispielsweise Seife essen und zwang uns, nachts aufrecht zu sitzen. Dennoch hatte ich sie gern, und ich wurde ihr Lieblingsschüler. Sie tat alles Erdenkliche, um uns in weltbürgerlichem Geiste zu erziehen. Wir lernten Englisch mit gleicher Selbstverständlichkeit wie unsere Muttersprache, und wir sprachen es auch oft mit unseren Eltern.«[36]

Die Erziehung der mächtigen deutschen Oberschicht durch Engländerinnen und Französinnen hat weder Kriege, noch Aggressionen gegen die europäischen Nachbarn verhindern können. Alexander Fürst zu Dohna-Schlobitten schreibt zwar in seinen Erinnerungen über den Fremdenhaß zu Beginn des Ersten Weltkriegs: »Sowohl durch unsere Beziehungen zu der zahlreichen ausländischen Verwandtschaft als auch durch die englischen und französischen Gouvernanten waren wir dagegen besser geschützt als andere.«[37] Aber das stimmte nicht. Der ostpreußische Fürst selbst unterstützte Hitlers Nationalsozialismus, also eine Politik, die allen Internationalismus und jedes multikulturelle Zusammenleben verteufelte.[38]

Dennoch hatte die häusliche Erziehung zur Mehrsprachigkeit individuell und gesellschaftlich häufig auch positive Konsequenzen. Deutsche Kinder erhielten im Sprachunterricht durch Ausländerinnen Einblick in fremde Lebensarten und Kulturen. Der Unterricht durch Engländerinnen und Französinnen hob in vielen Fällen das Bildungsniveau der Töchter, eröffnete Mädchen die Chance, in einer intellektuellen Fähigkeit zu brillieren. Frauen wollten an Bildung teilhaben, und die wachsende Bedeutung der modernen Fremdsprachen gegenüber dem Lateinischen und Griechischen kam diesem Wunsch entgegen. Englische, französische und deutsche Gouvernanten konnten in der Fremde ein Auskommen als Sprachlehrerinnen finden und sich einen qualifizierten Erwerbsbereich erschließen.

Ausländerinnen besaßen im 19. Jahrhundert in der deutschen häuslichen Mädchenerziehung keine Monopolstellung mehr, sondern wurden nur noch als Ergänzung zum übrigen, in der Muttersprache erteilten Unterricht angestellt. Helene Lange schrieb darüber 1904: »So kam man allmählich dazu, eine fachlich vorgebildete Deutsche als Erzieherin zu wählen und der Französin (oder Engländerin) nur noch – als Bonne – die ganz Kleinen zu überlassen oder sie nach Beendigung der eigentlich schulmäßigen Ausbildung nur der Sprache wegen noch zuzuziehen. Heute darf man wohl sagen, daß die deutsche Erzieherin sich Deutschland erobert hat.«[39] Die meisten Hauslehrerinnenstellen in Deutschland wurden seit der zweiten Hälfte des 19. Jahrhunderts von staatlich geprüften deutschen Lehrerinnen besetzt, aber wer es sich leisten konnte, stellte daneben noch »native speakers« aus Frankreich, der Schweiz oder England für seine Kinder ein, um den Akzent und die Konversationsfähigkeit zu verbessern. Bis in die Zeit der Weimarer Republik blieb das Gouvernanten- und Hauslehrerinnenwesen international.

Mit Familienanschluß

In Deutschland erwarteten Gouvernanten häufig, im Hause ihrer Arbeitgeber wie ein Familienmitglied behandelt zu werden. Darunter verstanden die jüngeren unter ihnen »daß die Gouvernante etwaigen erwachsenen Töchtern des Hauses in allen äußeren Dingen gleichgerechnet werde, die Vergnügungen, den Umgang, gar das rückhaltlose Vertrauen der Hausmutter mit ihnen theile«.[40] Tatsächlich werden in Autobiographien von Hauslehrerinnen auch öfter derartige Beziehungen in Häusern des Bürgertums und des Landadels geschildert. Dorette Mittendorf, geboren 1826, berichtet beispielsweise: »Nach Beendigung meiner Ausbildung erhielt ich eine Stelle in Deutschland, bei einer Familie auf dem Lande. Zwei Jahre verlebte ich mit diesen lieben, edlen Menschen, die mich wie eine Tochter behandelten.«[41]

Dauerhafte Wahlverwandtschaften entstanden jedoch nur sehr selten zwischen Arbeitgebern und Gouvernante, häufiger jedoch zwischen Gouvernante und einem Zögling. Hedwig von Bismarck, geboren 1816, beispielsweise wurde als geliebte Freundin, Tante und Großtante in die Familie ihrer ältesten Schülerin aufgenommen und verbrachte dort später ein glückliches Alter. Sie hatte zwar von Anfang an bei ihren ebenfalls adeligen Arbeitgebern »Familienanschluß« genossen, wurde aber erst mit der Zeit, nach Jahren gemeinsamen Lebens, als ein echtes Mitglied der Familie betrachtet.[42]

Für bürgerstolze Gouvernanten war die Teilnahme am Familienleben des Adels oft eine harte Prüfung, die sich im Laufe eines langen Arbeitslebens nur schwer vermeiden ließ, weil auf adeligen Gütern die Nachfrage nach Erzieherinnen besonders groß war. So nahm auch Franziska Tiburtius 1860 ihre erste Erzieherinnenstelle in einem adeligen Haus in Pommern an. Sie war siebzehn Jahre alt und hatte noch kein Lehrerinnenexamen abgelegt. Die Stelle war ihr durch ihren Schwager, der in der Nähe des Gutes ihrer Arbeitgeber Landpfarrer war, und durch einen Superindendenten aus der Kreisstadt vermittelt worden. Für ein Gehalt von 150 Talern im Jahr sollte sie drei bis sechs Kinder in Lesen, Schreiben, Französisch, Englisch und Klavier unterrichten. Franziska Tiburtius schreibt über die pommerschen Adeligen: »Sie reisten wenig, hatten also keine Gelegenheit zu vergleichen, waren in ihrem Gebiet, auf ihren Gütern nahezu unbeschränkt und fühlten sich durchaus als Weltmittelpunkt. Und dieses Bewußtsein der bevorzugten Stellung machte sich bei den feiner Organisierten nicht einmal als besonderer Hochmut geltend; es war einfach selbstverständliche Tatsache, die kein vernünftiger Mensch in Zweifel ziehen konnte. Nur selten bin ich während meiner Gouvernantenzeit bewußter Unfreundlichkeit begegnet, aber die unsichtbare Schranke war überall fühlbar: Wir – und die übrige Welt! Trotz vieler Freundlichkeit, ja herzlichem Vertrauen, das ich im Laufe der Jahre erwarb: gefühlt habe ich das wohl immer, ohne mich sonderlich darum zu kümmern oder gar zu kränken.«[43]

Die bürgerliche Erzieherin hatte »Familienanschluß«, wenn sie vielleicht auch nicht gerade wie eine älteste Tochter behandelt wurde, und verbrachte ihre Abende häufig mit der Baronin »plaudernd und lesend«. Sie nahm Anteil an den Freuden und Kümmernissen der adeligen Familie und gewann ihre Hausgenossen lieb. Dennoch war die soziale Kluft stets für sie spürbar. Franziska Tiburtius verließ ihre Stelle erst, als ihre berufliche Aufgabe dort beendet war. Sie arbeitete ein weiteres Jahr als Erzieherin in einem anderen, ihr schon länger bekannten adeligen Haus, legte dann das Lehrerinnenexamen ab und ging als Gouvernante nach England.

Bürgerliche Erzieherinnen und Hauslehrer fühlten sich manchmal aufgrund ihrer Bildung und Leistung den adeligen Arbeitgebern intellektuell und menschlich überlegen und zeigten sich dann besonders empfindlich gegenüber tatsächlichen oder eingebildeten sozialen Herabsetzungen. Aber auch Gouvernanten, die dem Adel grundsätzlich neutral gegenüberstanden, wurden durch Anzeichen von Standesdünkeln irritiert. Klara Dietrich, Hauslehrerin in Westpreußen, berichtet ihren Kolleginnen und Freundinnen 1904: »Ich möchte Euch zunächst mit den Menschen bekannt machen, bei denen ich tätig bin. Der Baron und die Baronin K. sind edle Menschen, die einen offenen Sinn für die Leiden und Nöte der Bedrängten haben. Wo die Baronin einem Kranken helfen kann, da tut sie es auch in einer wahrhaft rührenden und aufopferungsvollen Weise, so daß ich manchmal von ihr ganz bezaubert bin. Zeitweise überrascht mich aber ein Ausbruch von Standesbewußtsein oder vielmehr Adelshochmut, der dann verletzend wirkt. Ich frage mich dann, wie ist es möglich, daß in einem Menschen so wahre Herzensgüte und Frömmigkeit mit Hochmutsdünkel gepaart sind?«[44]

Adelige Arbeitgeber suchten die Ursache für das häufig unbehagliche Verhältnis zwischen Herrschaft und Gouvernante meist nicht in ihrem eigenen Verhalten, sondern bei den erwerbstätigen bürgerlichen Frauen selbst, die sich in ihre Kreise drängten. So hatte die Herzogin von Dino, geborene Prinzessin von Kurland, das gebildete Berliner Bürgertum, zu dem auch ihre Gouvernante gehörte, als ein wenig pedantisch und geschmacksunsicher abgewertet. Eduard von Keyseling zeichnet die Gouvernanten seiner Kindheit als tüchtige und intelligente, dabei aber auch fade und phantasielose Frauen, deren Umgang für feingestimmtere Seelen auf die Dauer ermüdend sein mußte. Und Dankwart Graf von Arnim schreibt: »Zum anderen aber lag in dem Verhältnis der Erzieherinnen und Hauslehrer gegenüber der gräflichen Familie eine gewisse, schwer zu beschreibende Ambivalenz. Sie waren immer ›was Besseres‹, was auch voll anerkannt und bei der Tischordnung, bei Festen und Unternehmungen berücksichtigt wurde. Doch waren sie im Gespräch in der Familie, in jenem ungreifbaren Jargon einer Klasse von Jägern, Landwirten und Gutsherren doch auch Fremdkörper. Je mehr sie sich bemühten, mit gleichem Zungenschlag, gleicher Anschauung und Meinung aufzuwarten, desto gespreizter und peinlicher wurde die Situation. Die Spannungen zeigten sich an jenen Nahtstellen, wo ›Kreise‹ aneinander gerieten: Adel, Akademikerschaft, Geistlichkeit. Wenn jedoch erst einmal ein Mensch in seinem Stande, in seiner Art ganz in Haus und Familie aufgenommen war und sich ohne viel Nachdenken in die unsichtbare, aber um so wirksamere Gesellschaftsordnung eingepaßt hatte, dann gehörte er dazu, war untrennbar mit der Familie, ihren guten und bösen Tagen, schließlich mit ihrem Schicksal verbunden.«[45]

Das gebildete Bürgertum hatte seinen Platz zu kennen, sich mit ihm zu bescheiden und dem Adel zu dienen. Die meisten bürgerlichen Erzieherinnen trugen dieser Situation Rechnung und betrachteten den »Familienanschluß«, selbst bei sehr herzlichen aristokratischen Arbeitgebern, als schönen Schein, der im Vergleich zum Gehalt und den eigentlichen pädagogischen Aufgaben nicht viel bedeutete. Wozu sollte der »Familienanschluß« auch gut sein? Man war ja nicht durch Verwandtschaft aneinander gebunden, sondern lebte nur einige Jahre unter einem Dach zusammen, um sich dann ohne weitere Verpflichtungen gegeneinander wieder zu trennen.

Andererseits nahmen gebildete Frauen aber auch Stellen in der häuslichen Erziehung an, um in Kontakt mit adeligen Menschen zu treten, aristokratische Lebensformen kennenzulernen und am Glanz der obersten Gesellschaftschichten teilzuhaben. Sie mußten manche bittere Enttäuschung erleben, wenn ihre Arbeitgeber zwar im Adelsverzeichnis *Gotha* aufgeführt wurden, sich jedoch nicht besonders aristokratisch benahmen und nicht besonders vornehm lebten. Die Gouvernante Martha Fontane, geboren 1860, berichtet in ihren Briefen an die Eltern von derartigen Erfahrungen.[46] Sie hatte ihr Lehrerinnenexamen 1878 am Seminar der Augustaschule in Berlin abgelegt und fand eine ihr genehme Stelle auf einem Gut im Kreis Züllichau. Hier sollte sie drei Kinder unterrichten, zwei Mädchen und einen Jungen. Ihr Gehalt betrug 600 Mark im Jahr, was ihr zu gering erschien. Auch mit der Verpflegung war sie oft unzufrieden, überhaupt war ihr der ganze Zuschnitt des Haushaltes nicht elegant genug, es fehlten ihr »Wein und Silberzeug«. An ihrem sehr einfachen Zimmer, das neben dem Schulraum lag, hatte sie jedoch nichts auszusetzen. Die junge Erzieherin erkannte an, daß sie in Krankheitsfällen liebevoll gepflegt wurde und daß sie reichlich bezahlten Urlaub erhielt. Sie wurde wie eine ältere Tochter im Haus behandelt und ließ sich »Tantechen« oder »Metechen« nennen. Ihr jüngerer Bruder wurde auf dem Gut als geehrter Gast empfangen.

Martha Fontane schrieb am 2. März 1881 an ihre Mutter: »Ich bin einmal aus dem Hause heraus, habe als Gouvernante gehen gelernt und wenn mich manches verstimmt, so bin ich doch durchaus nicht unglücklich und würde mir nach wie vor, wo ich auch hinkommen mag, die Lichtseiten nach Kräften heraussuchen.«[47] Und am 4. Juni desselben Jahres berichtet sie über ihre Arbeitgeberin: »Wie in diesem Punkte, so in Allen ist Frau vM. von einer unendlichen Liebenswürdigkeit, die sich noch beständig steigert; – sie ist jetzt, (was eigentlich gar nicht in ihrer Natur liegt) sogar zärtlich zu mir und mein Verhältniß zu ihr ist wohl eine Seltenheit zwischen der Gouvernante und der Dame des Hauses...«[48] Aber Ende August heißt es nach einem, offenbar dem einzigen größeren Konflikt zwischen Hausherrin und Erzieherin: »Es ist Alles wieder all right, d.h. ich bin wieder zu Gnaden angenommen und Frau von Mandel thut Alles Mögliche ihr neuliches unglaubliches Benehmen wieder gut zu machen; ich halte mich nicht für verpflichtet die Gekränkte zu spielen und bin heiter und herzlich wie immer, aber es thut mir leid, nicht das reinliche, liebenswürdige Bild von Frau von Mandel allein im Herzen zu tragen, sondern daneben die häßliche, unvornehme, kleine Schrimmer Juristentochter.«[49] So schreibt eine Bürgertochter über eine andere Bürgertochter, die einen Mann aus neuem Adel geheiratet hatte. Martha Fontane definierte sich sozial nicht als erwerbstätige Frau, sondern als Angehörige eines berühmten Schriftstellers. Sie schreibt über die Geselligkeit mit adeligen Offizieren während eines Manövers im Hause von Mandel: »Und wie sprachen sie Alle von meinem lieben Vater und wie innig dankbar war ich wieder und wieder, daß er unserm Namen einen Klang gegeben hat, den all Grafen und Herren für recht aristokratisch und vornehm ansehen.«[50]

Martha Fontane war die Lebensweise ihrer Herrschaft nicht aristokratisch genug. Der Landwirt Herr von Mandel, der sich in seinem eigenen Hause in Kleidung und Benehmen nicht gerne Zwang auferlegte, und seine Frau, die ständig am Essen sparte, um einmal im Jahr ein großes Diner geben zu können, fanden vor den kritischen Augen ihrer Hausgenossin wenig Gnade, so viel sie sich auch um ihre Gunst bemühten.[51] Hellsichtig analysiert Martha Fontane in einem Brief an ihre Mutter, warum die Fiktion, sie sei die älteste Tochter im Haus und keine Angestellte, nicht funktionieren konnte: »Ihr wundert Euch gewiß so verschieden gefärbte Briefe von mir zu erhalten und denkt an Launen oder Widersprüche; dem ist aber nicht so. Wenn ich hier Ärger habe, ist es doch, Du magst sagen, was Du willst, anders als wie zuhause. Bist Du mit mir unzufrieden, so ändert das nichts an meiner Stellung höchstens wird sie auf ein paar Tage ungemüthlich; wenn ich aber hier einmal anstoße, so ist es als sei mit einem Schlage Alles Freundliche und Freundschaftliche aus unserem Verhältniß geschwunden und ich werde behandelt ›wie‹ es mir meiner Stellung nach eigentlich zukommt. Im Elternhause ist das Gute – selbstverständlich das Schlechte – Exeption; in der Fremde, habe sie noch so viel Nettes ist man immer unberechtigt, immer nicht dazugehörig und muß sich Tag um Tag erkämpfen und verdienen, was ich, meiner innersten Überzeugung nach, doch eigentlich nicht nöthig hätte. Und bei aller Anerkennung für Mandels bleibt es bestehen: sie ist unvornehm, er ist brutal. Es wäre gegen meinen Verstand, gegen die Ansicht *aller* hiesigen Bekannten, wenn ich mir vor mir selbst nicht wieder und wieder gestände: Du verdankst Dir die im Ganzen angenehme, bevorzugte Stellung, die Du eingenommen hast, fast lediglich selbst.«[52]

Martha Fontane war stolz darauf, guten Unterricht zu erteilen und sich als angenehme Hausgenossin zu bewähren, dennoch wollte sie ihre gesellschaftliche Stellung nicht durch berufliche Leistung verdient haben. Sie erhob Anspruch auf Wohlstand, elegante Lebensweise und zuvorkommende Behandlung, ohne aber deutlich machen zu können, worauf er sich begründete.

Komplizierte soziale Konstellationen konnten in der häuslichen Erziehung auch dadurch entstehen, daß adelige Frauen seit der zweiten Hälfte des 19. Jahrhunderts Erzieherinnenstellen in bürgerlichen Häusern an-

nahmen. Die baltische Gräfin Lilla Rehbinder, geb. 1847, arbeitete in verschiedenen Familien als Gouvernante, u.a. auch in einem ländlichen
Pfarrhaushalt in Livland. Der Pfarrer war Deutscher, die Pfarrfrau Lettin:
»Es war eine eigentümliche Stellung, welche die Gräfin Rehbinder als
Lehrerin in einem Hause einnahm, das ihr wiederum nach gesellschaftlichen Begriffen nicht ›standesgemäß‹ war. Mit ihr am selben Tisch aß die
lettische Bauerntochter, die alte Mutter, und es war Lilla unüberwindlich
peinlich, daß die Hausfrau darauf bestand, ihr *vor* der alten Frau servieren
zu lassen.«[53] Lilla Rehbinder selbst definierte sich als Erzieherin in einem
ländlichen Pfarrhaus über Beruf, Geschlecht und Alter. Es irritierte sie,
daß ihre Hausgenossen sie dort auch als Gräfin wahrnahmen.

In den Erinnerungen von Gouvernanten wird neben den sozialen Emp-
findlichkeiten immer wieder das Problem der Einsamkeit unter Fremden
angeschnitten, das durch »Familienanschluß« nur teilweise überwunden
werden konnte. Die Baltin Anna Katterfeld nahm 1899 mit achtzehn Jahren eine Erzieherinnenstelle auf einem Gut in Kurland an. Sie mochte ihren
achtjährigen Schüler und wurde gut behandelt. Aber: »In diesem ersten
Sommer wohnte ich, so freundlich ich auch aufgenommen war, doch noch
als eine Fremde in dem vornehmen Haus. Ich fand es oft bitter, abends allein im Zimmer zu sitzen, während ich den Familienkreis mit den Gästen
oben im Salon unter angeregten Gesprächen beisammen wußte. Da wartete
ich oft sehnsüchtig auf das Anklopfen des Dieners, das Zeichen, daß der
Abendtee aufgetragen sei, der noch in später Stunde im Wohnzimmer eingenommen wurde. Dann ging ich nach oben und konnte noch ein halbes
Stündchen an der Unterhaltung teilnehmen.«[54]

Auf jungen Berufsanfängerinnen im häuslichen Erziehungsgeschäft
wie Anna Katterfeld lastete die Einsamkeit nach getaner Arbeit besonders
schwer, denn sie hatten noch nicht gelernt, mit ihr umzugehen. Nun war
die geographische und die dadurch bedingte soziale Isolierung auf baltischen Gütern zweifellos besonders groß, und wurde deshalb häufig durch
herzliche Gastfreundschaft kompensiert. Insgesamt verfügten jedoch
Hauslehrer über wesentlich bessere Möglichkeiten, ihre Freizeit zu gestalten, als ihre Kolleginnen. Heinrich Wolfgang Seidel schreibt 1903 von
seiner Hauslehrerstelle auf einem Gut, auf dem außer ihm noch eine deutsche, eine französische und eine englische Gouvernante angestellt waren:
»Ich aber hatte das belustigende Gefühl, daß die drei anderen Lehrpersonen mich heimlich beneideten – um des freien, ungebundenen Lebens
willen, das ich nach ihrer Meinung führte, und wegen der tiefen Einblicke
in das Leben und die Merkwürdigkeiten des Ortes, die ich außerhalb der
Parkmauern studieren könnte.«[55]

Hauslehrerinnen mußten sich deshalb mit ihren Arbeitgebern besser stellen als Hauslehrer, wollten sie nicht vereinsamen. Häufig waren sie auf dem Lande auch eine willkommene Gesellschaft für die Eltern ihrer Zöglinge. Charlotte Freifrau von Hadeln, geboren 1884, berichtet über eine wunderbare Freundschaft zwischen Gutsherrin und Gouvernante aus der Sicht der Arbeitgeberin. Über das Jahr 1919 heißt es in ihren Erinnerungen: »Kurz zuvor hatte ich eine mit ganz besonders feinen seelischen Gaben ausgestattete Lehrerin für meine Kinder neu gewonnen. Ich war glücklich darüber, daß sie ganz meine Auffassung über die Grundlinie der Jugenderziehung teilte. Fräulein Wilhelmine Hensolt wurde nicht nur die ihr Bestes hergebende Lehrerin meiner Kinder, nicht nur ihre Freundin und für Jahre mein persönlicher Weggenosse beim Suchen nach lebenswichtigen Wahrheiten, sondern auch mein treuer Kampfkamerad gegen die Sorgen und Nöte des Tages. Sie gehört zu den Menschen, die durch mein Herz gingen und dort eine Spur hinterließen, die niemals verlöschen wird. Ich schenkte ihr ein Hakenkreuz als Schmuck. Das Hakenkreuz, das Sonnen- und Lebensrad, das Rad der schwunghaften unaufhörlichen Tat, sollte ihr Talisman sein bei jeglichem Tun. Wir lasen viel miteinander, beschäftigten uns mit dem Wesen der Gotik, begeisterten uns an Goethe, vertieften uns in Dichtungen von Eberhard König, in die Schriften von Ricarda Huch, Wilhelm Bölsche und einige des französischen Schriftstellers und Rasseforschers Gobineau. Es war ein gemeinsames Lesen, wie ich es liebe, zwischendurch entspannen sich immer wieder wie von selbst Aussprachen über das, was das Buch uns an Anregungen gebracht hatte. Abends begleitete sie mich oft, wenn ich Geige spielte, auf dem Klavier.«[56] Charlotte von Hadeln war später in der NS Frauenschaft aktiv.

Bestand zwischen Herrschaft und Gouvernante eine tiefe Übereinstimmung in der religiösen Ausrichtung, dem ideologischen Engagement oder in den geistigen Interessen, so konnte es für beide Seiten eine Bereicherung sein, die Abendstunden und Feiertage miteinander zu verbringen. Häufig ging jedoch dieses künstliche »Familienleben« allen Beteiligten auf die Nerven, weil es fremde Menschen zusammenführte, die weder durch ähnliche Erziehung, übereinstimmende Interessen noch Zuneigung miteinander verbunden waren. Schließlich wollte die Familie im 19. Jahrhundert jenseits der Arbeitswelt oft schon gerne »unter sich sein«. Das Problem war hier nicht Standesdünkel, sondern fehlende Intimität. Marie von Bunsen, geboren 1860, schreibt: »In Berlin bekamen wir unsere erste Gouvernante, das vortreffliche Fräulein Möser. Es begann die für Eltern einer zahlreichen Familie meistens an die zwanzig Jahre während Prüfungszeit, während welcher man fremde, gewiß hochachtbare, aber empfindliche, leicht gekränkte Menschen Tag für Tag um sich sieht und jede Mahlzeit mit ihnen teilt. Erzieherinnen und Hauslehrer werden vollberechtigterweise immer bemitleidet, hingegen für das vom Hausherren und der Hausfrau meistenteils Erduldete zeigt man wenig Verständnis.«[57] Der Maler Wilhelm von Kügelgen z.B. konnte für das, was er als Arbeitgeber einer Gouvernante erdulden mußte, berechtigterweise Mitgefühl reklamieren, wenngleich natürlich auch die betreffende Gouvernante zu bedauern war. Kügelgen teilte am 15. September 1841 seinem Bruder aus der kleinen Residenzstadt Ballenstedt mit: »In unserem Leben steht jetzt eine große Veränderung bevor, da wir uns, besonders auf Mutters Wunsch, entschlossen haben, eine Lehrerin ins Haus zu nehmen, eine Demoiselle Flügge aus Hamburg. Um die Kosten bestreiten zu können, habe ich mich entschlossen, auswärts zu porträtieren und mich zu diesem Zweck schon in Münster angemeldet. Mein Haus zu verlassen, ist mir ein schwerer Gedanke, aber ich bitte Gott, er wolle mir die Kraft geben, auch in der Fremde frisch und mutig zu bleiben, damit ich den nötigen Verdienst finde, um die armen Würmer zu erziehen.«[58] Im März 1842, nach seiner Rückkehr aus Münster, berichtet Kügelgen über den Winter, den seine Frau in Ballenstedt verbracht hatte: »Mit der sehr heftigen Lehrerin waren ewige Mißverständnisse und schreckliche Szenen, dazu Kinderkrankheiten, von denen ich nichts wußte. Julchen hat aber alle Hindernisse überwunden, und als ich zurückkam, fand ich zwischen den beiden Frauen ein ganz gutes Einverständnis, Liebe und Freundlichkeit.«[59]

Im Dezember 1842 heißt es über den eigenen Geburtstag mit nur leicht durch Ironie gemilderter Aggressivität: »Endlich kam die Flügge auch noch und schenkte mir ein Schwammtäschchen, ich konnte sie aber nicht zur Türe hinausschmeißen, weil ich keine Gewalt über sie habe.«[60]

Eine Woche vor Weihnachten desselben Jahres verfiel die Hauslehrerin in Krämpfe. Kügelgen schreibt am 10. Januar 1843 darüber: »Mit diesen Krämpfen ist wirklich ein großes Übel und Elend in unserem Hause eingezogen. Alle Abende dasselbe, vor 12 Uhr kommen wir fast nie mehr zu Bett, und welch traurige Bilder nehmen wir dann immer mit in den Schlaf hinein. Es gefällt Gott, daß wir uns in der Liebe üben sollen, gegen einen Menschen, der uns nicht liebenswürdig ist. Krampft sie nicht, so beweint sie in der Regel ihren Zustand und leider meistens in meiner Stube, wohin sie einen krampfhaften Zug hat. So eine nervöse Person im Hause ist doch ein greuliches Unglück und eine Zerstörung des Lebens.«[61] Im März 1844 kann Kügelgen endlich die Abfahrt der Lehrerin melden: »Mit der Flügge sind wir ein schweres Hauskreuz losgeworden, das drei Jahre auf uns gelegen und mir schweres Geld gekostet hat. Dafür sprechen und lesen die

Mädchen jetzt fertig Englisch und Französisch, was sie wahrscheinlich niemals brauchen und daher auch bald wieder vergessen werden. Eine Erzieherin hätte ich brauchen können, aber diese arme krankhaft leidenschaftliche Person konnte keine Erzieherin sein. Dann kamen die Krämpfe von Weihnachten bis jetzt. Allgemein wurde es mir verdacht, daß ich die Kranke nicht längst aus dem Hause gab, einerlei wohin; ja, wenn ich sie in den Wald gesetzt hätte, so hätte man es vernünftig gefunden. Aber die arme Seele hatte keine Zuflucht, und es war mir ganz unmöglich, eine so bejammernswerte Person in solchem Zustande ihrem Schicksal zu überlassen. Jetzt habe ich doch die Beruhigung, daß sie ziemlich genesen war, als sie unser Haus verließ. Sie ist nun zu Dora Heynitz, die sich erboten hat, sie bei sich zu behalten, bis sie wieder eine Stelle hat, und die freundlichen Königshyner Einflüsse werden sie denke ich, ganz kurieren. Meine Frau wird nun hoffentlich recht aufgehen, da sie eine ihr ganz und gar widerwärtige und unleidliche Genossin losgeworden ist.«[62]

Vielen Arbeitgebern war die Anwesenheit von Gouvernanten und Hauslehrern in ihrer Familie unbehaglich, aber leider durften sie die für die Erziehung ihrer Kinder angestellten Personen nicht ganz in das Schulzimmer verbannen, wie das oft in England üblich war. In Deutschland konnte es sich nur der hohe Adel erlauben, eine Stelle ohne »Familienanschluß« anzubieten und dennoch mit der Bewerbung guten Lehrpersonals zu rechnen. Junge Berufsanfängerinnen im Lehrfach legten bei Privatstellen großen Wert darauf, in ein fremdes Familienleben einbezogen zu werden, aber mit der Zahl der Berufsjahre nahm die Begeisterung für den »Familienanschluß« wohl meist ab. 1885 erklärte eine Leserin in der Zeitschrift *Die Lehrerin in Schule und Haus*, warum sie »einer wenig bezahlten, mühsamen Stelle an einer Schule vor einem besser bezahlten Platze in einer Familie den Vorzug gab«. Sie war acht Jahre als Hauslehrerin in vier verschiedenen Familien tätig gewesen und hatte dann an eine Schule gewechselt: »Wohl denke ich noch mit Freuden an manches zurück, was ich als Erzieherin hatte; wenn ich aber jetzt am Nachmittag aus meiner Schule komme, mir's in meinen bescheidenen vier Wänden behaglich gemacht habe und nun meinen Liebhabereien leben kann – so möchte ich mit keinem Könige tauschen. Ein eignes Heim ist halbes Leben!«[63]

Seit dem Ende des 19. Jahrhunderts verbesserte sich die Stellung von Lehrerinnen an öffentlichen Schulen. Vor allem entstanden neue qualifizierte Erwerbsbereiche für Frauen jenseits des Lehramtes. Es gab nun mehr Wahlmöglichkeiten im Beruf. Katharina Heinroth z.B., geboren 1897 in Breslau als Tochter eines Buchhalters, wollte Zoologie studieren. Auf Wunsch ihrer Eltern erlernte sie jedoch zunächst einmal einen »richtigen Beruf«. 1917 legte sie die Lehramtsprüfung ab und übernahm eine Hauslehrerinnenstelle bei einer ländlichen Pastorenfamilie in der Provinz Posen. Katharina Heinroth erinnert sich: »Mein Schuldienst war nicht ganz einfach, galt es doch, in drei verschiedenen Altersstufen zugleich zu unterrichten. Das jüngste Töchterlein Inge war im zweiten Schuljahr, der zehnjährige Sohn Gerhard im vierten und begann gerade mit Latein, das Pfarrer Esche zunächst selbst übernehmen wollte; dazu kam noch die dreizehnjährige Tochter Hertel des Postvorstehers Sommer, der ich Englisch und Französisch und die Anfänge der Mathematik beizubringen hatte, und mit der ich Homers Ilias und die Odyssee und klassische deutsche Literatur las. In Geschichte und Geographie konnte ich die beiden älteren zusammen unterrichten. Mit der ältesten Tochter Ilse, zwei Jahre jünger als ich, sollte ich zeitgenössische Literatur durchnehmen. Nachmittags hatte ich mich um die Schularbeiten der beiden Pastorskinder zu kümmern und mich auf den Unterricht des nächsten Tages vorzubereiten.«[64] Die Hauslehrerin übernahm dann noch den Lateinunterricht des Jungen, bis er zwei Jahre später in die Quarta eines Gymnasiums aufgenommen wurde. Außerdem half sie in Haus, Hof und Garten wie alle anderen Haushaltsangehörigen auch, denn sie genoß tatsächlich »Familienanschluß«. Mit »ihrer« Pastorenfamilie blieb Katharina Heinroth auch später in Kontakt, als sie schon eine bekannte Zoologin war.

Während des Ersten Weltkriegs konnten Hauslehrerinnenstellen oft nicht besetzt werden, weil gebildete Frauen andere Arbeitsmöglichkeiten vorzogen, die ihnen nun offenstanden. In der Weimarer Republik ging das Hauslehrerinnenwesen dann weiter zurück. Das Grundschulgesetz von 1920 hatte den »Unterrichtszwang« durch den »Schulzwang« ersetzt und festgelegt, daß alle Kinder mindestens vier Jahre lang eine Volksschule besuchen mußten. Privat- und Familienunterricht wurde nur noch ausnahmsweise gestattet.[65] Bei den Ausnahmefällen handelte es sich in der Regel um Kinder von Gutsbesitzern. So schreibt Dankwart Graf von Arnim, aufgewachsen als ostelbisches Gutsbesitzerkind in der Zeit zwischen den beiden Weltkriegen, rückblickend: »Der Privatunterricht war damals bei Kindern des Landadels obligat, auch war er wegen der Entfernung der Stadt und der Qualität der meist nur ein-, bestenfalls zweiklassigen Schulen auf dem Lande sicherlich angebracht.«[66]

Esther Gräfin von Schwerin unterhielt auf dem Gut ihres Mannes in Ostpreußen auch noch kurz vor Ausbruch des Zweiten Weltkrieges eine kleine Familienschule für ihre Kinder und Stiefkinder. Die älteren Töchter wurden von einem verheirateten Hauslehrer, Dr. Bannes, unterrichtet, die jüngeren Kinder von der über sechzig Jahre alten Claire Waechter, die schon den jüngeren Bruder der Gräfin erzogen hatte. Die Gräfin schreibt in ihren Erinnerungen über das Jahr 1937: »Die Harmonie der Kindererziehung in unserem Hause hing nun davon ab, wie die beiden Erzieher, Waechterchen und Dr. Bannes, sich vertragen würden. Es war ein großes Glück, das uns da in den Schoß fiel: Sie duldeten und achteten einander nicht nur, sondern verehrten sich. Morgens wurde in verschiedenen Zimmern unterrichtet. Nachmittags arbeitete Dr. Bannes an seinen Schriften. Bei schönem Wetter machte das Ehepaar Bannes mit Waechterchen und Ita, dem Kindermädchen, weite Spaziergänge. (...) Die Abende füllten Musik und Vorlesen.«[67]

Nach dem Zweiten Weltkrieg war es auch auf dem Lande nicht mehr üblich, Kinder wohlhabender Eltern im Haus unterrichten zu lassen. Frauen mit Lehrerinnenexamen standen jetzt nur noch Stellen im Schuldienst und in der Nachhilfe offen, wenn sie ihren erlernten Beruf ausüben wollten.

KAPITEL 7

In der Fremde

Das Feuer der Kultur entfachen und erhalten

Bereits im 18. Jahrhundert legten Gouvernanten lange Strecken zurück, um Stellungen an weit entfernten Orten anzutreten. Damals war Reisen gefährlich. Die Kutschen, in denen die Passagiere oft Tage und Wochen verbringen mußten, waren eng, klapprig und unbequem. Sie kippten leicht um, blieben im Schlamm stecken, verloren die Räder und brachen die Achsen. Die Fahrgäste litten unter Staub, Hitze oder Kälte. In dunklen Wäldern lauerten ihnen Räuber auf, in primitiven Gasthäusern erwarteten sie Ungeziefer und zwielichtige Gesellschaft. Kein Wunder, daß sich Reisende möglichst zu Gesellschaften zusammenschlossen, um sich gegenseitig zu unterstützen und einander beizustehen. Sie kamen sich dabei manchmal auch menschlich näher: Lotte Hochecorn, Gouvernante aus der französischen Kolonie und Freundin von Fanny Tarnow, nahm 1812 eine Stelle in Kurland an »und lernte auf der Reise dahin, im Postwagen, einen Herrn Hentschel, deutschen Kaufmann in Petersburg kennen, der ihr seine Hand antrug.«[1] Lotte Hochecorn gab ihr Jawort und zog nach Petersburg. Dort wurde sie bald von Fanny Tarnow besucht, die die Reise antrat, um als Rußlandkorrespondentin deutscher Zeitschriften ihren Lebensunterhalt zu verdienen.

Einwände gegen das Reisen von Frauen, die aus guten Gründen unterwegs waren, scheint es im nord-westeuropäischen Alltagsleben nicht gegeben zu haben. Obwohl die Überzeugung herrschte, daß Frauen ins Haus gehörten, hatte geographische Mobilität für Gouvernanten keine negativen sozialen Konsequenzen, sondern sicherte ihnen eher Respekt und Bewunderung. Gouvernanten wie Antonie Forster bezogen beträchtliches Prestige aus der Tatsache, daß sie in der Welt weit herumgekommen waren. Mehrere der »demoiselles francaises«, die mit J.H.S. Formey korrespondierten, hatten die Schweiz, die Niederlande, Österreich und sogar Rußland kennengelernt, denn das Netzwerk zur Vermittlung französischsprachiger Gouvernanten mit seinem Zentrum in Berlin reichte bis St. Petersburg. Dort lebte der Mathematiker und Physiker Johann Albrecht Euler (1734-1800), der seit 1769 das Amt eines ständigen Sekretärs der russischen Akademie der Wissenschaften einnahm. Er war mit einer Nichte von Suzanne Bonafous, Formeys erster Frau, verheiratet und nannte den Berliner Gelehrten daher seinen »cher cousin«. Euler und Formey führten eine rege Korrespondenz, in der es neben vielen anderen Dingen auch um die Vermittlung von Stellen an Glaubensgenossinnen und Glaubensgenossen ging. So schreibt Euler im Januar 1767 (am 7. nach dem russischen Kalender bzw. am 13. nach dem westeuropäischen), daß ihn Kaiserin Katharina II. beauftragt hat, herauszufinden, ob es in der Familie Cardel noch weibliche Personen gibt, die an einer Erzieherinnentätigkeit in Rußland interessiert sind und dieselben guten Eigenschaften besitzen wie ihre eigenen ehemaligen Gouvernanten Elisabeth und Madeleine (de) Cardel.[2] In demselben Brief teilt er Formey mit, daß er für einen gemeinsamen Bekannten, M. Franzani, in St. Petersburg zwar keine Stelle finden kann, wohl aber für dessen Frau. Allerdings darf sie ihren Mann nicht sehen, wenn sie in der »Communauté des Dames nobles« unterrichtet. Überhaupt besteht in Rußland kein Interesse an italienischem Sprachunterricht, wohl aber an französischem, wobei sehr auf Aussprache und Orthographie geachtet wird.

Im März schreibt Euler, daß mindestens noch acht »Französinnen« in der »Communauté des Dames nobles« eine Stelle finden können. Sie erhalten 200 Rubel Gehalt im ersten Jahr, 250 in den folgenden, dazu freie Wohnung, Holz, Equipage, freien Tisch, Kerzen und Bedienung. Die Reisekosten werden ihnen nicht erstattet.

Im Januar 1768 bittet Euler seinen Freund Formey, ihm bei der Suche nach einer »demoiselle francaise« für die Töchter der Gräfin von Braun, Frau des Gouverneurs von Livland in Riga, zu helfen. Gräfin von Braun hatte an Mme Euler über ihre Wünsche auf deutsch geschrieben: »Eine gute Conduite ist das vornehmste, so mich vorbehalte; sonst wegen dem übrigen bin ich nicht mehr so sehr verlegen, indem meine beyde ältesten Töchter meist erzogen sind; noch habe eine kleine Tochter, die nun bald ein Jahr seyn wird; nach diese müßte sie auch sehen und sie gleich zu sich nehmen. Hand-Arbeit würde mir sehr lieb seyn, wann Sie auch in diese Geschichte wäre, um die Jugend damit zu amusieren zu können; die französische Spraache müßte sie wohl zu Sprechen verstehen, gerne sähe auch, daß Sie reformierter Religion wäre. Ihre Gage soll jährlich 150 Ecus d'Albert seyn, die Reyse Kosten bezahle ich, und auf 3 Jahre müßte sie sich engagieren.« Mme Euler läßt ferner sagen, daß die bisherige Gouvernante im Hause der Gräfin von Braun 6 000 écus gespart hatte, und daß ein écu d'Albert einem écu und 12 Groschen brandenburgischer Währung entspräche.

Es ist kaum zu glauben, wie schnell die Post damals zwischen St. Petersburg und Berlin befördert wurde. Jedenfalls kann Euler am 24. Juni russischer Zeit bereits mitteilen, daß die »demoiselle francaise« Mlle Molinié in Riga eingetroffen ist, und daß es ihr im Hause der Gräfin von Braun sehr gut gefällt. Außerdem bittet er Formey im selben Brief, eine Gouvernante, die aus guter Familie und Berlinerin sein soll, für die sechzehnjährige Tochter eines sehr reichen livländischen Edelmannes zu suchen.

Suson Molinié selbst läßt Formey am 26. Oktober 1768 aus Riga wissen, daß Mme Euler bei der Beschreibung der Vorteile einer Gouvernantenstelle im Hause der Gräfin von Braun leider übertrieben hatte. Ihre Vorgängerin konnte nicht 6 000 écus, sondern nur 2 000 Rubel sparen. Dennoch hat sich Suson Molinié auf drei Jahre verpflichtet, weil ihr die Stelle gut gefällt. Sie teilt Formey außerdem mit, daß bei der Familie von Budberg eine »demoiselle francaise« für eine verwöhnte Tochter von acht oder neun Jahren gesucht wird.[3]

Zwei selbstbewußte Gouvernanten, Henriette Müller und Mlle de Beausobre, korrespondierten aus St. Petersburg mit J.H.S. Formey. Sie werden als Freundinnen der Familie auch in den Briefen Eulers immer wieder erwähnt. Henriette Müller, trotz ihres deutschen Namens Hugenottin, war Witwe mit mehreren Kindern, hatte am Hof in Stockholm gearbeitet und versuchte wie Mme Heck immer wieder erfolglos, sich als Schriftstellerin zu etablieren. Sie arbeitete viele Jahre lang im Haus des Grafen Sagresky in St. Petersburg und verbrachte dort auch ihren Lebensabend. Henriette Müller wurde häufig zu Familie Euler eingeladen, wo auch Mlle de Beausobre verkehrte, die seit 1771 die Komtesse Czernitschef erzog. Die beiden Gouvernanten befreundeten sich, besuchten sich im Stadthaus ihrer jeweiligen Herrschaft – Equipagen standen ihnen zur Verfügung – und trafen sich auch während des Sommers auf den gräflichen Gütern. Mlle de Beausobre begleitete ihren Zögling und dessen Mutter von Juni 1773 bis April 1775 auf einer Badereise nach Aachen. Erst 1787 kehrte sie endgültig aus Rußland in ihre Heimat Berlin zurück. Henriette Müller starb dagegen 1785 in St. Petersburg.

Mlle de Beausobre hatte Formey am 7. September 1771 kurz nach ihrer Ankunft geschrieben, daß sie es nicht bedauert, nach Rußland gegangen zu sein. Man behandelt sie hier mit Rücksicht und Zuvorkommenheit.

Das führt sie darauf zurück, daß sie sich positiv von ihren Vorgängerinnen unterscheidet, denn bei der ersten hatte es sich eher um ein Kindermädchen als um eine Gouvernante gehandelt, und die zweite war nur für eine Übergangszeit ins Haus gekommen und hatte sich bei ihren Erziehungsaufgaben nicht viel Mühe gegeben. Mlle de Beausobre kommt mit ihrem Zögling gut zurecht und kann schon die ersten Erziehungserfolge verzeichnen. Alle sind zufrieden. Die Gouvernante schlägt Formey vor, doch eine »kleine Reise« zu seinen Freunden nach St. Petersburg zu unternehmen, um dort einmal zu predigen: Von Stettin sind es mit dem Schiff ja nur zwei Wochen, und wenn der Wind gut ist, braucht er nicht mehr als fünf bis sechs Wochen von Berlin fort zu sein.[4]

Die »Französinnen«, ob aus Frankreich oder aus Brandenburg-Preußen, bereiteten in Rußland wie in Deutschland den Arbeitsmarkt für Gouvernanten anderer Nationalitäten vor. So berichtet der Geograph und Reiseschriftsteller Johann Georg Kohl in den dreißiger Jahren des 19. Jahrhunderts aus Petersburg, daß alljährlich im Frühling, wenn das Eis des Kronstädter Meerbusens geschmolzen ist, den Schiffen Erzieherinnen aus der Schweiz, Frankreich, England und Deutschland entsteigen. Sie sind bestimmt »als Priesterinnen der Minerva in Rußland zu fungieren und das Feuer der Cultur in diesem Land anzufachen und zu unterhalten.«[5] Zuerst zeigen sie sich erschrocken über die fremde Umgebung, die bärtigen Russen mit ihren langen Kaftanen, den ungewohnten Luxus in den Häusern ihrer Herrschaft und die große Zahl ihrer Zöglinge. Doch schnell passen sie sich an, werden elegant und weltgewandt, denn das wird von ihnen erwartet. Anders als in Deutschland, Frankreich und England, wo von Gouvernanten und Hauslehrern nicht viel Aufhebens gemacht wird, genießen sie in Rußland soziales Ansehen. Das Bildungsbedürfnis in der Oberschicht ist groß, deshalb ist die Privaterziehung hier ein einträgliches Geschäft, das von Frauen und Männern häufig lebenslang ausgeübt wird. Ausländische Gouvernanten haben aber auch gute Heiratschancen. Kohl erläutert: »Und selbst, wenn Jenes nicht ist, so wird eine solche Gouvernante, wenn sie sich nur mit den Launen ihrer Patroninnen abzufinden weiß, – dazu gehört völliger Mangel an Empfindelei und Empfindsamkeit, gegen welche die Russen, wo sie dergleichen merken, unerbittlich sind, eine gewisse Kälte und Charakterstärke und eine aufmerksame und energische Vertheidigung hinter seinen Schranken, denn vor Festigkeit und Ausdauer streichen die Russen allemal die Segel – ein recht leidlich brillantes Leben haben. Sie wird Gelegenheit genug finden, ihr Licht leuchten zu lassen, sich gefeiert und ihre Eitelkeit befriedigt zu sehen. Auch wird sie die gewöhnlich nicht täuschende Aussicht behal-

ten, dereinst einmal mit einem kleinen Vermögen in ihr Vaterland zurück-
zukehren, um ihre alten Tage in Ruhe und in Erinnerung an die temps
passés zu verbringen. Die Städte Montbeillard, Lausanne, Neufchâtel und
einige andere, die Hauptpflanzschulen für Gouvernanten von ganz Europa, sind voll von kleinen Capitalisten und Capitalistinnen, die sich ihr
Vermögen in Rußland sammelten.«[6] Ausländische Gouvernanten werden
aber auch nicht selten in der Familie ihrer Zöglinge so heimisch, daß sie
hier als »Adoptivtante« ihren Lebensabend verbringen.

Nach Johann Georg Kohl beherrschten die »Französinnen« das russische Gouvernantenwesen in den dreißiger Jahren des 19. Jahrhunderts,
und auch die Gouvernanten aus Deutschland, Livland und Kurland mußten gute Französischkenntnisse vorweisen können, um eine Stelle zu finden. In den russischen Ostseeprovinzen arbeiteten deutsche Gouvernanten meist in deutschen Familien und sahen ihre Arbeit deshalb häufig
auch nicht als Auslandstätigkeit an. Das galt besonders für diejenigen
Gouvernanten, die wie Gräfin Lilla Rehbinder und Anna Katterfeld
selbst im Baltikum aufgewachsen waren. Für russische Untertaninnen
deutscher Nationalität begann das wahre Rußland mit seinen bärtigen
Popen und orthodoxen Kirchen erst im »Inneren« des Landes.

In der Zeitschrift *Die Lehrerin in Schule und Haus* berichtete eine Erzieherin 1887 *Aus Rußland*. Sie war bei einer deutschen adeligen Familie
im Baltikum angestellt und kam dort mit Russen kaum in Berührung,
sondern fast nur mit Deutschen und Letten. Ihre Zöglinge lernten
Deutsch als Muttersprache und außerdem Lettisch, Französisch und Russisch. Die Gouvernante fühlte sich trotz eines herzlichen Empfanges
durch ihre Arbeitgeberin in diesem Milieu sehr fremd: »In den ersten Tagen meines Hierseins hatten die Kinder, bewacht von spähendem Mutter-
auge, sich sehr zusammengenommen; als aber dann die Baronin eines Tages ausfuhr, zeigten sie sich in ihrer ganzen Unbändigkeit, daß ich, starr
vor Entsetzen, keines Wortes mächtig war. Nicht allein machten sie das
ganze Haus zum Tummelplatz ihrer Wildheit, sondern als ich verbietend
einschritt, lachten sie mir ins Gesicht und ungezogene Redensarten, die
mein Ohr noch nie vernommen, sprudelten wie ein Springquell unauf-
hörlich hervor. Mir standen die Haare zu Berge.«[7] Besondere Empörung
riefen die Einfälle der vitalen zehnjährigen Thusnelda hervor, die so gar
nicht den weiblichen Tugendmustern entsprach. Doch auf anderen Gütern ging es nicht besser zu. Die Erzieherin mußte feststellen, daß die
Kinder dort genauso wild und ungezogen waren wie ihre eigenen Zöglinge. Als Grund dafür sah sie die Leibeigenschaft an, die in Rußland noch
nicht lange aufgehoben worden war. Adeligen Kindern wurde von klein

Gemälde von W.G. Perow (1833-1882): Ankunft der Gouvernante im Hause eines Petersburger Kaufmanns.

auf vermittelt, daß sie »etwas Besseres« waren als andere, und Dienstboten begegneten ihnen nach wie vor mit Unterwürfigkeit. Außerdem genossen die Töchter und Söhne der baltischen Oberschicht in den Augen ihrer reichsdeutschen Erzieherin große Freiheit und Selbständigkeit: »Schon die hohen Stiefel, welche bis ans Knie reichen und womit es durch dick und dünn geht, am liebsten durch tiefe Wassergräben, geben Zeugnis von dieser Liebhaberei; eine Peitsche oder ein dicker Knotenstock, eine Leine vervollständigen den Anzug. Kommt ein Wagen vorüber, so hängt man sich ein wenig an oder man fährt ein Stück mit, und das alles ist erlaubt. Zu verschiedenen Malen fuhren auch die Kinder ganz allein ohne Kutscher in den Wald; als ich mich bereit machte, mitzufahren, wurde meine Hilfe abgelehnt. Hunderte solcher Beweise könnte ich anführen, wenn das nicht zu weit führte.«[8]

Nach über drei Jahren befand sich die Erzieherin noch immer in »Rußland«, denn sie schätzte die warmherzige Baronin und gewann auch ihre Zöglinge zähneknirschend lieb: »Ganz zahm werden sie wohl nie werden, aber ich vertraue auf die Güte Gottes, die auch dieser Kinder sich erbarmen wird.«[9]

Gräfin Henriette Keyserling wuchs ebenfalls in einer russischen Ost-
seeprovinz auf und schildert, wie sehr sie es als Kind genoß, die deutsche
Gouvernante zu ärgern: »Während der kalten, klaren Februartage fahren
die Eltern nach Telsen und übergeben Tante Betty und der neu angekom-
menen deutschen Lehrerin die Aufsicht über Haus und Kinder. Letztere
übernimmt diese Pflicht mit vielem Vergnügen – allein nur zu bald muß
die gewissenhafte Seele das Illusorische ihrer redlichen Bemühungen ein-
sehen. Ist der Tag mit seinen tollen Streichen glücklich vorüber und wir
alle wohlbehalten an der Abendlektüre, so muß sie bald innewerden, daß
der Frieden nur ein scheinbarer ist und daß unser geheimnisvolles Ki-
chern und Flüstern, unsere geräuschlosen Vorbereitungen, unser schlecht
verhehlter Wunsch, die allgemeine Zeit des Schlafengehens zu beschleuni-
gen, die Vorläufer zu neuen Taten sind, welche die nächtliche Stunde noch
weit beängstigender erscheinen läßt. Lange Spazierfahrten durch das
schneebedeckte Land, bei welchen die Gouvernanten in einem bequemen
Schlitten hinter uns herfahren und wir, von Elise gekutscht, in rasender
Eile voransausen, häufig verschwinden unsere selbstzufriedenen Persönlichkeiten in die Tiefe der schneegefüllten Gräben (...) Die nächtlichen
Ausschweifungen finden ihren Kulminationspunkt in der Plünderung der
Handkammer (...) Außer diesem wüsten Ereignis bestehen unsere nächtlichen Freuden in mitternächtlichen Kaffees, die wir, mit roten Turbanen
geschmückt, singend in unserem Zimmer zusammen einnehmen, oder ge-
spensterhaften, geräuschlosen Tänzen, die wir auf Strümpfen im Saal
führen, wobei ein elendes Lichtstümpfchen uns leuchtet – und ähnlichen
Kindereien. Die Mißbilligung Fräulein Wolters, das Geheimnisvolle, welches allen diesen Dingen den Reiz des Unerlaubten gibt, machen sie zu einem Vergnügen der feinsten Art...«[10] Geplagten deutschen Erzieherinnen
im Baltikum mochte es ein Trost sein, wenn sie ihre selbstbewußten,
phantasievollen und lebhaften Zöglinge einer fremden Nation, in diesem
Fall der russischen, zuschlagen konnten.

Johann Georg Kohl bezeichnet das »Innere« Rußlands als besonders
günstigen Arbeitsmarkt für Hauslehrer und Gouvernanten, und auch andere Quellen vermitteln den Eindruck, daß die Gehälter dort höher, die
Angestellten in der Privaterziehung geachteter und der Umgang zwischen
Eltern und Kindern in der Aristokratie oft heiterer waren als in anderen
Ländern.[11] Das schloß jedoch Enttäuschungen, pädagogische Probleme,
Arbeitslosigkeit, Zukunftsangst und Einsamkeit nicht aus. Auch besaßen
deutsche Gouvernanten, selbst wenn sie Französisch fließend beherrschten, in Rußland nicht so gute Chancen auf dem Stellenmarkt wie ihre
französischen und später ihre englischen Kolleginnen. Helene Adelmann

schreibt 1895 in der *Gartenlaube* über die Berufsmöglichkeiten deutscher Lehrerinnen im Ausland: »In Rußland sind seit ungefähr 15 Jahren die Gehälter nicht nur mehr und mehr gesunken, sondern für die deutschen Lehrerinnen ist dort überhaupt kein Boden mehr. Früher, unter dem Kaiser Alexander II., galt Rußland als Eldorado für die deutschen Erzieherinnen, die fertig Französisch sprechen und gut Klavier spielen konnten. Der wissenschaftliche Unterricht wurde und wird auch jetzt noch meist von Russen erteilt.«[12]

1886 erschien in der Zeitschrift *Die Lehrerin in Schule und Haus* ein Bericht über die Erlebnisse einer deutschen Erzieherin im russischen Polen.[13] Die junge Frau, »Trägerin deutscher Sitte und Kultur«, geriet jenseits der Grenze in fremde, ihr völlig unverständliche Lebensverhältnisse: Im Haus ihrer Arbeitgeber existierten Unsauberkeit und Luxus nebeneinander, servierte ein weißbehandschuhter Diener vielgängige Menüs an einem Tisch mit schmutzigem Tischtuch und schadhaftem Gedeck, standen die Kinderbetten im Eßzimmer. Die Erzieherin wurde im Salon der Herrschaft nur ungern geduldet, mochte sich aber nicht zu den Dienstboten gesellen. Deshalb verbrachte sie die freien Abendstunden in ihrem primitiven Schlafraum, der gleichzeitig Billardzimmer war und auch Sämereien zum Trocknen beherbergte. Die einsame junge Frau freundete sich mit einem Mäusepaar an, das in einer Samentüte hauste. Sie spielte mit diesen »Genossen ihrer Einsamkeit« und war ihnen dankbar, daß sie ihr über manchen düsteren Augenblick hinweghalfen. Nach einer Reihe unerfreulicher Erlebnisse mit ihren Arbeitgebern und der Entdeckung, daß ihre Briefe in die Heimat unterschlagen wurden, kehrte die Erzieherin fluchtartig nach Deutschland zurück. Aber obwohl sie sich an die fremden Lebensverhältnisse nicht anpassen konnte und wollte, betrachtete sie ihren Auslandsaufenthalt als Bereicherung. Sie hatte die eigenen Kräfte erprobt, die eigenen Standards überprüft und sah nun ihrer beruflichen Zukunft als Lehrerin trotz der enttäuschenden »russischen Expedition« hoffnungsvoll entgegen.

Erzieherinnen aus dem Westen Europas ließen Kinder aus dem Osten auch kulturellen Hochmut spüren. Prinzessin Sinaida Schakowskoy erinnert sich an eine französische Gouvernante, die mit dem Schicksal haderte, das sie nach Rußland geführt hatte: »Ein schreckliches Land, ein Land von Wilden, ach hätte doch Napoleon!...‹ Aber da packte uns ein plötzliches und ungewohntes patriotisches Fieber. Wir ließen unsere Bücher und Lottospiele stehen, warfen uns unter Aufbietung der Brocken unserer Geschichtskenntnisse alle möglichen Dinge, Taschentücher, Tischdecken, Servietten, ja sogar Lampenschirme über und humpelten, einer

auf den anderen gestützt, herum mit den Worten: ›So sind Napoleons Sol-
daten aus Rußland geflohen!‹ Dann schloß sich Madame Louise in ihr
Zimmer ein und weinte, bis unser patriotisches Fieber gewichen war und
wir reumütig zu unsrer Mutter liefen und ihr von dem Drama erzählten,
das sich eben abgespielt hatte.«[14]

Aufgeweckte Kinder lernten, nationale Stereotypen zu den eigenen
Gunsten einzusetzen. Katharina Gräfin Károlyi, vor der Jahrhundertwende in Ungarn geboren, wurde mit ihren Schwestern nur von ausländischen Gouvernanten erzogen. Dennoch entwickelten die Mädchen Na-
tionalgefühl, wie folgende Erinnerung zeigt: »Trat eine neue Gouvernante
aus dem Westen ihre Stelle an, dann wurde der Bedauernswerten rasch
bewiesen, daß wir uns sehr von den Kindern unterschieden, an die sie gewöhnt waren. Als erstes setzte Ilona sie über unsere Herkunft ins Bild.
Wir waren weder Europäer, noch Indogermanen, sondern Mongolen –
Nachkommen von Dschingis-Khan und König Attila. Wir stammten von
den Hochebenen des Urals, wo wir unsere Beefsteaks unter dem Sattel
weichgeritten haben. Und deshalb hatten wir Anspruch darauf, in unserem eigenen Stil, nach unseren alten Gebräuchen zu leben. Nach diesen
Erläuterungen wickelten wir uns in Bären- und Wolfsfelle, die wir überall
im Haus zusammengesucht hatten, beschmierten uns die Gesichter mit
allem, was wir auftreiben konnten, und stürmten mit lautem Geschrei
durch die Kinderzimmer. ›Wir sind die Hunnen, die wilden Hunnen‹!«[15]

Als der Erste Weltkrieg ausbrach, wirkten sich die politischen Konflikte auf die Gouvernantenerziehung in der europäischen Oberschicht aus.
Katharina Gräfin Károlyi schreibt: »Caja lief mit Bändern in den Natio-
nalfarben Rot, Weiß, Grün durchs Haus, mit Tränen in den Augen haste-
ten die Gouvernanten zu ihren Konsulaten, nur Fräulein Koestler
brauchte sich keine Sorgen zu machen, denn sie war ein mächtiger Ver-
bündeter. Mademoiselle Robert mußte als erste abreisen. Ihre Einstellung
zu uns hatte sich völlig gewandelt, ihre Feindseligkeit verstärkte sich von
Stunde zu Stunde.«[16]

Die deutsche Gouvernante erscheint in den Erinnerungen ihres ungarischen Zöglings als Verkörperung nationaler Stereotypen: »Wenn Fräulein
Koestler das blonde Haar im Wind wehen ließ, glich sie nicht mehr Fausts
sanftem Gretchen, wie wir sie ihrer blauen Augen und roten Bäckchen
wegen genannt hatten, sondern eher einer Walküre.«[17] Im Ausland gab es
nicht nur wie in Deutschland die »kokette, rationalistische Französin«
und die »trockene, steife Miss«, sondern auch das »blonde, tüchtige Fräulein«.

Deutsche Gouvernanten hatten schon im 18. Jahrhundert in Rußland gearbeitet, nach Ungarn waren sie erst später gekommen. Und während die Arbeit einer deutschen Lehrerin in einer baltischen oder russischen Adelsfamilie meist als ehrenvolle Berufstätigkeit angesehen wurde, die Weltläufigkeit und elegante Manieren vermittelte, galt die Annahme einer Stelle in Ungarn oder Südosteuropa oft als abenteuerlich und gefährlich. Einer der Gründe dafür war, daß sich hier betrügerische Plazierungsbüros in die Stellenvermittlung mischten.

In der Zeitschrift *Die Lehrerin in Schule und Haus* erschien 1892 der Artikel von W.G. *Geht nicht nach Ungarn! Eine Warnung an meine Berufsgenossinnen.*[18] W.G. hatte in Deutschland an einer Schule unterrichtet, ihre Stelle durch Krankheit verloren und keine neue finden können. Deshalb meldete sie sich auf eine Annonce in der *Kölnischen Zeitung*, in der geprüfte deutsche Lehrerinnen bei sehr gutem Gehalt nach Ungarn gesucht wurden. Sie erhielt viele Angebote und entschied sich für eine Stelle bei einer Familie mit zwei Kindern in Debreczin. W.G. reiste ab, ohne Namen und Anschrift ihrer zukünftigen Arbeitgeber zu kennen. In Budapest entdeckte sie dann, daß sie auf ein Schwindelunternehmen hereingefallen war. Ihr Agent schickte sie kreuz und quer durch Ungarn in ungeeignete Stellungen, die sie entweder gar nicht erst antreten konnte oder schon nach kurzer Zeit wieder aufgeben mußte. Endlich, als ihre finanziellen Mittel erschöpft waren, und sie noch immer keine Arbeit gefunden hatte, wandte sich W.G. verzweifelt an das deutsche Konsulat in Budapest. Dort erhielt sie die Adresse des »Home Suisse«, eines Heims für ausländische Lehrerinnen, dessen Vorstand ihnen auch bei der Stellensuche behilflich war. W.G. kam als Hauslehrerin in eine sympathische Familie, in der sie aber nicht lange bleiben konnte. Wieder setzte eine frustrierende Stellensuche ein. W.G. schreibt: »Wie ich schon gleich anfangs bemerkte, ist auch diese jetzige Stelle, welche ich seit einigen Tagen einnehme, in keiner Weise auch nur annähernd zufriedenstellend, und dazu verbittert mir eine 13jährige Schülerin, im höchsten Grade verwöhnt und verzogen, welches jedoch nicht gerügt werden darf und soll, das Leben. Doch das ist Nebensache und darf in Ungarn keinen Grund zum Wandern bilden, sonst wäre man ständig stellenlos; denn ich glaube, in keinem Lande herrscht weniger Erziehung, Zucht und Sitte unter den Kindern, als gerade hier. – Könnte ich nur allen Kolleginnen meine Erfahrungen und Erlebnisse mitteilen und sie warnen vor einem Lande, welches so wenig für uns geeignet ist! Sollte aber dennoch eine oder die andere dahin verschlagen werden, so wappne sie sich mit Energie, Charakterfestigkeit und *hüte sich, von Deutschland aus mit irgend einer Agentur in Verbindung zu treten.*«[19]

Auf diese Warnung an die deutschen Kolleginnen, bloß keine Stellung in Ungarn anzunehmen, meldeten sich mehrere Leserinnen zu Wort und kritisierten taktvoll aber bestimmt W.G.'s naives und unbeholfenes Vorgehen auf dem internationalen Arbeitsmarkt. Rosa Freudenheim bemerkte aus Gr. Kikinda: »Ungarn ist ein so reiches Arbeitsfeld für deutsche Lehrerinnen, ein so großes Abflußgebiet für die im Vaterlande immer wachsende Konkurrenz, daß ein Abwenden von demselben zugleich eine schwere Schädigung der Interessen unserer deutschen Erzieherinnen bedeuten würde. Der Bedarf deutscher Lehrkräfte ist ein großer, die Gehälter sind im Verhältnis zu den bei uns gewährten recht hoch, und die Behandlung, soweit meine Erfahrungen reichen, durchschnittlich eine gute. Ich persönlich bekleide eine Stelle im südlichsten Teile des Landes, zwischen Szegedin und Temesvar, und kann nur sagen, daß man mir noch nirgends mit soviel Freundlichkeit, Höflichkeit und Zartgefühl entgegengekommen ist, wie in diesem ungarischen Haus. Wenn ich auch nicht behaupten werde, daß diese Behandlung Regel ist, so weiß ich doch von vielen meiner deutschen Kolleginnen, daß sie hier zu Lande angenehme Stellung und freundliche Behandlung gefunden haben. Die erste Bedingung dafür ist freilich, den richtigen Weg zur Erlangung einer Stelle einzuschlagen.«[20] Rosa Freudenheim fügte hinzu, daß die deutsche Lehrerin sich auf keinen Fall an eine obskure Agentur wenden durfte, um nach Ungarn zu kommen, und sich vorher unbedingt mit der einstellenden Familie in Verbindung setzen mußte.[21] Sie nannte eine vertrauenswürdige Stellenvermittlung in Wien und riet den interessierten deutschen Lehrerinnen, lieber in eine bürgerliche ungarische Familie zu gehen als in eine hochmütige adelige. Aus Békés-Csaba schrieb R. Eisenstaedt. Sie war seit fünf Jahren in Ungarn, und es gefiel ihr dort sehr gut. Auch sie warnte vor betrügerischen Agenten. Die Lehrerinnen, die ins Ausland gingen, sollten sich den fremden Lebensverhältnissen anpassen und die Achtung ihrer Umgebung erwerben. Dann hätten sie in Ungarn auch keine Mühe, von ihren Arbeitgebern weiterempfohlen zu werden: »Allerdings darf eine Erzieherin, die nach Ungarn geht, nicht zu große Ansprüche machen, denn viel Abwechslung und geistige Anregung bietet das Leben auf dem Lande und in kleinen Städten gerade nicht; wer sich dagegen mit einem gemütlichen Familienleben begnügt, wird in den meisten Fällen befriedigt sein; denn wenn auch nicht durch hohe Bildung, zeichnen sich die Ungarn doch durch Intelligenz und Herzensgüte aus, welche den Verkehr mit ihnen angenehm machen. Große Schwierigkeiten bietet die Erziehung der Kinder. Trotz und Eigensinn, genährt durch allzugroße Schwäche und Nachgiebigkeit der Eltern, sind meistens schwer zu

bekämpfende Fehler, welche den Lehrerinnen manche bittere Stunde bereiten. Aber mit Energie, auch den Eltern gegenüber, und viel Geduld läßt
sich manches erreichen. Und wo hat es eine Erzieherin, die es ernst mit
ihrer Aufgabe nimmt, leicht? Das sind nur seltene Ausnahmen, die man
auch in Ungarn zuweilen findet.«[22]

In dem Familienblatt *Daheim* wurde 1883 annonciert: »Erzieherinnen
gesucht zum sofort. Antritt für gute u. dauernde Vakanzen im Ersten
Wiener Nachweisung-Institut der Mme Sofie Schreiber, Wien, Praterstr.
41, daselbst billige u. bequeme Pension für stellensuchende Erzieherinnen.«[23]

Und in der *Lehrerin in Schule und Haus* hieß es 1889: »Ich suche Erzieherin für Wien, Gehalt 1 400 Mk., für Graz, Gehalt 1 200 Mk., für Budapest, Gehalt 1 200 Mk., für Troyes, Gehalt 1 200 Frks., für Spezia, Gehalt
1 500 Frks. für Constanza, Gehalt 1 500 Frks., für Moskau, Gehalt 1 500
Frks. Ferner mehrere Erzieherinnen für Böhmen, Mähren, Ober- und
Süd-Ungarn, mit hohem Gehalte. Repräsentantin für Hamburg, Gehalt
2 000 Mk., Gesellschafterin für Ober-Ungarn in adeliger Familie, Gehalt
800-900 Mk. Ausführliche Offerten samt zweifacher Zeugniskopien und
Photographien sind zu richten an Madame Schreiber, Wien, Praterstraße
41. – Gouvernanten-Heim für stellensuchende Lehrerinnen und Erzieherinnen. Arme und mittellose Stellensuchende erhalten kostenfrei die Stellen und werden vollkommen kostenfrei in der Pension aufgenommen.«[24]

In der *Kölnischen Zeitung* vom 21. November 1896 annoncierte Madame Schreiber: »Erzieherin gesucht für gräfliche Familie in Wien, Erzieherin für 2 Prinzessinnen in Rußland, ferner Erzieherinnen zu mutterlosen Kindern, Wien und Budapest, ferner Erzieherinnen für Bukarest,
Athen und Kiew. Sehr hohes Gehalt. Ausführliche Offerten sind zu richten an Frau Sofie Schreiber, Wien, Praterstr. 41, Vorsteherin des Gouvernantenheims.«[25] Obwohl das alles fast zu schön klang, um wahr zu sein,
handelte es sich bei Madame Schreiber keineswegs um eine unseriöse Person, sondern um die Vermittlerin, die Rosa Freudenheim aus Gr. Kikinda
ihren Kolleginnen in Deutschland empfohlen hatte.

1882 berichtete eine ungeprüfte Lehrerin in der Zeitschrift *Daheim*
über ihre Erfahrungen in einem Wiener »Gouvernanten-Nachweisbüreau«, bei dem es sich allem Anschein nach um das Unternehmen von
Sofie Schreiber handelte.[26] Die junge Deutsche war allein nach Wien gefahren, um der kleinstädtischen Enge ihrer Heimat zu entfliehen und einmal auf eigenen Füßen zu stehen. Sie hatte sich in dem Nachweisbüro angemeldet, das mit einem Gouvernantenheim verbunden war, und dort
auch Quartier bezogen. Mit vier stellungsuchenden Kolleginnen wartete

sie Tag für Tag, von Heimweh geplagt, auf Vermittlungsvorschläge. Nach einigen Wochen fand sie eine passende Stellung. Nun mußte sie für Pension und Vermittlung einen Preis entrichten, der mehreren Monatsgehältern entsprach. Die Gouvernante unterrichtete eine zehnjährige ungarische Schülerin vor allem in Französisch und im Klavierspiel. Die Stelle gefiel ihr gut, aber sie kehrte dennoch bald aus Ungarn in die Heimat zurück, um zu heiraten. Allen Kolleginnen wünschte sie dasselbe glückliche Los. Dieser Bericht in der konservativen Zeitschrift *Daheim* unterscheidet sich von ähnlichen in der *Gartenlaube* und der »Lehrerin in Schule und Haus« durch die Schlußfolgerung, daß sich der berufliche Aufbruch in die Fremde für eine Frau selbst unter günstigen Umständen eigentlich nicht lohnt. In der *Gartenlaube* und der *Lehrerin* dagegen wurde über schlechte Erfahrungen deutscher Gouvernanten im Ausland berichtet, um unnötige Enttäuschungen zu vermeiden und Mißstände zu verbessern, nicht jedoch um Frauen von der Erwerbstätigkeit, auch nicht von einer im Ausland ausgeübten, abzuhalten.

Lehrerinnen, die ihr Vertrauen in Plazierungsbüros bei der Stellungssuche in Ungarn verloren hatten, griffen zur Selbsthilfe. Sie unterstützten das Home Suisse, das ursprünglich für protestantische Gouvernanten und Bonnen aus der französischen Schweiz gegründet worden war, aber auch Stellensuchende anderer Nationen und Konfessionen aufnahm. In diesem Budapester Heim konnten durchreisende Lehrerinnen übernachten, sich zwischen zwei Stellen erholen oder sich nach einer neuen Position umsehen. Ferner gab es den 1877 gegründeten internationalen Verein der »Freundinnen junger Mädchen«, der Lehrerinnen ebenfalls bei der Stellensuche im Ausland zur Seite stand.

Insgesamt besaßen deutsche Gouvernanten in Ungarn von der Mitte des 19. Jahrhunderts bis zum Ersten Weltkrieg gute Arbeitsmarktchancen. Ihre Stellung in ungarischen Familien war meist »eine geachtete und angenehme«, ihre Gehälter lagen zwischen 800 und 1 000 Mark, manchmal auch darüber.[27]

Gouvernanten, die Stellen in Ungarn und auf dem Balkan annahmen, begaben sich damit in eine Gegend, die der populäre Schriftsteller Karl Emil Franzos (1848-1904) im Jahr 1876 als »Halbasien« bezeichnete. In »Halbasien« drohten Gouvernanten seiner Meinung nach besondere Gefahren, z.B. als Stellenvermittler getarnte Mädchenhändler, die sie in Bordelle verschleppten, statt ihnen eine Position in der häuslichen Erziehung zu verschaffen. Franzos prangerte an: »Denn wo gäbe es Edleres, als den Beruf, Menschen zu erziehen, wo achtungswerthere Thätigkeit, als Verbreitung westlicher Cultur in dem barbarischen Osten?!... Und so werden alljährlich Hunderte von Mädchen und eine erkleckliche Anzahl Knaben aus Belgien und der Schweiz (wohl auch einige aus Deutschland) nach Ungarn, Rußland und Rumänien verhandelt und bevölkern dort zuerst die Häuser reicher Wüstlinge und dann – die Glücklicheren unter ihnen die Friedhöfe, die Unglücklicheren die öffentlichen Freudenhäuser. Aber wen kümmert's? – Sie gehen als ›Gouvernanten‹ und ›Gespielen‹ dahin! Und der Strom der Bildung fluthet nun einmal von West nach Ost, und man muß dem edlen Bildungsstreben der Herren Russen und Rumänen, Polen und Magyaren hülfreich entgegenkommen.«[28]

Der Wahrheitsgehalt dieser Aussagen ist schwer zu überprüfen, aber die Wortwahl ihres Autors läßt vermuten, daß es ihm weniger darum ging, seine Leserschaft sachlich zu informieren, als sie zu schockieren. Doch auch in Lehrerinnenkreisen galt die »untere Donau« bis ins 20. Jahrhundert als schwieriger Arbeitsplatz.[29] Mathilde Lammers warnte deutsche Lehrerinnen 1884 davor, eine Stelle in einem türkischen oder bulgarischen Haus anzunehmen, denn hier konnten sie im besten Falle zwar Geld verdienen, hatten aber kein angenehmes Leben, keine Gelegenheit zur Fortbildung und keine befriedigenden Arbeitsergebnisse. Auch von einer Erwerbstätigkeit in romanischen Ländern riet Mathilde Lammers ab, weil es für die unverheiratete Frau in Italien, Spanien und Portugal außerhalb des Klosters und des engen Familienkreises keinen Platz gab. Wenn eine deutsche Lehrerin jedoch in diesen Ländern unterrichten wollte, durfte sie sich nur durch Personen vermitteln lassen, die die einstellende Familie kannten. Gouvernanten kamen durch die Ausdehnung ihres Arbeitsmarktes in Gegenden, in denen einheimische Frauen weder einen qualifizierten Beruf ausüben noch allein reisen durften. Daraus entstanden häufig Fehldeutungen und Mißverständnisse.

Aber Gouvernanten gingen, wenn auch nicht sehr zahlreich, trotz aller Warnungen nach Süd- und Südosteuropa, eben weil dort häufig eine gute Bezahlung lockte. 1873 berichtete die Erzieherin N.L. in der Zeitschrift *Der Frauen-Anwalt* über ihre Erfahrungen in Rumänien.[30] Sie hatte etwa 1864, mit zwanzig Jahren, die Lehrerinnenprüfung bestanden und anschließend zuerst in Deutschland, dann in Genf gearbeitet. Nun war sie bereits seit vier Jahren bei einer griechischen Familie in Rumänien angestellt, die ihr 1 800 Frcs. jährlich zahlte. Die Erzieherin erklärte, daß deutsche Lehrerinnen nur dann eine Chance auf dem rumänischen Arbeitsmarkt besaßen, wenn sie das Französische perfekt beherrschten. Auch sollten sich nur erfahrene und selbstsichere Frauen ins Land wagen:»Die Orientalen sind nicht boshaft, aber sie haben keinen Takt und verstehen den Unterschied zwischen einer Bonne und einer Erzieherin nicht genü-

gend zu würdigen. Es giebt übrigens Ausnahmen, und ich zähle meine
Familie mit Freuden zu denselben, aber auch ihr habe ich besonders in
der ersten Zeit, mit Energie die Grenzen zeigen müssen, bis zu der sie mit
mir gehen durfte.«[31]

N.L. setzte sich auch mit der Situation westlicher Erzieherinnen auseinander, die in einem türkischen Harem angestellt waren, dort zwar sehr
viel verdienten, aber unter unbefriedigenden Bedingungen leben und arbeiten mußten. Vor allem: »Eine Erzieherin, die in einem Harem gewesen,
fällt in Mißcredit, und gute Familien nehmen solche niemals.«[32] Der Bericht schließt ziemlich pessimistisch, denn N.L. war zwar nicht unglücklich, hätte aber lieber in einem weniger undankbaren Beruf gearbeitet.

Die Österreicherin Marie Mach, ebenfalls 1844 geboren, wurde erst
nach dem Tod ihres Vaters erwerbstätig, als sie schon etwa Mitte dreißig
war. Sie bemühte sich einige Zeit erfolglos, durch Vermittlungsbüros und
Zeitungsanzeigen eine Stellung zu finden, wurde aber schließlich von einer Gutsbesitzerfamilie in Kroatien eingestellt. Die Dame des Hauses
trank und feierte Orgien, ihre Tochter, ein zwölfjähriges Mädchen, verhielt sich herausfordernd und roh. Marie Mach konnte hier nichts bewir-
ken, geriet in unangenehme Situationen und rettete sich durch Flucht.
Auch ihre nächste Stelle im Land brachte ihr kein Glück. Sie schreibt
rückblickend: »Von nun an habe ich alle Ereignisse meines vielbewegten
Gouvernantenlebens von der komischen, nicht von der tragischen Seite
genommen und bin ganz gut dabei gefahren, indem ich aus der unange-
nehmsten Sache noch einen Ulk herausschlug.«[33] Marie Mach hatte aber
noch mehr Gewinn, denn sie lernte Serbo-kroatisch und übersetzte einige
Gedichte aus dieser »schönsten aller slawischen Sprachen«, der Sprache
»der Liebe und der Helden« ins Deutsche. Nach weiteren Stellen in verschiedenen Gegenden Österreich-Ungarns reiste sie in die Bukowina, um
dort die Kinder eines Popen zu unterrichten. Vorbereitet durch Karl Emil
Franzos' »Halbasien« erwartete sie Schlimmes und wurde nicht enttäuscht. Schmutz, Ungeziefer, eisige Winterkälte, glühende Sommerhitze,
primitive Wohnungen und verdorbene Lebensmittel machten ihr das Leben unerträglich: »Nicht die geringste physische oder moralische Erholung wurde mir zuteil (...) Der Ansiedler in den Urwäldern des fernen
Westens, ein Schiffbrüchiger auf einer wüsten Insel kann keine tiefere
Sehnsucht nach seinesgleichen fühlen, als ich nach einem Kulturmen-
schen. Nichts als diese kleinlichen, bornierten, abergläubischen Wesen,
ein Stück zurückgebliebenen Mittelalters!«[34]

Marie Mach verließ die Bukowina leidend, denn der Mangel an Freude
und Lebensqualität hatte sie zermürbt. Nach einem langen Krankenhaus-

aufenthalt in Wien arbeitete sie als Gouvernante in Kärnten, der Steiermark und schließlich zufrieden in Montenegro und Ungarn, also doch wieder in »Halbasien«.

Die romanischen Länder galten für deutsche Gouvernanten im Vergleich zu den Ländern »der unteren Donau« als besserer, aber auch nicht als besonders guter Arbeitsplatz. So berichtete Pastor Fritz Fliedner 1885 aus Madrid, daß katholische deutsche Gouvernanten, vor allem aber Bonnen, in Spanien vielfältige Berufsaussichten besaßen. Für Protestantinnen dagegen war es in letzter Zeit schwieriger geworden, hier eine Stellung zu finden. Ausgebildete Lehrerinnen konnten in spanischen Familien ein Gehalt von 1500-2000 Frcs. (1200-1600 Mark) verdienen, wenn sie musikalisch waren. Viele deutsche Gouvernanten klagten aber darüber, daß sie von ihren Arbeitgebern wie Dienstboten behandelt wurden. Einer deutschen Lehrerin, die als Gouvernante nach Spanien zu gehen wünschte, riet der Pfarrer, möglichst viele Informationen über ihre voraussichtlichen Arbeitgeber einzuholen, und sich unter allen Umständen die Kosten für die Rückreise vorschießen zu lassen.[35] Ausländische Gouvernanten konnten sich in Madrid an eine Stellenvermittlung wenden, die von einer Engländerin geführt wurde und mit einem Wohnheim verbunden war.

1889 wurde in der *Lehrerin in Schule und Haus* ein Bericht aus Sizilien veröffentlicht. Die Erzieherin M.R. schreibt: »Man kann Sizilien trotz seiner vernachlässigten Erziehungsanstalten nicht etwa mit den untern Donauländern auf eine Stufe stellen. Dem einsamsten, ärmsten Bergbewohner in dem Innern der Insel merkt man die Spuren einer mehrtausendjährigen Civilisation an, sei es auch nur an der Art des Grußes. Eher kann man sagen, daß im Familienleben ein Stück Mittelalter haften geblieben, und dies ist in letzter Zeit mit der aus dem Norden hereindringenden modernen Kultur in Streit geraten. Einen Teil jener Kultur bilden jedenfalls die ausländischen Erzieherinnen, deren Leben sich infolgedessen zu einem steten Kampfe gestaltet.«[36]

M.R. arbeitete in einer sizilianischen Familie, und es gefiel ihr dort gut, obwohl ihre pädagogische Aufgabe unbefriedigend war. Sie durfte die ihr anvertrauten Mädchen nur für das Haus erziehen, für eine dem Mann ganz untergeordnete Stellung. Die Erzieherin bemühte sich, ihren Zöglingen wenigstens etwas weibliches Selbstbewußtsein und einige über das häusliche Leben hinausgehende Interessen zu vermitteln. M.R. mußte dabei wie so viele ihrer Kolleginnen feststellen, daß die im Seminar erworbenen Methoden im Ausland keine große Hilfe waren, weil sie nur für Erziehung und Unterricht deutscher Kinder paßten. Sie riet unerfahrenen Hauslehrerinnen, sich in der Fremde nicht den örtlichen rückständigen

Gegebenheiten anzupassen und dadurch ihre Rolle als Trägerinnen von Modernisierung zu gefährden.

1902 warnte Helene Lange in der Zeitschrift *Die Frau* junge Lehrerinnen vor der Annahme von Erzieherinnenstellen in Sizilien. Dort hatte sich nämlich ganz Ähnliches zugetragen wie angeblich in »Halbasien«. Deutsche Erzieherinnen waren »Opfer der scheußlichsten Gelüste« geworden, nachdem man sie narkotisiert oder mit brutaler Gewalt gefügig gemacht hatte. Aber im Unterschied zu »Halbasien« waren hier meist nicht einheimische Männer die Täter, sondern Ausländer. Helene Lange klagte die sizilianischen Behörden und das deutsche Konsulat an, derartige Vorkommnisse, die mehrfach bezeugt waren, zu ignorieren. Aber auch sie sprach sich nicht dafür aus, daß deutsche Lehrerinnen zu Hause bleiben sollten, sondern ermahnte sie, genaue Erkundigungen einzuziehen, bevor sie eine Stelle in Süditalien annahmen.[37]

Im 19. Jahrhundert dehnte sich der Arbeitsmarkt für deutsche Gouvernanten auch auf fremde Erdteile aus. Die Erzieherin Bertha Buchwald, geboren 1816, ging z.B. nach Chile. Sie war 1841 erwerbstätig geworden, nachdem sich die materiellen Verhältnisse ihrer Familie verschlechtert hatten. Zuerst arbeitete sie als Stütze der Hausfrau in verschiedenen Familien, dann übernahm sie Stellen als Erzieherin. Ein alter Lehrer stand ihr mit pädagogischen Ratschlägen für den Unterricht zur Seite. In Englisch und Französisch bildete sie sich autodidaktisch weiter, außerdem lernte sie Dänisch im Selbststudium. 1855 entschloß sich Bertha Buchwald, eine Erzieherinnenstelle in Valparaiso anzunehmen, von der ihr Bruder gehört hatte. Ihr wurden freie Reise und Gehalt schon für die Zeit der Überfahrt geboten, das erschien ihr äußerst günstig. Sie traf ihre Reisevorbereitungen, erwarb u.a. ein Reisebett, deckte sich mit Wein, Arac, Zitronensäure und Südfrüchten ein, letzteres wohl um Vitaminmangel vorzubeugen, ließ sich einen Paß ausstellen und ihren Arbeitsvertrag beim Konsulat bestätigen. Die Überfahrt mit dem Segelschiff dauerte vier Monate, während der die Passagiere Stürme, Unwetter, Seekrankheit, Hitze, Kälte, Enge, Feuchtigkeit, Ratten, Hunger, Durst, Streitigkeiten zwischen Kapitän und Besatzung, zwischen Kapitän und Passagieren sowie Eifersüchteleien unter den Reisenden ertragen mußten. Endlich in Valparaiso angekommen, traf Bertha Buchwald ihren Arbeitgeber, Herrn Vives, der gleich einen sehr ungünstigen Eindruck auf sie machte. Im Kontrakt war festgelegt worden, daß sie zwei Kinder zu unterrichten hatte, tatsächlich aber waren zwölf im Haus. Über ihre Ankunft schreibt Bertha Buchwald weiter: »Ich wurde dann in ein entlegenes Zimmer geführt, dessen Fenster mit einem dicken Eisengitter versehen war und keine ganze Scheibe mehr hatte. Statt des Fußbodens diente die bloße Erde und in den Ecken standen hunderterlei alte Spielsachen der Kinder umher; eine eiserne Bettstelle, ein alter Tisch mit ein paar wackligen Stühlen bildeten das Mobilar – das sollte mein künftiger Aufenthaltsort sein; die Thür führte auf einen großen, eingeschlossenen Hof. Endlich war ich allein, man brachte nachher mein Gepäck in den Hof und ich fand Muße, die liebevollen Briefe der Meinen zu lesen. Da machte ein Thränenstrom die gequälte Brust leichter; ich betete inbrünstig zu Gott um Kraft und Stütze.«[38]

Die Erzieherin lernte so schnell wie möglich Spanisch, um auch in dieser Sprache zu unterrichten. Mit der Dame des Hauses kam sie gut zurecht, mit den Kindern hatte sie ihre Mühe. Bald zog die Familie für die Sommermonate aufs Land. Dort begeisterte sich Bertha Buchwald für die schöne Landschaft, die farbenprächtigen Pflanzen, die Kolibris.

Im zweiten Jahr steckte sie sich bei den Kindern mit Keuchhusten an. Ihre Widerstandskräfte waren erlahmt durch ständige Auseinandersetzungen mit dem Hausherrn, der sich weigerte, den Arbeitsvertrag ernstzunehmen: »Hatte Senhor Vives sich doch einst sogar erdreistet, mir grinsend zu antworten, mein Contract, den ich doch hatte müssen umständlich durch sieben, sage sieben Zeugen in der Heimat beglaubigen lassen, hätte überhaupt nur für mich bindende Kraft, da für ihn selbst ja ganz andere Gesetze in Chile gültig wären. Was sollte ich machen angesichts solcher Nichtswürdigkeit!«[39]

Bertha Buchwalds flehende Bitten, sie doch aus dem Vertrag wegen Krankheit und Überarbeitung zu entlassen, wurden abschlägig beantwortet. Da griff sie in ihrer Verzweiflung zu der Drohung, daß sie dem Hausherrn jede Nacht als Geist erschiene, falls sie in seinem Haus sterben müßte. Das wollte er doch nicht riskieren und entband sie deshalb von ihren Verpflichtungen. Nachdem sie sich etwas erholt hatte, nahm sie eine neue Stelle im Haus eines verwitweten Ministers in Valparaiso an. Bertha Buchwald unterrichtete nun die beiden Töchter des Ministers zusammen mit den drei Kindern eines befreundeten Kaufmanns. Dieser Kaufmann, Senor Velez, machte ihr bei einem Landaufenthalt »tückische Vorschläge«, die sie entschieden zurückwies. Außerdem betrog er sie um Geld. Als ihr Vertrag nach drei Jahren erfüllt war, entschloß sie sich, gemeinsam mit einer englischen Kollegin eine kleine Privatschule zu eröffnen. Wieder wurde Bertha Buchwald durch Überarbeitung krank; deshalb kehrte sie 1861 nach Deutschland zurück. Hier erteilte sie Privatunterricht und machte sich im Kreise ihrer Verwandten nützlich. In Chile konnte Bertha Buchwald einige Ersparnisse zurücklegen, aber ein Vermögen, wie deutsche Gouvernanten es angeblich in Brasilien erwarben, brachte sie nicht zusammen.[40]

Ina von Binzer (Ulla von Eck) war fünf Jahre lang Erzieherin in Brasilien und veröffentlichte einen Briefroman über ihre Erlebnisse. Sie beschreibt darin u.a. das Leben auf den großen Plantagen, die um 1881 noch durch Sklaven bearbeitet wurden. Die junge deutsche Gouvernante des, Romans, die gerade ihre Lehrerinnenprüfung abgelegt hatte, mußte sieben Kinder unterrichten und fünf Stunden Klavierunterricht am Tag erteilen. Sie war von morgens um sieben bis abends um sechs Uhr tätig. Die im Seminar erworbenen Lehrmethoden eigneten sich vielleicht für deutsche Schulen, im häuslichen Unterricht brasilianischer Kinder nützten sie ihr wenig. Die Gouvernante litt unter den unbequemen Wohnverhältnissen in dem großen Herrenhaus, unter dem Lärm, der mangelnden Privatheit und unter der Einsamkeit. Sie bekam Sumpffieber und wechselte ihre Stelle. Nach anfänglichen Schwierigkeiten lernte sie, sich auf dem brasilianischen Arbeitsmarkt zu bewegen und Chancen zu nutzen. Es gelang ihr, sich in der Fremde ein abwechslungsreiches und befriedigendes Berufs- und Privatleben aufzubauen. Nach ihren Angaben erhielt eine deutsche »professora« in Brasilien 3 000 Mark im Jahr bei freier Kost und Logis.[41]

Im Familienblatt *Daheim* erschien 1882 folgende Anzeige: »Eine adl. Familie in San Paulo (gesunde, fieberfreie Stadt) in Brasilien s.e. Erzieherin im Alt. v. 22-30 Jahren. Außer der Befähigung in d. gewöhnl. Lehrf. Unterricht zu erteilen, wird solche auch besonders für Musik verlangt. Fr. Station, 1 450 M fester Gehalt u. weitere Gelegenh. d. Musikunt. über 2 000 M zu verdienen. Nachmittag frei. Reisek. w. vorgeschossen. Absch. d. Zeugnisse, Photogr.«[42] Der Verdienst lag hier deutlich unter 3 000 Mark, und außerdem wurden die sehr hohen Reisekosten nicht erstattet, so daß die Erzieherin erst einmal nur für den erhaltenen Vorschuß arbeitete. Andererseits bot Sao Paulo gute Erwerbsmöglichkeiten für ausländische Gouvernanten und galt im Gegensatz zu den Landgütern als angenehmer Arbeitsplatz.

Martha Grundgeyer sandte ihren Kolleginnen in der Zeitschrift *Die Lehrerin in Schule und Haus* 1889 einen *Gruß aus Uruguay*.[43] Sie hatte 1886 ihre Stelle an einer höheren Mädchenschule in Mecklenburg aufgegeben, um Erzieherin in Südamerika zu werden, und zwar auf einem Gut, auf dem bereits ihr Bruder als Verwalter angestellt war. Zu diesem Schritt entschloß sie sich, um etwas von der Welt zu sehen, und »durch den Erwerb für ihre alten Tage sorgen zu können«. Die Überfahrt mit dem Dampfer dauerte vier Wochen. Von Montevideo aus reiste Martha

Grundgeyer erst mit der Bahn, dann mit der Postkutsche weiter. Der Gutsbesitzer, dessen drei ältere Kinder sie unterrichten sollte, war Deutscher, seine Frau Belgierin. Im Hause wurde überwiegend deutsch, aber auch französisch, spanisch und englisch gesprochen. Die Erzieherin erhielt Kost, Logis, ein Gehalt von 1 500 Mark jährlich und freie Schiffspassage hin und zurück in der ersten Klasse. Sie hatte sich auf vier Jahre verpflichtet, eines davon war zum Zeitpunkt des Berichts schon abgelaufen. Es gefiel ihr sehr gut in Uruguay, wo Flora und Fauna exotisch waren, es im Haus ihrer Arbeitgeber aber doch ganz europäisch zuging, und sie außerdem die Freizeit mit ihrem Bruder verbringen konnte.

Die Stellensuche führte deutsche Lehrerinnen auch nach Australien und Neuseeland. Martha Fast berichtete 1889 aus Sidney für *Die Lehrerin in Schule und Haus*. Sie und ihre Schwester hatten vor achtzehn Monaten ohne vorheriges Engagement auf eigene Kosten die weite Reise nach Australien angetreten, in der Hoffnung, sich dort durch Privatstunden ernähren zu können. Bislang war ihnen das in bescheidenem Rahmen geglückt, sie erteilten Sprach- und Musikunterricht. Allerdings hatte Martha Fast selbst acht Monate lang bei einer Familie auf dem Land gearbeitet. Sie schreibt über diese Zeit: »Ich war wie die älteste Tochter des Hauses, z.B. nahm ich an allen Vergnügungen teil und hatte mein Reitpferd zur Verfügung; das Vergnügen des Reitens habe ich ordentlich gekostet, manchmal Touren von 4-5 deutschen Meilen gemacht.«[44]

Das Gehalt einer Erzieherin in Australien richtete sich nach ihren Aufgaben. Eine Nursery-Governess bekam 30-35 Pfund, die Erzieherin für Kinder »des mittleren Alters« 40 bis 60 Pfund, die Finishing-Governess 80-100 Pfund, ausnahmsweise 120 Pfund. Martha Fast hatte auf dem Land ein Gehalt von 100 Pfund jährlich bezogen. Ein Pfund Sterling entsprach damals 20 Mark. Arbeitgeber hatten es aber nicht nötig, den europäischen Erzieherinnen die Überfahrt zu bezahlen, denn es gab genügend stellungssuchende englische Gouvernanten im Land. Die Schwestern Fast waren sicher nicht nur aus ökonomischer Notwendigkeit, sondern auch aus Abenteuerlust bis nach Australien gereist, um als Erzieherinnen zu arbeiten.

Die »Wanderlust« deutscher Lehrerinnen mußte häufig genug von Kennern des jeweiligen Landes gebremst werden, wenn es dort keine Stellen für sie gab. Der Pfarrer der deutschen Gemeinde in Tokio riet Lehrerinnen 1890 dringend davon ab, auf gut Glück nach Japan zu reisen, in der Hoffnung, dort als Gouvernanten ein Auskommen zu finden: »Sehr selten wird eine Europäerin für eine japanische Familie angenommen und in den meisten Fällen mit geringem Gehalte. Auch entspricht das Angebot nicht der Nachfrage; stellenlose Engländerinnen und Deutsche haben wir schon jetzt hier zur Genüge.«[45]

In den USA, dem klassischen Auswanderungsziel vieler Deutscher, waren die Verdienstmöglichkeiten für ausgebildete, selbstbewußte europäische Frauen gut. Die *Gartenlaube* berichtet 1896, daß Krankenpflegerinnen, Putzmacherinnen, Schneiderinnen, Kindermädchen, Köchinnen und Haushälterinnen dort besonders gesucht wurden und fährt fort:»Die deutsche geprüfte Lehrerin hat als Gouvernante nur dann Aussichten, wenn sie fließend französisch und englisch spricht, Musik und Zeichnen versteht. Kann sie statt der beiden letzteren Fächer Latein oder Griechisch lehren, so besitzt sie damit auch eine Anwartschaft auf guten Erwerb. Eine Schulstelle ist indessen jeder Privatstelle vorzuziehen, weil sich von ihr aus die Bahn zu den höheren Schulen, zu College und Universität eröffnet, wenn Talent und Charakter vorhanden sind.«[46]

1898 wurde in den USA ein»Verein deutscher Lehrerinnen« gegründet. Sein Sitz befand sich in New York, wo auch die jährlichen Generalversammlungen stattfanden, an denen bis 1907 jeweils durchschnittlich dreißig deutsche Lehrerinnen und Erzieherinnen teilnahmen. Der Verein half bei der Stellenvermittlung und unterhielt einen Unterstützungsfonds für seine Mitglieder. Ihm durften nur solche Lehrerinnen beitreten, die ein»vollkommen reines Deutsch« sprachen und gute Zeugnisse vorweisen konnten.[47]

Die Professionalisierung des Erzieherinnenberufs in Deutschland wirkte sich in der zweiten Hälfte des 19. Jahrhunderts auch auf Auslandstätigkeiten aus, denn nun wurde das bestandene Lehrerinnenexamen selbst in entfernten Gegenden zu einer wichtigen, häufig unabdingbaren Einstellungsvoraussetzung. Und wie im Inland, so blieb auch im Ausland die Nachfrage nach den typischen Gouvernantenfächern, Sprachen und Musik, bestehen. Deutsche Frauen waren seit dem 18. Jahrhundert als Lehrerinnen und Erzieherinnen nach Rußland, Frankreich und England gegangen und seit dem 19. nach Rumänien, Kroatien, Ungarn, Chile, Brasilien, Ägypten, Uruguay, Australien, dem Westen der USA und, wenn man sie ließ, auch nach Indien, Japan und vielen anderen Ländern. Sie wollten Geld verdienen und möglichst ein kleines Vermögen ersparen, um ihr Alter zu sichern. Gouvernantengehälter waren in den genannten Ländern häufig höher und Stellenangebote oft vielfältiger als in Deutschland. Außerdem suchten Gouvernanten in der Fremde Abwechslung und Abenteuer. Als Trägerinnen von Modernisierung nahmen sie in Rußland, Südostasien, Süditalien, Spanien und Südamerika ähnliche Positionen ein wie die»Französinnen«, die im 18. Jahrhundert nach Deutschland gekommen waren. Und wie diese mußten sie sich davor hüten, in ihrer fremden Umwelt aufzugehen, denn Vorteile auf dem Arbeitsmarkt genossen sie im Ausland nur so lange, wie sie sich durch Habitus, Sprache und Wissen deutlich von den jeweiligen einheimischen Frauen unterschieden.

Erweiterung und Vertiefung fremdsprachlicher Kenntnisse

Die meisten deutschen Gouvernanten, die es ins Ausland zog, gingen nach Frankreich oder England. Sie wollten dort nicht nur Geld verdienen, sondern vor allem ihre Sprachkenntnisse verbessern, denn gute Beherrschung des Französischen und Englischen erhöhte die Chancen auf dem deutschen Arbeitsmarkt.

N.L., die in der Zeitschrift *Der Frauen-Anwalt* über ihre Erfahrungen als Erzieherin in Rumänien berichtet hatte, schreibt über die Anfänge ihres Berufslebens nach bestandenem Lehrerinnenexamen um 1867: »Der Wunsch, die französische Sprache vollständig inne zu haben, ließ mich meine Schritte nach Genf lenken, wo ich mich in Pension gab. Dort eine Stelle zu finden ist sehr schwer, namentlich wenn man im Lande bleiben will, denn die Schweiz ist von Deutschen überschwemmt, und nur wenige Familien nehmen Erzieherinnen, da in den meisten Städten der Schulunterricht ausreicht, und große Landgüter, wie bei uns in Preußen, nur in geringer Anzahl existieren. Ich verbrauchte viel Geld während der Zeit meines Aufenthaltes in der Pension und rathe Niemandem, der nicht über eine bestimmte Summe zu verfügen hat so auf's Gerathewohl nach der Schweiz zu gehen. Endlich, als ich schon im Begriff war, nach Deutschland abzureisen, fand ich noch ein Engagement, worüber ich natürlich sehr froh war.«[48]

Das Gehalt der Erzieherin war niedrig, aber viele ihrer Kolleginnen wurden in der Schweiz und in Frankreich überhaupt nicht bezahlt. Lehrerinnen, die ihre Sprachkenntnisse vertiefen wollten und deshalb Stellen in Pensionaten annahmen, mußten häufig noch ein Kostgeld entrichten. Auch in sogenannten häuslichen »Au Pair Stellen« erhielten sie kein Gehalt, sondern nur französische Konversation, Kost und Logis im Austausch für einige Stunden Deutschunterricht täglich. In der Schweiz waren die Aussichten der deutschen Erzieherinnen deshalb besonders schlecht, weil hier viele einheimische Lehrerinnen zweisprachig aufgewachsen waren und selbst Deutschunterricht erteilen konnten. Im Vergleich war die Situation auf dem französischen Stellenmarkt etwas günstiger, aber auch nicht gut. In Frankreich wurden Töchter meist in Pensionaten und Ganztagsschulen unterrichtet, an denen, ebenso wie an Lehrerinnenseminaren, die Teilnahme am Fremdsprachenunterricht nicht obligatorisch war. Und Eltern, die ihre Töchter freiwillig fremde Sprachen lernen ließen, zogen häufig das Englische dem Deutschen vor.[49] An höheren Jungenschulen gehörten fremde Sprachen zwar zum vorgeschriebenen Lehrplan, und viele Eltern organisierten für ihre Söhne zusätzliche englische und deutsche Privatstunden, die dann aber meist von der männlichen Konkurrenz, den zahlreichen deutschen Studenten und Akademikern in Frankreich, erteilt wurden.

Trotz der schlechten Arbeitsmarktchancen für deutsche Lehrerinnen in Frankreich, und trotz aller entsprechenden Hinweise und Warnungen, begaben sich immer mehr examinierte Gouvernanten nach Frankreich und vor allem nach Paris. Sie hofften, durch örtliche Agenturen oder durch Bekannte eine Stelle zu finden. Es kam nur selten vor, daß französische Familien ausländische Erzieherinnen einstellten, die sie zuvor nicht persönlich gesehen hatten.

Während Lehrerinnen, die Stellen im Osten Europas annahmen, sich häufig als Sendbotinnen des Fortschritts und der Kultur verstanden, traten Deutsche im Westen viel unsicherer auf. Minna Cauer, geb. 1841, hatte 1867 als Witwe ihr Lehrerinnenexamen abgelegt und war 1868 nach Paris gegangen. Dort kam sie sich trotz ihrer neuen, in Berlin extra für die Reise erworbenen Kleidung im Vergleich zu den Französinnen provinziell und spießig vor. Sie berichtet auch noch von anderen bösen Überraschungen: »Das Examen in der französischen Sprache hatte ich recht gut bestanden; ich war stolz auf meine Kenntnisse, auf meine gute Aussprache, und hoffte, in Paris das alles gut verwenden zu können, um dadurch schneller zum Ziele zu gelangen, eine Stellung als Lehrerin für das Deutsche zu finden, da ich wußte, daß auch dieser Unterricht dort auf Grundlage der französischen Sprache gegeben werden mußte. Mein Schreck war ein ungeheurer, als ich an der französischen Grenze und nun vollends in Paris die Erfahrung machte, daß ich nicht allein nur sehr schwer etwas verstand, sondern, o Entsetzen, kaum von jemandem verstanden wurde.«[50] Minna Cauer lernte fleißig Französisch und fand nach langem Suchen auch eine Stelle als Hauslehrerin bei den zwei ältesten Töchtern einer kinderreichen protestantischen Bankiersfamilie. Sie fühlte sich dort nicht wohl und schreibt: »Da die Frau des Hauses so schwer gemütskrank wurde, daß sie zeitweise in eine Anstalt gebracht werden mußte, so wurde mir auch die Repräsentation des Hauses übertragen, eine der schwierigsten Aufgaben, die mir zuteil werden konnten, da in Paris mehr als wo anders noch, wenigstens damals, die Frau sehr leicht als Freiwild galt. Überdies war ich als Deutsche vielfach dem Mißtrauen ausgesetzt.«[51] Wurde sie wirklich ausgerechnet im Kreise sittenstrenger Kalvinisten als »Freiwild« betrachtet, oder trübten hier nicht doch nationale Vorurteile ihre Wahrnehmung? Die Wortwahl erinnert an den Bericht über »Halbasien« von Karl Emil Franzos und unterstreicht die sexuellen Gefahren, denen Frauen im Ausland angeblich ausgesetzt waren. Minna Cauer kehrte 1869 zu ihren Eltern nach Deutschland zurück und nahm später eine Lehrerinnenstelle in Hamm an. Ihre Beziehungen zu französischen Freunden und Bekannten brachen durch den Krieg von 1870/71 ab und wurden nicht wieder aufgenommen.

1885 begann im deutschen Reich eine Spendenaktion zugunsten eines Heims, in dem deutsche Erzieherinnen und deutsche Dienstmädchen in Paris während ihrer Stellensuche oder während der Ferien Unterkunft finden sollten. Die Kronprinzessin selbst hatte sich bereit erklärt, das Protektorat über die geplante Einrichtung zu übernehmen. In Paris bestanden bereits verschiedene Institutionen, in denen auch deutsche und englische Erzieherinnen in Notlagen Zuflucht finden konnten; neben den Klöstern ist hier vor allem das »Institut protecteur pour les femmes de la société« zu nennen. Die Gründung einer weiteren Einrichtung für Erzieherinnen in Paris stieß auch auf Kritik. Es bestanden Bedenken, daß nun noch mehr unbesonnene deutsche Lehrerinnen nach Paris kämen, die dort keine Stelle fänden.[52]

1886 wurde das Heim für deutsche Erzieherinnen und deutsche Dienstmädchen in Paris eröffnet. Obwohl es getrennte Eingänge für beide Gruppen gab, diese Eingänge sogar in verschiedenen Straßen lagen und die Lebensbereiche von Erzieherinnen und Dienstmädchen im Haus völlig getrennt waren, erwies sich die doppelte Funktion der Einrichtung sofort als Problem. Deshalb richtete der Verein deutscher Lehrerinnen in Frankreich schon bald nach seiner Gründung im Jahr 1890 ein eigenes Heim ein, mit dem eine Stellenvermittlung verbunden war und das auch französische Sprachkurse anbot.

Über Stellen in Frankreich um 1885 heißt es: »Die wenigen Auserwählten, die in einer der besseren Familien Unterkunft finden, sind meist gut aufgehoben. Das Gehalt beträgt zwischen 1 200 bis 1 800 Frcs., auch wohl noch mehr; doch muß man bei den teuren Preisen rechnen, daß erst 2 Frcs. 1 deutsche Mark ergeben, um im richtigen Verhältnis zu bleiben.

Die Amtspflichten sind nicht anstrengend. In der Regel besuchen die Schülerinnen einen Unterrichtskursus französischer Lehrer; die deutsche Erzieherin hat nur in Deutsch, Englisch und Musik zu unterrichten, die Schularbeiten zu beaufsichtigen und ihre Schülerinnen bei jedem Ausgang zu begleiten, da sich in Frankreich kein wohlerzogenes, junges Mädchen ohne Begleitung auf der Straße zeigen darf. Häufig führt die Erzieherin mit ihren Schülerinnen ein ganz von der Familie abgesondertes Leben; in vielen Häusern speist sie mit den Kindern allein, und fast nie wird es ihr gestattet, an der Geselligkeit teilzunehmen. Doch ist sie dafür unabhängig in ihrem Reich, und viele fühlen sich bei dieser Lebensweise sehr wohl und zufrieden.«[53]

1909 umfaßte der Verein deutscher Lehrerinnen in Frankreich 500 Mitglieder, deren Arbeitsmarktchancen sich seit der Mitte des vorigen Jahrhunderts nicht wesentlich verändert hatten. Nach wie vor gab es nur wenige »Au Pair« oder andere Stellen in französischen Schulen und Häusern.[54] Aber deutsche Lehrerinnen nahmen nun auch häufiger Stellen fern von Paris in anderen Teilen Frankreichs oder selbst in Belgien an.

Guida Diehl, geb. 1868, entstammte einem frommen Elternhaus, besuchte das Städtische Lehrerinnenseminar in Frankfurt am Main und wollte 1887 nach bestandener Lehrerinnenprüfung in die Ferne. Sie schreibt: »Die Stellen im Ausland waren aber selten. So war ich hocherfreut, als mir eine Lehrerinnenstelle in einer Familie in Brüssel angeboten wurde, und ich setzte es mit aller Gewalt durch, sie annehmen zu dürfen. Ich wurde Lehrerin in der Familie eines reichen Müßiggängers. Dort hatte ich ein junges Mädchen von 15 Jahren zu unterrichten und einen Jungen von 13 Jahren, der das Gymnasium besuchte, im Deutschen zu fördern. Voll Stolz reiste ich ganz allein nochmals den Rhein hinunter ins fremde Land hinein.«[55] Bald merkte sie, daß sie nicht in die jüdische Familie paßte, in der sie angestellt war: »Es waren reiche Genießer, denen es vor allem darauf ankam, daß ihre Kinder gute Manieren und Lebensgewandtheit anerzogen bekamen, gutes Sprechen und Briefeschreiben lernten, sowohl im Französischen und Englischen, als im Deutschen. Was recht und schlecht, was gut und böse war, das war weniger wichtig.«[56] Das Weihnachtsfest brachte die Krise: »Da empfand ich nun je länger, desto mehr das Merkwürdige meines eigenen deutschen Blutes. Das wehrte sich ganz instinktiv gegen das Fremde, stieß es ab, spürte das Anderssein und entdeckte damit eigentlich erst sich selbst.«[57] 1889 kehrte sie mit guten Französischkenntnissen, aber auch als fanatische Nationalistin nach Deutschland zurück. Sie schreibt: »So hatte mir der Brüsseler Aufenthalt drei wichtige Erfahrungen gebracht: ein Kennenlernen des fremden

Volkstums, der fremden Sprache und Kultur, ein Studium des Judentums, ein Bewußtwerden der besonderen Eigenart und Aufgabe der deutschen Seele.«[58] Guida Diehl, später Gründerin der Neulandbewegung und schon früh eine große Bewunderin Adolf Hitlers, hatte der Aufenthalt im Ausland keine Horizonterweiterung gebracht. Ebensowenig wie die eigene Erziehung durch ausländische Gouvernanten vor späterem Chauvinismus schützte, garantierte ein längerer Aufenthalt in der Fremde die Herausbildung einer toleranten und kosmopolitischen Lebenshaltung.

Der Verein deutscher Lehrerinnen in Frankreich hatte sich bei seiner Gründung an dem entsprechenden Verband in England orientiert, dem zeitweise 720 Mitglieder angehörten. Nach England zog es die meisten deutschen Lehrerinnen, um Sprachkenntnisse zu vertiefen und Geld zu verdienen, denn hier war die Stellensituation für sie günstiger als in Frankreich. Deutsche Gouvernanten fanden in England auch bessere Arbeitsmarktchancen vor als einheimische Kräfte und wurden in reichen und aristokratischen Häusern bevorzugt eingestellt. Dazu trug wohl auch bei, daß Königin Viktoria von einer deutschen Gouvernante erzogen worden war und für ihre eigenen Töchter neben einer Engländerin und einer Französin auch eine Deutsche als Sprachlehrerin eingestellt hatte. Besonders gefragt auf dem englischen Arbeitsmarkt waren deutsche Gouvernanten mit einem Hannoveraner Akzent und guten Musikkenntnissen.

Dorette Mittendorf, geboren 1826 in Hannover, war die Tochter eines Lehrers. Sie verlor ihre Eltern früh und verbrachte eine traurige Kindheit. Nach bestandenem Lehrerinnenexamen arbeitete sie zwei Jahre lang als Erzieherin in Deutschland. Sie erinnert sich: »Auf den Rat vieler Freunde ging ich dann nach England, mit dem festen Vertrauen, der Herr werde mich auch dort nicht verlassen, und mit der Hoffnung, mir in England so viel zu erwerben, daß ich später im lieben Vaterlande unabhängig und ohne Sorgen leben könnte.«[59] 1849 oder 1850 trat sie die mehrtägige Schiffsreise von Hamburg nach London an. Dicker Nebel verzögerte die Fahrt, schwerer Sturm warf einen Matrosen über Bord, und in der Damenkajüte hatte sich eine Verbrecherin unter die Passagiere gemischt. Aber schließlich landete sie doch heil in London, wo sie vorerst bei Verwandten wohnen durfte, denen sie allerdings schnell lästig wurde. Die junge Lehrerin begab sich auf Stellensuche, schrieb sich bei einer Vermittlungsagentur ein und antwortete auf Zeitungsannoncen. Ihre Wege durch die große Stadt gestalteten sich abenteuerlich und gefährlich, denn Dorette Mittendorf verirrte sich, wurde von Taschendieben bedroht und von Kutschern be-

Louise Lehzen (1784-1870) war die deutsche Gouvernante der späteren Königin Victoria von England. 1827 wurde sie in den hannoveranischen Adel erhoben. Damit war das Freifräulein von Lehzen auch in London hoffähig und durfte weiterhin mit ihrem Zögling, dessen Thronfolge immer wahrscheinlicher erschien, an einem Tisch essen.

trogen. Nach längerer erfolgloser Suche fand sie schließlich eine »Ferienstelle«. Ihre Aufgabe sollte es sein, mit einem fünfzehnjährigen Jungen einige Wochen lang in Brighton Deutsch zu üben. Dafür erhielt sie Kost, Logis, Wäsche und die Reisekosten, aber kein Gehalt, nicht einmal ein Taschengeld. Ihr Schüler, Sohn einer Witwe, erwies sich als so faul und bösartig, daß der Deutschunterricht vorzeitig abgebrochen werden mußte. Daraufhin wurde ihr die Erstattung der Rückfahrtkosten verweigert. Sie war gezwungen, einige persönliche Habseligkeiten zu verkaufen, um die Fahrtkosten nach London bezahlen zu können. In London stand sie auf der Straße, denn ihre Verwandten nahmen sie nicht mehr auf, und die Lehrerinnenheime waren überfüllt. Als Dorette Mittendorf ohnmächtig in einer Gouvernantenherberge zusammenbrach, wurde ihr dort mitleidig eine Schlafstelle gewährt. Sie konnte einiges Geld durch Handarbeiten erwerben, um damit die notwendigsten Lebenshaltungskosten zu bestreiten. Schließlich wendete sich ihr Schicksal. Lady A., eine Schottin, stellte sie als Hauslehrerin für ihre beiden ältesten Kinder ein, einen Jungen von zehn und ein Mädchen von acht Jahren, die schon bei ihrer vorherigen Gouvernante gute Deutschkenntnisse erworben hatten. Lord und Lady A. lebten mit ihren Kindern vier Monate in London, den Rest des Jahres aber auf einem Schloß in Schottland. Dorette Mittendorf fühlte sich in ihrer Stellung sehr wohl, nachdem verschiedene Schwierigkeiten und Mißverständnisse überwunden worden waren. Sie hatte Familienanschluß, d.h. sie wurde auf Ausfahrten mitgenommen und verbrachte ihre Abende gemeinsam mit den Arbeitgebern im Wohnzimmer. Dann erkrankte sie an Scharlach. Zwar bezahlte ihr Lady A. einen längeren Genesungsurlaub, stellte aber unterdessen eine neue Gouvernante ein. Die deutsche Erzieherin wurde an die Witwe Lady B., eine Schwester von Lady A., vermittelt. Dort hatte sie drei Kinder, zwölf, zehn und sechs Jahre alt, im Deutschen zu unterrichten. Außer ihr arbeiteten noch eine englische und eine französische Gouvernante im Haus. Dorette Mittendorf schreibt: »Jede von uns hatte zurzeit nur ein Kind in ihrer Obhut, das dann nur die Sprache der Lehrerin sprechen durfte. Ich hatte es am leichtesten, da die Kinder im Deutschen noch weit zurück waren. Wenn wir spazieren gingen, trennten wir uns immer am Park. Bei den Mahlzeiten wurde nur französisch gesprochen. Abends saßen wir drei Erzieherinnen zusammen.«[60]

Lady B. reiste mit den Kindern und zwei Gouvernanten, der englischen und der deutschen, nach Südfrankreich. Dort erkrankte die deutsche Erzieherin und kehrte auf Anraten des Arztes in ihre Heimat zurück. In Hannover fand sie Aufnahme in einem Damenheim und war schon nach neun Wochen wieder soweit hergestellt, daß sie Privatstunden im Haus und an einer Schule übernehmen konnte. So verging ein Jahr, dann mußte die Schule, an der sie arbeitete, schließen, und mehrere Familien, bei denen sie unterrichtete, wurden versetzt. Zur selben Zeit erhielt sie einen Brief von Lady B., die ihr eine Stelle als Gouvernante ihrer Tochter anbot. Die beiden Söhne wurden nun in einem Internat erzogen. Dorette Mittendorf sah in diesem Zusammenfallen der Ereignisse einen Fingerzeig Gottes und reiste freudig nach England. Es gefiel ihr auch wieder sehr gut bei Lady B. Ihre Zufriedenheit war jedoch nur von kurzer Dauer, denn sie erlitt einen schweren Unfall, war vorübergehend gelähmt und konnte auch nach Wochen nur am Stock unter großen Schmerzen gehen. Sie mußte mehrere Operationen ertragen und blieb ihr Leben lang leidend. Lady B. bezahlte die Arzt- und Erholungskosten der ersten sechs Monate und setzte ihrer ehemaligen Gouvernante später eine Rente von rund 1 000 Mark (50 Guinees) aus. Durch ihre Krankheit war Dorette Mittendorf mit einem frommen Arzt bekannt geworden und beschloß nun, ihr Leben Gott zu weihen. Sie gründete eine Anstalt in London, die weibliche Waisenkinder im Alter von drei bis zehn Jahren aufnahm und zu Dienstmädchen ausbildete. Das Heim wurde von ihr bis 1888 geleitet, bestand bis 1893 fort und wurde dann von Dr. Barnardo übernommen, der ähnliche Einrichtungen ins Leben gerufen hatte. Dorette Mittendorf kehrte nach Deutschland zurück, um ihre einzige Schwester zu pflegen, und lebte nach deren Tod in Kassel.

Anna Elisabeth Auguste Mues, geboren 1838 bei Osnabrück als Tochter eines wohlhabenden Landwirts, arbeitete ebenfalls viele Jahre als

Gouvernante in England, war aber im Gegensatz zu der vom Unglück
verfolgten, schwermütigen Dorette Mittendorf ein optimistischer, lebens-
froher Mensch. Sie hatte eine glückliche Kindheit mit vielen Geschwistern in behaglichen Verhältnissen verbracht. Nach der Konfirmation und
der Beendigung ihrer Schulzeit ging Anna Mues auf ein Gut, um die
Hauswirtschaft zu erlernen und zugleich zwei kleinen Mädchen den ersten Unterricht zu erteilen. Sie erhielt ein Taschengeld von 25 Talern, hatte aber eigentlich erwartet, noch eine Vergütung erstatten zu müssen. Der
häusliche Unterricht machte ihr so viel Freude, daß sie beschloß, Erzieherin zu werden: »Als ich nach Jahresfrist nach der Heimat zurückkehrte,
warf ich mich mit Bewilligung der Eltern noch einmal auf das Studium,
um mich auf den künftigen Beruf vorzubereiten. In der Töchterschule
nahm ich an den Hauptlehrgegenständen teil; in Pädagogik, Sprachen und
Musik wurde ich privatim unterrichtet. Zur Übung unterrichtete ich auch
in den unteren Klassen selbst. Nach zwei Jahren erklärten Lehrer und
Lehrerinnen mich zur Annahme einer Stelle befähigt.«[61] Es gab wohl zu
der Zeit noch kein Lehrerinnenseminar in dieser Gegend. Anna Mues trat
1857 ihre erste Erzieherinnenstelle auf einem Gut in Ostfriesland an. Sie
erhielt ein Anfangsgehalt von 80 Talern und hatte drei Kinder zu unterrichten. In dieser Stelle gehörte sie zur Familie, bekam regelmäßig Urlaub
und durfte ihre Verwandten für wochenlange Besuche empfangen. Sie
blieb neun Jahre in Ostfriesland, dann arbeitete sie zwei Jahre lang als Erzieherin eines geistig behinderten Mädchens in Emden. 1869 wurde ihr
von einer Verwandten eine Stelle in England vermittelt. Ihr Gehalt betrug
nun 1 200 Mark. Sie schreibt: »So Manches, das ich über die Stellung der
Erzieherin in England erfahren, war eher abschreckend als ermutigend.
Dennoch empfand ich ein wunderbares Gottvertrauen, eine ruhige Zu-
versicht in seine Führung. Dies sollte auch nicht zu Schanden werden.«[62]
   Auf der Überfahrt von Rotterdam nach London geriet ihr Schiff in einen schweren Sturm. Aber einmal an Land, waren Seekrankheit und
Schrecken durch die vielen neuen Eindrücke schnell vergessen. Im Warte-
saal auf der Weiterfahrt nach Kent lernte sie eine Dame kennen, über die
sie schreibt: »Sie merkte mir natürlich sofort die Ausländerin an, denn
trotz der mehrjährigen Konversationsstunden bei Miss Bicheno konnte
ich nur Englisch radebrechen. Ich war enttäuscht von der Unzulänglich-
keit meiner Sprachkenntnisse. Die Dame nötigte mir ein schönes Stück
Kuchen auf, sowie einen Sandwich (Butterschnitte mit zwischenliegen-
dem Fleisch).«[63] Anna Mues nahm die nette Reisebekanntschaft als gute
Vorbedeutung auf und wurde nicht enttäuscht. Ihre Stelle führte sie in einen sehr eleganten Haushalt zu warmherzigen Menschen. Sie gehörte

dort ganz zur Familie, duzte sich mit den älteren Töchtern, denen sie keinen Unterricht mehr erteilte, und hatte viel Freude am Umgang mit ihren drei Zöglingen. Nach vier Jahren, die zu den glücklichsten ihres Lebens gehörten, waren ihre Aufgaben in diesem Haus beendet. Durch eine Anzeige in einem kirchlichen Blatt fand sie eine neue Stelle in einer aristokratischen Familie. Auch dieses Mal hatte sie es gut getroffen, obwohl der Umgangston im Haus eher kühl war. Sie schreibt: »Meine Stellung als finishing Governess bei den fast erwachsenen Mädchen und in dieser Familie war nicht leicht; ich mußte meine ganze Kraft zusammennehmen. Abends wurde immer große Toilette gemacht. Die Familie versammelte sich nach dem Abendessen im Salon, wo gelesen und musiziert wurde. Meine Zöglinge erschienen, auch wenn kein Besuch da war, immer in weißen Kleidern und weißen Atlasschuhen. Auch für mich war für den Salon ein Schleppkleid mit ausgeschnittener Taille unerläßlich. Viel lieber wäre ich oft gemütlich in meinem Zimmer geblieben. Bei manchen Gelegenheiten habe ich viel Selbstverleugnung üben müssen und, trotz aller dankenswerten Vorzüge meiner Stellung, doch oft das Joch der Dienstbarkeit empfunden, manchen moralischen Schweißtropfen vergossen.«[64]

Als ihre Zöglinge in die Gesellschaft eingeführt wurden, war es wieder einmal Zeit für einen Stellenwechsel. Anna Mues wurde Erzieherin in einer reichen Familie, in der sie fünf Mädchen zu unterrichten hatte und zwar gemeinsam mit einem Privatlehrer und einer englischen Erzieherin, die aber nicht im Haus wohnte. Ihr Gehalt betrug 1 800 Mark. Sie wurde wie ein Familienmitglied behandelt und schreibt darüber: »Während in den meisten englischen Familien die Kinder mit der Erzieherin das Mittagsmahl alleine einnehmen, waren hier sämmtliche Mahlzeiten gemeinsam. – So viele Vorzüge und Annehmlichkeiten meiner Stellung kamen mir erst recht zum Bewußtsein, als ich Veranlaßung fand, Vergleiche anzustellen.«[65] Sie blieb vier Jahre bei der Familie Tindal, reiste dann mit Freunden nach Italien und leistete anschließend einer verwitweten Bekannten in England Gesellschaft. Als sie sich gerade wieder nach einer neuen Stelle in England umschauen wollte, erhielt sie von Mrs. Tindal das Angebot, als Erzieherin der drei Töchter für das alte Gehalt mit nach Australien zu kommen, wo die Familie große Ländereien besaß. Das war ein Abenteuer, das sich Anna Mues nicht entgehen ließ. Die Reisegesellschaft bestand schließlich aus dreizehn Personen, zu denen ein französischer Koch mit seiner Frau und ein deutsches Kammermädchen gehörten, und führte 120 Gepäckstücke mit sich. Die Gesellschaft blieb zwei Jahre unterwegs. Nach der Heimkehr 1881 zog sich Anna Mues aus dem Erwerbsleben zurück und ließ sich mit ihrer Schwester in ihrer alten Heimat bei Osnabrück nieder. Dort lebte sie im Kreise von Nichten und Neffen, unternahm aber noch lange Reisen zu Freunden und Verwandten nach Amerika und nach Rußland. In ihrer Autobiographie schaut sie voll Dankbarkeit auf ihr reiches Leben zurück. Die glücklichsten Stunden bescherte ihr die Gouvernantentätigkeit, die so ganz ihren Neigungen und Fähigkeiten entsprach.

Franziska Tiburtius ging im Mai 1870 nach England, um dort ihre Sprachkenntnisse zu verbessern mit dem Ziel, sich zum Vorsteherinnenexamen zu melden und später eine Mädchenschule in Stralsund zu eröffnen. Die Überfahrt dauerte zwei Tage und zwei Nächte. In London angekommen mußte die junge Lehrerin wie so viele Kolleginnen erst einmal feststellen, daß ihre »sehr guten« Englischkenntnisse für eine Verständigung nicht ausreichten. Eine Mutter ehemaliger Zöglinge hatte ihr eine Unterkunft in einem Londoner Erziehungsinstitut vermittelt, in dem sie so lange bleiben konnte, bis sie eine passende Hauslehrerinnenstelle gefunden hatte. Sie schrieb sich bei einer Agentur ein, mußte der Stellenvermittlerin etwas auf dem Klavier vorspielen, ihre Französischkenntnisse unter Beweis stellen und Fragen über Lehrmethoden beantworten. Bald erhielt sie Angebote, wurde zu Vorstellungsgesprächen mit Eltern eingeladen, die eine Gouvernante suchten, und entschied sich schließlich für eine Stelle in einem Pfarrhaus in der Nähe von London. Dort sollte sie vier junge Mädchen im Alter von zwölf bis neunzehn Jahren unterrichten. Ihre Arbeitgeber erwiesen sich als freundlich, aber »kurios«. Der Lebenszuschnitt im Pfarrhaus war sehr einfach, die gemütskranke Hausfrau konnte keine Wirtschaft führen, ihr Ehemann war zu geizig, um im Winter heizen zu lassen. Mit ihren Schülerinnen kam Franziska Tiburtius gut aus. Sie schreibt: »Tief in meinem Koffer verpackt hatte ich als Trost und Ratgeber in pädagogischen Nöten das Lehrbuch der Pädagogik von Bormann aus Deutschland mit herübergebracht. Aber – du guter Provinzialschulrat – du wirst mir hier wohl nicht viel helfen können. Du hast niemals Erfahrungen gesammelt an vier in Freiheit dressierten englischen young ladies; ich sah es gleich, diesen Wildlingen gegenüber läßt du mich im Stich.«[66] Die Gouvernante verglich englische und deutsche Pädagogik. Ihr gefiel, daß die englische Erziehung Individualität und Ehrgefühl von Kindern achtete und ihr Verantwortungsgefühl förderte. In Deutschland dagegen wurde ihrer Meinung nach von Kindern vor allem Gehorsam und Demut verlangt, und sei es mit der Rute, deshalb zeigten die Erwachsenen hier weniger Selbstsicherheit und verfügten über weniger Selbstachtung als in England.

Im Pfarrhaus mußte Franziska Tiburtius Klavierstücke vorspielen, um

Besucher zu unterhalten. Das gehörte in England zu den üblichen Pflichten einer Gouvernante. Häufig genossen deutsche Erzieherinnen den Vorzug vor englischen und französischen wegen ihrer angeblich besseren Musikkenntnisse. Für Thekla Trinks wurde dieses nationale Vorurteil beinahe zum Verhängnis. Sie hatte bereits von 1857 bis 1858 als Gouvernante in Irland gearbeitet. 1863 gab sie erneut eine Schulstelle auf, um ins Ausland zu gehen. Diesmal wollte sie nicht nur ihre Sprachkenntnisse verbessern, sondern vor allem auch Geld für ein eigenes Erziehungsinstitut verdienen. Als sie eine Stelle als finishing governess mit einem Gehalt von 100 Pfund (2 000 Mark) angeboten bekam, begann sie deshalb umgehend mit der Vorbereitung für die neuen Aufgaben: »All meine freie Zeit benutzte ich nun zum Klavierspiel. Ich mußte mir freilich sagen, daß es damit nicht besonders bestellt sei. Ich hatte nahezu drei Jahre nur ausnahmsweise geübt; Neues einzustudieren war es jetzt zu spät; ich mußte mich drauf beschränken, meine alten Sachen aufzufrischen.«[67] So gerüstet trat Thekla Trinks ihre Stellung auf einem Schloß in Devonshire an: »Es war am dritten Tag nach meiner Ankunft, als wir uns nach dem Diner, das um 7 Uhr eingenommen wurde, in den Salon begaben. ›Now we should like a little music‹, sagte Mrs. Sidney. Dies war für mich die Aufforderung, mich an das Piano zu setzen. Ich hatte diesem Augenblick entgegengesehen und war darauf vorbereitet, eine Niederlage zu erleiden. Aber einmal mußte es der Familie ja doch bekannt werden, daß ich nicht gut vorspielte, und so wollte ich die Folgen dieser Entdeckung lieber gleich erleben, als in Ungewißheit über diesen Punkt bleiben. Das Bewußtsein, wie viel von der nächsten Viertelstunde abhing, machte mich noch ängstlicher, als ich ohnehin schon war. Meine Finger zitterten, und es war, als ob der Klavierstuhl sich mit mir herumdrehe. Ich spielte ein mir sonst geläufiges Stück: Ketterer, Caprice hongrois. Aber was wurde aus dem Stück unter meinen Händen! – Um mir zu helfen, brauchte ich das Pedal fast ununterbrochen, so daß jede Klarheit des Tones verschwand. – Kaum hatte ich das Stück vollendet, als ich unaufgefordert auch schon ein anderes begann: Ständchen von Schubert in leichtem Arrangement von Beyer. Ich hätte gehofft, daß, nachdem der erste Schreck überwunden war, ich einige Sicherheit wiederfinden würde; aber es ging nicht viel besser, als das erste Mal. Tiefes Schweigen im Zimmer. Endlich rief Mr. Sidney seiner ältesten Tochter zu, sie möge jetzt etwas spielen. Miß Sidney trug einige kleine Sachen von Mozart mit Geschmack und Gefühl vor. Man dankte ihr freundlich, als sie geendet hatte. Der Rest des Abends war Schweigen. Die Abendandacht machte der überaus peinvollen Situation ein Ende.«[68]

Nach einer schlaflosen Nacht beschloß Thekla Trinks, offen mit ihrer Arbeitgeberin über das Musikproblem zu sprechen. In der Stellenbeschreibung hatte es geheißen, daß keine über das Mittelmaß hinausgehenden musikalischen Fähigkeiten erwartet wurden. Das war nun ein relativer Begriff. Thekla Trinks hielt sich für ausreichend musikalisch gebildet und führte ihre Mißerfolge allein auf mangelnde Übung zurück. Sie erklärte sich entsprechend der Mutter ihres Zöglings, die darauf freundlich und verständnisvoll reagierte. Thekla Trinks konnte nun das elegante Leben, das schöne Schloß, die gute Verpflegung und die unterhaltsame Geselligkeit unbeschwert genießen. Sie übte auch fleißig auf dem Klavier und mit der Zeit wurde ihr Spiel erträglicher: »Zum Tanz zu spielen, ist die unzweifelhafte Aufgabe der Gouvernante. Und wahrlich keine leichte Aufgabe! – Der Vorgang war gewöhnlich folgender: das Diner ist vorüber; die Damen verlassen das Eßzimmer. Bald folgen ihnen die jungen Herren in den Salon. Nachdem sie sich mit den Damen verständigt und die Erlaubnis der Frau des Hauses erhalten, bemächtigen sich einige der Herren des Pianos, rollen es über den teppichbelegten Boden des Salons und stellen es in der Halle auf. Diese, von beträchtlichem Umfang, die eichenen Dielen glatt gebohnt, ist zum Tanzsaal wie geschaffen. ›Now, Miss T., let us have some of your Dance-music‹, bitten die jungen Herren, und während der nächsten zwei Stunden giebt es nur kurze Pausen der Erholung für mich. Aber da gilt es aushalten und bei dem vielen Angenehmen, das die Stelle bietet, auch das Unangenehme hinnehmen.«[69]

Nach Ablauf ihres Vertrages ging Thekla Trinks nach Deutschland zurück, nahm für kurze Zeit eine weitere Schulstelle an und eröffnete dann gemeinsam mit einer Freundin ein Erziehungsinstitut in Meiningen. Erst befanden sich nur einige Engländerinnen unter den Zöglingen, aber mit der Zeit spezialisierte sich die Einrichtung darauf, jungen Engländerinnen vor allem Deutsch- und Musikkenntnisse zu vermitteln. Thekla Trinks überließ den Musikunterricht einer Kollegin.

Das englische Gouvernantenwesen war das umfangreichste und vielfältigste. Deutsche Lehrerinnen machten deshalb in England sehr unterschiedliche Erfahrungen bezüglich ihrer Arbeitsbelastung und ihrer Stellung im Haushalt. In vielen englischen Familien lebte die ausländische Gouvernante mit ihren Zöglingen in einem abgetrennten Bereich des Hauses, häufig an der Nordseite gelegen, und kam mit den erwachsenen Familienmitgliedern nur wenig in Berührung. Einige Erzieherinnen litten unter dieser Isolierung, während ältere, erfahrenere ihren Freiraum genossen. Es gab aber auch Familien, in denen die Anwesenheit der Gouvernante abends im Wohnzimmer erwünscht war. Außerdem gehörte es

zu den Aufgaben der finishing governesses, die jungen Mädchen vor
ihrem Eintritt in die Gesellschaft
den letzten Schliff verleihen sollten, daß sie mit ihrem Zögling zusammen an Geselligkeiten teilnahmen. Wie überall war das Recht
des Zöglings auch hier das Recht
der Gouvernante.

Deutsche Gouvernanten haben
in England nicht nur gute Erinnerungen hinterlassen. Lady Diana
Cooper schreibt über ihre aristokratische Kindheit um die Jahrhundertwende: »Mademoiselle, die
ich so sehr liebte, verließ uns, und
an ihre Stelle trat das gräßliche
Fräulein Memminger, die schließlich ein übles Pamphlet über meine
Mutter verfaßte, das sie auf eigene
Kosten drucken ließ und in London verteilte. (...) Das widerliche
Fräulein Memminger hatte uns
kein Wort Deutsch beigebracht.«[70]

Charitas Bischoff als Erzieherin in England 1869-1871

Die guten Verdienstmöglichkeiten für deutsche Gouvernanten in England sprachen sich herum und lockten neben tüchtigen Lehrerinnen auch
solche jungen Frauen über den Kanal, die weder für eine Lehrtätigkeit gebildet noch geeignet waren. Sie kamen mit unrealistischen Erwartungen
in die Fremde, besaßen dort keine Bekannten oder Verwandten, gaben ihr
erspartes Geld bei Stellenvermittlern und in einer Pension aus, konnten
keine Mittel für die Heimreise auftreiben und landeten im Elend.[71] Die
ausgebildeten deutschen Gouvernanten hatten einerseits Mitleid mit diesen Frauen, sahen aber andererseits auch, daß sie den gesamten Berufs-
stand in ein schlechtes Licht rückten und den Arbeitsmarkt unübersicht-
lich gestalteten. Deshalb gründeten sie 1876 in London den »Verein
deutscher Lehrerinnen in England«. Treibende Kraft war hier Helene
Adelmann, die in den sechziger Jahren als Erzieherin nach England gekommen war.[72] Sie hatte sich regelmäßig mit Kolleginnen getroffen, um
Erfahrungen auszutauschen und deutsche Zeitungen zu lesen. Aus diesem Kreis ging dann der erste Lehrerinnenverein in England hervor, des-

sen Hauptaufgabe die Stellenvermittlung qualifizierter deutscher Hauslehrerinnen bildete. Helene Adelmann besaß ein hervorragendes Organi-
sationstalent, und so gelang es ihr, die Protektion der Großherzogin Alice
von Hessen, Tochter der Königin Viktoria, und später auch der Kaiserin
Augusta für den Verein zu gewinnen. 1879 wurde ein eigenes Vereinshaus
eröffnet, um eine Alternative zu den »Homes for governesses« zu schaffen. Das »Daheim« in London wuchs schnell, es bot denjenigen Gouvernanten vorübergehend Unterkunft, die auf Stellungssuche waren. Lehrerinnen an Schulen mußten ihren Wohn- und Arbeitsplatz häufig während
der Ferien verlassen und sich in einer Pension einmieten, wenn sie keine
»Ferienstelle« fanden. Auch ihnen bot das »Daheim« einen Ort der Erholung und Weiterbildung. 1882 übernahm Helene Adelmann die haupt-
amtliche Leitung und gab ihre Erzieherinnentätigkeit auf. 1890 trat der
»Verein deutscher Lehrerinnen in England« dem »Allgemeinen Deutschen Lehrerinnenverein« bei. 1894 konnte ein eigenes Ferienheim in
West Ealing eröffnet werden.[73]

Nach dem Tod der Königin Viktoria wurden deutsche Gouvernanten
seltener von englischen Familien eingestellt. Es kamen auch immer weniger deutsche Lehrerinnen nach England, weil sich ihre Berufsmöglichkeiten in der Heimat verbessert hatten. Die Folge davon war, daß die Mit-
gliederzahl des Vereins auf 560 sank. Helene Adelmann paßte das
»Daheim« geschickt den veränderten Umständen an. Es blieb zwar ein
Gouvernantenheim, entwickelte sich daneben aber zu einer erfolgreichen
Fortbildungsstätte für deutsche Englischlehrerinnen. Als der Erste Weltkrieg ausbrach, befand sich Helene Adelmann auf einem Erholungsur-
laub in der Schweiz. Sie kehrte nach Deutschland zurück und starb dort
im April 1915. Der Erste Weltkrieg zerstörte die Einrichtungen und Or-
ganisationen deutscher Lehrerinnen im Ausland. Es besteht heute kaum
noch eine Erinnerung daran, welch lebendiger interkultureller Erfah-
rungsaustausch hier einmal stattgefunden hat.

KAPITEL 8

Gouvernanten – ein weiblicher Sozialtyp?

Böse Drachen, gute Feen und kluge Freundinnen[1]

Noch heute wird der Begriff »gouvernantenhaft« im täglichen Umgang gebraucht. Er bezeichnet ein besserwisserisches und pedantisches Verhalten von Frauen, aber auch von Männern. Wir sehen seine Namensgeberin förmlich vor uns. Sie ähnelt Fräulein Hennings, die um 1860 Gouvernante im Hause Pantenius wurde. Fräulein Hennings kleidete sich nach einer längst veralteten Mode und nahm als militante Männerhasserin bei Spaziergängen große Umwege in Kauf, um das ihr anvertraute Mädchen nicht in der Nähe einer Jungenschule mit heranwachsender Männlichkeit zu konfrontieren. Doch sie war eine Ausnahme, denn im wirklichen Leben entsprachen nur wenige Gouvernanten im Wesen und im Äußeren dem Klischee der dunkel gekleideten, prüden, unerotischen, verklemmten alten Jungfer. Lolli Feusier z.B., die attraktive »Französin« von Louise Pantenius' Schwestern, flirtete gerne und trug an Feiertagen »ihr Staatsgewand, ein schottisch-seidenes über recht umfangreicher Krinoline«.[2]

Auch Gouvernanten bevorzugten für ihre Festtagsgarderobe leuchtende Farben, wenn das der herrschenden Mode in ihrem Stand oder ihrer Schicht entsprach. Johanna Schopenhauers Mlle Ackermann hatte sich den Danziger Bürgern in einem zitronengelben Seidenkleid mit großen roten Blumen vorgestellt. Martha Fontane wählte viele Jahre später ebenfalls die Farben Gelb und Rot für ein Kleid, das sie bei einem Fest im Haus ihrer Arbeitgeber tragen wollte. Sie schreibt darüber im März 1881 an ihre Mutter: »Der Anzug ist entzückend und ich war entschieden die elegantest gekleidete; erst, – als ich die Kiste auspackte, bekam ich einen kleinen Schreck, über das schöne, aber ganz unerzieherinnenmäßige Kleid und auch Frau v.M. sagte natürlich in liebenswürdigster Weise: ein bischen forsch ist es.«[3]

Was war nun eigentlich ein »erzieherinnenmäßiges« Aussehen? Huge-

nottinnen und Pietistinnen hatten aus Glaubensgründen meist schmuck-
lose, dunkle Kleidung bevorzugt, und weil sie zeitweise unter den Gouvernanten besonders zahlreich vertreten waren, wurde ihr Stil als typisch
für eine ganze Berufsgruppe angesehen. Doch als z.B. Seraphine Courvoisier 1811 in das Haus der Gräfin Bernstorff eintrat, war sie nur aus
Trauer um ihren verstorbenen Vater dunkel gekleidet und erinnerte mit
ihrem Anzug daran, daß erst ein schwerer Schicksalsschlag sie auf den Arbeitsmarkt gezwungen hatte. In protestantischen Lehrerinnenseminaren
wie Kaiserswerth oder in katholischen wie Paderborn wurde dann später
auf eine betont schlichte, gedeckte Kleidung der angehenden Lehrerinnen
und Gouvernanten Wert gelegt. Sie sollte Demut, Keuschheit und inner-
weltliche Askese signalisieren. In anderen Ausbildungsstätten dagegen
gab es keine oder nur sehr allgemein gehaltene Kleidungsvorschriften. In
der Zeitschrift *Die Lehrerin in Schule und Haus* heißt es beispielsweise
1907: »Unsere Kleidung sei gemäß unserem Stande. Wir sind keine
nichtstuenden Modepuppen, sondern ernste, arbeitende Menschen«.[4] Die
Autorin rief ihre Kolleginnen auf, sich gefällig und praktisch zu kleiden.
Der Appell richtete sich an Volksschullehrerinnen, deren Schülerinnen
und Schüler meist aus armen Familien stammten und vor einer zu feinen
Kleidung ihres Gegenübers erschraken. Berufstätige Frauen sollten nicht
wie »Modepuppen« aussehen, die Muße und Reichtum zur Schau stellten,
aber auch nicht wie »Vogelscheuchen«, denen ihr abschreckendes Äußeres völlig gleichgültig war.

Hauslehrerinnen durften nicht nur, sondern mußten besser gekleidet
sein als Schullehrerinnen, um von ihrer meist wohlhabenden Umgebung
nicht zu sehr abzustechen. Das galt besonders für Frauen, die an Höfen
oder in sehr reichen Häusern unterrichteten. Hier wurde auch seidene
Gesellschaftskleidung erwartet. Deshalb hatte sich Mlle Mourein am 7.
Februar 1785 aus Neustrelitz an J.H.S. Formey gewandt mit der Bitte, ihr
eine neue Stelle zu vermitteln, weil sie in ihrer augenblicklichen Kondition zu viel Geld für Kleidung ausgeben mußte, mit der sie bei Hof erscheinen konnte. Anna Wagemann, Erzieherin im Haus der Herzogin
von Schleswig-Holstein, nähte und änderte sich ihre Garderobe selbst. Sie
schreibt: »Wie hätte ich sonst auch mit meinem Gehalt reichen und, wie
es sich gehört, auch etwas übersparen wollen, wenn auch der Herzog, wie
bei der Hochzeit von Prinzeß Louise, ab und zu großzügig sagte:
›Schicken Sie all Ihre Rechnungen an meinen Generaldirektor‹. Die Herrschaften und die Hofdamen waren für alle Fälle gerüstet, ich nicht. Und
als bei der Hochzeit von Prinzeß Calma in Primkenau plötzlich bestimmt
wurde, daß wir längere Schleppen bei der Trauung tragen sollten, da muß-

te die Putzmacherin dort sogar Garnituren von Hüten in ihrem Schaufenster abtrennen, und ich arbeitete die ganze Nacht, bis endlich mein Schwanz lang genug war. Und einmal in Potsdam im Neuen Palais mußte ich endlose Meter von schwarzem Sammetband auf meine weißen Toiletten setzen, damit sie den Charakter der Halbtrauer bekamen.«[5] Bei einer anderen Gelegenheit bastelte sich die findige Gouvernante eine Kopfbedeckung aus echten Fliederblüten und weißen Tüllschleifen als Ergänzung für ein fliederfarbenes Seidenkleid.

»Gefällig« sollte eine Gouvernante aussehen, ob bei Hof oder in einer bürgerlichen Familie. Einer hübschen Frau fiel es wesentlich leichter, diese Anforderung auch mit einfacher Kleidung zu erfüllen, als einer häßlichen, einer jungen leichter als einer alten. Antonie Forster war verwachsen, ein Schicksal, das sie mit Caroline Rudolphi und Maria Henriette Mendelssohn teilte. Sie bemühte sich, den äußeren Eindruck der »Gefälligkeit« durch eine gepflegte Garderobe herzustellen. Vor allem aber kompensierte sie ihre körperliche Benachteiligung im Umgang mit anderen Menschen durch überdurchschnittliche Bildung und eine ständig trainierte Fähigkeit zu fesselnder Konversation.

Doch nicht alle Frauen, die eine Erwerbstätigkeit als Erzieherin aufnahmen, waren physisch unattraktiv. Auch äußerlich besonders anziehende Frauen wie Henriette Herz, Luise Hensel und Minna Cauer arbeiteten, zumindest zeitweise, in der häuslichen Erziehung. Seit der Mitte des 19. Jahrhunderts zeigen dann Fotografien, daß es keinen bestimmten Frauentyp gibt, der den Gouvernanten- bzw. Hauslehrerinnenstand personifiziert, sondern daß ihm ernste und fröhliche, hübsche und unscheinbare, strenge und gutmütige Frauen angehörten. Dazu trug bei, daß außerhalb der Höfe die Zahl der älteren Gouvernanten immer mehr abnahm, weil meist Berufsanfängerinnen als Hauslehrerinnen arbeiteten, deren Verhalten und Einstellungen durch die Anforderungen des Berufs noch wenig geprägt waren.[6] Allerdings konnten Erzieherinnen und Schullehrerinnen aus sozialer Unsicherheit in die Gefahr geraten, ihren professionellen Habitus durch ein besonders korrektes Äußeres und ein besonders steifes Benehmen überzubetonen.

Frauen, die in der häuslichen Erziehung arbeiteten, waren nicht überdurchschnittlich häßlich, wie das Klischee behauptete, und sie waren für ihre Zeit auch nicht besonders prüde oder sexualfeindlich. Einige Erzieherinnen hatten bereits eine Ehe hinter sich, wenn sie ihre Stellung antraten, andere verheirateten sich später.[7] Junge Mädchen und ehrbare Witwen besaßen die besten Aussichten auf dem Stellenmarkt, denn Eltern fürchteten nicht nur, ihre Töchter könnten Leichtfertigkeit von koketten

Luise Hensel gezeichnet von ihrem Bruder Wilhelm Hensel 1828.

Gouvernanten wie eine ansteckende Krankheit übernehmen, sondern auch Altjüngferlichkeit von reiferen, aber ledigen Erzieherinnen.

Die Ratgeberliteratur für Hofmeister macht ebenfalls deutlich, daß Gouvernanten im Alltagsleben einem braven Hauslehrer durchaus erotisch gefährlich werden konnten. Louise Pantenius schreibt über das Leben und Treiben in dem großen Geschäftshaushalt ihrer Eltern: »Die Herren vom Geschäft verliebten sich in die Gouvernante und umgekehrt, und da meist beide Teile nichts besaßen, gab es viel Liebesleid, und viele Seufzer sind durch das alte Haus gezogen.«[8]

Niemand bestritt Erzieherinnen das Recht, sich nach einem passenden Ehemann umzusehen, solange sie nur den Vater und die Brüder ihrer Zöglinge nicht in die Auswahl einbezogen. Hauslehrer, Inspektoren und Handelsgehilfen durften mit den Gouvernanten des Hauses flirten, doch für den Hausherrn und seine Söhne waren die fiktiven »ältesten Töchter« als Liebes- oder Sexualobjekte tabu.

In Deutschland scheint es tatsächlich überraschend wenige derartiger verbotener Liebesverhältnisse gegeben zu haben. Was mit den Dienstmädchen geschah, ging niemanden etwas an, und bei der Haushälterin mochte es sich um eine Geliebte handeln, die in dieser Rolle eine Wohnberechtigung im Haus gewann, aber die Erzieherin der Kinder mußte über jeden Verdacht einer unerlaubten Beziehung erhaben bleiben. Ein Vater oder älterer Bruder, der dieses Tabu verletzte, brachte Schande über sich und seine Familie. Das galt auch im fernen Rußland. Erinnern wir uns, was Stefan Arkadejewitsch bei Leo Tolstoi über Mlle Roland, die ehemalige »Französin« seiner Kinder, gesagt hatte: »Doch solange sie bei uns im Hause war, habe ich mir ja nichts erlaubt.«[9]

Dennoch wurden Gouvernanten vereinzelt, z.B. in Karl Emil Franzos' »Halbasien«, als potentielle Opfer sexueller Gewalt geschildert.[10] Und August Bebel schreibt: »Aber nicht nur fallen die Arbeiterinnen der Prostitution zum Opfer, diese findet auch in den ›höheren Berufen‹ ihr Rekrutierungsgebiet. Lombroso und Ferrero zitieren Macé, der von Paris sagt, ›daß das Gouvernantenzeugnis höheren oder niedern Grades weniger eine Anweisung auf Brot, als auf Selbstmord, Diebstahl und Prostitution ist.‹«[11] Derartige Berichte befaßten sich in der Regel mit Verhältnissen im Ausland, vor allem mit denen an der unteren Donau. Aus Deutschland selbst wurden keine besonderen sittlichen Gefahren für Erzieherinnen gemeldet. Hier hatten Autoren aber Eltern davor gewarnt, »Französinnen« einzustellen, bei denen es sich vielleicht um ehemalige Prostituierte handeln konnte.[12]

Wenn Karl Emil Franzos über eine Reisende auf dem Weg nach Osten spekuliert, sie sei wohl ein »gefallener Bildungsengel, eine ausgeglittene Gouvernante«, dann deutet er damit an, daß gebildete Frauen Sexualität nicht immer nur als Opfer erlebten, sondern daß auch eigenes Begehren ihr Handeln bestimmte.[13] Joseph Conrad in *Spiel des Zufalls* und Arthur Schnitzler in *Therese* haben dieses Thema literarisch verarbeitet. Besser als ihren Heldinnen erging es Gouvernanten, deren erotische Wünsche sich mit einer Ehe vereinbaren ließen. Wollten sie aber ein Familienmitglied ihrer Herrschaft heiraten, dann galt das in den meisten Fällen ebenfalls als grobe berufliche Pflichtverletzung, als gesellschaftlicher Skandal.

Elisa von der Recke, geboren 1754, befreundete sich mit Caroline Stolz, genannt »Stolzchen«, der Gouvernante ihrer Schwester Dorothea von Medem. Es kam zu einem familiären Zerwürfnis, als Caroline Stolz von der Stiefmutter ihres Zöglings beschuldigt wurde, mit dem um einige Jahre jüngeren Fritz von Medem zu flirten und ihn, mit Unterstützung Elisas, zu einer unstandesgemäßen Heirat zu verleiten. Die Gouvernante mußte das Haus ihrer Arbeitgeber verlassen. Elisa von der Recke schrieb ihr am 4. Februar 1777: »Von allen meinen Verwandten werde ich mißhandelt! man glaubt, was Mama der Oberhofmeisterin geschrieben hat! – es heißt, du hast Fritzchen verführen und ich habe Eure Heirath begünstigen wollen. Alles fordert von mir, ich soll die Verbindung mit dir ganz aufheben. Nur Schwander und Martini sind mein Trost! beide rathen dazu, daß du eine andere Condition annimmst, um dich, Fritzchen und mich von dem Verdacht zu reinigen, daß Mama Recht hat. Oder willst du dies durchaus nicht – nun, mein Stolzchen, so reise, je ehe(r), je lieber, zu deiner Tante nach Königsberg.«[14]

Nur in einigen sehr seltenen Fällen durfte die Liebe zwischen einer Gouvernante und dem Bruder ihrer Zöglinge siegen. Ein derartiges Happy-End erreichte z.B. die beherzte Bertha Gräfin Kinsky, geboren 1843 in Wien. Sie hatte eine bewegte Kindheit verbracht mit ihrer spielsüchtigen Mutter, einer jungen Witwe von zweifelhaftem Ruf. Die eigene Karriere als Sängerin scheiterte an unüberwindlichem Lampenfieber, das ererbte Vermögen war zerronnen, Verlobungen führten aus verschiedensten Gründen zu keiner Ehe. So wurde die schöne, begabte Gräfin mit dreißig Jahren Erzieherin und Gesellschafterin von vier adeligen jungen Damen im Alter zwischen fünfzehn und zwanzig Jahren, denen sie Sprach- und Musikunterricht erteilte. Die Gouvernante verliebte sich in den Bruder ihrer Schülerinnen, einen charmanten, eleganten, leichtsinnigen jungen Mann, und wurde von ihm wiedergeliebt. Nach drei Jahren blieb diese Liebesbeziehung der Dame des Hauses nicht mehr verborgen. Die ehemalige Gouvernante erinnert sich:»Mit eisiger Kälte, aber mit aller Zartheit gab sie es mir zu verstehen. Daß auf eine Heiratseinwilligung von dieser Seite nicht zu hoffen war, hatte ich ja immer gewußt. Ich hatte auch selber nicht daran gedacht. Die Unvernunft einer solchen Partie sah ich ein. Ganz vermögenslos, sieben Jahre älter... und er: noch immer ohne Anstellung, auch ohne Vermögen, aber berechtigt und geeignet, eine glänzende Heirat zu machen – alle Mädchen schwärmten für ihn –, sollte ich eine solche Schicksalsverderberin werden?«[15] Der Versuch der Liebenden, getrennte Wege zu gehen, scheiterte. Deshalb flohen Bertha Gräfin Kinsky und Artur Gundaccar von Suttner in den Kaukasus. Ihre Ehe galt als sehr glücklich.

Hauslehrer waren ebenfalls unerwünschte Heiratskandidaten in den Familien ihrer Arbeitgeber. Dennoch kam es häufiger vor, daß ein Hauslehrer die Tochter des Hauses heiratete, als eine Gouvernante den Sohn. Das mochte daran liegen, daß akademisch gebildete Männer, und waren sie im Augenblick auch noch so arm, später im Beruf ihr Glück machen oder zumindest eine ehrbare feste Anstellung erlangen konnten, während gebildete Frauen diese Möglichkeit vor dem 20. Jahrhundert nicht besaßen. Verliebte sich ein Hauslehrer jedoch in die Mutter seiner Zöglinge, so folgten daraus in der Regel Kummer, Tränen und schließlich Verzicht. Gouvernanten wurden ebenfalls nur unglücklich, wenn sie den Vater der ihnen anvertrauten Kinder als möglichen Liebhaber wahrnahmen, es sei denn, es handelte sich bei ihm um einen älteren, ehrbaren Witwer. Deshalb erhielt Marie Loeper-Houselle vor dem Antritt ihrer ersten Stelle von einem erfahrenen Hauslehrer den Rat, in erster Linie das Vertrauen der Mutter ihrer Zöglinge zu gewinnen:»Ihr Wohlwollen ist mehr wert als das des Hausherrn, das Sie möglicherweise entbehren könnten, wogegen der Mangel des Wohlwollens der Hausfrau Ihre Stellung unmöglich machen würde.«[16] Der jungen Lehrerin leuchtete die »Weisheit dieses Paragraphen aus dem Gouvernanten-Katechismus« vollkommen ein, und sie hielt sich daran.

Der »Fall Praslin« zeigt dagegen, welche tragischen Folgen eine Rivalität zwischen Gouvernante und Hausherrin haben konnte. Am 22. August 1847 berichtete die in Augsburg erscheinende *Allgemeine Zeitung*, daß die Herzogin von Praslin, Mutter von neun Kindern, in der Nacht vom 17. zum 18. des Monats in ihrem eigenen Haus in Faußurg St. Honoré ermordet worden war. Am 24. August meldete das Blatt die Verhaftung des Herzogs und Pairs von Frankreich als mutmaßlichen Täter: »Die ihm zur Last gelegte That würde sich durch eine unerlaubte Verbindung mit einer englischen Dame, Fräulein de Lucy erklären, die während mehrerer Jahre der Erziehung seiner Kinder vorstand, von der Herzogin entfernt worden war, jedoch von der Familie einen Jahresgehalt bezieht. Man will wissen, daß sie beim Weggehen aus dem Hause der Herzogin Drohungen gegen diese ausgestoßen habe.«[17] Am 25. August heißt es: »Die ehelichen Verhältnisse zwischen den beiden Gatten waren, wie verlautet, gestört durch die Liebschaft des Herzogs mit der letzten Erzieherin seiner Töchter, und man behauptet sogar, die Herzogin habe eine Klage auf Scheidung von Tisch und Bett erheben wollen, dieses Vorhaben jedoch auf höhere Verwendung wieder aufgegeben. Die Erzieherin, die vor einem Monat etwa auf Verlangen des alten Marschalls aus dem Hause der Ehegatten entfernt worden, heißt Laura Luzzi, und ist eine Italienerin (nicht Engländerin) von adeliger Familie, ziemlich hübsch, wie man sagt, und nicht ohne Talent. Sie läugnet durchaus jedes Liebsverhältnis mit dem Herzog, und mehr noch die geringste Kenntniß von dem am 18. Aug. in der herzoglichen Wohnung verübten Verbrechen. Der Herzog, seinerseits, scheint ein solches Verhältniß nicht in Abrede zu stellen, ebensowenig daß er am Tag seiner Zurückkunft mit der Herzogin sich von der Eisenbahn vor allem zu Laura Luzzi begeben habe. Ein Urtheil über die Schuld dieser letztern muß gerechterweise vorerst verschoben werden.«[18]

Inzwischen war bekannt geworden, daß der Herzog Gift eingenommen hatte. Die öffentliche Entrüstung über die mangelhafte Bewachung und privilegierte Behandlung des aristokratischen Häftlings schlug hohe Wellen. Der Herzog wurde in der Presse als geistig beschränkter Aristokrat beschrieben, der Standesprivilegien nutzte, um sich seinem Prozeß vor dem Pairshof zu entziehen. Es kamen auch ständig neue Einzelheiten aus den Lebensverhältnissen des herzoglichen Paares und seinem Verhalten gegenüber der Gouvernante ihrer Kinder ans Licht. Die Erzieherin war auf Drängen der Herzogin entlassen worden und hatte Unterkunft in einer Erziehungsanstalt für Mädchen gefunden. Die Eigentümerin der Anstalt wurde durch Besuche des Herzogs irritiert und verlangte von ihrer Mieterin die Vorlage einer schriftlichen Erklärung der Herzogin darüber, daß die Gouvernante das Haus ihrer Arbeitgeber nicht im Unfrieden verlassen hatte und weiterhin ihr Vertrauen besäße. Es bestand nun der Verdacht, daß der Herzog bei seiner Frau auf die Ausstellung des Zeugnisses, ohne das die Gouvernante auch keine neue Stellung finden konnte, gedrungen hatte, und ihre Weigerung ihn zu wahnsinniger Wut reizte. Am 29. August meldete die *Allgemeine Zeitung*, daß der Herzog an den Folgen seiner Vergiftung gestorben war, ohne ein Geständnis abgelegt zu haben. Nun stand im Mordfall Praslin nur noch die Erzieherin, deren Name jetzt mit Laure de Luzy-Desportes angegeben wurde, unter Anklage. Es hieß, es seien eine große Anzahl von Liebesbriefen gefunden worden, die ein Liebesverhältnis zwischen dem Herzog und der Erzieherin seiner Kinder bestätigten. Außerdem wurde behauptet, der Herzog habe schon häufiger ehebrecherische Verhältnisse mit »Gouvernantinnen und Kammerfrauen« unterhalten, aus denen 20 uneheliche Kinder hervorgegangen waren. Diese letzte Behauptung wurde jedoch wieder fallengelassen. Inzwischen waren Briefe und Tagebücher der Herzogin gefunden worden. Sie zeigten, daß die Herzogin als Ehefrau, vor allem aber als Mutter, auf die »talentvolle Erzieherin« in ihrem Haus rasend eifersüchtig gewesen war. Die Erzieherin besaß das Vertrauen des Herzogs und die Liebe ihrer Zöglinge.

Am 31. August berichtet die *Allgemeine Zeitung* über die Eröffnung der Testamente des herzoglichen Paares: »Der Herzog hatte unter anderen Legaten eine Rente von 3 000 Fr. dem Fräul. de Luzy-Desportes vermacht. Die Gouvernantin war zweimal im Verhör, und die Pairs, die dabei waren, namentlich Hr. Cousin, sollen versichern, daß sie eine Dame ungewöhnlicher Geistesbildung an ihr gefunden. Sie genoß im herzoglichen Haus, wo ihr die Erziehung von drei Töchtern und einem Knaben oblag, neben freier Kost und Wohnung einen Gehalt von 2 400 Fr., und war am 18. Jul., in dem Augenblick als die Familie aufs Land zog, entlassen worden, was ihr sehr weh gethan, da sie ohne Vermögen sey und ihren Platz als eine Versorgung betrachte. Die Kinder liebten sie, und sie schien eine Anhänglichkeit an sie zu haben. Den Herzog, beteuerte sie, seit ihre Verabschiedung nicht mehr als zweimal gesehen zu haben, sie läugnet jedes nähere Verhältniß und will nicht glauben, daß er der Mörder seiner Gattin sei.«[19] Ende November wurde die Anklage gegen die Gouvernante fallengelassen. Henriette Deluzy-Desportes konnte das Gefängnis verlassen. Allen Angaben zufolge war sie eine tüchtige Lehrerin, die ihre Aufgaben in der häuslichen Erziehung mit großem Engagement erfüllte. Sie hatte jedoch den wichtigen »Paragraphen des Gouvernanten-Katechismus« nicht beachtet, der besagte, daß eine Erzieherin sich mit der Mutter ihrer Zöglinge gut stellen mußte. Ihre Geschichte erregte viel Aufsehen und diente später als Vorlage für Rachel Fields Roman *All This and Heaven Too*, der auch erfolgreich verfilmt wurde.

Aber warum holten sich Mütter und Väter überhaupt fremde Leute für die Erziehung ihrer Kinder ins Haus und riskierten damit Störungen der familiären Intimität? Waren Eltern nicht in den pädagogischen Diskursen des 18. und 19. Jahrhunderts immer wieder nachdrücklich vor dem üblen Einfluß von Dienstboten oder anderen »Mietlingen« auf die ihnen anvertrauten Kinder gewarnt worden?[20] Hatte man Mütter nicht geradezu beschworen, ihre Säuglinge selbst zu stillen, statt sie einer Amme an die Brust zu legen, und ihre Kinder selbst zu erziehen, statt sie dem Gesinde zu überlassen? Tatsächlich blieb ein Bedarf an Ammen in Deutschland so lange bestehen, bis die künstliche Säuglingsnahrung im späten 19. Jahrhundert kein Gesundheitsrisiko mehr darstellte.[21] Und das Gesinde wurde in wohlhabenden deutschen wie französischen Familien bei der Kinderbetreuung ebenfalls nicht nur durch die Mütter abgelöst, sondern auch durch pädagogische Fachkräfte wie Kinderwärterinnen, Bonnen, Gouvernanten und Hauslehrer. Im 18. und 19. Jahrhundert ging die Beschäftigung Fremder in der häuslichen Kindererziehung keineswegs zurück, sondern nahm bedeutend zu, weil die Lebensphase Kindheit in wohlhabenden Familien als geschützter Freiraum organisiert wurde. Um eine Infizierung bürgerlicher und adeliger Kinder mit den Denk- und Lebensweisen der Unterschicht zu vermeiden, stellten Eltern Erzieherinnen ein, die selbst aus dem gebildeten Bürgertum stammten, und Hauslehrer, die sich in Bildungsinstitutionen qualifiziert hatten. Diesen Personen mußte sozial anders begegnet werden als dem Gesinde oder den Dienstboten, deshalb wurde ihnen, Frauen wie Männern, üblicherweise »Familienanschluß« gewährt. Pädagogen, Theologen und Philosophen zeigten sich darüber beunruhigt, daß Eltern ihre erzieherische Verantwortung im Hause zunehmend an erwerbstätige Lehrkräfte delegierten und damit außerfamiliären Instanzen einen unkontrollierbaren Einfluß auf ihre Kinder gestatteten. Diese Kritik zielte vor allem auf die höhere Mädchenbildung, die bis weit ins 19. Jahrhundert nicht wie die der Jungen als öffentliche Aufgabe angesehen wurde, sondern vorwiegend als Privatsache der Eltern galt. Und tatsächlich bewirkten die langsame Institutionalisierung der weiblichen Bildung und die Professionalisierung des Lehrerinnenberufs, daß examinierte Lehrkräfte normierte Kenntnisse auch in der häuslichen Erziehung der Oberschichten vermittelten. Hauslehrerinnen traten im Laufe des 19. Jahrhunderts mehr und mehr als Abgesandte des höheren Mädchenschulwesens auf und orientierten sich im Unterricht an allgemein anerkannten Lehrplänen. Eltern gaben funktionale Autorität selbst dann in immer größerem Umfang an den Staat ab, wenn sie ihre Töchter im Haus unterrichten ließen.

Ursprünglich waren Gouvernanten als Mitarbeiterinnen und Stellvertreterinnen der Mütter definiert worden, aber mit der Ausdifferenzierung eines höheren weiblichen Bildungsbereichs erhielten ihre Aufgaben eine neue Bestimmung. Der Theologe und Pädagoge Johann Ludwig Ewald hatte bereits 1804 bemerkt, daß der »unselige Gouvernantenstand« eine Frau nicht auf den Umgang mit eigenen Kindern vorbereite, sondern eher mütterliche Gefühle erstickte. Ewald sah ganz richtig, daß Mutter und Gouvernante unterschiedliche Rollen im selben Haus übernahmen und deshalb über unterschiedliche Fähigkeiten und Eigenschaften verfügen mußten. Zwar galten im 18. und frühen 19. Jahrhundert alle Frauen von Natur aus zur Mutterschaft bestimmt, aber deshalb wurden doch nur die gebildeten unter ihnen in der häuslichen Erziehung eingestellt. Friedrich Heinrich Schwarz sprach diesen Punkt an, als er 1805 auf die Schwierigkeiten der Erzieherinnen im Berufsalltag hinwies: »Denn sie treten mehr in ein mütterliches Verhältniß ein, und als Lehrerinnen bedürfen sie einigermaßen auch väterliches Ansehen.«[22] Eine Gouvernante mußte »väterliche« Eigenschaften wie Bildung, Weltkenntnis und Durchsetzungsvermögen vorweisen können, um den Anforderungen ihrer Stellung gewachsen zu sein. Und gerade derartige »männliche« Eigenschaften wurden bei Frauen dann auch als Besserwisserei und Pedanterie karikiert, um sie lächerlich zu machen und auf die »Unnatürlichkeit« ihrer Lebensart hinzuweisen. Gouvernanten sollten Mädchen erziehen und unterrichten, ihnen aber kein Rollenmodell sein. Die Professionalisierung des Lehrerinnenberufs vertiefte noch die Unterschiede zwischen den Eigenschaften und Fähigkeiten, die Mütter einerseits und Gouvernanten andererseits besitzen sollten. Denn das Konzept der »geistigen Mütterlichkeit« (Friedrich Fröbel) legitimierte zwar die Erwerbstätigkeit von Frauen in Schulen und Kindergärten, konnte aber die vielfältigen Gegensätze zwischen Müttern und Lehrerinnen nicht verdecken, die besonders im häuslichen Kontext häufig zu Konflikten führten.

Die Berufsrolle verlangte von dem Fachpersonal in der häuslichen Erziehung, daß es seine Gefühle im Zaum hielt. Doch die Intimität des Zusammenlebens förderte bei Gouvernanten nicht nur das Entstehen starker Gefühle gegenüber den Müttern und Vätern ihrer Zöglinge, sondern vor allem gegenüber den ihnen anvertrauten Kindern selbst. Diese Gefühle reichten von tiefem Abscheu bis zu inniger Liebe und ließen den Ablauf des Arbeitsvertrages entsprechend als Befreiung oder Vertreibung erscheinen. Marie von Bunsen erinnert sich: »Fräulein Möser war die typische deutsche Gouvernante, gewissenhaft, gemütvoll, altjüngferlich, sentimental. Ihre Lieblingsausdrücke waren ›herzig‹ und ›wonnig‹. Sie hat unser kleines Kindergemüt und Kindergehirn feinfühlig entwickelt, nahm uns oft in die Museen; wir lernten und liebten Gedichte. Ihr erster Brief, nachdem sie uns verlassen hatte, liegt vor mir, rührend in der Anhänglichkeit an fremde Kinder, denen man sein Bestes gegeben, die, naturgemäß, einen doch schließlich vergessen: ›1868. Meine Reise war ganz glücklich; anfänglich war ich noch sehr traurig, und erst nach langem Gebet konnte ich still sein und Euch, meine lieben kleinen Mädchen, und mich selbst in des Heilands Hand legen... In Eisenach sah ich die schöne Wartburg und die lieben herrlichen Berge. Ich wollte, ich könnte sie meiner Marie, die das alles so gut versteht, so recht beschreiben! Vergiß doch nicht alles, was wir zusammen gesprochen und getan haben, mein Liebling. Denke an das Frohe und das Ernste, und wie oft wir so gleiche Gedanken hatten. Behalte mich lieb, meine Marie, mein Herz tut mir weh, wenn ich an Dich denke, ich habe Dich so sehr lieb. Schreibe recht bald Deiner Emmy Möser.‹ Ich erinnere mich, mit welcher Inbrunst ich diesen und andere ihrer Briefe küßte, wie schmerzlich mir ihr Weggang war, wie heiß ich am letzten Abend weinte. Und doch hatte ich sie nach einigen Jahren vergessen.«[23]

Im 20. Jahrhundert verschwanden die Lebensgemeinschaften von Erzieherinnen und ehemaligen weiblichen Zöglingen, die es im 18. und frühen 19. Jahrhundert immer wieder gegeben hatte. Es entstanden aber weiterhin lebenslange Freundschaften. Das zeigt z.B. ein Abschiedsbrief, den die ehemalige Schul- und Hauslehrerin Maria Mattes im hohen Alter kurz vor ihrem Tod schrieb: »Mein Leben war schön, ganz besonders meine Jugend mit meinen Schülerinnen und späteren Freundinnen von Schloß Gelting und Schloß Lichtenstein.«[24] Diese Zeilen stammen aus dem Jahr 1967, auf Schloß Gelting hatte Maria Mattes von 1901 bis 1903 gearbeitet. Ottilie Krimmel, ebenfalls Lehrerin im Ruhestand, schrieb 1963: »Das Schönste auf unserer Reise nach Italien im Frühjahr war das Zusammentreffen mit meiner Gracia Casanova, meiner früheren Schülerin und heutigen Freundin. Ich meine, das Schönste im Leben ist so eine Freundschaft, die über Jahrzehnte Bestand hat. Es ist jetzt 60 Jahre, daß ich im Hause ihrer Eltern als Erzieherin tätig war.«[25]

Kindern ging es nicht anders als ihren Gouvernanten, manchmal fürchteten sie sich vor dem Abschied, manchmal sehnten sie ihn herbei. Franziska Tiburtius, geboren 1843, haßte ihre Erzieherin und schreibt über sie: »Jetzt, im Rückschauen weiß ich, daß sie eine vollwiegende Entschuldigung hatte, sie war überaus beschränkt und gänzlich verständnislos für Kinderart, – das begriff ich natürlich damals nicht, und so ist sie zur Plage unserer Kindheit geworden. Alles an ihr war eng, ledern, – angelerntes Buchwissen engster Art. Wie gerne war ich in die Stunde des guten Herrn Dalmer gegangen, der so freundlich mit mir sprach und mit mir lachte, oder ein fröhliches Wort sagte, dem man nachdenken konnte! Jetzt zitterte ich vor den Schulstunden. Das Fräulein saß mit strenger Miene auf dem Sopha, ich ihr gegenüber; neben ihr ein sogenanntes ›Kantel‹, ein Lineal mit vier scharfen Kanten und sowie eine falsche Antwort kam – und Frl. O.s Erklärungen waren nicht immer sehr durchsichtig – fuhr das Holz gegen meinen Oberarm, so daß mein Arm von der Schulter bis zum Ellenbogen in allen Regenbogenfarben prangte. Gescheiter bin ich dadurch nicht geworden; – aber ich habe hassen gelernt und es ist nicht gut, wenn ein Kind hassen lernt; – die Charakterentwicklung kann schwer beeinträchtigt werden. (...) Nach vielen, vielen Jahren bin ich dem Fräulein einmal wieder begegnet in einer Gesellschaft. Sie war ein altes geschrumpftes Persönchen geworden. Ich stand damals schon im Beruf, und ich wußte, daß sie wünschen würde, einige freundliche Worte mit mir zu sprechen. Ich habe mich nicht überwinden können.«[26]

Anna von Krane, geboren um 1860, verbrachte eine unglückliche Kindheit. Ihre Mutter starb, als sie noch keine sechs Jahre alt war. Das Kind wuchs bei seinem Vater auf und wurde von einer Gouvernante erzogen, die die Großmutter ausgesucht hatte und auch bezahlte. Bei dieser Erzieherin handelte es sich um eine gebildete Frau englisch-französischer Herkunft. Sie hatte die spätere Königin von Rumänien erzogen und war mit ihr herzlich verbunden geblieben. Anna von Krane dagegen erlebte ihre Erzieherin als bitter, jähzornig, herrschsüchtig, ungerecht, sadistisch und verschroben. Sie fürchtete sie bis zur Panik: »Und diese Furcht hat mich auch fast bis zuletzt nicht verlassen, hervorgerufen und genährt durch eine andere Eigenschaft von ihr, ihre Leidenschaftlichkeit. Sie war ja ein Vulkan im Innern und wehe, wenn der zum Ausbruch kam. Bei der geringsten Ursache konnte sie losrasen, und sie schrie mich an und tobte, daß mir, die ich doch empfindlichere Nerven habe als man mir zutraut, wahre Entsetzensschauer über die Glieder liefen. Mein schwacher Kinderkörper zitterte unter der Pein dieser Szene, wobei sie mich manchmal schüttelte, daß ich mir auf die Zunge biß und es mir schwarz vor den Augen wurde. Ich tat alles, ich wurde zum elenden kleinen Hündchen, das vor dem gestrengen Herrn schön macht, nur um diese fürchterlichen Ausbrüche zu vermeiden. Ich glaube, wenn sie auf das offene Fenster gedeutet hätte, ich wäre aus dem vierten Stockwerk herausgesprungen, nur um nicht das Toben hören zu müssen.«[27]

Kind und Erzieherin waren in diesem Fall jahrelang, tagtäglich von morgens bis abends ununterbrochen zusammen, was für beide zur Qual wurde. Das Mädchen besaß keine Klassenkameraden, keine gleichaltrigen Spielgefährtinnen, keine Geschwister und keine Eltern, die sich um seine Erziehung kümmerten. Die Gouvernante wiederum befand sich in einer wenig glänzenden Stelle, nachdem sie doch ihre Arbeit im fürstlichen Haus Wied zu den schönsten Karrierehoffnungen berechtigt hatte. Eine trostlose Situation für beide, die erst mit dem Tod der Erzieherin, die später als Anstandsdame bei ihrem Zögling geblieben war, ein Ende fand. Da war Anna von Krane schon dreißig Jahre alt.

Dorothee von D., geboren 1901, hatte sich bei ihrer Hauslehrerin eigentlich recht wohl gefühlt. Dennoch macht sie diese Frau heute für die Mängel ihrer Bildung verantwortlich. Dorothee von D. war das einzige Mädchen unter sechs Kindern und lebte mit ihrer Familie im Sommer auf dem elterlichen Gut in Süddeutschland, im Winter in Darmstadt. Als kleines Kind wurde sie von Bonnen aus der Schweiz betreut und lernte auf diese Weise Französisch. Später erhielt sie gemeinsam mit ihren jüngeren Brüdern Unterricht durch einen Hauslehrer, einen gebildeten Mann, der seine Lehrverpflichtungen aber nicht sehr ernst nahm. Der Hauslehrer wurde fristlos entlassen, weil er ohne Erlaubnis ein Pferd seiner Herrschaft geritten und dabei verletzt hatte. Nun übernahm die Mutter selbst den Unterricht und versuchte, Versäumtes nachzuholen. Als Dorothee von D. etwa elf oder zwölf Jahre alt war, stellten die Eltern für sie und die jüngeren Brüder eine Lehrerin ein. Fräulein Lang blieb vier oder fünf Jahre im Haus und heiratete dann einen Pfarrer. Sie war die Tochter eines Rechnungsrates, hatte ein Lehrerinnenseminar besucht und die staatliche Prüfung abgelegt. Dorothee von D. erinnert sich, daß die Hauslehrerin ihr Unterricht in Französisch, Englisch und Geographie erteilte, wohl auch noch in anderen Fächern. An häuslichen Mathematikunterricht kann sie sich jedoch nicht erinnern. Bei den Dienstboten war Fräulein Lang unbeliebt, weil sie anspruchsvoll war und z.B. darauf bestand, jeden Tag ein frischgewaschenes weißes Kleid anzuziehen. Etwa mit dreizehn, vierzehn Jahren wurde Dorothee von D. in Darmstadt auf eine Schule geschickt, jedoch nur von Oktober bis Mai, denn den Sommer verbrachte sie weiterhin mit ihren Eltern auf dem Familiengut. Fräulein Lang, die gerne bei der Familie bleiben wollte, übernahm nun die nachmittäglichen Spaziergänge und die Aufsicht über die Schularbeiten. Aber statt sich um die Hausaufgaben des ihr anvertrauten Mädchens zu kümmern, schrieb sie Briefe oder beschäftigte sich anderweitig. Dorothee von D. kam mit sechzehn Jahren für ein Jahr nach Weimar in ein Pensionat. Damit war ihre schulische Bildung abgeschlossen. Dorothee von D. erinnert sich heute im hohen Alter mit lebhafter Bitterkeit an Fräulein Lang. Zwar fand sie sie als Kind nett und kam gut mit ihr aus, aber schon damals war ihr klar, daß die Lehrerin ihren Beruf »schlampig« ausübte und »erbärmlichen« Unterricht erteilte. Für die Brüder von Dorothee von D. war das nicht so schlimm, weil sie frühzeitig in Internate geschickt wurden. Die Bildung der Jungen war den Eltern wichtig, die ihrer einzigen Tochter jedoch nicht. Dorothee von D. ist noch heute über diese Ungerechtigkeit empört.[28]

Viele Kinder haben unter ihren Gouvernanten gelitten, Friedrich August von der Marwitz unter »dem sehr bösen Weib« Mademoiselle Bénézet, Marie von Ebner-Eschenbach unter Mademoiselle Henriette, aber für andere Kinder wurde die Gouvernante zur Freundin, zum Mutterersatz, zur Lebensgefährtin, zum rettenden Engel. Liselotte von der Pfalz liebte ihre »Jungfer Uffeln« mit treuer Anhänglichkeit, Wilhelmine von Bayreuth mochte nicht ohne Fräulein von Sonsfeld sein, Dorothee von Velsen empfand tiefe Dankbarkeit gegenüber Marie Jaermann. Häufig waren es einsame Kinder, die sich so eng an ihre Gouvernante anschlossen. Zu Prinzessin Cecilie von Mecklenburg-Schwerin kam im Jahre 1900 Lucie King aus St. Petersburg als Erzieherin. Der ehemalige Zögling erinnert sich: »Infolge des ausgedehnten sportlichen und geselligen Lebens, das meine Mutter führte, konnte sie mich nur in beschränktem Maße um sich haben; dazu kam, daß wir durch längere und kürzere Abwesenheiten häufig voneinander getrennt waren. So war es nur natürlich, daß Fräulein King trotz aller ihr vorgeschriebenen Richtlinien innerlich vollkommene Selbständigkeit in der erzieherischen Einwirkung gewann und damit einen Einfluß, der in hohem Grade für meine Entwicklung und meine ganze Lebensauffassung bestimmend wurde. Mit gleichmäßig ruhiger und bestimmter Hand hat sie mich durch all die Jahre hindurch geführt, wobei es ihr oberster Grundsatz war, mich zur unbedingten Wahrhaftigkeit und zur Pflichterfüllung bis ins Kleinste anzuhalten. Wenn sie vielleicht manchmal meinem lebhaften und empfindsamen Temperament gegenüber eine gewisse Nachsichtigkeit erwies, so war das ein Ausfluß ihres weichen mütterlichen Herzens, ihres Gefühls, ich sei ein einsam aufwachsendes Kind, das warmer Liebe bedürfe. So gewann sie gleich in den ersten Tagen unserer Bekanntschaft mein Herz dadurch, daß sie mich in einer Krankheit liebevoll pflegte, und es entstand schnell zwischen uns ein Verhältnis, das nicht anders als freundschaftlich zu nennen ist. Sie hat mir bis heute diese tiefe Liebe bewahrt, und ich bin mir bewußt, ihr niemals das vergelten zu können, was sie mir aus überquellendem Herzen geschenkt hat.«[29]

Luise Lehzen gezeichnet von ihrem Zögling, der englischen Thronfolgerin. Die einflußreiche Gouvernante wurde später auf Betreiben des Prinzgemahls nach Deutschland zurückgeschickt. Sie erhielt die sehr hohe Pension von 800 Pfund (16 000 Mark).

Lucie King gehört zu den wenigen Gouvernanten, die in den Erinnerungen ihrer Zöglinge als »mütterlich« bezeichnet werden; bei ihnen handelte es sich fast ausschließlich um höfische Erzieherinnen. Sonst wurde eine »gute« Gouvernante als Ergänzung der Mutter wahrgenommen. Die Psychotherapeutin Gabriele Elschenbroich, geboren 1915, erinnert sich: »Ich hatte dann am Anfang der Pubertät das große Glück, in den Einflußbereich einer Frau zu kommen, die mir durch ihr bloßes Dasein und durch alle Art, wie sie mit mir umging, ermöglichte, aus dem Teufelskreis von unproduktiver Unruhe, Verrücktmacherei und neuer Unruhe herauszufinden. ›Amica‹, wie ich diese Frau bald nannte, war eine damals etwa 65jährige Engländerin, die als Erzieherin zu uns ins Haus gekommen war. (...) Amica war ein Mensch, der sehr ›bei sich‹ war, trotz – oder vielleicht gerade infolge – einer unerhörten Lebendigkeit und Vitalität. Sie konnte mir daher neben viel Nähe auch die so wichtige und heilsame Distanz geben, denn sie ›brauchte‹ mich nicht zu ihrer eigenen Ergänzung, und meine Unruhe machte nicht viel Eindruck auf sie.«[30] Die alte Erzieherin hatte bis 1918 viele Jahre lang in Rußland im hohen Adel gearbeitet und dort vielleicht schon einige Übung im Umgang mit interessanten, aber anstrengenden Kindern gewonnen.

In den Erinnerungen ihrer Zöglinge treten die unterschiedlichsten Gouvernanten auf, kluge Freundinnen, einfühlsame Pädagoginnen, verläßliche Bezugspersonen, aber auch sadistische Quälgeister, unfähige Lehrkräfte, beschränkte Unterdrückerinnen. Einen einheitlichen pädagogischen Typus repräsentieren sie nicht. Das Bild, das die Berufsbezeichnung Gouvernante hervorruft und das demjenigen von Fräulein Hennings ähnelt, hat meist auch nicht viel mit Erziehung zu tun, sondern charakterisiert in erster Linie eine Frau aus den höheren Ständen und Schichten, die zu einer Zeit in einem qualifizierten Beruf arbeitete, als das weibliche Geschlecht noch auf die Rollen der Gattin, Hausfrau und Mutter festgelegt war. Die prüde, besserwisserische, steife Gouvernante und das mitleiderregende »arme Ding« sind feindselige Klischees, die aus ganz verschiedenen Lagern stammen: Gouvernanten wurden von selbstbewußten Angehörigen des deutschen Bürgertums häufig als Übermittlerinnen einer fremden, adeligen oder französischen Kultur wahrgenommen, von standesbewußten Aristokraten wiederum als Repräsentantinnen eines pedantischen, militanten Bildungsbürgertums, und von Akademikern, die um ihre Karriere besorgt waren, als unlautere – weil nicht auf Universitäten vorgebildete – Konkurrenz auf dem Stellenmarkt. Dennoch nahm die Zahl der Gouvernanten seit dem 18. Jahrhundert und während des ganzen 19. Jahrhunderts allem Anschein nach ständig zu.

Erst nach dem Ersten Weltkrieg gingen Nachfrage und Angebot in diesem Bereich schnell zurück, weil sich die öffentliche Schule auch im Kinderalltag der Oberschicht als prägende Instanz durchsetzte.

Ein anständiger Broterwerb

Im Gegensatz zu dem literarischen Klischee vom schweren Los der Gouvernanten hatten Pädagoginnen wie Elisabeth Bernhardi, Amalia Holst, Betty Gleim und Tinette Homberg immer wieder betont, daß eine Erwerbstätigkeit in der häuslichen Erziehung Frauen ökonomische Unabhängigkeit gewährleistete und ihnen die Erfüllung einer wichtigen gesellschaftlichen Aufgabe ermöglichte. Dieser Gegendiskurs wurde jedoch kaum öffentlich aufgegriffen, auch nicht später von der Frauenbewegung. Louise Otto hatte 1876 über die Erfolge der Bewegung geschrieben: »Im Erziehungs- und Lehrfach ist den Frauen ein viel größerer Spielraum eröffnet worden, werden zugleich viel höhere Anforderungen an ihre Fähigkeiten und deren Ausbildung gestellt als die Vergangenheit mit ihrem ›Bonnen‹- und ›Gouvernanten‹wesen sie kannte. An die Stelle der ersteren ist die praktisch und theoretisch vorgebildete Kindergärtnerin des Fröbelsystems getreten, an die der letzteren die gewissenhafte in einem Lehrerinnen-Seminar vorgebildete und vom Staat geförderte Lehrerin.«[31]

Louise Otto schaute in dem angeführten Zitat etwas herablassend auf die Bonnen und Gouvernanten der alten Gesellschaft zurück. Sie hatte selbst für Verbesserungen der Frauenbildung und der weiblichen Berufsausbildung gekämpft und positive Veränderungen miterlebt. Der erreichte Fortschritt erschien ihr um so größer, je geringer die Leistungen des weiblichen Lehrpersonals der Vergangenheit bewertet wurden. Dabei hatten sicher auch viele Gouvernanten des 18. Jahrhunderts ihren Beruf erfolgreich ausgeübt. Die Kenntnisse und Fähigkeiten von Gouvernanten ohne Fachausbildung und Examen waren bis in die zweite Hälfte des 19. Jahrhunderts nicht unbedingt geringer als die von seminaristisch gebildeten und examinierten Lehrerinnen, ja waren ihnen nicht selten sogar weit überlegen.

Von Gertrud Bäumer, die, ebenso wie Louise Otto, selbst nie als Hauslehrerin gearbeitet hatte, erfahren wir zu Anfang des 20. Jahrhunderts, daß die Gouvernante der alten Zeit »ein armes Fräulein aus guter Familie war, und mit ihren paar Töchterschulkenntnissen den Weg der Entsagung durch fremde Häuser zog«.[32] Auch diese Sicht ist zeitbedingt. Gertrud Bäumer ging es ebenfalls darum, die erfolgte Professionalisierung des Lehrerinnenberufs positiv hervorzuheben. Sie transportierte dabei allerdings ein Klischee, das gegen die Erwerbstätigkeit von Frauen in einem qualifizierten Beruf entwickelt wurde und die kulturellen Leistungen von Gouvernanten unterschlägt.[33]

Frauen, die Stellen in der häuslichen Erziehung annahmen, nutzten in ihrer Zeit Arbeitsmarktchancen zur Entwicklung neuer weiblicher Lebensmöglichkeiten. Im 18. Jahrhundert waren es in Deutschland vor allem gebildete »Französinnen«, die als Gouvernanten arbeiteten. Ihnen verdankten Töchter, aber auch Söhne, Fremdsprachenkenntnisse, guten Briefstil, Konversationsfähigkeit und Einführung in die französische Literatur. Hundert Jahre später handelte es sich bei den Hauslehrerinnen überwiegend um junge deutsche Frauen mit Lehrerinnenexamen, die langfristig eine Tätigkeit im Schuldienst anstrebten.[34] Sie unterrichteten Mädchen und Jungen weitgehend nach den Lehrplänen der öffentlichen Schulen. Haben die alte »Gouvernante« und die neue »Hauslehrerin« überhaupt denselben Beruf ausgeübt? Zweifellos, denn die Aufgaben und Strukturen ihrer Tätigkeit in der häuslichen Erziehung, nämlich Individualerziehung und Identität von Wohnstätte und Arbeitsplatz, blieben dieselben.

Trotz des negativen Gouvernantenbilds in der Öffentlichkeit ließen sich gebildete Frauen nicht davon abhalten, diesen Beruf zu ergreifen. Denn andere Bildungsberufe, die ihren individuellen Neigungen und Fähigkeiten vielleicht besser entsprochen hätten als das Lehramt, standen Frauen lange Zeit nicht offen. Mme Heck z.B. mußte eine Gouvernantenstelle annehmen, obwohl sie für diese Erwerbstätigkeit einen »ausgeprägten Ekel empfand« und ihren Lebensunterhalt lieber durch literarische Arbeiten verdient hätte. Ihr Gouvernantengehalt war bescheiden, lag bei einer vergleichbaren Position jedoch nicht unter dem eines Hofmeisters.[35] Johann Georg Hamann z.B. erhielt 1753 in Livland von der Baronin Budberg 80 Albertstaler, später in Kurland von dem Baron Witten 100 Albertstaler.[36] Die livländische Gräfin Braun hatte 1768 ihrer Gouvernante, einer Hugenottin aus Berlin, 150 Albertstaler und die gesamten Reisekosten gezahlt.[37] Zu dem Einkommen von Gouvernanten zählten Wohnung, Nahrung, Bedienung, Heizung und ein Gehalt, das ihnen erlaubte, sich angemessen zu kleiden, von Zeit zu Zeit ein Buch zu kaufen und etwas zu sparen. In den ärmlichen Verhältnissen des 18. und frühen 19. Jahrhunderts war das nicht wenig. Ferner konnte eine Gouvernantentätigkeit auch gesellschaftlichen Ehrgeiz und Abenteuerlust befriedigen. Wenn Henriette Müller und Mlle de Beausobre im 18. Jahrhundert die weite Reise ins wilde Rußland antraten, so entsprach das sicher nicht den herrschenden Vorstellungen von einer wünschenswerten weiblichen Lebensweise, zog aber weder Beeinträchtigungen ihres guten Rufes noch ihrer gesellschaftlichen Stellung nach sich. Aber im Vergleich zu den Berufschancen von Bildungsbürgern waren die einzigen qualifizierten Stellungen, die Bildungsbürgerinnen offenstanden, instabil und boten weder soziale Sicherheit noch Aufstiegsmöglichkeiten. Für Gouvernanten des 18. und 19. Jahrhunderts gab es im Gegensatz zu den Hofmeistern keine Hoffnung auf ein öffentliches Amt in Kirche, Wissenschaft oder Verwaltung. Dennoch läßt sich in Deutschland nicht von einem »Gouvernantenelend« sprechen, obwohl einige gebildete Frauen die Bedingungen, unter denen sie in der häuslichen Erziehung arbeiteten, als Zumutung empfanden. Aber waren sie das tatsächlich immer? Gouvernanten zeigten sich oft genug überempfindlich. Sie fühlten sich schon durch Vorgehensweisen persönlich beleidigt, die auf einem Arbeitsmarkt allgemein üblich waren. So beklagten sich Erzieherinnen häufig über Einstellungsgespräche, in denen sie wie eine »Ware« behandelt wurden, weil Vermittler und potentielle Arbeitgeber nach ihren Kenntnissen und Fähigkeiten fragten. Frauen wollten auch in der Erwerbsarbeit oft noch als ganze Person zu anderen Menschen in Beziehung treten und fühlten sich deshalb nicht nur durch die Gouvernantenrolle, sondern durch die Berufsrolle überhaupt zurückgesetzt. Der Beruf war ja ein neues Handlungsfeld, dessen emotionale und soziale Einschränkungen gebildete Frauen erst nach einem häufig schmerzhaften Lernprozeß akzeptieren konnten. Gouvernanten und Schullehrerinnen waren es, die sich im 18. Jahrhundert als erste mit der Rolle erwerbstätiger Frauen in einem qualifizierten Beruf auseinandersetzten. So hatten sich die Gouvernanten, die mit J.H.S. Formey korrespondierten, Gedanken darüber gemacht, wie sich ihr Berufsprofil von dem der Bonnen unterschied und welche Verhaltensweisen mit dem »point d'honneur d'une gouvernante« zu vereinbaren waren. Ihre Identität gründete sich auch auf außerhäusliche Erwerbsarbeit und nicht nur auf Reproduktionsarbeit in der Familie.

Im 19. Jahrhundert wurde die Professionalisierung der Lehrerin in Schule und Haus entscheidend vorangetrieben, und immer mehr Frauen aus den gebildeten Schichten ergriffen diesen Beruf. So beschloß auch Thekla Trinks 1851, im Alter von zwanzig Jahren, Lehrerin zu werden, weil sie sich zum Leben einer Hausfrau nicht hingezogen fühlte. Sie gewann ihre Mutter für den Plan, stieß aber bei ihrem Vater, der die Kosten für die Ausbildung tragen mußte, auf Ablehnung. Der Vater konnte erst umgestimmt werden, als ihm der Direktor des Lehrerinnenseminars in Elberfeld schriftlich versicherte, daß es genügend Stellen für examinierte Lehrerinnen gab. Thekla Trinks wurde nach bestandener Abschlußprüfung auch gleich an einer höheren Töchterschule eingestellt. Sie erinnert sich:»Jedermann war jetzt mit meinem Entschlusse ausgesöhnt. ›Du hättest gar nichts Klügeres thun können! – Ganz wie für dich geschaffen‹ – hieß es jetzt. Das Gehalt – 300 Thaler – erschien enorm. ›So viel Geld kannst du verdienen! – Mehr als ein Assesor!‹ – Man staunte. Es kam den Leuten vor, als ob ich wie für das Leben gesichert und förmlich etabliert wäre. Und da es in dem Beamtenstande unseres Herzogtums gar manche unversorgte Tochter gab, machte mein Beispiel einen solchen Eindruck, daß in den folgenden Jahren nicht weniger als 10-12 junge Mädchen die Reise gen Elberfeld zum Direktor Friedländer antraten.«[38]

Frauen, die sich im 19. Jahrhundert zur Lehrerin ausbilden lassen wollten, sei es durch Privatstunden, sei es an einem Seminar, brauchten dazu in der Regel die finanzielle Unterstützung ihrer Eltern oder Geschwister. Oft mußten sie anfängliche Widerstände gegen ihre Pläne überwinden, wenn es in der näheren Umgebung noch keine Lehrerinnen oder Gouvernanten gab. Wo aber schon mehrere Frauen im Lehrberuf Geld verdienten, entfaltete der Arbeitsmarkt große Anziehungskraft. Deshalb bestimmten einige Eltern ihre Töchter auch ohne Rücksicht auf etwaige Neigungen oder Abneigungen dazu, sich zur Lehrerin ausbilden zu lassen, um für die Familie Geld zu verdienen.

Marie Loeper-Houselle klagte 1895:»Aus allen Gesellschaftsklassen wenden die jungen Mädchen sich dem Lehrberufe zu. Ist doch nach der Anschauung der Menge der Erwerb als Lehrerin der ›anständigste‹ – als ob nicht jeder Erwerb durch redliche Arbeit anständig wäre! – Dann bietet der Lehrberuf verhältnismäßig früh eine wenn auch oft recht kärgliche, so doch geregelte Einnahme und, freilich nur für die Lehrerinnen an öffentlichen Schulen, in den meisten deutschen Staaten sichere Bürgschaft für eine Altersversorgung. Diese Anschauung und der Ausblick auf die beiden Vorteile sind in den meisten Fällen ausschlaggebend bei der Wahl des Lehrberufes für die Tochter.«[39] Weil es nach wie vor auf dem Arbeitsmarkt kaum adäquate Alternativen zum Lehrberuf gab, ergriffen ihn immer noch Frauen, die dazu weder Talent noch Neigung besaßen.

Bertha Lindner äußerte sich ebenfalls besorgt zur »Überfüllung des Lehrerinnenstandes« und versuchte junge Frauen zu bewegen, sich für einen anderen Beruf zu entscheiden. Sie fragte 1886:»Warum soll ein heiteres, den Kindern zugeneigtes Gemüt nicht den Beruf der Kindergärtnerin ergreifen? Warum soll ein guter Rechenkopf nicht die Buchführung lernen? Oder warum soll eine Geschmack besitzende junge Dame nicht ein Konfektionsgeschäft errichten? Ist es nicht angenehm, durch Wahl richtiger Farbenzusammenstellung, durch anmutig gewählte Formen von Hüten u.s.w. das eigene Geschlecht zu verschönern? Das wäre der Kunst nicht ebenbürtig, nicht selbst einer Schülerin Platos würdig? – Kann sich nicht eine gebildete Dame mit der Kochkunst beschäftigen, junge Mädchen darin unterrichten, ein auf eigener Erfahrung begründetes Kochbuch verfassen? Ruht doch oft der Frieden von ganzen Familien auf einem billigen, gut zubereiteten Gericht! Weshalb Künstlerin, vor allem Lehrerin werden wollen, während so viele ehrenwerte, geschätzte Berufsarten, die auch beglückend wirken, noch lange keine Überfüllung aufweisen? Wir, welche das Dasein selbständig erringen wollen, oder errungen haben, dürfen keinen Hochmut kennen. Die Bildung wird überall geschätzt.«[40]

Der beschwörende Ton ähnelt dem der Pädagogen des 18. Jahrhunderts, die Frauen überreden wollten, sich ihren Lebensunterhalt mit »der Nadel« zu verdienen, statt im Lehrberuf. Aber im 18. Jahrhundert hatten gebildete, ehrgeizige Frauen die Tätigkeit einer Gouvernante dem Gelderwerb durch Handarbeit vorgezogen, und im 19. Jahrhundert wollten sie lieber als Lehrerin in Schule und Haus arbeiten, statt als Kindergärtnerin, Buchhalterin, Verkäuferin oder Wirtschaftsleiterin ihren Lebensunterhalt verdienen. Die Gründe waren im Prinzip dieselben, denn nach wie vor war das Lehramt an einer höheren Schule oder in einem Privathaushalt die einzige Erwerbsarbeit, die für Frauen aus dem Bildungsbürgertum keinen »Bruch mit dem Herkommen« bedingte und sich nicht mindernd auf ihren sozialen Status auswirkte.[41]

Viele spätere Führerinnen der Frauenbewegung haben als Gouvernanten gearbeitet. Überraschenderweise bewerten sie, trotz Louise Ottos und Gertrud Bäumers Skepsis gegenüber Arbeitsplätzen in der häuslichen Erziehung, diesen Lebensabschnitt meist nicht negativ. Die Ärztin Franziska Tiburtius schreibt: »Ende des Jahres 1866 verließ ich das mir sehr liebgewordene Haus, meine Aufgabe dort war zu Ende. Auch mußte ich mich allmählich auf meine selbständige Existenz hinarbeiten. Ein Jahr war ich noch als Erzieherin in dem Hause des Herrn von Behr-Schmoldow, des Vormundes der Lyngenschen Kinder. Ich war inzwischen wohl über die Jahre hinaus, in denen man auch in abhängiger Stellung sich vollständig in die Interessen eines fremden Hauses einleben und sich darin befriedigt fühlen kann. Mein Ziel war damals die Übernahme einer Schule, und allerhand Fühler wurden schon ausgestreckt.«[42] Helene Lange trat

1867 ihre erste Erzieherinnenstelle an und berichtet darüber fast entschuldigend: »Von den unangenehmen Seiten des Erzieherinnenberufs, die mir oft so lebhaft geschildert waren, habe ich nichts erfahren; meine Arbeit interessierte mich und fand Verständnis, meine Kinder kamen vorwärts. Ich fühlte mich in jeder Hinsicht zu Hause und fand freundliche Beziehungen, die auch der rein menschlichen Entwicklung Nahrung boten.«[43] Minna Cauer, die von 1868 bis 1869 als Erzieherin in Paris arbeitete, fühlte sich in ihrer Stellung nicht besonders wohl, schreibt aber dennoch rückblickend über ihren Entschluß, eine Gouvernantenstelle im Ausland anzunehmen: »Ich aber ging, und noch heute, in meinem Alter blicke ich auf diesen Schritt als denjenigen, der mich aus der ›gottgewollten Abhängigkeit‹ in die gottgewollte Unabhängigkeit geführt hat.«[44]

Gebildete Frauen, die ihren Lebensunterhalt in der häuslichen Erziehung erwarben, fanden sich in ihrem Arbeitsalltag oft vor schwierige Probleme gestellt, aber sie wurden dort gegenüber männlichen Kollegen nicht systematisch benachteiligt, wie das während des 19. und frühen 20. Jahrhunderts im öffentlichen Schulwesen der Fall war. Gouvernanten und Hauslehrer erhielten für ähnliche Arbeit ähnliche Gehälter und unterlagen beide einem Heiratsverbot, von dem an öffentlichen Schulen nur Frauen betroffen waren.[45] Deshalb boten gerade Hauslehrerinnenstellen die Möglichkeit, besonders am Anfang des Berufslebens, jenseits einer ständigen Herabsetzung durch Bürokraten, Vorgesetzte und Kollegen Selbstbewußtsein zu entwickeln und pädagogische Fähigkeiten zu überprüfen. In der häuslichen Erziehung behaupteten sich Frauen erfolgreich gegenüber männlicher Konkurrenz, lange bevor ihnen das im öffentlichen Schulwesen gelang. Sie unterrichteten Mädchen, und manchmal auch Jungen, häufig in den wissenschaftlichen Fächern, die in den Oberklassen der höheren Mädchenschulen bis in die Zeit vor dem Ersten Weltkrieg nur von akademisch gebildeten Männern erteilt werden durften. Seit den achtziger Jahren des 19. Jahrhunderts zeigen auch vereinzelt Stellenangebote, daß Hauslehrerinnen den Lateinunterricht von Jungen übernahmen und sie für den Eintritt in die mittleren Klassen des Gymnasiums vorbereiteten, das sie selbst in der Regel nicht besuchen durften. So heißt es 1891 in der *Lehrerin in Schule und Haus*: »Eine adelige Familie in Mecklenburg sucht eine Erzieherin, die die 15jährige Tochter und den 13jährigen Sohn in den gewöhnlichen Schulfächern und Musik unterrichtet. Kenntnis der lateinischen Sprache Bedingung.«[46] Auch Anna Wagemann, geboren 1855, hatte Latein und Griechisch bei ihrem Vater, einem Pfarrer, gelernt und Jungen später in diesen Fächern als Hauslehrerin unterrichtet.

Hauslehrerinnen traten in die Familien ihrer Arbeitgeber und waren von persönlichen Anweisungen abhängig, daraus konnten bedrückende Konflikte und bittere Kränkungen entstehen. Doch der lebensweltliche Bezug derartiger Stellen gestattete ihnen andererseits auch eine Entfaltung von Originalität, Spontaneität und Emotionen, die Institutionen bei der Arbeit mit Kindern kaum erlaubten. Außerdem waren öffentliche Schulen nicht nur der behagliche Hort lebenslanger Anstellungen und Pensionen, sondern bildeten stets einen wichtigen Bestandteil des staatlichen Herrschaftsapparates. Privatleute konnten sich im Gegensatz zu Schulbürokraten eher über staatliche Instrumente der sozialen Kontrolle, über Vorschriften und Berufsverbote hinwegsetzen und denjenigen Lehrerinnen Zuflucht gewähren, die in öffentlichen Institutionen aus religiösen, politischen oder rassischen Gründen unerwünscht waren. Die spätere kommunistische Politikerin Clara Zetkin geb. Eißner (1857-1933) hatte in ihrer Jugend ein Lehrerinnenseminar besucht und 1878 die staatliche Prüfung abgelegt. Eine Chance, im öffentlichen Schuldienst angestellt zu werden, bestand für sie nicht, weil sie Kontakte zur sozialdemokratischen Partei unterhielt. Deshalb blieb ihr nichts anderes übrig, als ungeliebte Hauslehrerinnenstellen erst in der Nähe von Leipzig, später in Österreich anzunehmen.[47]

Clara von Arnim, Gutsfrau in der Mark Brandenburg und Mutter von sechs Kindern, berichtet in ihren Erinnerungen über die Einstellung einer Hauslehrerin im Jahre 1939. Eine ältere Frau war der Familie durch Bekannte empfohlen worden: »Beim Vorstellungsgespräch mit Friedmund und mir im Herrenzimmer erzählte sie uns freimütig ihr Schicksal: Sie war Jüdin (Volljüdin im Sinne der Nürnberger Rassegesetze) und von ihrem arischen Ehemann geschieden. Zwar hatte sie ein Lehrerinnen-Examen abgelegt, durfte jedoch nicht an einer staatlichen Schule unterrichten. Sie machte deshalb besagten Kindergarten auf, den sie 1938 schließen mußte. Sie wollte nun mit einem Freund nach Palästina auswandern, hatte schon alle Papiere dafür beisammen, da starb der Freund an Lungenentzündung. Daraufhin beschloß sie unterzutauchen, das heißt sie blieb in Deutschland und suchte sich eine Stelle als Hauslehrerin auf dem Land.«[48]

Anbieter von Privatstellen durften normierte Einstellungsvoraussetzungen und Altersgrenzen ignorieren, sie konnten Chancen bieten, Begabungen fördern und über Fehltritte hinwegsehen. Das waren Vorteile, von denen bis ins 20. Jahrhundert besonders Frauen profitierten, die bis dahin von etablierten Bildungskarrieren ausgeschlossen waren und auf dem öffentlichen Arbeitsmarkt weiterhin benachteiligt wurden. Privatstellen in der häuslichen Erziehung hatten sich seit dem 18. Jahrhundert bei all ihren gravierenden ökonomischen und sozialen Nachteilen als ausbaufähiger Anfang erwiesen, der Frauen den Zugang zur qualifizierten Erwerbstätigkeit eröffnete und ihnen ermöglichte, grundlegende Erfahrungen mit der Stellenvermittlung, mit Arbeitsverträgen, Verhandlungsführung, Vertretung der eigenen Interessen und Konkurrenz auf dem Arbeitsmarkt zu gewinnen. Gouvernanten waren Bildungsbürgerinnen, die diesen Status nicht aufgrund familiärer Bindungen einnahmen, sondern aufgrund ihrer eigenen Erwerbstätigkeit, die Bildung voraussetzte. Sie konnten in der Frauenbewegung ein Recht auf Bildung und auf politisch-öffentliche Partizipation mit größerem Nachdruck und konkreteren Argumenten fordern als nicht-erwerbstätige Ehefrauen und Töchter von Bildungsbürgern. Gouvernanten repräsentierten in ihrer Zeit einen neuen weiblichen Sozialtyp, nämlich den der modernen Frau, die ihr Selbstwertgefühl auch auf berufliche Leistung gründet. Sie waren keine Randerscheinung, denn das sich verbreitende Bürgertum mußte zwangsläufig einige seiner Töchter auf den Arbeitsmarkt schicken, weil es nicht alle ernähren bzw. verheiraten konnte. Außerdem machten die neuen Ideale der Gefährtenschaft, der Konversation und der pädagogisch engagierten Mütterlichkeit eine Verbesserung der Mädchenbildung unumgänglich. Frauen mit Sprach- und Musikkenntnissen nutzten die Möglichkeiten, die sich ihnen nun boten, und verließen das Elternhaus, um mit der Erziehung nichtverwandter Kinder Geld zu verdienen. Die bürgerliche Gesellschaft, die Männern den Beruf und Frauen das Haus zuwies, brachte gleichzeitig eine Praxis hervor, in der Frauen auf der Grundlage ihrer Bildung erwerbstätig werden konnten und das nach zögerlichen Anfängen auch immer häufiger taten. Jedoch in dem Diskurs, den das gebildete Publikum über sich selbst führte, wurde dieser neue Frauentyp nur selten thematisiert und dann meist nur auf herabsetzende Art und Weise.

Seit dem 19. Jahrhundert hatten Lehrerinnen und Erzieherinnen mit fortschreitendem Organisationsgrad einen eigenen Lebensstil für alleinstehende Frauen entwickelt, der von dem Vorbild der Familie ebenso unabhängig war wie von dem der Klöster oder der Diakonissenhäuser. Sie verbrachten immer mehr Zeit miteinander in Fortbildungseinrichtungen, Kurheimen, auf Studienreisen und bei gemeinsamen Freizeitveranstaltungen. Im Vergleich zu ihren Lebens- und Arbeitsweisen erschien ihnen das alte Gouvernantenwesen mit seinen »Französinnen« und seinen wenig normierten Bildungsinhalten wie ein Symbol für eine schlechte, aber zum Glück überwundene Vergangenheit. Hauslehrerinnen wollten mit Gouvernanten nicht in einem Atemzug genannt werden. Die kulturellen Leistungen ihrer Vorgängerinnen für den Unterricht in modernen Fremdsprachen gerieten bei ihnen ebenso in Vergessenheit wie die einflußreichen pädagogischen Schriften von Mme de Beaumont und Mme de Genlis. Mitglieder der Frauenbewegung wiesen auf das Gouvernantenwesen als Beweis für die Defizite der Mädchenbildung im 18. und frühen 19. Jahrhundert und beschrieben es als minderwertig und prätentiös. Aber Gouvernanten repräsentierten in ihrer Zeit nicht nur die mangelhaften Bildungsmöglichkeiten der Mädchen im Vergleich zu denen der Jungen, sondern auch die Bemühungen von Frauen, ihre Kenntnisse zu erweitern und eine ökonomisch selbständige Existenz zu führen. Langfristig waren sie damit erfolgreich. Gouvernanten bewiesen erstmals, daß sich weibliche Erwerbstätigkeit auch auf qualifizierte Berufe ausdehnen kann, die intellektuelle Fähigkeiten voraussetzen.

Anmerkungen

Kapitel 1
Gouvernanten und Hauslehrer in Fiktion und Wirklichkeit

1 Charlotte Brontë läßt in ihrem Roman *Jane Eyre* (1847), der Anfang des 19. Jahrhunderts in England spielt, die unsympathische Blanche Ingram sagen: »Sie sollten Mama über das Kapitel ›Gouvernanten‹ hören. Mary und ich haben, glaube ich, zu unserer Zeit mindestens ein Dutzend gehabt; die Hälfte davon abscheulich und der Rest lächerlich, und alle ein Alpdruck...« Worauf die Mutter, Lady Ingram, antwortet: »Meine Liebste, erwähne Gouvernanten nicht, das Wort macht mich nervös. Ihre Inkompetenz und Launenhaftigkeit waren ein Martyrium für mich. Ich danke dem Himmel, daß ich nun mit ihnen fertig bin.« 1987, S. 205 und S. 206 (meine Übersetzung).
2 Vgl. Unger 1798. Hier tritt als Randfigur eine in Rußland angestellte französische Gouvernante auf, die als ältlich, braungekleidet, gelbhäutig, saueräugig und intrigant geschildert wird.
3 Dickens (1843-44) 1958, S. 162.
4 Ebd., S. 162.
5 Anne Brontë (1847) 1987, S. 22 f.
6 Ebd., S. 105.
7 Vgl. Clarke 1985.
8 Bäumer 1902, S. 266 ff.
9 Vgl. Poovey 1988, S. 126 ff. In dem Kapitel »Die Gouvernante und Jane Eyre« wird der Diskurs im viktorianischen England über das schwere Los von Gouvernanten analysiert.
10 Vgl. Gaskell (1857) 1975, S. 184.
11 Vgl. Howe 1953, S. 99.
12 Ein Beispiel für ein derartiges Happy-End aus dem Leben: Die Engländerin Fanny Ternan wurde im April 1866 Gouvernante eines englischen Mädchens in Florenz. Fünf Monate später heiratete sie den verwitweten Vater ihres Zöglings, den 25 Jahre älteren Thomas Trollope. Die Stieftochter kam nach England ins Internat. Gegen eine derartige Heirat bestanden keine sozialen Bedenken. Ungewöhnlich an dieser Geschichte ist aber, daß Fanny Ternan ihren

Lebensunterhalt als Schauspielerin verdient hatte, bevor sie sich dem Lehramt widmete. Professionelle Bühnenerfahrung galt bei einer viktorianischen Gouvernante als Verstoß gegen die guten Sitten. Vgl. Tomalin 1991, S. 6 und 153 ff.

13 Thackeray (1848) 1958, S. 112.

14 Ebd., S. 129.

15 Gérin 1981, S. 27.

16 Conrad (1912) 1984, S. 127 f.

17 Ebd., S. 127.

18 Strouse 1980, S. 37 ff.

19 James, *Die sündigen Engel* (1897), 1954.

20 James, *Maisie* (1897) 1955, S. 25 f.

21 Vgl. West 1949.

22 Gaskell (1864-1866) 1971.

23 Trollope (1873) 1973.

24 Mitford 1962, S. 19.

25 Aiken (1982) 1987.

26 Die Volkszählung von 1851 hatte gezeigt, daß in England mehr als doppelt so viele Frauen wie Männer im Lehrfach ihr Geld verdienten. Vgl. Hill 1989, S. 151. Die Schriftstellerin Amely Bölte, die längere Zeit in England gelebt hatte, erklärt die im Vergleich zu Deutschland geringe Zahl englischer Hauslehrer damit, daß die anglikanische Kirche jungen Theologen einen früheren Eintritt in die Pfarrerlaufbahn ermöglichte als deutsche Landeskirchen. Vgl. dies. 1848.

27 Caroline Böhmer schrieb a m 27. Dezember 1787 aus Clausthal an ihre Schwester in Göttingen: »Ich befinde mich weder beßer noch schlechter als an irgend einem anderen (Tag), außer der Unterhaltung, die mir die Amtmannin von Hohenweiler gewährt hat, und die wirklich ein Fest für mich war. Eine liebe anziehende Erzählung...« Caroline 1913, S. 168.

28 Naubert 1791, Bd. 1, S. 211 f.

29 Ebd., S. 185 f.

30 Körner 1916, S. 341.

31 Nathusius 1868, Bd. 5, S. 38.

32 Ebd., S. 152.

33 Wildermuth (1855) 1865, S. 223.

34 Ebd., S. 252.

35 Ebner-Eschenbach 1889, S. 12.

36 Stinde 1900.

37 Schnitzler, *Therese* (1928), 1983.

38 Schnitzler, *Jugend in Wien*, 1968, S. 23.

39 In dem Buch von Erna Appelt *Von Ladenmädchen, Schreibfräulein und Gouvernanten. Die weiblichen Angestellten Wiens zwischen 1900 und 1934* (1985) handelt es sich bei den als »Gouvernanten« bezeichneten Angestellten überwiegend um Kinderfrauen und nicht um Lehrerinnen.

40 Dolorosa 1904.

41 Einen Blick durchs Schlüsselloch erlauben z.B. die *Denkwürdigkeiten einer*

deutschen Erzieherin in Belgien, England, Spanien, Portugal, Polen und Deutschland, die eine anonyme Autorin schrieb und ein anonymer Herausgeber 1861 in Berlin veröffentlichte, sowie Ida Kremers *Im Kampfe um ein Königskind. Meine Erlebnisse als Erzieherin im Hause der Gräfin Montignoso im Winter 1906.* Zu dem letztgenannten Werk schreibt Luise von Toskana, frühere Kronprinzessin von Sachsen: »Nach sechs Wochen verließ mich Frau Kremer, nachdem sie in dieser Zeit genügend Material gesammelt hatte, um ein gemeines Buch zu schreiben.« (1911, S. 338).

42 Puschkin, *Das Fräulein als Bauernmädchen* (1830) 1954, S. 121.

43 Tolstoi, *Anna Karenina* (1876) 1962, Bd. 1, S. 10

44 Troyat 1989.

45 Allary et Mainard 1887.

46 Keay 1989, S. 31 ff.

47 Als Beispiele: Binzer 1887 und Augusti 1911. Ina von Binzer hatte selbst fünf Jahre lang als Erzieherin in Brasilien gearbeitet.

48 Auch Victor Hugo berichtete über die »Affäre Praslin«. Vgl. *Journal* (juillet 1846 – février 1848), 1965.

49 Gilbert 1975, S. 34.

50 Hensel 1879, S. 67.

51 Büchner (Hrsg.) 1865, S. 138.

52 So äußert sich bei Lenz ein Vater, dessen Tochter vom Hofmeister verführt worden ist. Lenz, *Der Hofmeister,* (1774) 1987, S. 88.

53 Fertig 1979.

54 Meier 1938, S. 11 f.

55 Locke (1693) 1910, S. 265.

56 Zitiert nach Rechtmann 1969, S. 227.

57 Lenz, *Der Hofmeister,* S. 55.

58 Ebd., S. 55.

59 Ebd., S. 123.

60 Ebd., S. 46.

61 Raabe (1864) o.J., S. 141.

62 Vgl. Neumann 1930; Gerth 1935.

63 Knigge (1788) 1967, Erster Theil, S. 268 f.

64 Hamann, (1751-1759) 1955, S. 46 ff.

65 Ebd., S. 52.

66 Ebd., S. 52.

67 Ebd., S. 56.

68 Herbst 1872, S. 47.

69 Vietor (Hrsg.) 1921, S. 25.

70 Michel 1940.

71 Hoffmann, *Das fremde Kind* (1819) 1957, S. 278.

72 Vgl. Jung-Stilling (1777-1817) 1968, S. 162 ff.

73 Hugo, *Dreiundneunzig* (1874) 1968, S. 118 f.

74 Keyserling, *Am Südhang* (1914), 1973, S. 172 f.

75 Keyserling, *Abendliche Häuser* (1913) 1973, S. 356.

76 Dagegen wurde der Roman *Agnes Grey* in Deutschland im 19. Jahrhundert wenig bekannt. Das Buch war in England kein kommerzieller Erfolg und wurde vorerst auch nicht in andere Sprachen übersetzt.

77 Besenmeyer 1862, S. 36.

78 Wellmer (1877) 1890, S. 10.

Kapitel 2
Pädagogische Begründungen des Gouvernantenwesens

1 So bei Fertig 1979, S. 13.

2 Vgl. Stephan 1891, S. 108 ff.

3 Feder 1774, S. 24 f.

4 Crome 1788, S. 69 f.

5 Niemeyer 1796, S. 663 ff.

6 Jonathan Swift hat 1745 ironische *Anweisungen für die Haushofmeisterinn oder Gouvernante* veröffentlicht, die zeigen, wie sie sich nicht verhalten soll: »Sagt, die Kinder haben schlimme Augen, Jungfer Betty wolle sich nicht beym Buche halten lassen, etc. Lasset eure Jungferchen fleißig Histörgen, Romanen und alle Comödien lesen, die zur Zeit der Regierung des Königs Carls II. und König Wilhelms geschrieben sind, um ihre Natur sanftmüthig und ihr Herz zärtlich zu machen etc.« (deutsch erstmals 1748) 1990, S. 106.

7 Vgl. Strauss 1914, S. 99 f.

8 Vgl. Luppé 1925, S. 111 ff.

9 Fielding 1761. Sarah Fielding war eine Schwester des Schriftstellers Henry Fielding, dem sie einige Zeit nach seiner Verwitwung den Haushalt führte. Sie selbst wurde als kleines Kind durch Gouvernanten erzogen und nach dem Tod der Mutter in ein Internat geschickt.

10 Ebd., S. 2 f.

11 Ebd., S. 4.

12 Grey 1968, S. 45.

13 So heißt es in der Anweisung für eine Gouvernante der 1782 gegründeten Karolinenschule in Frankenthal/Pfalz: »Die Gouvernante ist Stellvertreterin der Directrice und steht nur unter deren Befehl. Sie soll bei den Pensionärinnen Mutterstelle vertreten und daher ganz mit ihnen verbunden sein. Daneben ist sie verpflichtet, mit den Zöglingen französisch zu sprechen, um sie im Gebrauch dieser Sprache zu üben.« Zitiert nach: Blochmann 1966, S. 93.

14 Vgl. Reynaud 1970.

15 100 Guineen entsprachen etwa 700 Talern. In Deutschland bezogen in der Regel nur wenige höfische Gouvernanten ein Gehalt in derartiger Höhe.

16 Le Prince de Beaumont, *Magazin für Kinder*, 1762, S. XLII. »Magazin« wurde im 18. und frühen 19. Jahrhundert im Französischen entweder mit »z« oder mit »s« geschrieben.

17 Ebd., S. XLII.

18 Der Übersetzer des »*Magazins für Kinder*« hatte das Werk inhaltlich deutschen Verhältnissen angepaßt und die Handlung von London nach Dresden verlegt, aus der französischen Gouvernante eine deutsche Hofmeisterin gemacht und aus den englischen Mädchen deutsche Schülerinnen.

19 Büsching 1760, S. 100.

20 Zitiert nach Steinberger 1923, S. 94. Im Nachlaß Charlotte von Einems fand sich eine Ausgabe des Magazins für Kinder in der Übersetzung von Johann Joachim Schwaben aus dem Jahr 1761 mit ihrem Namenszug; ebd., S. 164.

21 Strauss 1914, S. 234.

22 Banuls 1986, S. 39.

23 *Magazin für Kinder,* S. IV.

24 Ebd., S. XXVI.

25 Ebd., S. XXIX f.

26 Ebd., S. XXXIII.

27 Leprince de Beaumont, *Le Magasin des Jeunes Dames,* 1810, Bd. 1, S. 231 ff.

28 1773 erschien das Buch als *Neuer Mentor, nach deutscher Art eingerichtet,* in der Übersetzung.

29 Harmand 1912.

30 Genlis, *Adèle et Théodore,* 1782.

31 Harmand, S. 150.

32 Ebd., S. 517.

33 Louis Philippe, *Mémoires,* Bd. 1, 1973, S. 19.

34 Genlis, *Leçons d'une Gouvernante à ses élèves,* 1791, Bd. 1, S. 216. Zu diesem Zeitpunkt war die Erziehung der beiden ältesten Söhne des Herzogs von Orléans bereits beendet. 1786 hatte der Comte de Genlis den Grundbesitz Sillery und den Titel eines Marquis de Sillery-Brulart geerbt. 1791 wurde es verboten, sich nach seinem Grundbesitz zu nennen, die Familie führte nun bis zur Emigration nur noch den Namen Brulart. Nach der Flucht veröffentlichte Mme de Genlis unter ihrem alten Schriftstellerinnennamen »de Genlis«.

35 Genlis, *Mémoires,* 1857.

36 Vgl. Louis Philippe 1973.

37 Laborde 1966.

38 Campan 1824.

39 Ebd., Bd. 2, S. 79.

40 Gottsched, 1771-72, Bd. 3, S. 90 f.

41 Suson Molinié, Brief vom 2. März 1761 an J.H.S. Formey. Nachlaß Formey, Deutsche Staatsbibliothek Berlin.

42 C.S. Heck, Brief vom 15. Oktober 1776 an J.H.S. Formey. Nachlaß Formey. Die Gouvernante benutzt Formeys *Encyclopédie des enfans ou abrégé de toutes les sciences.*

43 C.S. Heck, Brief vom 15. April 1776 an J.H.S. Formey, Nachlaß Formey.

44 C.S. Heck, Brief vom Dezember 1776 an J.H.S. Formey, Nachlaß Formey.

45 Das Gesamtverzeichnis des deutschsprachigen Schrifttums, 1979, nennt folgende Neuauflagen des »Magazins für Kinder«: 1802 (Leipzig), 1814 (Berlin),

1824 (Frankfurt/Main), 1835 (Berlin), 1841 (Koblenz), 1846 (Leipzig), 1851 (Leipzig), 1853 (Berlin), 1865 (Leipzig), 1874 (Leipzig).

46 Trapp 1780, S. 358.
47 Herder (1763-1771) 1984, S. 222.
48 Dinter 1879, S. 56.
49 Fischer 1837, S. 682.
50 Schwarz, 1792, S. 167 ff.
51 Basedow (1770) 1979, S. 326.
52 Ewald 1804, Bd. 2, S. 125 ff.
53 Campe (1789) 1872, S. 102.
54 Schwarz 1792, S. 171 f.
55 Schwarz (1805) 1968, S. 232.
56 Bernhardi 1798, S. 88.
57 Ebd., S. 90.
58 Ebd., S. 103 ff.
59 Uden 1783, S. 133.
60 Vgl. z.B. Andre 1789, S. 86; Krockow (1793) 1800, S. 27.
61 Holst (1802) 1984, S. 134 f.
62 Gleim (1810) 1989, S. 151. Betty Gleim setzte sich später auch für die Ausbildung von Frauen im Druckgewerbe ein und gründete eine eigene Ausbildungsstätte.
63 Ebd., S. 107 f.
64 Teschner 1829, S. 159 f.
65 Homberg 1845, S. 256.
66 Supprian 1882, S. 25.
67 Rudolphi 1807, S. 305.
68 Ebd., S. 305.

Kapitel 3

Chargen und Konditionen

1 In Frankreich behielt das Wort »gouvernante« seinen Bezug auf Verwaltung und bezeichnete außerhalb der höfischen Gesellschaft auch eine Wirtschafterin. Um eine »gouvernante« im Sinne von Haushälterin handelt es sich z.B. bei Marcelline in der *Hochzeit des Figaro* (1784) von Pierre Augustin Caron de Beaumarchais. Eine »gouvernante« ohne Erziehungsaufgaben ist auch die treue Haushälterin *Mamzelle Justine* in dem Roman »La Gouvernante« von Melandri, 1888 in Paris erschienen. Heute nimmt die »gouvernante« die Stellung einer Hausdame in französischen Hotels ein. Hauslehrerinnen werden seit dem 19. Jahrhundert meist »préceptrices« genannt.
2 Vgl. Krüdener 1973.
3 Rochow und la Motte-Fouqué 1908, S. 150.
4 Elisabeth Charlotte von Orléans 1895, S. V.

5 Ebd., S. 114.

6 Ebd., S. X.

7 Maria Anna Christina von Bayern 1891, Bd. 1, S. 212.

8 Wilhelmine von Oranien 1903.

9 Ebd., S. 86.

10 Wilhelmine von Bayreuth 1910, Bd. 1, S. 45.

11 Ebd., S. 49.

12 Ihro Majestät der Königin Bediente, Geheimes Staatsarchiv (GStA) Merseburg, Rep. 96/300F, Kabinett Friedrich-Wilhelm I., S. 23.

13 Ebd., S. 48.

14 Luise von Preußen 1912, S. 12 f.

15 Ebd., S. 14 f.

16 Ebd., S. 37.

17 Voss 1876, S. 410.

18 Gouvernantenstellen wurden nicht nur aus Dankbarkeit vergeben, sondern auch aus Dankbarkeit angenommen: Am 26. Juli 1789 trat die Marquise (spätere Duchesse) de Tourzel das Amt einer Gouvernante der königlichen Kinder am französischen Hof an. Ihre Vorgängerin, die Duchesse von Polignac, war bereits emigriert. Die Marquise de Tourzel fühlte sich Ludwig XVI. zu Dank verpflichtet und war deshalb auch noch nach der Stürmung der Bastille bereit, an den Hof von Versailles zu gehen. Sie entkam nur knapp der Guillotine. Vgl.: Tourzel 1986.

19 Sagave 1987, S. 286 f.

20 Schiller und Lotte. Briefwechsel, Drittes Buch, 1879, S. 57.

21 Ebd., Zweites Buch, S. 213 f.

22 Ebd., Erstes Buch, S. 236.

23 Ebd., S. 241 und S. 243.

24 Bailleu 1908, S. 320 f.

25 Recke 1927, S. 35.

26 Forsters Werke, Bd. 13, 1978, S. 296.

27 Ebd., S. 320.

28 Forsters Werke, Bd. 12, 1973, S. 119 und 124.

29 Stolberg 1966, S. 166.

30 Forsters Werke, Bd. 14, 1978, S. 260.

31 Forsters Werke, Bd. 18, 1982, S. 449.

32 Vgl. Rokyta 1965, S. 244-256.

33 Parthey 1926, S. 37.

34 Die Herzogin von Sagan war die Erbin ihres Vaters, des letzten Herzogs von Kurland, und trug ihren Titel unabhängig von dem Stand ihres jeweiligen Ehemannes.

35 Binzer 1877, S. 108 ff.

36 Dino o.J. (1908).

37 Ebd., S. 143.

38 Ebd., S. 146.

39 Ebd., S. 138.

40 Parthey, S. 73.
41 Assing 1857, S. 5f.
42 Ebd., S. 134.
43 Bernstorff 1897, Bd. 1, S. 23.
44 Ebd., S. 41 f.
45 Rudolphi 1835, S. 33.
46 Recke 1917, S. 28.
47 Bölte 1865.
48 Schoppe 1838, S. 244.
49 Ebd., S. 249.
50 Binder 1885.
51 Cardauns 1916, S. 69.
52 Von ihr stammt z.b. das Lied »Müde bin ich, geh zur Ruh...«, das auch in evangelischen Familien ein beliebtes Kindergebet war und ist.
53 Hensel 1878, S. 206.
54 Geiger 1901, S. 239.
55 Ebd., S. 240.
56 Bölte 1865, S. 248 f.
57 Schindel 1825, S. 228 ff.
58 Lan 1813, Bd. 1, S. 65 f. Die Abkürzungen im Text sind leicht verändert worden.
59 Lichtenau o.J., S. 34.
60 Herz 1984, S. 387.
61 Lan 1813, S. 79.
62 Allgemeines Landrecht für die Preußischen Staaten von 1794, Textausgabe 1970, S. 425.
63 Gottsched 1771-72, Bd. 2, S. 38.

Kapitel 4
Interkulturelle Erziehung in Deutschland

1 Feder 1774, S. 6.
2 Vgl. Stephan 1891, S. 101.
3 Vgl. ebd., S. 108 ff. und Stephan 1891 a, S. 101.
4 Vgl. Luppé 1925, S. 113; Howe 1953, S. 55.
5 Vgl. Michaud (1854) 1967, Bd. 16.
6 *Nutzbares, galantes und curiöses Frauenzimmer-Lexicon,* von Amaranthes (1715), 1980, S. 571.
7 Caylus (1770), 1986, S. 40.
8 Zitiert nach Geffroy 1887, Bd. 1, S. 43.
9 Caylus, S. 42.
10 Vgl. Lougee 1976, S. 190 ff.
11 Vgl. Roche 1978.

12 Harmand 1912, S. 401.
13 Gottsched 1771-72, Bd. 1, S. 6 f.
14 Francke 1957, S. 7.
15 Gottsched *Die Hausfranzösinn*, 1749, S. 94.
16 Gottsched, 1771-72, Bd. 1, S. 6 f.
17 Möser 1858, S. 212. Charles Rollin (1661-1741) veröffentlichte zwischen 1726 und 1728 seinen *Traité d'études*, in dem er ein didaktisches Konzept von der Elementarausbildung bis zum Studium entwarf.
18 Krünitz 1778, Vierzehnter Theil, S. 749 ff.
19 Schwarz 1792, S. 7.
20 Volkmann, *Auguste*, 1796, S. 28.
21 Rudolphi 1807, S. 135.
22 Raumer (1853) 1988, S. 15.
23 Weitere Beispiele für Kritik an französischen Gouvernanten im 18. Jahrhundert in: Stephan 1891, S. 108 ff.
24 Erman und Reclam 1784, Bd. 3, S. 185.
25 Ebd., S. 14.
26 Ebd., S. 14.
27 Ihr Name hat in den Quellen viele Schreibweisen, z.B. Rocoulle, Roucoule oder Roucoulles.
28 Wilhelmine von Bayreuth 1910, Bd. 1, S. 34.
29 Droysen 1913, S. 211.
30 Ebd., S. 211.
31 Ebd., S. 211.
32 Instruction de Frédéric Guillaume I et de la reine Sophie Dorothée, GStA Merseburg, HA Rep 46, Wi.
33 Wilhelmine von Bayreuth, Bd. 1, S. 34.
34 Erman und Reclam 1784, Bd. 3, S. 122.
35 Zitiert nach Erbe 1937, Anmerkung 42, S. 218.
36 Instruction pour Mlle de Montbail, GStA Merseburg, HA Rep. 46.
37 Ihro Majestät der Königin Bediente, GStA Merseburg, Rep. 96/300F, Kabinett Friedrich-Wilhelm I., S. 23.
38 Sophie von Hannover 1879, S. 34.
39 Caroline von Hessen 1877.
40 Katharina II. 1972, S. 41 ff.
41 Voss 1876, S. 6.
42 Recke 1900, S. 36 f.
43 Henckel von Donnersmarck 1846, S. 5.
44 Marwitz 1908, Bd. 1, S. 20 f.
45 Schopenhauer 1986, S. 108.
46 Ebd., S. 110.
47 Bölte 1865, S. 39.
48 Steinberger 1923, S. 106.
49 Pfaff 1854, S. 15.
50 Parthey 1907, Bd. 1, S. 13.

51 Ebd., S. 16.

52 Thürheim 1913, Bd. 1, S. 22 f.

53 Bäumer 1906, S. 457.

54 Zitiert nach Spillner 1985, S. 144. Eine erfolgreiche französische Grammatik, die erstmals 1723 in Leipzig erschienen war, hatte eine Frau La Roche zur Verfasserin.

55 *Das gelehrte Teutschland oder Lexikon der jetzt lebenden teutschen Schriftsteller*, Bd. 5, 1797, S. 311. Mömpelgard ist identisch mit Montbéliard.

56 In Untersuchungen über den französischen Fremdsprachenunterricht im 18. Jahrhundert werden Gouvernanten selten erwähnt. So heißt es z.B.: »Sicher ist jedoch, daß gegenüber dem institutionalisierten Schulunterricht der französische Privatunterricht im 18. Jahrhundert eine sehr viel bedeutendere Rolle spielt. Er wird zu einem guten Teil von emigrierten Franzosen durchgeführt, u.a. von Hugenotten, nach der Revolution von geflüchteten Adligen und Geistlichen, die sich als Hauslehrer verdingen mußten oder einen Nebenerwerb als französische Sprachlehrer suchten. (...) Diese französischen Sprachmeister – nicht selten Damen aus dem hohen Adel – wurden im allgemeinen schlecht bezahlt und gerieten in Konkurrenz zu den heimischen Sprachlehrern.« in: Spillner 1985, S. 143.

57 Kiewning 1930, S. 6.

58 Vgl. Duranton 1985.

59 Petermann 1985.

60 Dieser und die folgenden Gouvernantenbriefe stammen aus dem Nachlaß Formey, der sich in der Deutschen Staatsbibliothek in Berlin befindet. (Meine Übersetzung).

61 Taler ist hier die Übersetzung von »écu«. Gouvernanten bedienten sich überwiegend dieser Bezeichnung, die eigentlich nur auf eine bestimmte französische Münze zutraf, die dem deutschen Taler entsprach.

62 Marianne von der Lahr, Louise von der Lahr. Deutsche Staatsbibliothek Berlin, Nachlaß Formey, Kasten 22.

63 Pückler-Muskau 1874, Bd. 3, S. 127. Der Kanton Neuchâtel (Neuenburg) mit seinen überwiegend reformierten und französischsprachigen Einwohnern war seit dem 15. Jahrhundert durch ewiges Burgrecht mit Bern verbunden. 1707 wurde er preußisches Hoheitsgebiet, ging unter Napoléon kurze Zeit an Frankreich über, war ab 1814 wieder preußisch und als souveräner Staat Mitglied der Schweizer Eidgenossenschaft. 1848 wurde Neuchâtel Republik. 1857 verzichtete der preußische König auf alle Rechte, behielt aber den Titel »Fürst von Neuchâtel«. Der Kanton im Jura exportierte Gouvernanten unabhängig von der jeweiligen politischen Lage.

64 Zitiert nach Herold 1960, S. 20 f.

65 Belli-Gontard 1872, S. 8 f.

66 Romberg 1909, S. 57 f.

67 Bernstorff 1897, Bd. 1, S. 118.

68 Keyserling 1949, S. 70.

Kapitel 5
Von der Gouvernante zur Hauslehrerin

1 Albisetti 1988.

2 In einigen deutschen Ländern erkannten die Schulbehörden einzelne höhere Mädchenschulen seit den siebziger Jahren des 19. Jahrhunderts als mittlere oder höhere Bildungseinrichtungen an. In ganz Deutschland übernahmen 1908 die Provinzialschulkollegien, die für die höheren Jungenschulen zuständig waren, auch die Aufsicht über die höheren Mädchenschulen. Ränge und Titel der Lehrenden wurden angeglichen.

3 Weigand 1990.

4 Albisetti 1988.

5 Bormann 1867, S. 1 ff.

6 Ebd., S. 7.

7 Ebd., S. 8.

8 In Bayern z.B. wurden die Lehrorden ab 1803 unter dem Minister Maximilian Graf von Montgelas aufgelöst. Da Nonnen, die den Großteil der Lehrerinnen auch außerhalb der Klöster ausgemacht hatten, nicht mehr unterrichten durften, mußten weltliche Lehrerinnen durch den Staat ausgebildet werden. Das Seminar für Lehrer nahm einige wenige Frauen auf, bevor 1814 ein eigenes Lehrerinnenseminar gegründet wurde. Dieses öffentliche Institut für weibliche Berufsbildung bot einen zweijährigen Kurs an. Es bestand nur bis 1826, denn dann kehrten die Lehrorden zurück. Vgl. Schneider 1984, S. 55 ff.

9 Die Luisenstiftung 1811-1961, S. 5.

10 Bartsch und Mielke 1986, S. 38.

11 Bormann 1867, S. 25 f.

12 Bartsch und Mielke 1986, S. 13.

13 Vgl. Blochmann 1966, S. 113 ff.

14 Supprian 1882.

15 Bormann 1867, S. 69.

16 Ebd., S. 57.

17 Konopka 1910, S. 44.

18 Ebd., S. 49, S. 53.

19 Ebd., S. 53.

20 Alberti 1848, S. 2 f.

21 Kuntze 1925, S. 39.

22 Ebd., S. 59.

23 Vgl. Sommer 1882.

24 Bormann 1867, S. 98.

25 Meyer 1902, S. 6 f.

26 Ebd., S. 7 ff.

27 Ebd., S. 30.

28 Ebd., S. 54.

29 Ebd., S. 65 f.

30 Trinks 1892, S. 160.
31 GStA Merseburg, Rep. 151 I C, Nr. 7570.
32 Haas 1927, S. 24 ff.
33 Lange und Bäumer 1902, S. 318.
34 Raumer (1853) 1988, S. 31 f.
35 Büchner 1856, S. 72.
36 Ebd., S. 72.
37 Lindner 1886, S. 323.
38 Lange 1921, S. 118.
39 Ebd., S. 105.
40 Bäumer 1902, S. 89.
41 Lammers 1885, S. 9; Büttner 1899, S. 13.
42 Trinks 1892, S. 6 f.
43 Ebd., S. 23.
44 Schlosser 1924, S. 40.
45 Wagemann 1932, S. 10 f. Lida Gustava Heymann trat 1884 als Schülerin in die
   Anstalt der Schwestern Glendinning in Dresden ein. In ihren Erinnerungen
   äußert sie sich sehr lobend über die Schule. In: Heymann in Zusammenarbeit
   mit Augspurg 1977, S. 30 ff.
46 Vgl. Roland 1895; Hoeber 1917. Marie Hillebrand (1821-1894) trat ohne
   deutsches Lehrerinnenexamen eine Gouvernantenstelle in Frankreich an,
   während Elisabeth Gnauck-Kühne (1850-1917) ihre Lehrerinnenprüfung in
   Callnberg abgelegt hatte. Beide eröffneten nach ihrer Govuernantenzeit Erziehungsinstitute für Mädchen. Ihre im Ausland erworbenen Fremdsprachenkenntnisse, Gnauck-Kühne hatte auch noch in England unterrichtet, waren
   hierfür eine wichtige Qualifikation.
47 Sprengel 1932, S. 28.
47a Lange 1921, S. 99.
48 Das Privatschulwesen in Preußen, in: *Die Lehrerin in Schule und Haus*
   (LSH), 1891, S. 25.
49 Rosalie Büttner schreibt in einer berufskundlichen Schrift: »Häufig werden in
   den großen Städten unter dem Namen ›Erzieherinnen‹ junge Mädchen angestellt, die die kleinen Kinder beaufsichtigen, ihre Schularbeiten überwachen,
   mit ihnen spazieren gehen und ihre Körperpflege übernehmen sollen. Solche
   Erzieherinnen sind aber keine Lehrerinnen.« Büttner 1899, S. 48.
50 Loeper-Housselle 1885, S. 5. In Bayern berechtigte die bestandene »Erziehe-
   rinnenprüfung« nach einer Verordnung von 1911 zum Studium an der Philosophischen Fakultät. Es handelte sich dabei im Gegensatz zur »Lehrerinnenprüfung« um ein Examen, das Frauen für ein Lehramt an einer höheren
   Mädchenschule qualifizierte. Die Berufsbezeichnungen von weiblichen Lehrkräften blieben vor 1920 noch unscharf und wurden deshalb häufig durch genaue Fächer- bzw. Tätigkeitsbeschreibungen ergänzt. Vgl. May 1990, S. 238 f.
51 Supprian 1882, S. 39 und S. 45.
52 O.M. 1887, S. 321 ff. Vgl. auch zur Bedeutung der Hauslehrerinnenstellen im
   Berufsverlauf: Sprengel 1932, S. 19; Ast 1902, S. 136; Herber 1906, S. 152 ff.;
   Brehmer et al. 1990, S. 322 f.

53 Berendt 1885, S. 656.
54 Büchner 1856, S. 71.
55 Diesterweg 1899, S. 66.
56 Ebd., S. 68.
57 Ebd., S. 69.
58 *Freundschaft über sieben Jahrzehnte,* 1991, S. 69.
59 Ebd., S. 90 ff.
60 Ebd., S. 110 ff.
61 Ebd., S. 142.
62 Lindner 1886, S. 320.
63 Bevor Frauen zum Universitätsstudium zugelassen wurden, boten ihnen allein die Lehrerinnenseminare Möglichkeiten einer weiterführenden Allgemeinbildung.
64 Lange 1904, S. 544.
65 Herber 1906, S. 155 f.
66 Vgl. Einsiedel 1884.
67 Zitiert nach Pfeffer 1891, S. 577.
68 Loeper-Houselle 1895, S. 59.
69 Vgl. Lange und Bäumer 1902, S. 317.
70 Vgl. Franz 1905, S. 71.
71 Pfeffer 1891, S. 567.
72 Lindner 1886, S. 323.
73 Unter »Verschiedenes« in: LHS 1885, S. 127.
74 II. Bericht der Stellenvermittlung des Allgemeinen deutschen Lehrerinnenvereins, in: LHS 1893, S. 58 f.
75 Lange 1904, S. 544.
76 Sprengel 1892, S. 520 ff.
77 Lammers 1884, S. 22.
78 *Kölnische Zeitung,* Beilage zu Nr. 132, 13. Mai 1854.
79 *Kölnische Zeitung,* Beilage zu Nr. 187, 5. Juli 1848 und Kölnische Zeitung, Erste Beilage zu Nr. 205, 23. Juli 1848.
80 *Kölnische Zeitung,* Erste Beilage zu Nr. 57, 26. Februar 1854.
81 *Kölnische Zeitung,* Nr. 271 – Drittes Blatt, 30. September 1875.
82 Bitte Kolleginnen, hört zu, was einer stellensuchenden Lehrerin in einem ›Plazierungsbüreau‹ begegnen kann. In: LHS 1888, S. 332.
83 Doering 1890, S. 326 f.
84 Stellenvermittlung, in: LHS 1888, S. 417 ff.
85 Zur Stellenvermittlung, in: LHS 1889, S. 268 f.
86 Korrespondenz der Redaktion, in: LHS 1889, S. 591 f.
87 Stellenvermittlung des Allgemeinen deutschen Lehrerinnenvereins, in: LHS 1892, S. 191.
88 Ebd., S. 191.
89 II. Bericht der Stellenvermittlung des Allgemeinen deutschen Lehrerinnenvereins, in: LHS 1893, S. 58 f.
90 Auszug aus dem Stellenvermittlungsregister des Allgemeinen Deutschen Lehrerinnenvereins, in: LHS 1914, S. 303.

91 1908 erhielten Frauen, die eine Reifeprüfung abgelegt hatten, endlich auch in Preußen das uneingeschränkte Immatrikulationsrecht und konnten nun in ganz Deutschland studieren.

Kapitel 6
Das deutsche Gouvernantenwesen im 19. und 20. Jahrhundert

1 Bechtolsheim 1902, S. 302.
2 Rochow und la Motte-Fouqué 1908, S. 70 ff. Marguerite de Wildermeth, Gouvernante der Prinzessin Charlotte, war im Hause Donhöff angestellt gewesen, bevor sie an den preußischen Hof berufen wurde. Als die Prinzessin später den russischen Thronfolger heiratete, begleitete ihre Gouvernante sie nach Petersburg. Marguerite de Wildermeth erhielt von ihrem ehemaligen Zögling wertvollen Schmuck geschenkt, unter anderem eine Perlenkette, für die sie sich eine Villa bei Bern als Alterssitz kaufte. (Vgl. Romberg 1909, S. 60.) Auch Henriette Herz war als Gouvernante der Prinzessin Charlotte im Gespräch gewesen. Sie schreibt darüber in ihren Erinnerungen: »Vor dem Kriege war mir durch Delbrück, dem Erzieher des Kronprinzen, das ehrende Anerbieten gemacht worden, die Erziehung der Prinzessin Charlotte, jetzigen Kaiserin von Rußland, zu übernehmen, und ich hatte seinerzeit um so mehr nur mit einigen meiner vertrautesten Freunde von demselben gesprochen, als ich mich veranlaßt gefunden hatte, es abzulehnen.« (Herz 1984, S. 131) Eine höfische Gouvernante sollte damals möglichst derselben Konfession wie ihr Zögling angehören. Henriette Herz aber war Jüdin, und obwohl sie sich dem Protestantismus zugewandt hatte, wollte sie nicht konvertieren, solange ihre alte, fromme Mutter noch lebte. (Herz 1850, S. 54)
3 Zitiert nach Geiger 1901, S. 279.
4 Ebd., S. 375.
5 Erbach-Schönberg 1921, S. 48.
6 Wagemann 1932, S. 12 f.
7 Ebd., S. 155.
8 Bericht des Ministeriums des Königlichen Hauses vom 6. Dezember 1900 an den Kaiser, GStA Merseburg, HA 2.2.1., Nr. 3274; S. 77a-78.
9 Ebd., S. 112-113.
10 Bericht des Ministeriums des Königlichen Hauses vom 21. November 1842 an den König, GStA Merseburg, HA 2.2.1. Nr. 3272.
11 Bericht des Ministeriums des Königlichen Hauses vom 17. Dezember 1851 an den König, GStA Merseburg, HA 2.2.1. Nr. 3272.
12 Bericht des Ministeriums des Königlichen Hauses vom 27. Novbember 1852 an den König, GStA Merseburg, HA 2.2.1. Nr. 3272.
13 Preussische Prinzessinnen wurden nach einem alten Hausgesetz mit 18 Jahren für volljährig erklärt.

14 Bericht des Ministeriums des Königlichen Hauses vom 19. Januar 1882 an den Kaiser, GStA Merseburg, HS 2.2.1. Nr. 3273.

15 Bericht des Ministeriums des Königlichen Hauses vom 10. November 1888 an den Kaiser, GStA Merseburg, HS 2.2.1. Nr. 3273.

16 Bericht des Ministeriums des Königlichen Hauses vom 7. August 1909 an den Kaiser, GStA Merseburg, HS 2.2.1. Nr. 3274, S. 56a.

17 Bericht des Ministeriums des Königlichen Hauses vom 17.4.1877 an den Kaiser, GStA Merseburg, HS 2.2.1. Nr. 3273.

18 Bericht des Ministeriums des Königlichen Hauses vom 18. März 1887 an den Kaiser, GStA Merseburg, HS 2.2.1. Nr. 3273.

19 Bericht des Ministeriums des Königlichen Hauses vom 23. April 1901 an den Kaiser, GStA Merseburg, HS 2.2.1. Nr. 3274, S. 109-109a.

20 Anordnung des Kaisers vom 21. November 1904, GStA Merseburg, HA 2.2.1. Nr. 3274, S. 173-174.

21 Anordnung des Kaisers vom 21. Mai 1906, GStA Merseburg, HA 2.2.1. Nr. 3274, S. 198.

22 Antwort einer englischen Gouvernante auf die Frage nach der Anzahl ihrer Geschwister. In: Bunsen 1929, S. 25.

23 Ebner-Eschenbach 1961, S. 55.

24 Lammers 1884, S. 20 f.

25 Pantenius 1959, S. 44.

26 Ebd., S. 57 f.

27 Caroline 1913, S. 5.

28 Moser 1986, S. 15.

29 Velsen 1956, S. 36 f.

30 Vgl. Gathorne-Hardy 1972.

31 Herzogin Viktoria Luise 1965, S. 16.

32 Bericht des Ministeriums des Königlichen Hauses vom 4. Dezember 1899 an den Kaiser. GStA Merseburg HA 2.2.1. Nr. 3274, S. 41-42.

33 Bericht des Ministeriums des Königlichen Hauses vom 6. Juli 1905 an den Kaiser. GStA Merseburg HA 2.2.1. Nr. 3274, S. 181-182.

34 Anweisung des Kaisers vom 14. August 1909. GStA Merseburg HA 2.2.1. Nr. 3275, S. 57.

35 Lanckoronska 1977, S. 15.

36 Louis Ferdinand von Preußen 1983, S. 21.

37 Dohna-Schlobitten 1991, S. 74.

38 Auch die Erinnerungen der begeisterten und unbelehrbaren Nationalsozialistin Pauline Fürstin zu Wied geb. Prinzessin von Württemberg zeigen, daß ausländische Verwandte und Gouvernanten aus England, Frankreich und der Schweiz keineswegs Toleranz gegenüber Fremdem garantierten. Vgl. Wied 1953.

39 Lange 1903, S. 541 f.

40 Lammers 1884, S. 27.

41 Mittendorf o.J. (1910), S. 10.

42 Vgl. Bismarck 1925.

43 Tiburtius 1925, S. 51.
44 *Freundschaft über sieben Jahrzehnte*, 1991, S. 95 f.
45 Arnim 1991, S. 72 f.
46 Fontane 1975.
47 Ebd., S. 155.
48 Ebd., S. 193.
49 Ebd., S. 213.
50 Ebd., S. 223.
51 Ilse Gräfin von Bredow schildert einen ähnlich geplagten ländlichen Hausherrn wie Herrn von Mandel: die Hauslehrerin »breitete ihre Bildung vor uns aus wie Missionare bunte Perlen vor staunenden Wilden. Vaters Miene verfinsterte sich mehr und mehr. Beim Mittagessen wurde sonst wenig geredet. Vater, der den Vormittag im Wald gepflanzt, gehackt und Bäume zum Schlagen ausgezeichnet hatte, war kaum zu geistreichen Tischgesprächen aufgelegt.« In: Bredow 1979, S. 56.
52 Fontane 1975, S. 215 f. Martha Fontane schreibt »Exzeption« stets ohne »z«.
53 Schlosser 1924, S. 65 f.
54 Katterfeld 1964, S. 27.
55 Seidel 1952, S. 35 f.
56 Hadeln 1936, S. 208 f.
57 Bunsen 1929, S. 13.
58 Kügelgen 1925, S. 15.
59 Ebd., S. 21.
60 Ebd., S. 40.
61 Ebd., S. 57.
62 Ebd., S. 60.
63 Unter »Verschiedenes« in: LHS 1885, S. 159.
64 Heinroth 1979, S. 46 f.
65 Zymek 1989, S. 168.
66 Arnim 1991, S. 125.
67 Esther von Schwerin 1986, S. 104.

Kapitel 7

In der Fremde

1 Bölte 1865, S. 133 f.
2 Johann Albrecht Euler, Brief vom 7./13. Januar 1767. Deutsche Staatsbibliothek Berlin. Nachlaß Formey, Kasten 43. Vgl. Katharina II. in ihren Memoiren, 1972, S. 41 ff.
3 Suson Molinié, Brief vom 26.10.1768. Deutsche Staatsbibliothek Berlin. Nachlaß Formey.
4 Mlle de Beausobre, Brief vom 7. September 1771, Nachlaß Formey, Kasten 43.
5 Kohl 1841, S. 90.

6 Ebd., S. 94.
7 Aus Rußland, in: LHS 1887, S. 684.
8 Ebd., S. 689.
9 Ebd., S. 690.
10 Keyserling 1949, S. 212 ff.
11 Vgl. Pitcher 1977.
12 Adelmann 1895, S. 198.
13 Redlich 1886, S. 405, Fortsetzungen S. 435, 467 und 500.
14 Schakowskoy 1965, S. 47.
15 Károlyi 1967, S. 35.
16 Ebd., S. 119.
17 Ebd., S. 116.
18 W.G. 1892, S. 113 ff.
19 Ebd., S. 117.
20 Zum Artikel: ›Geht nicht nach Ungarn‹, in: LHS 1892, S. 171.
21 Ebd., S. 171.
22 Ebd., S. 173.
23 *Daheim-Anzeiger* XIX, No 44, 1883.
24 LHS 1889, S. 352.
25 *Kölnische Zeitung* – Nr. 1017, 21. November 1896.
26 Margareta, Im Gouvernanten-Nachweisungsbüreau, in: *Daheim*, 1883, S. 235.
27 M.G.Z., Wie können sich die Lehrerinnen und Erzieherinnen gegenseitig helfen? in: LHS 1891, S. 610.
28 Franzos 1876, S. 242.
29 Lammers 1884, S. 29 f.
30 N.L. 1873-1874.
31 Ebd., S. 289.
32 Ebd., S. 291.
33 Mach 1913, S. 100.
34 Ebd., S. 141.
35 Mitteilungen aus dem Auslande, in: LHS 1885, S. 27.
36 M.R. 1889, S. 401.
37 Lange 1902, S. 751 f.
38 Buchwald 1889, S. 69.
39 Ebd., S. 90.
40 Lammers 1884, S. 60.
41 Binzer 1887, S. 108.
42 *Daheim-Anzeiger* XVIII, No 11, 1882.
43 Grundgeyer 1889, S. 467, Fortsetzung S. 496.
44 Fast 1890, S. 50.
45 Mitteilungen aus dem In- und Auslande, in: LHS 1890, S. 60.
46 Erwerbsmöglichkeiten für deutsche Frauen in Amerika, in: *Die Gartenlaube.* Illustriertes Familienblatt, Nr. 52 (Blätter und Blüten), Leipzig 1896.
47 Vereinsangelegenheiten, in: LHS 1907, S. 1278.
48 N.L. 1873-1874, S. 287.

49 Heinzel 1885, S. 120.
50 Cauer 1925, S. 19.
51 Ebd., S. 22.
52 Vereinsangelegenheiten, in: LHS 1885, S. 121.
53 Heinzel 1885, S. 119.
54 Ratschläge für die deutsche Lehrerin in Frankreich, in: LHS 1910, S. 664 ff.
55 Diehl o. J. (um 1958), S. 46.
56 Ebd., S. 46.
57 Ebd., S. 47.
58 Ebd., S. 55.
59 Mittendorf o. J. (1910), S. 10.
60 Ebd., S. 27 f.
61 Mues 1894, S. 30.
62 Ebd., S. 40.
63 Ebd., S. 41.
64 Ebd., S. 60 f.
65 Ebd., S. 68.
66 Tiburtius 1925, S. 95.
67 Trinks 1892, S. 187.
68 Ebd., S. 192 f.
69 Ebd., S. 199 f.
70 Cooper 1962, S. 30 f.
71 Vgl. Einsiedel 1884.
72 Gaudian 1916.
73 1886 war in Manchester der »Verein deutscher Lehrerinnen in Manchester« gegründet worden. 1890/91 hatte der Verein 29 ordentliche Mitglieder und 19 Ehrenmitglieder. Sein Ziel bestand darin, deutschen Lehrerinnen in Manchester und Umgebung »in regelmäßigen Zusammenkünften Anregung und Erheiterung zu bieten und gegenseitige Hilfe zu ermöglichen.« Vgl. Lehrerinnenkalender von 1902.

Kapitel 8
Gouvernanten – ein weiblicher Sozialtyp?

1 In seinem Roman *Hurry on Down* bezeichnet John Barrington Wain die Lehrer eines Internats als »dragons, gods and wizards«. 1959, S. 27.
2 Pantenius 1959, S. 44.
3 Fontane 1975, S. 151.
4 Die Kleidung der Lehrerin, in: LHS 1907, S. 992.
5 Wagemann 1932, S. 131 f.
6 Theodor Fontane schreibt in dem Roman *Der Stechlin*: »mit Erzieherinnen, alten und jungen, hats immer einen Haken, wie mit den Lehrern überhaupt. Es liegt im Beruf.« (1899) 1969, S. 335.

7 Nicht nur deutsche Gouvernanten des 18. Jahrhunderts wie Marianne von der Lahr und Judith Rave waren Mütter unehelicher Kinder, auch im strengen England des 19. Jahrhunderts gab es Hauslehrerinnen, die gegen die herrschende Sexualmoral verstießen. Claire Clairmont, geboren 1798, brannte im Alter von etwa sechzehn Jahren mit ihrer Stiefschwester Mary Godwin und deren Liebhaber Percy Shelley durch. Später ging sie selbst eine kurze Liebschaft mit Lord Byron ein und gebar eine uneheliche Tochter. 1823 reiste sie, ihr Kind war inzwischen gestorben, als Gouvernante nach Rußland und lebte in den folgenden Jahren immer in der Angst, ihre Lebensgeschichte könnte den Arbeitgebern bekannt werden. Auch ihre Nichte, die Gouvernante Paula Godwin, wurde 1863 Mutter einer unehelichen, aber ebenfalls sehr erwünschten Tochter, die sie als ihr Pflegekind ausgab. Vgl. Gittings und Manton 1992.

8 Pantenius 1959, S. 16.

9 Tolstoi (1876) 1962, S. 10.

10 Franzos 1876, S. 242 f.

11 Bebel (1883) 1977, S. 199.

12 In Rußland muß es einen ähnlichen Diskurs gegeben haben. So schildert Ivan S. Turgenjev in seinem Roman *Ein Adelsnest* die französische Gouvernante der Heldin folgendermaßen: »In jüngeren Jahren hatte sie ein ziemlich lockeres Leben geführt und im reiferen Alter nur zwei Leidenschaften – für Naschwerk und Karten behalten. (...) War es nur eine Folge ihrer leichtfertig verbrachten Jugend oder war die Pariser Luft daran schuld, in welcher sie von Kindheit an geatmet hatte – genug, es hatte sich eine Art allgemeinen, wohlfeilen Skeptizismus ihrer bemächtigt, der sich gewöhnlich in den Worten: ›Tout ca c'est des bêtises‹ zu äußern pflegte. Sie sprach ein unrichtiges, aber echt Pariser Kauderwelsch, machte keine Klatschereien und war auch nicht launisch – was konnte man mehr von einer Gouvernante verlangen?« (1860) 1990, S. 172.

13 Franzos 1876, S. 93.

14 Recke 1900, S. 402.

15 Suttner 1972, S. 161 f.

16 Loeper-Housselle 1886, S. 17.

17 *Allgemeine Zeitung* Nr. 236, Augsburg, 24. August 1847, S. 1883.

18 *Allgemeine Zeitung* Nr. 237, Augsburg, 25. August 1847, S. 1891.

19 *Allgemeine Zeitung* Nr. 243, Augsburg, 31. August 1847, S. 1939.

20 Vgl. Campe (1789) 1872; Schwarz 1792; Rudolphi 1807.

21 Vgl. Imhof 1981, S. 360; Duhamelle 1987.

22 Schwarz (1805) 1968, S. 232.

23 Bunsen 1929, S. 13 f.

24 *Freundschaft über sieben Jahrzehnte*, 1991, S. 336.

25 Ebd., S. 322.

26 Tiburtius 1925, S. 37 f.

27 Krane (o.J.) 1917, S. 18.

28 Das Gespräch mit Dorothee von D. fand am 20. August 1991 in ihrer Wohnung in einem evangelischen Damenstift statt.

29 Kronprinzessin Cecilie 1930, S. 101.

30 Elschenbroich 1983, S. 24 f.
31 Otto 1876, S. 15.
32 Bäumer 1914, S. 162.
33 Dieses Klischee wird in der Frauengeschichte manchmal wie eine empirische Tatsache behandelt, beispielsweise von: Schenk 1980, S. 19; Simmel 1980, S. 101. Bussemer 1985, S. 51; Nave-Herz 1989, S. 16.
34 Vgl. die »Mitteilungen aus dem In- und Auslande«, in: LHS 1893, S. 58 f.
35 Allerdings standen Frauen die begehrtesten Stellen im häuslichen Erziehungsgeschäft, nämlich junge Kavaliere auf die Universität und die »grande tour« zu begleiten, nicht offen.
36 Hamann 1955, S. 10, S. 35, S. 61.
37 Brief von Johann Albrecht Euler vom Januar 1768 an J.H.S. Formey. Nachlaß Formey, Kasten 43, Deutsche Staatsbibliothek Berlin.
38 Trinks 1892, S. 25.
39 Loeper-Houselle 1895, S. 58.
40 Lindner 1886, S. 322 f.
41 Vgl. Lammers 1884, S. 6.
42 Tiburtius 1925, S. 74.
43 Lange 1921, S. 95.
44 Cauer 1925, S. 18.
45 Es gab vereinzelt verheiratete Gouvernanten und verheiratete Hauslehrer, die sich aber für die Dauer ihrer Privatstelle von dem Ehemann bzw. der Ehefrau trennen mußten.
46 LHS 1891, S. 736.
47 Dornemann (1957) 1962.
48 Clara von Arnim 1990, S. 253.

Literatur- und Quellenverzeichnis

Adelmann, Helene, In falscher Stellung, in: Die Gartenlaube, 52/1896.

Adelmann, Helene, Vor der Berufswahl. Warnungen und Ratschläge für unsere Großen: Die deutsche Lehrerin im Ausland, in: Die Gartenlaube, 12/1895.

Aiken, Joan, Das Mädchen aus Paris (1982), Zürich 1987.

Alberti, C.E.R., Die Bildungsanstalten für Lehrerinnen und Erzieherinnen und ihre Organisation. Ein Beitrag zur Reform des weiblichen Bildungswesens, Danzig 1848.

Albisetti, James C., Schooling German Girls and Women. Secondary and Higher Education in the Nineteenth Century, Princeton 1988.

Allgemeines Landrecht für die Preußischen Staaten von 1794. Textausgabe, Frankfurt/Main und Berlin 1970.

Allary, Camille, et Mainard, La gouvernante allemande, Paris 1887.

Andre, C.C., Bildung der Töchter in Schnepfenthal, Göttingen 1789.

Appelt, Erna, Von Ladenmädchen, Schreibfräulein und Gouvernanten. Die weiblichen Angestellten Wiens zwischen 1900 und 1934, Wien 1985.

Arnim, Clara von, Der grüne Baum des Lebens. Lebensstationen einer märkischen Gutsfrau in unserem Jahrhundert, Bern, München, Wien 1990.

Arnim, Dankwart Graf von, Als Brandenburg noch die Mark hieß, Berlin 1991.

Assing, Ludmilla, Gräfin Elisa von Ahlefeldt, die Gattin Adolphs von Lützow, die Freundin Karl Immermann's. Eine Biographie, Berlin 1857.

Ast, Elisabeth, Erinnerungen aus Droyßiger Zeit, in: Paul Meyer, Droyßig 1852-1902. Eine Festschrift zum 50jährigen Bestehen der Droyßiger Anstalten am 1. Oktober 1902, Breslau 1902.

Augusti, Brigitte, Gertruds Wanderjahre. Erlebnisse eines deutschen Mädchens im Elsaß, in Spanien, Italien und Frankreich, Leipzig 1911.

Bacherler, Michael, Deutsche Familienerziehung in der Zeit der Aufklärung und Romantik. Auf Grund autobiographischer und biographischer Quellen bearbeitet, Stuttgart 1914.

Bäumer, Gertrud, Die Frauenbildung in Grossbritanien und Irland, in: Lange, Helene, und Bäumer, Gertrud (Hrsg.), Handbuch der Frauenbewegung, III. Teil, Der Stand der Frauenbildung in den Kulturländern, Berlin 1902.

Bäumer, Gertrud, Lehrerinnenbildung, in: Encyklopädisches Handbuch der Pädagogik, hrsg. von W. Rein, Langensalza 1906.

Bäumer, Gertrud, Die Frau in Volkswirtschaft und Staatsleben der Gegenwart, Stuttgart und Berlin 1914.

Bailleu, Paul, Königin Luise. Ein Lebensbild, Berlin und Leipzig 1908.

Banuls, André (Hrsg.), Goethe an Cornelia. Die dreizehn Briefe an seine Schwester, Hamburg 1986.

Bartsch, Ulrike und Mielke, Henning, Zur Geschichte der Luisenstiftung. Erweiterter und verbesserter Nachdruck der gleichnamigen Artikelserie der Schülerzeitung Schrumpf an der Königin-Luise-Stiftung, Berlin 1986.

Basedow, Johann Bernhard, Das Methodenbuch für Väter und Mütter der Familien und Völker (1770), Vaduz 1979.

Basedow, Johann Bernhard, Ausgewählte Schriften. Mit Basedow's Biographie, Einleitungen und Anmerkungen, hrsg. von Hugo Göring, Langensalza 1880.

Wilhelmine Markgräfin von Bayreuth, Memoiren, 2 Bde., Leipzig 1910.

Briefe der Herzogin Maria Anna Christina von Bayern, vermählte Dauphine von Frankreich. Mitgetheilt von Leopold von Beckh-Widmanstetter, in: Zeitschrift für Deutsche Kulturgeschichte, Bd. 1, Berlin 1891.

Bebel, August, Die Frau und der Sozialismus (1883), Berlin 1877.

Bechtolsheim, Katharina geb. Gräfin Bueil, Erinnerungen einer Urgroßmutter, 1787-1825, hrsg. von Carl Graf Oberndorff, Berlin 1902.

Belli-Gontard, Marie, Lebens-Erinnerungen, Frankfurt/Main 1872.

Berendt, M., Die Stellung der Lehrerin in der Familie, in: Die Lehrerin in Schule und Haus. Centralorgan für die Interessen der Lehrerinnen im In- und Auslande, Berlin 1885.

Bernhardi, Elisabeth Eleonore, Ein Wort zu seiner Zeit. Für verständige Mütter und erwachsene Töchter. In Briefen einer Mutter, hrsg. von Karl Gottlob Sonntag, Freyberg 1798.

Bernstorff, Gräfin Elise von, geborene Gräfin von Dernath. Ein Bild aus der Zeit von 1789 bis 1835. Aus ihren Aufzeichnungen, Berlin 1897.

Besenmeyer, G., Gouvernante, in: Schmid, K.A., Encyklopädie des gesammten Erziehungs- und Unterrichtswesens, Gotha 1862.

Binder, Franz, Luise Hensel. Ein Lebensbild, Freiburg i. Br. 1885.

Binzer, Emilie von (Ernst Ritter), Drei Sommer in Löbichau 1819-21, Stuttgart 1877.

Binzer, Ina von (Ulla von Eck), Leid und Freud einer Erzieherin in Brasilien, Berlin 1887.

Bischoff, Charitas, Amalie Dietrich, Berlin 1911.

Bischoff, Charitas, Bilder aus meinem Leben, Berlin 1912.

Bismarck, Hedwig von, Erinnerungen aus dem Leben einer 95jährigen, Halle 1925.

Blochmann, Elisabeth, das ›Frauenzimmer‹ und die ›Gelehrsamkeit‹. Eine Studie über die Anfänge des Mädchenschulwesens in Deutschland, Heidelberg 1966.

Bock, Gisela, Historische Frauenforschung: Fragestellungen und Perspektiven, in: Karin Hausen (Hrsg.), Frauen suchen ihre Geschichte. Historische Studien zum 19. und 20. Jahrhundert, München 1983.

Bögli, Lina, Talofa. In zehn Jahren um die Welt, Zürich 1990.

Bölte, Amely, Erzählungen aus der Mappe einer Deutschen in London, Leipzig 1848.

Bölte, Amely, Fanny Tarnow. Ein Lebensbild, Berlin 1865.

Bormann, Karl, Die Prüfung der Lehrerinnen in Preußen nach ihrer Vorbereitung, Vollziehung und Wirkung, Berlin 1867.

Bousset, Alice, Zwei Vorkämpferinnen für Frauenbildung: Luise Büchner, Marie Calm, in: Sammlung gemeinverständlicher wissenschaftlicher Vorträge, Heft 168, Hamburg 1893.

Brackel, Ferdinande Freiin von, Mein Leben, Köln 1905.

Bredow, Ilse Gräfin von, Kartoffeln mit Stippe. Eine Kindheit in der märkischen Heide, München 1979.

Bredow, Juliane Freiin von, Leben in einer Zeitenwende, im Selbstverlag der Herausgeberin, o.J.

Bregulla, Gottfried (Hrsg.), Hugenotten in Berlin, Berlin 1988.

Brehmer, Ilse, Jacobi-Dittrich, Juliane, Kuhn, Annette (Hrsg.) »Wissen heißt leben...« Beiträge zur Bildungsgeschichte von Frauen im 18. und 19. Jahrhundert (Band IV der Reihe »Frauen in der Geschichte«), Düsseldorf 1983.

Brehmer, Ilse, Ehrich, Karin, Stolzer, Barbara, Berufsbiographien von Lehrerinnen. Vom Anfang des 19. Jahrhunderts bis zum 1. Drittel dieses Jahrhunderts, in: Johann Georg Prinz zu Hohenzollern, Max Liedtke (Hrsg.), Der weite Schulweg der Mädchen. Die Geschichte der Mädchenbildung als Beispiel der Geschichte anthropologischer Vorurteile, Schriftenreihe zum Bayerischen Schulmuseum Ichenhausen Bd. 9, Bad Heilbrunn/Obb. 1990.

Brontë, Anne, Agnes Grey (1847), Zürich 1987.

Brontë, Charlotte, Jane Eyre (1847), Harmondsworth 1987.

Buchwald, Bertha, Erinnerungsblätter. Aus dem Leben einer deutschen Lehrerin, Weimar 1889.

Büchner, Alexander (Hrsg.), Briefe des Prinzen Louis Ferdinand von Preußen an Pauline Wiesel. Nebst Briefen von A. von Humboldt, Rahel Varnhagen, Gentz und Marie von Méris, Leipzig 1865.

Büchner, Luise, Die Frauen und ihr Beruf, Frankfurt 1856.

Bülow, Paula von, geb. Gräfin von Linden, Aus verklungenen Zeiten, 1833-1920, hrsg. von Johannes Werner, Leipzig 1924.

Anton Friedrich Büschings Grundris eines Unterrichts wie besondere Lehrer und Hofmeister der Kinder und Jünglinge sich pflichtmäßig, wohlanständig und klüglich verhalten müssen. Nebst einer vorläufigen Abhandlung von dem Vorzug der öffentlichen Schulen vor den besonderen Lehrern, Altona und Lübeck 1760.

Büttner, Rosalie, Die Lehrerin, Forderungen, Leistungen, Aussichten in diesem Berufe, Leipzig 1899.

Bunsen, Frau Carl von, An drei Gesandtschaften. Erinnerungen einer Diplomatenfrau, Berlin 1910.

Bunsen, Marie von, Die Welt in der ich lebte. Erinnerungen aus glücklichen Jahren 1860-1912, Leipzig 1929.

Bussemer, Herrad-Ulrike, Frauenemanzipation und Bildungsbürgertum. Sozialgeschichte der Frauenbewegung in der Reichsgründungszeit, Weinheim und Basel 1985.

Calm, Marie, Deutsche Elemente in Paris, in: Die Gartenlaube, 48/1886.

Campan, Jeanne Louise Henriette, Lettre sur les devoirs et les qualités d'une gouvernante, in: Dies., De l'éducation, Paris 1824.

Campe, Joachim Heinrich, Väterlicher Rath für meine Tochter. Der erwachsenen weiblichen Jugend gewidmet (1789), Braunschweig 1872.

Cardauns, Hermann, Aufzeichnungen und Briefe von Luise Hensel, in: Frankfurter Zeitgemässe Broschüren, Bd. 35, Heft 3, Hamm 1916.

Caroline. Briefe aus der Frühromantik. Nach Georg Waitz vermehrt herausgegeben von Erich Schmidt, Bd. 1, Leipzig 1913.

Castelot, André, Marie Antoinette, Stuttgart 1955.

Castonier, Elisabeth, Stürmisch bis heiter. Memoiren einer Außenseiterin, München 1971.

Cauer, Minna, Die Frau im 19. Jahrhundert, Berlin 1898.

Cauer, Minna, Leben und Werk. Dargestellt an Hand ihrer Tagebücher und nachgelassenen Schriften von Else Lüders, Gotha 1925.

Souvernirs de Madame de Caylus (1770), hrsg. von Bernard Noel, Paris 1986.

Kronprinzessin Cecilie, Erinnerungen, Leipzig 1930.

Charlotte. Gedenkblätter von Charlotte von Kalb, hrsg. von Emil Palleske, Stuttgart 1879.

Chézy, Helmina von, Unvergessenes. Denkwürdigkeiten aus dem Leben. Von ihr selbst erzählt, Leipzig 1858.

Clarke, Patricia, The Governesses. Letters from the Colonies 1862-1882, London 1985.

Conrad, Joseph, Spiel des Zufalls. Eine Geschichte in zwei Teilen (1912), Frankfurt/Main 1984.

Die Memoiren der Lady Diana Cooper, Frankfurt/Main 1962.

Crome, August Friedrich Wilhelm, Selbstbiographie, Stuttgart 1833.

Crome, Friedrich August, Über die Erziehung durch Hauslehrer. Aus dem Revisionswerk abgedruckt und besonders herausgegeben von J.H. Campe, Braunschweig 1788.

Curie, Eva, Madame Curie, Frankfurt/Main 1977.

Daheim, ein dt. Familienblatt mit Ill., Leipzig, Bielefeld 1865-1942/43.

Eine Dame, Plädoyer für bessere Gouvernantenausbildung (1843), in: Renate Möhrmann (Hrsg.), Frauenemanzipation im deutschen Vormärz. Texte und Dokumente, Stuttgart 1978.

Danielou, Madelaine, Madame de Maintenon, éducatrice, Paris 1946.

Dautzenroth, Erich, Kleine Geschichte der Mädchenbildung, Wuppertal 1971.

Davidoff, Leonore, Hall, Catherine, Family Fortunes. Men and women of the English middle class, 1780-1850, London 1987.

Denkwürdigkeiten einer deutschen Erzieherin in Belgien, England, Spanien, Portugal, Polen und Deutschland, hrsg. von ***, Berlin 1861.

Der Hofmeister und die Gouvernante. Ein Lustspiel in 5 Aufzügen, Autor unbekannt, etwa zwischen 1783 und 1806 entstanden, in: Komedia, Bd. 15, Berlin 1969.

Dickens, Charles, Martin Chuzzlewit (1843-1844), München 1958.

Diehl, Guida, Christ sein heißt Kämpfer sein. Die Führung meines Lebens, Gießen o.J. (um 1958).

Diesterweg, Adolf, Lehrerinnen und Gouvernanten, in: E. von Sallwürk, Adolf Diesterweg. Darstellung seines Lebens und seiner Lehre und Auswahl aus seinen Schriften, Bd. 2, Langensalza 1899.

Dill, Liesbet, Eine von zu vielen, Stuttgart, Berlin und Leipzig o.J. (1927).

Souvenirs de la Duchesse de Dino, publiés par sa petite-fille la Comtesse Jean de Castellane, Paris o.J. (1908).

Dinter, Gustav Friedrich, Leben, von ihm selbst geschrieben, Wien 1879.

Doering, Emma, Weiteres über Stellenvermittlung durch und für Lehrerinnen, in: Die Lehrerin in Schule und Haus, Gera und Leipzig 1890.

Dohna-Schlobitten, Alexander Fürst zu, Erinnerungen eines alten Ostpreußen, Berlin 1919.

Dolorosa (Maria Eichhorn), Tagebuch einer Erzieherin, Leipzig 1904.

Dornemann, Luise, Clara Zetkin. Ein Lebensbild (1957), Berlin 1962.

Droysen, Hans, Aus den Briefen der Königin Sophie-Dorothea, in: Hohenzollern-Jahrbuch. Forschungen und Abbildungen zur Geschichte der Hohenzollern in Brandenburg-Preußen, hrsg. von Paul Seidel, 17. Jahrg., Berlin und Leipzig 1913.

Duhamel, Christophe, Les deux Allemagnes de l'enfance (fin XVIII-début XIXe), in: Institut d'histoire économique et sociale de l'Université de Paris I, Recherche et Travaux, Bulletin 16, Paris 1987.

Duhet, Paule-Marie, Les femmes et la Révolution 1789-1794, Paris 1971.

Duranton, Henri, ›Un métier de chien‹. Précepteurs, demoiselles de compagnies et boheme littéraire dans le refuge allemand, in: Dix-Huitième Siècle, revue annuelle, Nr. 17, Paris 1985.

Ebersberger, Thea (Hrsg.), Erinnerungsblätter aus dem Leben Luise Mühlbach's, Leipzig 1902.

Ebner-Eschenbach, Marie von, Ein kleiner Roman, Berlin 1889.

Ebner-Eschenbach, Marie von, Meine Kinderjahre, in: Gesammelte Werke, Bd. 8, München 1961.

Ederling, Paul, Fräulein, Stuttgart und Berlin 1920.

Einsiedel, Julius, Das Gouvernantenwesen in England. Eine Warnung, Heilbronn 1884.

Elschenbroich, Gabriele, Du machst uns verrückt. Hilfen für unruhige Kinder und ihre Eltern, Freiburg i.Br. 1983.

Engelsing, Rolf, Zur Sozialgeschichte deutscher Mittel- und Unterschichten, Göttingen 1973.

Epinay, Louise d', Oeuvres de Mme d'Epinay, Réimprimé sur l'édition de Genève 1759, 2 vol., Paris 1869.

Erbach-Schönberg, Fürstin Marie zu, Entscheidende Jahre 1859 * 1866 * 1870. Aus meiner Kindheit und Mädchenzeit, Braunschweig 1921.

Erbe, Helmut, Die Hugenotten in Deutschland, Essen 1935.

Erman, J.P., und Reclam, P. Ch. F., Mémoires pour servir à l'histoire des réfugiés francais dans les états du roi, 8 Bde., Berlin 1782-1799.

Erwerbsmöglichkeiten für deutsche Frauen in Amerika, in: Die Gartenlaube, 52/1896.

Die Erzieherin. Eine Zeitschrift über weibliche Erziehung, Zürich 1845-1850.

Ewald, Johann Ludwig, Die Kunst ein gutes Mädchen, eine gute Gattin, Mutter und Hausfrau zu werden. Ein Handbuch für erwachsene Töchter, Gattinnen und Mütter, 2 Bde, Frankfurt/Main 1804.

Fast, Martha, Ein Brief aus Australien, in: Die Lehrerin in Schule und Haus, Gera und Leipzig 1890.

Feder, Johann Georg Heinrich, Der neue Emil oder von der Erziehung nach bewährten Grundsätzen, Erlangen 1774.

Fénelon, Francois, Über Mädchenerziehung (Traité de l'éducation des filles, 1687), Bochum o.J.

Fertig, Ludwig, Die Hofmeister. Ein Beitrag zur Geschichte des Lehrerstandes und der bürgerlichen Intelligenz, Stuttgart 1979.

Festschrift aus Anlaß des fünfundzwanzigjährigen Bestehens der unter dem Protektorat Ihrer Majestät der Kaiserin und Königin Friedrich stehenden Allgemeinen Pensions-Anstalt für Lehrerinnen und Erzieherinnen zu Berlin, 15. Oktober 1900.

Johann Gottlieb Fichte's Leben und literarischer Briefwechsel, hrsg. von seinem Sohne J.H. Fichte. Erster Theil, die Lebensbeschreibung enthaltend, Sulzbach 1830.

Field, Rachel, Hölle wo ist dein Sieg? (All This and Heaven Too, 1938), Düsseldorf 1959.

Fielding, Sarah, The Governess or, Little Female Academy, A Facsimile Reproduction of the First Edition of 1749, with an Introduction and Bibliography by Jill E. Grey, London 1968.

Fielding, Sarah, Die Hofmeisterin; oder die kleine Akademie für das Frauenzimmer zum Vergnügen und Unterricht junger Personen dieses Geschlechts bey ihrer Erziehung. Aus dem Englischen, Leipzig 1761.

Fischer, F., Psychologische Charakteristik der Geschlechter, in: Morgenblatt für gebildete Leser, Stuttgart und Tübingen, 18. Juli 1837.

Foerster, Wilhelm, Lebenserinnerungen und Lebenshoffnungen, Berlin 1911.

Fontane, Mete, Briefe an die Eltern 1880-1882, herausgegeben von Edgar R. Rosen, Frankfurt/Main 1975.

Fontane, Theodor, Der Stechlin (1899), München 1969.

Formey, J.H.S., Encyclopédie des enfants ou abrégé de toutes les sciences, Bern 1784.

Georg Forsters Werke, Sämtliche Schriften, Tagebücher, Briefe, Bd. 12, 13, 14 und 18, Berlin 1973, 78 und 82.

Francke, August Hermann, Pädagogische Schriften, Paderborn 1957.

François, Luise von, Eine Gouvernante, in: Natur und Gnade, nebst anderen Erzählungen, Bd. 1 und 2, Berlin 1876.

Franz, Marie, Erinnerungen einer Lehrerin, Leipzig 1905.

Franzos, Karl Emil, Aus Halb-Asien, Culturbilder aus Galizien, der Bukowina, Südrußland und Rumänien, Leipzig 1876.

Die Frau, Monatszeitschrift für d. gesamte Frauenleben unserer Zeit; Organ des Bundes Deutscher Frauenvereine, Berlin 1893/94-1943/44.

Der Frauenanwalt; Organ d. Verbandes Deutscher Frauenbildungs- und Erwerbsvereine, Berlin 1870/71-1881.

Nutzbares, galantes und curiöses Frauenzimmer-Lexicon von Amaranthes (1715), Neudruck hrsg. von Manfred Lemmer, Frankfurt 1980.

Freudlieb, Martha, Pauline Herber (1852-1921). Ein Lebensbild, Paderborn 1936.

Freundschaft über sieben Jahrzehnte. Rundbriefe deutscher Lehrerinnen 1899-1968, hrsg. von H. Jansen, Frankfurt/Main 1991.

Frevert, Ute, Frauen-Geschichte: Zwischen Bürgerlicher Verbesserung und Neuer Weiblichkeit, Frankfurt/Main 1986.

Frevert, Ute (Hrsg.), Bürgerinnen und Bürger. Geschlechterverhältnisse im 19. Jahrhundert, Göttingen 1989.

Königin Friederike von Schweden geborene Prinzessin von Baden, Memoiren aus Ihrem Leben und Ihrer Zeit, aufgezeichnet von einer Hofdame, Frankfurt/Main 1856.

Fröbel, Friedrich, Pädagogische Schriften, hrsg. von Friedrich Seidel, Wien 1883.

W.G., Geht nicht nach Ungarn! Eine Warnung an meine Berufsgenossinnen, in: Die Lehrerin in Schule und Haus, Gera und Leipzig 1892.

Die Gartenlaube, ill. Familienblatt, Berlin 1853-1937.

Gaskell, Elisabeth, The Life of Charlotte Brontë (1857), Harmondsworth 1975.

Gaskell, Elisabeth, Wives and Daughters (1864-1866), London 1971.

Gathorne-Hardy, Jonathan, The Rise and Fall of the British Nanny, London 1972.

Gaudian, Magdalene, Helene Adelmann: Ein Lebensbild. In: M. Gaudian und H. Lange, Dem Andenken an Helene Adelmann, Berlin 1916.

Geffroy, A., Madame de Maintenon d'après sa correspondance authentique, Paris 1887.

Geiger, Ludwig, Therese Huber 1764 bis 1829. Leben und Briefe einer deutschen Frau, Stuttgart 1901.

Mme de Genlis, Adèle et Théodore ou Lettres sur l'éducation, Paris 1782.

Madame de Sillery-Brulart (Mme de Genlis), Gouvernante de Mlle D'Orléans, Leçons d'une Gouvernante à ses élèves. Fragmens d'un Journal, qui a été fait pour l'éducation des Enfans de Monsieur D'Orléans, Paris 1791.

Madame de Genlis, Mémoires (en un volume), Paris 1857.

Gerhard, Ute, Verhältnisse und Verhinderungen, Frankfurt 1978.

Gérin, Winifred, Anne Thackeray Ritchie. A Biography, Oxford University Press 1981.

Germer, Helmut, The German Novel of Education 1792-1805. A complete Bibliography and Analysis, Bern 1968.

Gerth, Hans H., Bürgerliche Intelligenz um 1800. Zur Soziologie des deutschen Frühliberalismus, Göttingen 1976.

Gesamtverzeichnis des deutschsprachigen Schrifttums (GV) 1700-1910, bearbeitet unter der Leitung von Hilmar Schmuck und Willi Gorzny, Bd. 9, München 1979.

Gilbert, Felix, Bankiers, Künstler und Gelehrte. Unveröffentlichte Briefe der Familie Mendelssohn aus dem 19. Jahrhundert, Tübingen 1975.

Gittings, Robert und Manton, Jo, Claire Clarmont and the Shelleys, Oxford 1992.

Glatz, Jakob, Rosaliens Vermächtnis an ihre Tochter Amanda; oder Worte einer guten Mutter an den Geist und das Herz ihrer Tochter. Ein Bildungsbuch für Deutschlands Töchter, Reutlingen 1830.

Gleim, Betty, Erziehung und Unterricht des weiblichen Geschlechts. Ein Buch für Eltern und Erzieher (1810), Paderborn 1989.

Gottsched, Luise Adelgunde, Die Hausfranzösin, oder die Mammsell. Ein deutsches Lustspiel in fünf Aufzügen, in: Die deutsche Schaubühne, Fünfter Theil, Leipzig 1749.

Briefe der Frau Louise Adelgunde Victorie Gottsched gebohrene Kulmus, 3 Bde., Dresden 1771-72.

Grenz, Dagmar, Mädchenliteratur. Von den moralisch-belehrenden Schriften im 18. Jahrhundert bis zur Herausbildung der Backfischliteratur im 19. Jahrhundert, Stuttgart 1981.

Grey, Jill E., Introduction in: Sarah Fielding, The Governess or, Little Female Academy, London 1968.

Grundgeyer, Martha, Ein Gruß aus Uruguay, in: Die Lehrerin in Schule und Haus, 5/1889.

Haas, Paul (Hrsg.), Droyßig 1927, Leipzig 1927.

Hadeln, Charlotte Freifrau von, In Sonne und Sturm, Rudolstadt 1936.

Häntzschel, Günter (Hrsg.), Bildung und Kultur bürgerlicher Frauen 1850-1918. Eine Quellendokumentation aus Anstandsbüchern und Lebenshilfen für Mädchen und Frauen als Beitrag zur weiblichen literarischen Sozialisation, Tübingen 1986.

Hamann, Johann Georg, Briefwechsel, Bd. 1, 1751-1759, hrsg. von Walther Ziesemer und Arthur Henkel, Wiesbaden 1955.

Memoiren der Herzogin Sophie nachmals Kurfürstin von Hannover, hrsg. von Adolf Köcher, Leipzig 1879.

Hardach-Pinke, Irene und Hardach, Gerd (Hrsg.), Deutsche Kindheiten 1700-1900, 3. Auflage, Frankfurt/Main 1992.

Hardach-Pinke, Irene, Kinderalltag. Aspekte von Kontinuität und Wandel in autobiographischen Zeugnissen 1700 bis 1900, Frankfurt/Main 1981.

Hardach-Pinke, Irene, Weibliche Bildung und weiblicher Beruf. Gouvernanten im 18. und frühen 19. Jahrhundert, in: Gisela Bock (Hrsg.), Lebenswege von Frauen im Ancien Régime, Geschichte und Gesellschaft 18 (1992).

Harmand, Jean, Madame de Genlis, sa vie intime et politique 1746-1830, Paris 1912.

Hausen, Karin, Die Polarisierung der ›Geschlechtscharaktere‹ – Eine Spiegelung der Dissoziation von Erwerbs- und Familienleben, in: Werner Conze (Hrsg.), Sozialgeschichte der Familie in der Neuzeit Europas, Stuttgart 1976.

Heinroth, Katharina, Mit Faltern begann's. Mein Leben mit Tieren in Breslau, München und Berlin, München 1979.

Heinzel, Meta, Deutsche Erzieherinnen in Frankreich, in: Die Lehrerin in Schule und Haus, Berlin 1885.

Henckel von Donnersmarck, Wilhelm Ludwig Victor Graf von, Erinnerungen aus meinem Leben, Zerbst 1846.

Briefe der Dichterin Luise Hensel, Paderborn 1878.

Hensel, Sebastian, Die Familie Mendelssohn 1729-1847. Nach Briefen und Tagebüchern, Berlin 1879.

Herber, Pauline, Das Lehrerinnenwesen in Deutschland, Kempten 1906.

Herbst, Wilhelm, Johann Heinrich Voss, Leipzig 1872.

Herder, Johann Gottfried, Briefe. Erster Band April 1763 – April 1771, bearbeitet von Wilhelm Dobbek und Günter Arnold, Weimar 1984.

Briefwechsel der »Grossen Landgräfin« Caroline von Hessen. Dreissig Jahre eines fürstlichen Frauenlebens, hrsg. von Ph.A.F. Walther, 2 Bde., Wien 1877.

Herold, Christopher, Madame de Staël, Herrin eines Jahrhunderts, München 1960.

Herz, Henriette, Ihr Leben und ihre Erinnerungen, hrsg. von J. Fürst, Berlin 1850.

Henriette Herz in Erinnerungen, Briefen und Zeugnissen, herausgegeben von Rainer Schmitz, Frankfurt/Main 1984.

Heymann, Lida Gustava, In Zusammenarbeit mit Anita Augspurg, Erlebtes–Erschautes. Deutsche Frauen kämpfen für Freiheit, Recht und Frieden 1850-1940, Meisenheim am Glan 1977.

Hill, Bridget, Women, Work, and Sexual Politics in Eighteenth-Century England, Oxford 1989.

Hoeber, Karl, Elisabeth Gnauck-Kühne. Ein Bild ihres Lebens und Schaffens, M. Gladbach 1917.

Hoffmann, E.T.A., Das fremde Kind, in: Die Serapionsbrüder, Bd. 2 (1819), Berlin 1957.

Holst, Amalia geb. von Justi, Über die Bestimmung des Weibes zur Höhern Geistesbildung (1802), Zürich 1984.

Homberg, Tinette, Gedanken über Erziehung und Unterricht besonders des weiblichen Geschlechts und über weibliche Erziehungsanstalten, Berlin 1845.

Howe, Bea, A Galaxy of Governesses, London 1953.

Hugo, Victor, Dreiundneunzig (1874), Stuttgart 1968.

Hugo, Victor, Journal de ce que j' apprends chaque jour (juillet 1846-février 1848), Paris 1965.

Hunt, David, Parents And Children in History. The Psychology of Family Life in Early Modern France, New York 1970.

Imhof, Arthur E., Unterschiedliche Säuglingssterblichkeit in Deutschland, 18. bis 20. Jahrhundert – Warum?, in: Zeitschrift für Bevölkerungswissenschaft, 3/1981.

Jacobshagen, Cornelia, Licht von Oben, Hannover 1935.

James, Henry, The Turn of the Screw (1897), New York 1930.

James, Henry, Die sündigen Engel, München 1954.

James, Henry, Maisie (1897), Köln und Berlin 1955.

Jean Paul, Die unsichtbare Loge (1825), in: Ders., Werke, Bd. 1, München 1960.

Jean Paul, Levana oder Erziehlehre (1806), in: Ders., Werke, Bd. 5, München 1963.

Jügel, Carl (Hrsg.), Das Puppenhaus, ein Erbstück in der Gontard'schen Familie. Bruchstücke aus den Erinnerungen und Familien-Papieren eines Siebzigers, Frankfurt/Main 1921.

Jung-Stilling, Johann Heinrich, Lebensgeschichte (1777-1817), München 1968.

Jurtz, Klara, Ihm zu dienen, welch ein Stand! Lebenserinnerungen einer Achtzigjährigen, Gotha 1930.

Károlyi, Katharina Gräfin, Aufbruch ohne Wiederkehr. Die Lebenserinnerungen einer ungewöhnlichen Frau, Oldenburg und Hamburg 1967.

Katharina II. in ihren Memoiren (erste Fragmente 1859 erschienen), Frankfurt 1972.

Katterfeld, Anna, Die unsichtbare Hand. Bilder aus meinem Leben, Lahr-Dinglingen 1964.

Kerchner, Brigitte, Beruf und Geschlecht. Frauenberufsverbände in Deutschland 1848-1908, Göttingen 1992.

Keay, Julia, With Passport And Parasol, The Adventures of Seven Victorian Ladies, London 1989.

Keyserling, Eduard von, Werke, hrsg. von Rainer Gruenter, Frankfurt 1973.

Keyserling, Gräfin Henriette, Frühe Vollendung. Das Leben der Gräfin Marie Keyserling in den Erinnerungen ihrer Schwester, hrsg. von Otto Freiherr von Taube, Bamberg 1949.

Kiewning, Hans, Fürstin Pauline zur Lippe 1769-1820, Detmold 1930.

Klee, Christian Carl Ludwig, Eines deutschen Hauslehrers Pilgerschaft durch Land und Leben (1792-1818), Reval 1913.

Klewitz, Marion, Zwischen Oberlehrern und Müttern. Professionalisierung im Lehrerinnenberuf (1870-1920), in: Marion Klewitz, Ulrike Schildmann, Theresa Wobbe, Frauenberufe – hausarbeitsnah?, Pfaffenweiler 1989.

Knigge, Adolph Freiherr von, Über den Umgang mit Menschen (Nachdruck der

Ausgabe Hannover 1788), Darmstadt 1967.

Kocka, Jürgen (Hrsg.), Bürger und Bürgerlichkeit im 19. Jahrhundert, Göttingen 1987.

Konopka, Otto, Geschichte der Königlichen Luisenstiftung zu Posen, Posen 1910.

Körners Werke, hrsg. von Hans Zimmer, Leipzig und Wien 1916.

Kohl, Johann Georg, Petersburg in Bildern und Skizzen, 2 Bde., Dresden und Leipzig 1841.

Kohlrausch, Friedrich, Erinnerungen aus meinem Leben, Hannover 1863.

Krane, Anna von, Wie ich mein Leben empfand, Bocholt i.W. o.J. (1917).

Kremer, Ida, Im Kampf um ein Königskind. Meine Erlebnisse als Erzieherin im Hause der Gräfin Montignoso im Winter 1906, Dresden 1907.

Kretzer, Max, Familiensklaven, Berlin o.J. (1904).

Krockow, Louise Gräfin von, gebohrne von Göppel, Rath und That zu einem guten Werk. Ein Toilettengeschenk für Damen (1793), Königsberg 1800.

Kronberger-Frentzen, Hanna, Eine glückliche Kindheit, Hamburg 1948.

Kronthal, Anna, Posner Mürbekuchen. Jugend-Erinnerungen einer Posnerin, München 1932.

Krüdener, Jürgen Freiherr von, Die Rolle des Hofes im Absolutismus, Stuttgart 1973.

Krünitz, Johann Georg (Hrsg.), Oeconomische Encyclopaedie, oder allgemeines System der Staats-Stadt-Haus- u. Landwirthschaft in alphabetischer Ordnung, Berlin 1778.

Kügelgen, Marie Helene von, geb. Zöge von Manteuffel, Ein Lebensbild in Briefen, Leipzig 1900.

Kügelgen, Wilhelm von, Lebenserinnerungen des Alten Mannes in Briefen an seinen Bruder Gerhard 1840-1867, bearbeitet und herausgegeben von Paul Siegwart v. Kügelgen und Johannes Werner, Leipzig 1925.

Kuntze, Egon, Geschichte des staatlichen Lehrerinnenseminars zu Münster i. Westfalen mit Beziehung auf den Kreis Overberg, Münster i.W. 1925.

Kuntze, Eugen, Bernard Overberg als Förderer der Lehrer- und Lehrerinnenbildung, in: Stapper, Richard (Hrsg.), Bernhard Overberg als pädagogischer Führer seiner Zeit. Festschrift zum Hundertjahrgedächtnis seines Todestages (9. Nov. 1826), Münster 1926.

N.L., Meine Erfahrungen während meiner Laufbahn als Erzieherin, in: Der Frauen-Anwalt. Organ des Verbandes deutscher Frauenbildungs- und Erwerbs-Vereine, hrsg. von Jenny Hirsch, Berlin 1873-1874.

Laborde, Alice M., L'Oeuvre de Madame de Genlis, Paris 1966.

La Chaussée, Pierre-Claude Nivelle de, La Gouvernante (Erstaufführung 1747), in: Répertoire Générale du Théatre Francais, Bd. 54, Paris 1813.

Lammers, Mathilde, Deutsche Lehrerinnen im Auslande, in: Deutsche Zeit- und Streit-Fragen, Flugschrift zur Kenntnis der Gegenwart, Berlin 1884.

Lammers, Mathilde, Höhere Prüfung für Lehrerinnen, in: Die Lehrerin in Schule und Haus, Berlin 1885.

Lampe, Joachim, Aristokratie, Hofadel und Staatspatriziat in Kurhannover. Die Lebenskreise der höheren Beamten an den kurhannoverschen Zentral- und Hofbehörden 1714-1760, Göttingen 1963.

Memoires der Frau v. Lan gebohrene v. Burg. Von ihr selbst geschrieben, 2 Bde., Kopenhagen 1813.

Lanckoronska, Maria, Li(e)ber Beda, Frankfurt/Main 1977.

Lange, Helene und Bäumer, Gertrud (Hrsg.), Handbuch der Frauenbewegung, IV. Teil. Unter Mitarbeit von Robert Wilbrandt und Lisbeth Wilbrandt: Die deutsche Frau im Beruf, Berlin 1902.

Lange, Helene, Erzieherin, in: W. Rein (Hrsg.), Encyklopädisches Handbuch der Pädagogik, Bd. 2, Langensalza 1904.

Lange, Helene, Lebenserinnerungen, Berlin 1921.

Die Lehrerin; Organ d. Allgemeinen deutschen Lehrerinnenvereins, Leipzig, Berlin 1910/11-1923.

Die Lehrerin in Schule und Haus; Zentralorgan für d. Interssen d. Lehrerinnen u.d. Erzieherinnen d. In- und Auslandes, Leipzig 1884/85-1909/10.

Deutscher Lehrerinnen-Kalender für das Jahr 1892. Im Auftrag des Vorstandes des Allgemeinen Deutschen Lehrerinnenvereins hrsg. von F. Rommel, Berlin 1991.

Lenz, Jakob Michael Reinhold, Der Hofmeister oder Vorteile der Privaterziehung. Eine Komödie (1774), in: Jakob Michael Reinhold Lenz, Werke und Briefe in drei Bänden, hrsg. von Sigrid Damm, Bd. 1, München 1987.

Le Prince de Beaumont, Marie, Magazin des adolescentes, Berlin 1778.

Mme Le Prince de Beaumont, Magazin des enfans ou dialogues entre une sage gouvernante et plusieurs de ses élèves de la première distinction, Neuf Chatel 1761.

Die Frau Maria le Prince de Beaumont lehrreiches Magazin für Kinder zu richtiger Bildung ihres Verstandes und Herzens für die deutsche Jugend eingerichtet und mit den nöthigsten Kupfern versehen von Johann Joachim Schwaben, vierte und verbesserte Auflage, Leipzig 1762.

Léprince de Beaumont, Jeanne Marie, Le Magasin des jeunes Dames, ou, instructions pour les personnes qui entrent dans le monde et se marient; leurs devoirs dans cet état et envers leurs enfans, Paris 1810.

Lesskow, Nikolai, Das Tal der Tränen. Eine Rhapsodie, in: Ders., Geschichten vom Lande, München o.J.

Lichnowsky, Mechthilde, Kindheit, München 1979.

Memoiren der Gräfin Lichtenau. Ein Sittenbild vom Hofe der Hohenzollern, hrsg. von Max Adler, Dresden o.J.

Lindner, Bertha, Ein Wort zur Überfüllung des Lehrerinnenstandes, in: Die Lehrerin in Schule und Haus, Berlin 1886.

John Lockes Gedanken über Erziehung (1693). Eingeleitet und erläutert von E. v. Sallwürk, Langensalza 1910.

Loeper-Housselle, Marie, Ein Beitrag zur Geschichte des Lehrerinnenstandes in Deutschland, in: Die Lehrerin in Schule und Haus, Berlin 1885.

Loeper-Housselle, Marie, Meine erste Stellung, in: Die Lehrerin in Schule und Haus, Berlin 1886.

Loeper-Housselle, Marie, Vor der Berufswahl. Warnungen und Ratschläge für unsere Großen: Die Lehrerin in Deutschland, in: Die Gartenlaube, 3/1895.

Lougee, Carolyn C., Le Paradis des Femmes. Women, Salons, and Social Stratification in Seventeenth-Century France, Princeton 1976.

Louis Philippe Duc d'Orléans, Mémoires (1773-1793), Paris 1972.

Mémoires de S.A.S. Louis-Antoine-Philippe d'Orléans, Duc de Montpensier, Prince du Sang, Paris 1824.

Luisenstiftung 1811-1961, Festschrift zum 150jährigen Bestehen.

Königin-Luise-Stiftung 1811-1986, Festschrift zum 175jährigen Bestehen.

Lüders, Marie-Elisabeth, Fürchte Dich nicht. Persönliches und Politisches aus mehr als 80 Jahren 1878-1962, Köln und Opladen 1963.

Luppé, Albert-Marie-Pierre Comte de, Les jeunes filles à la fin du 18e siècle, Paris 1925.

O.M., Hauslehrerin oder Schullehrerin, in: Die Lehrerin in Schule und Haus, Gera und Leipzig 1887.

Margareta, Im Gouvernanten-Nachweisbüreau, in: Daheim, 1883.

Erinnerungen einer Erzieherin. Nach Aufzeichnungen von ... (Marie Mach). Mit einem Vorwort herausgegeben von Prof. Ernst Mach, Wien und Leipzig 1913.

Marwitz, Friedrich August Ludwig von der, Ein märkischer Edelmann im Zeitalter der Befreiungskriege, hrsg. von Friedrich Meusel, Berlin 1908.

May, Peter, Mädchenbildung an den Töchterschulen des 19./20. Jahrhunderts, in: Johann Georg Prinz von Hohenzollern, Max Liedke (Hrsg.), Der weite Schulweg der Mädchen, Bad Heilbrunn/Obb. 1990.

Meier, Johann Christian, Johann Bernhard Basedows Leben, Charakter und Schriften, Erster Theil, Hamburg 1791.

Meier, Werner, Der Hofmeister in der deutschen Literatur des 18. Jahrhunderts, Diss. Zürich 1938.

Melandri, La Gouvernante, Paris 1888.

Merget, Adalbert, Über Erzieherinnen, ein Wort zur Verständigung über Beruf, Ausbildung und Leistungen derselben, Berlin 1853.

Das gelehrte Teutschland oder Lexikon der jetzt lebenden teutschen Schriftsteller, angefangen von Georg Christoph Hamberger, fortgesetzt von Johann Georg Meusel, Bd. 5, Lemgo 1797.

Meyer, Paul, Droyßig 1852-1902. Eine Festschrift zum 50jährigen Bestehen der Droyßiger Anstalten am 1. Oktober 1902, Breslau 1902.

Meyn- von Westenholz, Elisabeth, Der Allgemeine deutsche Lehrerinnenverein in der Geschichte der deutschen Mädchenbildung, Berlin 1936.

Meysenburg, Malvida von, Memoiren einer Idealistin, Berlin 1882.

Michaud, J. Fr., Biographie Universelle, Ancienne et Moderne, 16 (1854), Nachdruck Graz 1967.

Michel, Wilhelm, Das Leben Friedrich Hölderlins, Bremen 1940.

Mitford, Jessica, Hons And Rebels, Harmondsworth 1962.

Mitgau, Hermann, Gemeinsames Leben 1770-1870, Wolfenbüttel und Hannover 1948.

Mittendorf, Dorette, Erinnerungen aus dem Leben einer Erzieherin, Kassel o.J. (1910).

Moser, Mentona, Ich habe gelebt, Zürich 1986.

Möser, Justus, Die allerliebste Braut, in: Ders., Patriotische Phantasien, Erster Theil (1768), Berlin 1858.

Mues, Anna, Lebenserinnerungen und Reiseeindrücke einer Erzieherin, Osnabrück 1894.

Muret, Eduard, Geschichte der Französischen Kolonie in Brandenburg-Preußen, Berlin 1885.

Nathusius, Marie, Joachim von Kamern. Ein Lebenslauf (1853), in: Dies., Gesammelte Schriften, Bd. 5, Halle 1868.

Nathusius, Marie, Tagebuch eines armen Fräuleins. Abgedruckt zur Unterhaltung und Belehrung für junge Mädchen (1854), in: Dies., Gesammelte Schriften, Bd. 5, Halle 1868.

Naubert, Christiane Benedicte, Die Amtmannin von Hohenweiler. Eine wirkliche Geschichte aus Familienpapieren gezogen. Vom Verfasser des Walter von Montbarry, Mannheim 1791.

Nave-Herz, Rosemarie, Die Geschichte der Frauenbewegung in Deutschland, 3. Aufl., Hannover 1989.

Neumann, Franz, Der Hofmeister. Ein Beitrag zur Geschichte der Erziehung im achtzehnten Jahrhundert, Diss. Halle 1930.

Niemeyer, August Hermann, Grundsätze der Erziehung und des Unterrichts für Eltern, Hauslehrer und Erzieher, Halle 1796.

Oertzen, Hellmuth von, Das Leben und Wirken des Staatsministers Jasper von Oertzen. Ein Beitrag zur Geschichte Mecklenburgs, Schwerin 1905.

Die Erinnerungen der Prinzessin Wilhelmine von Oranien an den Hof Friedrichs des Großen (1751-1767), hrsg. von Gustav Berthold Volz, Berlin 1903.

Briefe der Herzogin Elisabeth Charlotte von Orléans an ihre frühere Hofmeisterin A.K. von Harling, geb. v. Uffeln, und deren Gemahl, Geh. Rath Fr. v. Harling zu Hannover, hrsg. von Eduard Bodemann, Hannover und Leipzig 1895.

Otto, Louise, Frauenleben im deutschen Reich. Erinnerungen aus der Vergangenheit, Leipzig 1876.

Pantenius, Louise, Jugenderinnerungen aus dem alten Riga, Hannover-Döhren 1959.

Papke, Käthe, Nur eine Erzieherin, Wernigerode 1929.

Parthey, Gustav, Jugenderinnerungen. Handschrift für Freunde, Bd. 1, Berlin 1907.

Parthey, Lilli, Tagebücher aus der Berliner Biedermeierzeit, hrsg. von Bernhard Lepsius, Berlin und Leipzig 1926.

Petermann, Renate, Briefe eines Berners an J.-H.-S. Formey, in: Beiträge zur Romanischen Philologie 24 (1985), Heft 1.

Peterson, M. Jeanne, The Victorian Governess, Status Incongruence and Society, in: Martha Vicinus (Hrsg.), Suffer and Be Still. Women in the Victorian Age, Indiana University Press 1972.

Pfaff, Christoph Heinrich, Lebenserinnerungen, Kiel 1854.

Pfeffer, A., Welche Wege stehen einer Lehrerin offen, um sich vor Geldsorgen im Alter möglichst zu schützen?, in: Die Lehrerin in Schule und Haus, Gera und Leipzig 1891.

Pitcher, Harvey, When Miss Emmie was in Russia. English Governesses before, during and after the October Revolution, London 1977.

Poellnitz, Charles Louis Baron de, Mémoires pour servir à l'histoire des quatre derniers souverains de la Maison de Brandenbourg Royale de Prusse, Berlin 1791.

Poovey, Mary, Uneven Developments. The Ideological Work of Gender in Mid-Victorian England, Chicago 1988.

Preewitz, Henriette von, Lauter glückliche Tage. Ein Buch der Erinnerung mit Bildern aus unserem Album, München 1984.

Preußen, Louis Ferdinand Prinz von, Im Strom der Geschichte, München und Wien 1983.

Preußen, Luise von, Fürstin Anton Radziwill, Fünfundvierzig Jahre aus meinem Leben (1770-1815), Braunschweig 1912.

Pückler-Muskau, Fürst Hermann von, Briefwechsel und Tagebücher, hrsg. von Ludmilla Assing-Grimessi, Bd. 3, Berlin 1874.

Puschkin, Alexander S., Das Fräulein als Bauernmädchen (1830), in: Ders., Sämtliche Erzählungen, Düsseldorf 1954.

M.R., Aus Sizilien, in: Die Lehrerin in Schule und Haus, Gera und Leipzig 1889.

Raabe, Wilhelm, Der Hungerpastor (1864), München o.J.

Raumer, Karl von, Die Erziehung der Mädchen (1853), Paderborn 1988.

Rechtmann, Heinrich J., Geschichte der Pädagogik. Wandlungen der deutschen Bildung, München 1969.

Recke, Elisa von der, Aufzeichnungen und Briefe aus ihren Jugendtagen, hrsg. von Paul Rachel, Leipzig 1900.

Recke, Elisa von der, Mein Journal. Elisas neu aufgefundene Tagebücher aus den Jahren 1791 und 1793/95. Hrsg. und erläutert von Johannes Werner, Leipzig 1927.

Briefe an Elisa von der Recke, hrsg. von Otto Clemm, Berlin 1917.

Redlich, W., Gertrud in Polen, in: Die Lehrerin in Schule und Haus, Berlin 1886.

Reif, Heinz, Westfälischer Adel 1770-1860. Vom Herrschaftsstand zur regionalen Elite, Göttingen 1979.

Reuter, Gabriele, Vom Kinde zum Menschen. Die Geschichte meiner Jugend, Berlin 1921.

Reynaud, M.A., Madame Le Prince de Beaumont. Vie et Oeuvre d'une éducatrice, Paris o.J. (1970).

Roche, Daniel, Education et société dans la France du 16e au 18e siècle: L'exemple de la maison royale de Saint-Cyr, in: Cahiers d'histoire 23, Lyon 1978.

Rochow, Caroline von, geb. von der Marwitz, und de la Motte-Fouqué, Marie, Vom Leben am preußischen Hofe 1815-1852, bearbeitet von Luise von der Marwitz, Berlin 1908.

Rohr, Alheidis von, Sophie Kurfürstin von Hannover. Begleitheft zur Ausstellung, Hannover 1980.

Rohr, Alheidis von, Louise Lehzen. Queen Victorias hannoveranische Gouvernante, in: Hannoveranische Geschichtsblätter 1992.

Rokyta, Hugo, Die Gestalt der Schloßherrin in Bežena Němcovas ›Babiěka‹, ihr Prototyp und deren Erzieherin, die Schwester J.G. Forsters, in: Zeitschrift für Slavistik 10, 1965.

Roland, Jean, Marie Hillebrand (1821-1894). Ihr Leben und erzieherisches Wirken, Gießen 1895.

Romberg, Amalie von, Sophie von Schwerin. Ein Lebensbild aus ihren eigenen hinterlassenen Papieren zusammengestellt von ihrer jüngeren Schwester. Neu herausgegeben von Eberhard Koenig, Leipzig 1909.

Rousseau, Jean-Jacques, Emil oder über die Erziehung (1762), Paderborn 1962.

Rudolphi, Caroline, Schriftlicher Nachlaß, Heidelberg 1835.

Rudolphi, Caroline, Gemälde weiblicher Erziehung, 2 Theile, Heidelberg 1807.

Rüdiger, O., Caroline Rudolphi, Eine deutsche Dichterin und Erzieherin, Klopstocks Freundin, Hamburg und Leipzig 1903.

Sagave, Pierre-Paul, Französische Prinzenerzieher am preußischen Hof (1694-1814), in: Ingrid Mittenzwei (Hrsg.), Hugenotten in Brandenburg-Preußen, Berlin, 1987.

Sallwürk, E. von, Fénelon und die Litteratur der weiblichen Bildung in Frankreich, Langensalza 1886.

Schakowskoy, Prinzessin Sinaida, Meine Jugend in Rußland. Zwischen Zarenkrone und Rotem Stern, München 1965.

Schenk, Herrad, Die feministische Herausforderung. 150 Jahre Frauenbewegung in Deutschland, München 1980.

Schiller und Lotte, Briefwechsel 1788-1805, bearbeitet von Wilhelm Fielitz, Stuttgart 1879.

Schindel, Carl Wilhelm Otto August von, Die deutschen Schriftstellerinnen des neunzehnten Jahrhunderts, Dritter Theil, Leipzig 1825.

Schlosser, Julie, Aus dem Leben meiner Mutter, Berlin 1924.

Schmid, Pia, Das Allgemeine, die Bildung und das Weib. Zur verborgenen Konzipierung von Allgemeinbildung als allgemeiner Bildung für Männer, in: Heinz-Elmar Tenorth (Hrsg.), Allgemeine Bildung, Weinheim 1986.

Schmid, Pia, Bürgerliche Theorien zur weiblichen Bildung. Klassiker und Gegenstimmen um 1800, in: Otto Hansmann und Winfried Marotzki (Hrsg.), Diskurs Bildungstheorie II: Problemgeschichtliche Orientierungen. Rekonstruktion der Bildungstheorie unter Bedingungen der gegenwärtigen Gesellschaft, Weinheim 1989.

Schneider, Joanne, Enlightened Reforms and Bavarian Girls' Education. Tradition through Innovation, in: John C. Fout (Hrsg.), German Women in the Nineteenth Century, New York 1984.

Schnitzler, Arthur, Therese. Chronik eines Frauenlebens (1928), Frankfurt/Main 1983.

Schnitzler, Arthur, Jugend in Wien. Eine Autobiographie, Wien 1968.

Schopenhauer, Johanna, Ihr glücklichen Augen. Jugenerinnerungen, Tagebücher, Briefe, Berlin 1986.

Schoppe, Amalia, geb. Weise, Erinnerungen aus meinem Leben, in kleinen Bildern, Altona 1838.

Schrader, O., Augusta, Herzogin zu Sachsen, die erste deutsche Kaiserin. Züge und Bilder aus ihrem Leben und Charakter, Weimar 1890.

Schulenburg, Tilsa von der, Des Kaisers weibliche Kadetten. Schulzeit in Heiligengrabe – zwischen Kaiserreich und Revolution, Freiburg i. Br. 1983.

Schwarz, Friedrich Heinrich Christian, Grundriß einer Theorie der Mädchenerziehung in Hinsicht auf die mittleren Stände, Jena 1792.

Schwarz, Friedrich Heinrich Christian, Lehrbuch der Erziehungs- und Unterrichtslehre (1805), Paderborn 1968.

Schwerin, Esther Gräfin von, Kormorane, Brombeerranken. Erinnerungen an Ostpreußen, München und Wien 1987.

Seidel, Heinrich, Die alte Gouvernante, in: Ders., Vorstadtgeschichten, Stuttgart und Berlin 1901.

Seidel, Heinrich Wolfgang, Drei Stunden hinter Berlin, Briefe aus dem Vikariat, Gütersloh 1902.

Seidel, Heinrich Wolfgang, Um die Jahrhundertwende, Jugendbriefe, Gütersloh 1952.

Denkwürdigkeiten aus dem Leben von Amalie Sieveking in deren Auftrage von einer Freundin derselben verfaßt. Mit einem Vorwort von Dr. Wichern, Hamburg 1860.

Simmel, Monika, Erziehung zum Weibe. Mädchenbildung im 19. Jahrhundert, Frankfurt/New York 1980.

Sommer, W., Festschrift zur Feier des fünfzigjährigen Bestehens des königlichen katholischen Lehrerinnenseminars zu Paderborn, Paderborn 1882.

Sonnet, Martine, L'éduaction des filles au temps des Lumières, Paris 1987.

Spark, Muriel, Mary Shelley (1951), Harmondsworth 1989.

Spillner, Bernd, Französische Grammatik und französischer Fremdsprachenunterricht im 18. Jahrhundert, in: Dieter Kimpel (Hrsg.), Mehrsprachigkeit in der deutschen Aufklärung, Hamburg 1985.

Sprengel, Auguste, Allgemeine deutsche Pensionsanstalt für Lehrerinnen und Erzieherinnen, in: Die Lehrerin in Schule und Haus, Gera und Leipzig 1892.

Sprengel, Auguste, Erinnerungen aus meinem Schulleben, Berlin 1932.

Steinberger, Julius (Hrsg.), Aus dem Nachlaß Charlotte von Einems. Ungedruckte Briefe von Hölty, Voß, Boie, Overbeck u.a., Jugenderinnerungen, Göttingen 1923.

Stendhal (Henri Beyle), Rot und Schwarz (1830), Berlin 1978.

Stephan, Gustav, Die häusliche Erziehung in Deutschland während des achtzehnten Jahrhunderts, Wiesbaden 1891.

Stephan, Gustav, Hofmeister und Gouvernanten. Ein Beitrag zur Kulturgeschichte des 18. Jahrhunderts, in: Zeitschrift für Deutsche Kulturgeschichte. Neue Folge, hrsg. von Christian Meyer, Bd. 1, Berlin 1891.

Stinde, Julius, Martinhagen. Eine Geschichte abseits der Heerstraße, Berlin 1900.

Stoehr, Irene, ›Organisierte Mütterlichkeit‹. Zur Politik der deutschen Frauenbewegung um 1900, in: Karin Hausen (Hrsg.), Frauen suchen ihre Geschichte. Historische Studien zum 19. und 20. Jahrhundert, München 1983.

Stolberg, Friedrich Leopold Graf zu, Briefe, herausgegeben von Jürgen Behrens, Neumünster 1966.

Straßburger, Ferdinand, Die Mädchenerziehung in der Geschichte der Pädagogik des 17. und 18. Jahrhunderts in Frankreich und Deutschland, Diss. Erlangen 1911.

Strauss, Bettina, La culture française à Francfort au 18e siècle, Paris 1914.

Strouse, Jean, Alice James. A Biography, Boston 1980.

Supprian, Karl, Zur Geschichte der Königlichen Augusta-Schule und des Königlichen Lehrerinnen-Seminars zu Berlin. Festschrift zur Feier des fünfzigjährigen Bestehens der Anstalt am 29. April 1882.

Suttner, Bertha von, Lebenserinnerungen, hrsg. von Fritz Böttger, Berlin 1972.

Swift, Jonathan, Anweisungen für Dienstboten (deutsch erstmals 1748), Frankfurt/Main 1990.

Teschner, Auguste, Grundsätze der Mädchen-Erziehung für Mütter und Erzieherinnen, Breslau 1829.

Teschner, Auguste, Lebensbriefe. Mit einer Vorrede von D.W.F. Besser, I. Theil, Leipzig und Dresden 1866.

Thackeray, William M., Jahrmarkt der Eitelkeit (1848). Ein Roman ohne Helden, München 1958.

Thiel, Julie, Leiden und Freuden einer Lehrerin, in: Die Lehrerin in Schule und Haus, Berlin 1885.

Thürheim, Gräfin Lulu, Mein Leben 1788 bis 1819. Erinnerungen aus Österreichs großer Welt, München 1913.

Tiburtius, Franziska, Erinnerungen einer Achtzigjährigen, Berlin 1925.

Tiedge, Christoph August, Anna Charlotte Dorothea, letzte Herzogin von Kurland, Leipzig 1823.

Tolstoi, Leo, Anna Karenina (1876), Frankfurt 1962.

Tomalin, Claire, The Invisible Woman. The Story of Nelly Ternan and Charles Dickens, Harmondsworth 1991.

Toskana, Luise von, frühere Kronprinzessin von Sachsen, Mein Lebensweg, Berlin 1911.

Mémoires de Madame la Duchesse de Tourzel, Gouvernante des Enfants de France, de 1789 à 1795, Paris 1986.

Trapp, Ernst Christian, Versuch einer Pädagogik, Berlin 1780.

Trinks, Thekla, Lebensführung einer deutschen Lehrerin. Erinnerungen an Deutschland, England, Frankreich und Rumänien, Eisenach 1892.

Trollope, Anthony, The Eustace Diamonds (1873), Harmondsworth 1973.

Troyat, Henri, La gouvernante francaise, Paris 1989.

Turgenjev, Ivan S., Ein Adelsnest (1860), Reinbek 1990.

Uden, K.F., Über die Erziehung der Töchter des Mittelstandes, Stendal 1783.

Unger, Friederike Helene, Julchen Grünthal, 2 Bde., Berlin 1798.

Velsen, Dorothee von, Im Alter die Fülle. Erinnerungen, Tübingen 1956.

Vicinus, Martha, Independent Women. Work And Community For Single Women, London 1985.

Vietor, Carl (Hrsg.), Die Briefe der Diotima, veröffentlicht von Frieda Arnold, Leipzig 1921.

Herzogin Viktoria Luise, Ein Leben als Tochter des Kaisers, Göttingen 1965.

Volkmann, Friedrich, Auguste oder Die Würde des weiblichen Geschlechts, Erfurt 1796.

Voss, Sophie Marie Gräfin von, Neunundsechzig Jahre am Preußischen Hofe. Aus den Erinnerungen der Oberhofmeisterin, Leipzig 1876.

Wagemann, Anna, Prinzessin Feodora. Erinnerungen an den Augustenburger und den Preußischen Hof. Aus dem bunten Bilderbuch meines Lebens, Berlin 1932.

Wain, John Barrington, Hurry on Down. A novel, London 1959.

Walter, Eva, Schrieb oft, von Mägde Arbeit müde. Lebenszusammenhänge deutscher Schriftstellerinnen um 1800 – Schritte zur bürgerlichen Weiblichkeit, hrsg. von Annette Kuhn, Düsseldorf 1985.

Weigand, Gabriele, Die weiblichen Schulorden und die Mädchenbildung, in: Johann Georg Prinz von Hohenzollern, Max Liedke (Hrsg.), Der weite Schulweg der Mädchen, Bad Heilbrunn/Obb. 1990.

Wellmer, Meta, Deutsche Erzieherinnen und deren Wirkungskreis (1877), Leipzig 1890.

West, Katherine, Chapter of Governesses. A Study of the Governesses in English Fiction 1800-1949, London 1949.

Wied, Pauline, Fürstin zu, geb. Prinzessin von Württemberg, Vom Leben gelernt, Ludwigsburg 1953.

Wieland, C.M., Bonifaz Schleichers Jugendgeschichte oder kann man ein Heuchler seyn ohne es selbst zu wissen? (1776), in: C.M. Wielands sämtliche Werke, Bd. 27, Leipzig 1825.

Wildermuth, Ottilie, Aus dem Frauenleben, 2 Bde., (1855-57) Stuttgart 1865.

Winkelmann, A., Aus Liselottens Jugendzeit. Ein Beitrag zur Erziehungs- und Kulturgeschichte des 18. Jahrhunderts. In: Veröffentlichungen der Großherzoglichen badischen Sammlungen für Altertums- und Völkerkunde in Karlsruhe und des Karlsruher Altertumsvereins, 1902.

Witt, D., Angenehm gemacht in dem Geliebten. Lebensbild der Lehrerin Henriette Neumann, Neumünster 1908.

Woodham-Smith, Cecil, Queen Victoria. Her Life And Times 1819-1861, London 1972.

Wrangel, Margarethe von, Das Leben einer Frau 1876-1932. Aus Tagebüchern, Briefen und Erinnerungen dargestellt von Fürst Wladimir Andronikow, Hamburg 1935.

Wunderlich, Heinke, Studienjahre der Grafen Salm-Reifferscheidt (1780-1791). Ein Beitrag zur Adelserziehung am Ende des Ancien Régime, Heidelberg 1984.

Zinnecker, Jürgen, Sozialgeschichte der Mädchenbildung. Zur Kritik der Schulerziehung von Mädchen im bürgerlichen Patriachalismus, Weinheim und Basel 1973.

Zymek, Bernd, Schulen, in: Dieter Langewiesche und Heinz-Elmar Tenorth (Hrsg.), Handbuch der deutschen Bildungsgeschichte, Bd. 5, 1918-1945. Die Weimarer Republik und die nationalsozialistische Diktatur, München 1989.

Bildnachweise

S. 29 Titelbild des Romans von Dolorosa (Maria Eichhorn), *Tagebuch einer Erzieherin*, 1904; *S. 56* Titelbild des *Magasin des Enfans* aus dem Jahre 1762; *S. 64* Aus: Louis Philippe Duc d'Orléans, *Mémoires (1773-1793); S. 82* Andreas Scheitz, Anna Katharina von Harling geb. von Uffeln (1700), Staatliche Schlösser und Gärten Potsdam-Sanssouci; *S. 87* Frederic Reclam, Prinzessin Friederike Elisabeth Henriette Amalie von Preußen (1764), Staatliche Schlösser und Gärten Potsdam-Sanssouci; *S. 102* G.F.A. Schöner, Henriette Herz (1802), Märkisches Museum, Berlin; *S. 119* Antoine Pesne, Marthe de Rocoule (1735), Staatliche Schlösser und Gärten Potsdam-Sanssouci; *S. 125* Josephine Tisserant gezeichnet von ihrem Zögling Gräfin Lulu Thürheim. Aus: Gräfin Lulu Thürheim, *Mein Leben 1788 bis 1819; S. 149* Friederike Lehmann, aus: *Luisenstiftung 1811-1961; S. 158* Die Anstalten in Droyßig, aus: Paul Meyer, *Droyßig 1852-1902; S. 162* Aus: Paul Meyer, *Droyßig 1852-1902; S. 179* Berthold Woltze, Aus dem Leben einer Stellensuchenden, in: *Daheim, ein dt. Familienblatt mit Ill.*, 1882; *S. 185* Aus: Anna Wagemann, *Prinzessin Feodora. Erinnerungen an den Augustenburger und den Preußischen Hof; S. 193* Aus: Prinzessin Viktoria Luise, *Bilder der Kaiserzeit,* Göttingen/Hannover 1969; *S. 211* W.G. Perow, Ankunft der Gouvernante im Hause eines Petersburger Kaufmanns, Tretjakow-Galerie, Moskau; *S. 232* Baroness Lehzen. Miniature by Koepke. The Royal Collection © Her Majesty Queen Elizabeth II.; *S. 239* Aus: Charitas Bischoff, *Bilder aus meinem Leben; S. 244 Wilhelm Hensel, Luise Hensel (1828).* Kupferstichkabinett, Staatliche Museen zu Berlin Preußischer Kulturbesitz. Foto: Jörg P. Anders; *S. 255* Baroness Lehzen sketched by Princess Victoria. The Royal Collection © Her Majesty Queen Elizabeth II.

Personenregister

Adelmann, Helene 212, 239 f.
Ahlefeldt, Gräfin Elisa von 93
Aiken, Joan 21
Alberti, C.E.R. 154
Alexander Fürst zu Dohna-Schlobitten 194
Alexius von Anhalt-Bernburg, Prinz 127
Allary 29
Arnim, Clara von 263
Arnim, Dankwart Graf von 197, 204
Augusti, Brigitte 30

Barbier, Witwe 83
Basedow, Johann Bernhard 71 f.
Battenberg, Prinzessin Marie von 182
Bäumer, Gertrud 124 f., 257, 261
Beaumont, Jeanne-Marie Le Prince de (Mme de Beaumont) 51, 54-60, 65-68, 70, 125
Beausobre, Mlle de 208 f., 259
Bebel, August 244
Bechtolsheim, Katharina Freifau von 180
Belli-Gontard, Marie 142 f., 145
Bénézet, Mlle 135 f.
Bernhardi, Elisabeth 74-79, 257
Bernstorff, Elise Gräfin (geb. Gräfin von Dernath) 94, 143 f., 242
Beulwitz, Caroline von (geb. von Lengefeld) 87
Beulwitz, Rosemarie von 184 f.

Binzer, Emilie von 91 f.
Binzer, Ina von (Ulla von Eck) 224
Bismarck, Hedwig von 195
Bonafous, Suzanne 129 f., 133, 207
Bormann, Karl 151 f., 170
Braun, Gräfin von 207 f., 258
Brecht, Bertold 37
Brontë, Anne 13
Brontë, Charlotte (Currer Bell) 13, 47
Büchner, Luise 163, 172
Buchwald, Bertha 222 f.
Bujard, Mlle 187
Bunsen, Marie von 201, 251
Büsching, Anton Friedrich 57
Büttner, Rosalie 175 f.
Byng, Miss 187

Calm, Marie 13
Campan, Jeanne Louise Henriette 66 f.
Campe, Joachim Friedrich 73, 125
Caroline von Hessen, Landgräfin 119
Cauer, Minna 13, 228 f., 243, 262
Cecilie von Mecklenburg-Schwerin, Prinzessin 254
Charbonnet, Louise 110
Chartres, Herzogin von (später Herzogin von Orléans) 60, 63, 109
Conrad, Joseph 18 f., 28, 245
Cooper, Lady Diana 239
Couderc, Antoinette 128
Crome, Friedrich August 49 f., 94

Curie, Marie 13

Danckelmann, Sophie von 84
Deflaut, Charlotte 132
Deluzy-Desportes, Henriette 31, 248
DEyverdun, Louise 129, 133 f., 139
Dickens, Charles 11, 47
Diehl, Guida 230 f.
Diesterweg, Adolf 172
Dietrich, Klara 196
Dino, Dorothea Herzogin von (geb. Prinzessin von Kurland) 89, 92, 100, 197
Dinter, Gustav 69
Dyhrn, Juliette Gräfin (geb. Dyhrn) 135

Ebner-Eschenbach, Marie von 26, 189 f., 254
Einem, Charlotte von 57, 122
Eisenstaedt, R. 216
Elisabeth Charlotte von der Pfalz (genannt Liselotte) 81 f., 254
Elschenbroich, Gabriele 256
Enke, Wilhelmine 101
Erman, Jean Pierre 117
Euler, Johann Albrecht 207 f.
Ewald, Johann Ludwig 71 ff., 250

Fanus, Sheridan le 18
Fast, Martha 225
Feder, Johann Georg Heinrich 49, 106
Fichte, Johann Gottlieb 38
Field, Rachel 31, 249
Fielding, Sarah 52, 54, 57
Fliedner, Fritz 221
Fliedner, Theodor 155 f.
Fontane, Martha 198 f., 241
Formey, Jean Henri Samuel 67, 127-142, 206-209, 242, 259
Forster, Antonie Elisabeth Susanna 90 ff., 95, 99 f., 103, 182, 206, 243
Forster, Georg 90
Forster, Therese 182

Forster-Huber, Therese 97, 182
Francke, August Hermann 68, 110
Franzos, Karl Emil 218, 244 f.
Freudenheim, Rosa 216
Friedrich I., Kurfürst von Brandenburg 116
Friedrich II., König von Preußen 116
Friedrich Wilhelm, Kurfürst von Brandenburg 115
Friedrich Wilhelm I., König von Preußen 87, 116 f.
Friedrich Wilhelm III., König von Preußen 147 f.

Gaskell, Elisabeth 20
Gélieu, Mlle Salomé von 89
Genlis, Stéphanie-Félicité du Crest Comtesse de, Marquise de Sillery-Brulart (Mme Genlis) 59-63, 65, 67, 70, 106, 108 f.
Gleim, Betty 77 ff., 257
Goethe, Johann Wolfgang 57
Gontard, Susette 41
Gottsched, Johann Christoph 109, 138
Gottsched, Luise Adelgunde (geb. Kulmus) 22, 67, 105, 109 ff., 113, 127
Green, Miss 187
Grundgeyer, Martha 224

Hadeln, Charlotte Freifrau von 201
Hamann, Johann Georg 40, 258
Heck, C.S. (Mme Heck) 67 f., 129, 138, 258
Hegel, Georg Wilhelm Friedrich 38
Heinroth, Katharina 13, 203 f.
Helfritz, Fräulein 188
Henckel von Donnersmarck, Wilhelm Ludwig Victor Graf 120
Hensel, Luise 96 f., 99, 243 f.
Herbart, Johann Friedrich 35, 38
Herber, Pauline 175
Herder, Johann Gottfried 38, 69

Herz, Henriette 101 f., 243
Hochecorn, Charlotte 122, 206
Hoffmann, E.T.A. 41, 44
Hoffmann, Mlle 92, 99, 103
Hölderlin, Friedrich 41
Holst, Amalia 76-79, 257
Homberg, Tinette 78 f., 257
Hugo, Victor 42, 44
Humboldt, Wilhelm von 93

Ingenheim, Elisabeth d' 115

James, Henry 19, 21
Jean Paul (Richter) 38

Kamecke, Frau von 84
Kant, Immanuel 38
Károlyi, Katharina Gräfin 214
Katharina II. Kaiserin von Rußland
    120, 207
Katterfeld, Anna 200, 210
Keyserling, Eduard von 43
Keyserling, Gräfin Henriette 145, 212
Knigge, Adolph Freiherr von 39
Kohl, Johann Georg 209 f., 212
Körner, Karl Theodor 23
Krane, Anna von 252 f.
Krimmel, Ottilie 251
Krosigk, Johanna Ernestine von (geb.
    Krüger) 147 f., 151
Krünitz, Johann Georg 111 f., 127
Kügelgen, Wilhelm von 202

Lahr, Louise von der 132, 140
Lahr, Marianne von der (Mutter)
    139 f.
Lahr, Marianne von der (Tochter)
    139 ff.
Lammers, Mathilde 219
Lange, Helene 13, 163 f., 167, 175 f.,
    194, 222, 261
Langeland, Elisa Friederike von (geb.
    von Burgwedel) 100 ff.
Lauru, Mlle 187

Lehmann, Friederike 149
Lehzen, Louise 232, 255
Lenz, Jakob Michael Reinhold 36-39,
    44
Leonowens, Anne 30
Lindner, Bertha 174, 176, 260
Locke, John 35, 52, 54
Leoper-Houselle, Marie 169, 175, 246,
    260
Louis Ferdinand Prinz von Preußen
    85, 193
Louis Philippe, Herzog von Valois,
    dann Herzog von Chartres, dann
    Herzog von Orléans, dann König
    von Frankreich 60-65, 109
Ludwig XIV. 13, 107 f., 115
Ludwig XVI. 61
Luise von Preußen, Prinzessin (später
    Fürstin Radziwill) 85 f., 153
Luise von Preußen, Königin (geb.
    Prinzessin von Mecklenburg-Stre-
    litz) 86, 89, 148

Mach, Marie 220
Mainard 29
Maintenon, Françoise Marquise de
    (verw. Scarron, geb. d'Aubigné) 13,
    62, 107 ff.
Maria Anna Christina Herzogin von
    Bayern 82
Marwitz, Friedrich August Ludwig
    von der 120, 254
Mattes, Maria 251
May, Sophie von 186
Mendelssohn, (Maria) Henriette 32 f.,
    243
Michaelis-Böhmer-Schlegel-Schelling,
    Caroline 191
Mitford, Jessica 21
Mittendorf, Dorette 195, 231 ff.
Molinié, Suson 67, 208
Monod, Salomé 139, 142
Montaigne, Michel 35
Montbail, Marthe de 117 f.

Möser, Justus 111, 125
Moser, Mentona 192
Mourein, Mlle 130 ff., 134 ff., 138, 242
Mues, Anna Elisabeth Auguste 233 ff.
Müller, Henriette 208, 259

Nathusius, Marie 23 f., 33, 47
Necker, Suzanne (geb. Curchod) 142
Niemeyer, August Hermann 50, 94, 104

Otto, Louise 257, 261

Pantenius, Louise 190 f., 241, 244
Parthey, Gustav 123, 141
Parthey, Lili 93
Pauline von Anhalt-Bernburg, Prinzessin 127
Perpigna, Georgina von 188
Perrin, Mlle 136 f.
Pfaff, Christoph Heinrich 122
Philipi, Marianne 93 f., 99 f.
Portia, Magdalena Maria Gräfin 83
Praslin-Choiseul, Herzog von 32, 247 f.
Puschkin, Alexander S. 29

Raabe, Wilhelm 38 ·
Randahl, Marianne 94 f.
Raumer, Karl von 47, 113, 163
Rave, Judith (geb. Freiin von Scheidter) 100 f.
Recke, Elisa von der (geb. von Medem) 89, 95, 120, 245
Reclam, Pierre Chrétien Frédéric 117
Redern, Friederike Wilhelmine Freiin von 83, 87
Rehbinder, Gräfin Juliane (Lilla) 165 f., 200, 210
Renelle, Lucie Elisabeth (geb. Bouillon) 126
Reventlow, Fanny Gräfin 188
Rex, Frau von (geb. de Friese) 133 f.
Rochow, Caroline von 181

Rocoule, Marthe de (Mme Rocoule) 116-119
Romberg, Amalie von (geb. Gräfin Dönhoff) 143
Rousseau, Jean-Jacques 35 f., 60, 62
Rudolphi, Caroline 79, 95, 99, 103 f., 113, 243
Runckel, Dorothee Henriette von 67

Sagan, Wilhelmine Herzogin von 91 f.
Saldern, Elisabeth von 189
Salignac de la Mothe Fénelon, François de 51 f., 54, 68, 110
Schaeffer, F.J. 136 f.
Schakowskoy, Prinzessin Sinaida 213
Schiller, Charlotte (geb. von Lengefeld 88
Schiller, Friedrich 88
Schleiermacher, Friedrich Daniel Ernst 38
Schmidt, Auguste 13
Schnitzler, Arthur 26 ff., 245
Schönburg-Waldenburg, Fürst Otto Victor von 156
Schopenhauer, Johanna (geb. Trosiener) 121 f., 241
Schoppe, Amalia 96
Schrenk, Martha 173 f.
Schroeder, Elisabeth 186
Schwarz, Friedrich Heinrich Christian 70, 74, 112, 250
Schwerin, Esther Gräfin von 204
Sebastiani, Fanny Gräfin (Herzogin von Praslin-Choiseul) 32 f., 247 f.
Seidel, Heinrich Wolfgang 200
Sonsfeld, Fräulein von 84 f., 254
Sophie Dorothea von Preußen, Königin 85, 116 f.
Sophie von Hannover, Herzogin, später Kurfürstin 81 f., 119
Sperlette, Sibille Marie 133 f.
Sprengel, Auguste 166
Stendhal (Henri Beyle) 42, 44
Stinde, Julius 26

Strantz, Christiane von (geb. von der Lahr) 131
Suttner, Bertha von (geb. Gräfin Kinsky) 13, 245 f.

Tarnow, Fanny 96, 98 f., 103 f., 122, 206
Teschner, Auguste 78
Thackeray, W.M. 17, 47
Thadden, Hildegard von 188 f.
Thürheim, Gräfin Lulu 124
Tiburtius, Franziska 13, 195 f., 236, 251, 261
Tisserant, Josephine 124, 145
Tolstoi, Leo 29, 244
Topham, Miss 187, 193
Trinks, Thekla 159 f., 164, 165, 237 f., 259 f.
Trollope, Anthony 21
Troyat, Henri 29

Uden, K.F. 76
Uffeln (Offeln), Anna Katharina von (verh. von Harling) 81 ff., 254

Varnhagen von Ense, Karl August 32, 141
Velsen, Dorothee von 192, 254
Viktoria Luise von Preußen, Prinzessin 192 f.
Violanta Beatrix von Bayern, Herzogin 83
Volkmann, Friedrich 23, 112
Voss, Johann Heinrich 40
Voss, Sophie Marie Gräfin (geb. von Pannewitz) 86 f., 120

Wagemann, Anna 166, 183 f., 242, 262
Weise, Amalia 99, 103 f.
Wellmer, Meta 47 f.
Wertheimber, Maria 193
Wieland, Christoph Martin 38
Wildermuth, Ottilie 24 f., 47
Wilhelmine Markgräfin von Bayreuth (geb. Prinzessin von Preußen) 85, 254
Wilhelmine von Oranien, Prinzessin 83
Wollstonecraft, Mary 13

Zetkin, Clara (geb. Eißner) 13, 263

Irmela von der Lühe

Erika Mann
Eine Biographie

Sonderband der Reihe »Geschichte und Geschlechter«
herausgegeben von Gisela Bock, Karin Hausen und Heide Wunder
1993. 350 Seiten, geb.

Sie stammt aus einer berühmten Familie und war an den Umgang mit
Berühmtheiten früh gewöhnt, sie selbst strebte jedoch nicht nach Ruhm.
Erika Mann (1905-1969), Katia und Thomas Manns älteste, vielseitig begabte Tochter, genoß zusammen mit ihrem Bruder Klaus und einem
großen Freundeskreis das Leben in deutschen und europäischen Metro-
polen der »roaring twenties« in vollen Zügen. Sie liebte das Theater und
die Bars, das Rampenlicht und die Schlagzeilen. Nur eines war in ihrem
Leben nicht vorgesehen: Politik. Doch die Auseinandersetzung mit dem
Nationalsozialismus hob sie auf die politische Bühne. Aus der Schauspielerin und Gelegenheitsjournalistin wurde die Kabarettistin, die politische
Publizistin und schließlich die Kriegskorrespondentin. Mit den Mitteln
der Satire und den Waffen des Wortes kämpfte sie im europäischen und
seit 1936 im amerikanischen Exil gegen Diktatur und Barbarei, und dies
nicht selten auf spektakuläre und gefährliche Weise.
Nach den zahllosen Büchern über den Vater, den Onkel und den Bruder
ist dies die erste Biographie über Erika Mann. Irmela von der Lühe por-
trätiert eine Frau von ungewöhnlicher Vitalität und Ausstrahlungskraft,
mit ebensoviel Sinn für die komischen Seiten des Alltags wie für die Notwendigkeit von Humanität und Moral.
Der gesamte, weitgehend unbekannte und unveröffentlichte Nachlaß Erika Manns sowie Materialien aus vielen Archiven in Deutschland und
Amerika wurden für diese Biographie ausgewertet.

Campus Verlag · Frankfurt/New York

Reihe »Geschichte und Geschlechter«

Karin Hausen/Heide Wunder (Hg.)
Frauengeschichte – Geschlechtergeschichte
1992. Band 1. 183 Seiten

Ursula Baumann
Protestantismus und Frauenemanzipation in Deutschland
1850 bis 1920
1992. Band 2. 384 Seiten

Hanna Schissler (Hg.)
Geschlechterverhältnisse im historischen Wandel
1993. Band 3. 206 Seiten

Marion Kobelt-Groch
Aufsässige Töchter Gottes
Frauen im Bauernkrieg und in den Täuferbewegungen
1993. Band 4. 213 Seiten

Christiane Eifert
Frauenpolitik und Wohlfahrtspflege
Zur Geschichte der sozialdemokratischen »Arbeiterwohlfahrt«
1993. Band 5. 386 Seiten

Susanne Rouette
Sozialpolitik als Geschlechterpolitik
Die Regulierung der Frauenarbeit nach dem Ersten Weltkrieg
1993. Band 6. 374 Seiten

Campus Verlag · Frankfurt/New York